AF557373

Bibliografische Information der Deutschen Nationalbibliothek
Die Deutsche Nationalbibliothek verzeichnet diese Publikation in der Deutschen Nationalbibliografie; detaillierte bibliografische Daten sind im Internet über http://dnb.ddb.de abrufbar.

Hektor Haarkötter
Journalismus.online
Das Handbuch zum Online-Journalismus
Praktischer Journalismus, 104
Köln: Halem, 2019

ISBN (Print): 978-3-7445-1108-7
ISBN (PDF): 978-3-7445-1110-0
ISSN: 1617-3570

Den Herbert von Halem Verlag erreichen Sie auch im Internet unter
www.halem-verlag.de
E-Mail: info@halem-verlag.de

Umschlaggestaltung und Satz: Full Moon Communication, Stuttgart
Umschlagfoto: Hektor Haarkötter
Autorenfoto (Innenklappe): Werner Siess
Lektorat: Rüdiger Steiner
Druck: FINIDR, S.R.O., Tschechische Republik

JOURNALISMUS. ONLINE

Das Handbuch zum Online-Journalismus

Hektor Haarkötter

HERBERT VON HALEM VERLAG | Köln

INHALT

DANKE FÜR DEN KAFFEE …

Ein Buch über Online-Journalismus – und dann auch noch ein dickes? Manchem Fan der digitalen Welt mag das wie ein Widerspruch an sich erscheinen. Ist es aber nicht. Denn tatsächlich ist ein neuer Kosmos entstanden, in dem Menschen sich heute beruflich (zum Beispiel JournalistInnen), aber auch in ihrer Freizeit aufhalten. Dieser Kosmos hat eine Beschreibung verdient – und zwar dringend. Kein Mensch möchte die Informationsfülle und -dichte, die ein Buch zu bieten hat, online durchlesen. Die digitale Welt ist eine Welt der schnellen Information. Und selbst wenn wir von „Longform Journalism" reden, meinen wir Texte, die vielleicht einige Zehntausend, nicht aber einige Hunderttausend Zeichen haben. Nach wie vor ist hierfür das gedruckte Buch das geeignete Medium – und wird es auch noch lange bleiben. Es wird auch benötigt: in der Ausbildung, im Studium oder auch im beruflichen und praktischen Alltag. Zum Nachschlagen oder einfach zum Schmökern. Die „Usability", also die Benutzerfreundlichkeit des Mediums Buch – vor allem wenn es so ansprechend und aufwendig hergestellt wird wie das vorliegende – ist nach wie vor enorm.

Dennoch gibt es selbstverständlich die Website zum Buch. Sie heißt auch genauso wie das Buch Journalismus.online und ist wesentlicher Bestandteil dieser Publikation. Ich verweise im Buch beispielsweise unter dem Stichwort „Lesen" auf einschlägige Texte aus der und über die Online-Welt, die sich auf der Webseite finden. Außerdem wird es dort weitergehende Tipps & Tricks zum Online-Journalismus geben. Und die Webseite soll ein Raum sein, um aktuelle Diskussionen rund um den Online-Journalismus zu führen. Über sie können natürlich auch die LeserInnen mit mir als Autor in Kontakt treten und ich freue ich mich über Diskussionsbeiträge und konstruktive Kritik. Auf weitere interessante Webseiten verweise ich unter dem Stichwort „Link".

Der Anspruch dieses Buches ist, den Journalismus, wie er sich heute in der Online-Welt darstellt, möglichst umfassend darzustellen. Zu diesem Zweck bin ich über einen längeren Zeitraum durch Deutschland und Österreich gereist und habe die MacherInnen des aktuellen Online-Journalismus besucht.

Darunter waren große Redaktionen, in denen manchmal über hundert Online-RedakteurInnen in riesigen Newsrooms zusammenarbeiten, aber genauso kleine Lokalredaktionen, die hyperlokale Blogs bespielen, oder Multimedia-Agenturen, die ständig die neuesten Darstellungsformen ausprobieren oder gar entwickeln. Ich wurde überall sehr freundlich und unkompliziert empfangen, zum Teil haben die GesprächspartnerInnen sich mitten im aktuellen Betrieb auch über unser Interview hinaus sehr viel Zeit genommen, mir Redaktionen, Arbeitsplätze und Equipment vorgeführt und die KollegInnen vorgestellt. Mit so viel Offenheit von OnlinerInnen für ein Buchprojekt hatte ich gar nicht gerechnet. Anstatt hier weiter viele Worte zu machen, will ich nur sagen: Danke für den Kaffee! Am Ende kam ein Opus heraus, dessen schierer Umfang nicht nur den Autor, sondern vor allem auch den Verlag (der zwischenzeitlich auch noch den Eigentümer gewechselt hatte) beeindruckt hat. Wir mussten darum deutliche Kürzungen vornehmen: Kill your darlings! Das hat aber zur Folge, dass nicht alle InterviewpartnerInnen im vorliegenden Werk explizit vorkommen. Dennoch waren die Gespräche für mich äußerst wertvoll und ihr Inhalt ist in dieses Buch eingegangen. Der Verlag und ich behalten uns vor, aus dem vorliegenden Material in nächster Zeit geeignete weitere Publikationen zu entwickeln. Anders als die flirrenden Displays der digitalen Moderne ist Papier ja nach wie vor geduldig. Das Online-Geschäft ist überdies ein sehr volatiles: Das merkt man auch daran, dass einige meiner InterviewpartnerInnen inzwischen nicht mehr die Funktionen und manchmal sogar Namen haben, unter denen ich mit ihnen gesprochen habe. In diesem Buch stelle ich sie trotzdem in ihren alten Rollen und Namen vor und gratuliere im Übrigen herzlich zu ihrer beruflichen oder familiären Weiterentwicklung.

Die Interviews wurden von so fleißigen wie geduldigen Mitarbeiterinnen und Hilfskräften transkribiert (das längste dauerte eine Stunde!). Hierfür schulde ich tausend Dank Dr. Katja Artsiomenka, Johanna Wergen, Filiz Kalmuk, Julia Böhm und Carola Bachtler. Bei einigen dieser Recherchereisen nebst Übernachtungen quer durch die Online-Republik hat mich die HMKW Hochschule für Medien, Kommunikation und Wirtschaft in Köln großzügig unterstützt. Auch dafür möchte ich der Hochschule danken. Der ambitionierte neue Verleger, bei dem dieses Buch gelandet ist, obwohl das Projekt noch mit einem anderen Verlag (UVK) entwickelt worden war, hat durch Zuspruch und Gespräch sehr zum Gelingen beigetragen: Herbert von Halem sei darum auch gedankt. Sein geschicktester Schachzug war vielleicht, den Lektor einfach mitzuübernehmen, sodass die Achse Rheinland–Bodensee weiterhin fast reibungslos funktionierte. Dank darum an Rüdiger Steiner, der aus einem ausufernden Manuskript ein druckbares und hoffentlich lesbares Buch gemacht hat. Schließlich möchte ich meinen Studierenden danken, mit denen ich während vieler Seminare in den Fächern Medien- und Kommunikationswissenschaft sowie Online-Journalismus einzelne Aspekte des Themas analysiert habe.

Genderfragen sind Sprachfragen. Ich finde nach wie vor die Lösung, die einst eine journalistische Redaktion – nämlich die der Berliner *Taz* – ersonnen hat, am elegantesten: die Schreibweise mit dem großen Binnen-I (JournalistInnen). So halte ich es darum in diesem Buch (zumal ich selbst einige meiner ersten längeren Veröffentlichungen einst in der *Taz* unterbringen konnte).

Das Projekt der Darstellung des „Computational Journalism", wie man es im unvermeidbaren Denglish ausdrückt, treibt mich schon länger um. In mehreren (Buch!)Publikationen habe ich mich bereits mit verschiedenen Aspekten der Frage auseinandergesetzt, wie der Computer und die Digitalisierung den Journalismus inhaltlich, aber auch handwerklich verändern. Teile dieser Überlegungen und Formulierungen sind in dieses Buch eingegangen. So beruht der Abschnitt über „mobile reporting" auf einem Kapitel des Buches, das ich zusammen mit Evelyn Runge über den Motor- und Reise-Journalismus geschrieben habe. Das Kapitel über den Datenjournalismus geht zurück auf ein ähnliches Kapitel in meinem Buch *Kunst der Recherche*. Beide Titel sind nach wie vor ebenfalls im Herbert von Halem Verlag lieferbar.

Köln im Dezember 2018
Hektor Haarkötter

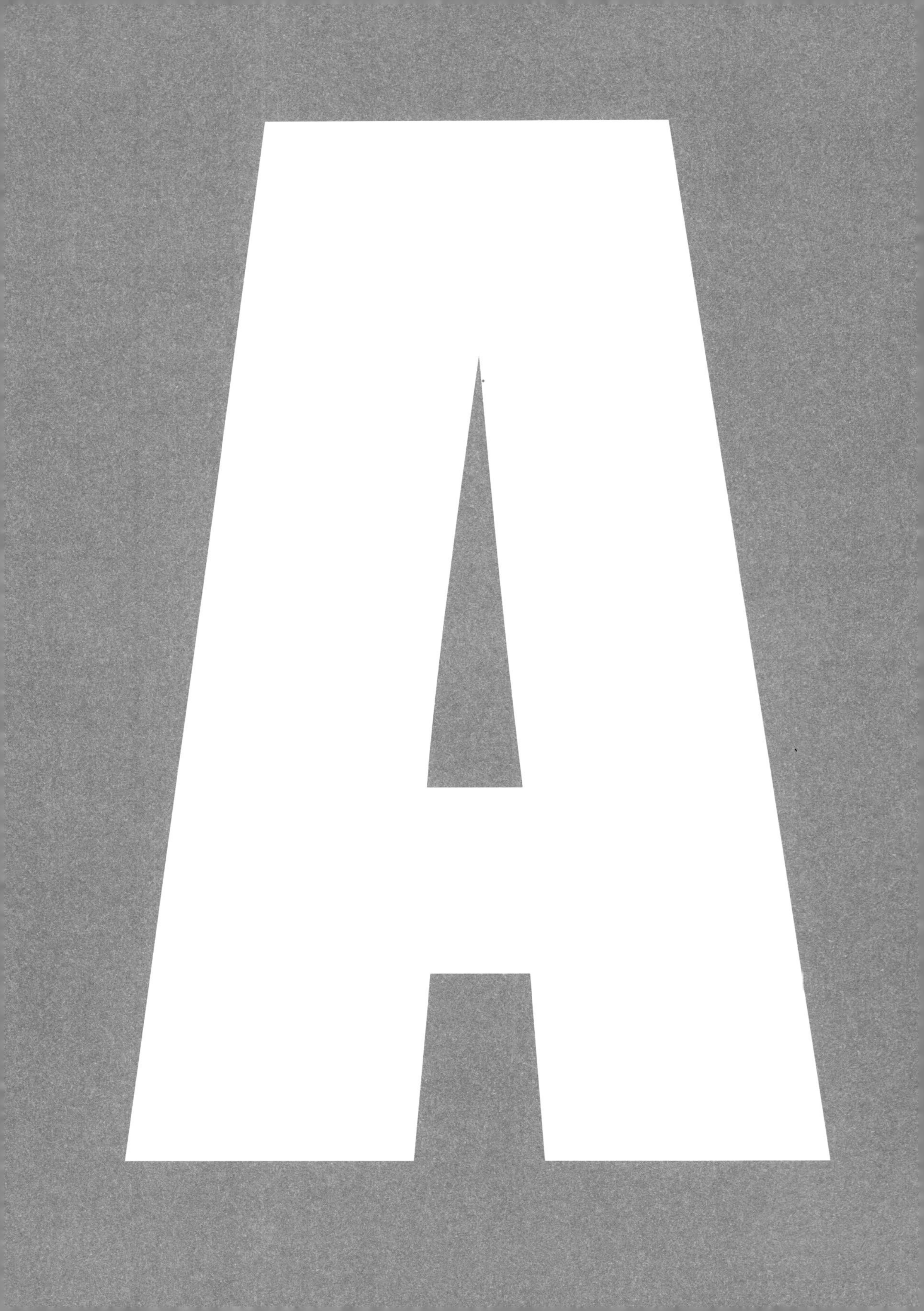

AUS JOURNALISMUS WIRD YOURNALISMUS

A1 VOM ZEITUNGS-BOTEN ZUM DIGITALEN NEWSROOM

Es ist auffällig ruhig im Newsroom von *Bild Online* – dafür dass hier mehrere Dutzend RedakteurInnen gleichzeitig an der reichweitenstärksten journalistischen Online-Seite Deutschlands werkeln. Statt die JournalistInnen nimmt man auf den ersten Blick eher die TFT-Monitore wahr, auf denen das Content-Management-System von *Bild,* die Charts von Google Analytics und über den Köpfen der MitarbeiterInnen am zentralen Newsdesk die Programme diverser TV-Nachrichtenkanäle flimmern. Auf der einen Seite des großen Raums im 16. Stock des Axel-Springer-Hochhauses in der Berliner Rudi-Dutschke-Straße ist ein kleines Videostudio improvisiert: Vor einer Stellwand mit dem *Bild*-Logo werden die Aufsager für *YouTube*- oder *Periscope*-Videos produziert. Auf der anderen Seite des Newsrooms findet in einem Halbrund mit aufsteigenden Sitzreihen vor einer überdimensionierten Projektionswand die Fotokonferenz statt: Bilder von leichtbekleideten Stars und Sternchen werden auf die Wand geworfen und von der abgeklärten Gruppe, darunter auffällig viele Frauen, mit KennerInnenblick seziert und ausgewählt.

Mich begrüßt der Leiter der Redaktionskoordination Frank Ochse. Wir treffen uns zum Interview am Stehtisch in einem verglasten Separee des Großraumbüros im 16. Stock, wo täglich, stündlich, ja minütlich die Homepage von *Bild* gemacht wird. Zwei Jahre lang besuche ich Online-Redaktionen, Multimedia-Agenturen und digitale Produktionsfirmen, um mich über den Status quo des Journalismus, der sich auf Bildschirmen jeder Art abspielt, zu erforschen. *Bild Online* ist über Jahre die reichweitenstärkste journalistische Homepage in Deutschland. 20 Mio. LeserInnen informieren sich hier regelmäßig. Also fangen wir mit *Bild* an.

An keiner Redaktion in Deutschland lassen sich die Veränderungen im Journalismus so gut nachvollziehen wie an der *Bildzeitung*. Den Reich-

Abb. 1: Der Newsroom der Bildzeitung in Berlin.

weitengewinnen im Online-Bereich stehen nämlich die dramatischsten Auflagenverluste der gedruckten *Bildzeitung* gegenüber. Keine Zeitung in Deutschland hat im Printbereich so viele LeserInnen verloren wie *Bild*. Das Boulevardblatt hatte einmal eine Auflage von über 5 Mio. Heute ist noch eine verkaufte Auflage von 1,66 Mio. übriggeblieben. Entsprechend wichtig ist das Wachstum im Online-Segmet. *Bild* ist, wenn man so will, auf Gedeih und Verderb dem Online-Journalismus ausgeliefert. Darum erklärt auch Ochse: „Unser Großpfund ist einfach die Homepage. 80 Prozent unserer Leser kommen über unsere Homepage rein. Das ist unser Schaufenster, da müssen wir zeigen, was wir haben."

Auch andere gedruckte Zeitungen spüren den Auflagenrückgang deutlich. Der Journalismusforscher Klaus Meier hat ausgerechnet, dass, wenn man den statistischen Trend der Auflagenrückgänge aller deutschen Tageszeitungen in die Zukunft verlängert, im Jahr 2034 die letzte gedruckte Ausgabe erscheinen würde. Der Online-Markt ist daran nur mittelbar schuld: Das Allzeithoch der gedruckten Tageszeitungen war im Jahr 1983, seitdem verlieren die Verlage bereits deutlich an Auflage – und da war das WWW noch gar nicht erfunden! Die *Tageszeitung* (*Taz*) hat im Sommer 2018 angekündigt, ab dem Jahr 2022 womöglich wochentags nur noch digital und nur am Wochenende in einer gedruckten Ausgabe zu erscheinen. Denn wenn die Abozahlen sich so negativ weiterentwickeln, würden 2022 die Papierabos nur noch die Druck- und Vertriebkosten erwirtschaften, aber nicht mehr die journalistische Leistung finanzieren können.

Die gedruckte Ausgabe der *Bild* verliert auch deswegen, weil boulevardeske Informationen im Internet heute an vielen Ecken kostenlos zu haben sind. Paradoxerweise verstärkt *Bild Online* diesen Effekt noch: Berichte über B- und C-Promis und KandidatInnen aus dem Trash-TV finden bei *Bild* fast nur noch online statt, laufen aber dort besonders gut. „Das haben wir früher im Print viel mehr gemacht", so Ochse, „aber da haben wir uns entschlossen, auf die Bremse zu treten".

Bild Online

500 RedakteurInnen arbeiten für die verschiedenen Ausspielkanäle der Medienmarke *Bild*. Offiziell handelt es sich um eine integrierte Redaktion, es wird angeblich kein Unterschied zwischen Print- und Online-RedakteurInnen gemacht. Aber die einen sind bei der Bild GmbH angestellt, die anderen bei der Axel Springer SE – mit unterschiedlicher Bezahlung und unterschiedlichen Urlaubsansprüchen. Seit 1996 ist *Bild* im Internet vertreten und zählte von Anfang an zu den reichweitenstärksten journalistischen Online-Seiten. Zwischenzeitlich ging man Partnerschaften mit AOL, der *WAZ*-Gruppe und *T-Online* ein, seit 2008 ist *Bild Online* aber wieder eine eigenständige Marke im Hause Springer.

» **Chefredakteur digital und Vorsitzender der Chefredaktionen:** Julian Reichelt
» **Online-Koordinator:** Frank Ochse
» **Sitz:** Berlin
» **Zahl der Online-RedakteurInnen:** 500 (Print- und Online-RedakteurInnen werden nicht getrennt genannt)
» **KorrespondentInnen:** 5 (sitzen in San Francisco und übernehmen in der Nachtschicht die Homepage)
» **Social-Media-RedakteurInnen:** k.A.

- **Unique User** (Juli 2018, AGOF): 22,4 Mio.
- **User-Zahl durchschnittlicher Beitrag:** vier- bis fünfstellig
- **User-Zahl reichweitenstarker Beitrag:** 500.000 – 1 Mio.
- **Online-CMS:** CoreMedia
- **Stärkste Ressorts:** Sport, Leben, Reise, Auto
- **LeserInnen-Beteiligung:** kein Kommentarbereich auf der Webseite, viel Interaktion auf *Facebook*, Leserreporteraktion („1313")
- **Nutzerdatenanalyse:** Webtrekk

Es war ein langer Weg vom Zeitungsboten zum digitalen Newsroom heutiger Online-Redaktionen. Man kennt ihn – nun selbst medial vermittelt – bestenfalls noch aus Kinofilmen: diesen Zeitungsboten. An den Straßenecken stand er und rief die neuesten Nachrichten aus, um die aktuellen Ausgaben der Tageszeitung, die er über dem Arm oder in einer Tasche über der Schulter trug, zu verkaufen. Er war damit ein später Nachfahre des Herolds oder des berittenen Boten, die sich von Dorf zu Dorf und von Stadt zu Stadt begaben, um Neuigkeiten zu verbreiten, und die für ein Nachrichtenwesen standen, in dem sich die Botschaften höchstens in genau der gleichen Geschwindigkeit bewegen konnten wie die Botschafter. Heute finden sich an Straßenecken hier und da noch Zeitungskioske, aber auch die zählen zu einer aussterbenden Art. Kioske haben sich ins Internet verlagert und heißen heute *Blendle* oder *Readly*. Und Nachrichten bewegen sich in Lichtgeschwindigkeit über die globalisierte Welt und landen beinahe in Echtzeit bei den LeserInnen und UserInnen.

Das Wort Journalismus kommt ursprünglich aus dem Französischen und bezog sich auf das Schrifttum der Journale, also der Zeitschriften. Erst Anfang des 19. Jahrhunderts ging der Begriff von den Zeitschriften auf die Zeitungen über und bürgerte sich im Deutschen ein. Die Bezugsgröße für diese Tätigkeit war das französische Wort „jour" für den Tag und richtete sich nach der Tagesaktualität. Allerdings war diese Tagesaktualität schon in der Zeit, als der Begriff Journalismus sich in Deutschland durchsetzte, nicht mehr die Richtgröße: Nicht zuletzt durch die medientechnischen Revolutionen im Zuge der Industrialisierung Anfang des 19. Jahrhunderts, insbesondere die Einführung der dampfbetriebenen Schnellpresse, erschienen Zeitungen gar nicht mehr nur täglich, sondern bereits mehrmals am Tag. Einige Zeitungstitel erinnern bis heute daran, zum Beispiel das *Hamburger Abendblatt*, die Münchener *Abendzeitung*, die *Berliner Morgenpost*. Das erste Boulevardblatt in Deutschland hieß *B.Z. am Mittag*. Spätestens seit Paul Julius Reuter, der Gründer der nach ihm benannten Presseagentur, im 19. Jahrhundert anfing, seine Agenturmeldungen per Telegrafenkabel zu vertreiben, hat das Tempo der Information die maximale Geschwindigkeit ihrer Überbringer sehr weit hinter sich gelassen. Der „rasende Reporter" ist eine lahme Ente im Vergleich zur Geschwindigkeit, mit der seine Geschichten elektrisch über die Welt verteilt werden. Das alte Sprichwort: „Nichts ist so alt wie die Zeitung von gestern" war im Grunde selbst schon veraltet, als es entstand: „Nichts ist so alt wie die Zeitung von heute Vormittag" hätte es eigentlich heißen müssen.

Einige medientechnische Revolutionen weiter kann schon die Information, die eine Viertelstunde alt ist, hoffnungslos altbacken wirken. Im Online-Zeitalter gilt die Minutenaktualität und wird Journalismus in Echtzeit betrieben. Echtzeit-Journalismus oder auch Prozess-Journalismus ist heute gefragt:

Echtzeit- und Prozess-Journalismus

Echtzeit-Journalismus meint, dass die Geschwindigkeit, mit der die Nachricht eines Ereignisses bei der LeserIn eintrifft, der Geschwindigkeit des Ereignisses entspricht. *Prozess-Journalismus* fertigt nicht mehr abgeschlossene Artikel zu ebenso abgeschlossenen Ereignissen, sondern bleibt buchstäblich „im Prozess", ist bei jeder wirklichen oder scheinbaren Wendung der Geschehnisse „live" dabei und parallelisiert die Genese des Ereignisses und die Genese des Berichts über das Ereignis.

Hinter dem Begriff vom Prozess-Journalismus steckt noch ein etwas diffizileres Problem: Der Anspruch des Journalismus auf Wahrheit wird relativiert. Zwar stellt der Journalismusforscher Stephan Ruß-Mohl normativ fest: „Am Wahrheitspostulat, an der ersten und vielleicht allerwichtigsten Norm, ist nichts zu rütteln: Die Fakten müssen stimmen."[1] Wer sich jedoch darauf einlässt, über Ereignisse im Prozess zu berichten, der besitzt gar nicht die vollständigen Informationen, die für eine abschließende Beurteilung eines Sachverhalts nötig wären.

„Der Echtzeit-Journalismus ist schneller als die Reaktionszeit für einen Atomangriff.“

FRANK SCHIRRMACHER, FRANKFURTER ALLGEMEINE ZEITUNG[2]

LESEN

In seinem recht bekannt gewordenen Text *Product v. process journalism: The myth of perfection v. beta culture* hat der US-amerikanische Netz-Evangelist und Journalismusprofessor Jeff Jarvis diesen Gegensatz auf den Punkt gebracht: Wer heute online publiziert, muss auch lernen zuzugeben, dass er nicht alles weiß.
Dieser Text kann – wie die anderen unter dem Stichwort „Lesen" angegebenen Quellen – auf der das Buch begleitenden Website Journalismus.online nachgelesen werden..

In diesem Sinne sind journalistische Texte heute „permanent beta". Wie die Beta-Versionen von Computerprogrammen können sie noch nachgebessert, ergänzt und verändert werden.
Jochen Wegner, der Chefredakteur von *Zeit Online*, gibt im Interview zur Frage der Zunahme von Live-Berichterstattungsanlässen zu Protokoll: „Solche großen, sich noch entwickelnden Ereignisse werden von Journalisten ‚Lagen' genannt, in Anlehnung an den Polizeijargon. Bei einer Lage versammelt sich etwa bei *Zeit Online* ein Krisenteam in ad hoc eingerichteten Chatgruppen, startet ein Liveblog, spricht mit Korrespondenten, schickt Reporter los, teilt Schichten ein. Dies alles folgt mittlerweile einer fast schon erschreckenden Routine, denn die Lagen häufen sich."[3]

Medien, die heute nicht Nachrichten im Sekundentakt liefern, sondern an definierten Publikationsrhythmen wie die Zeitungen oder an festgelegten Programmabläufen wie das Fernsehen hängen, können im Falle einer Lage nicht mehr Schritt halten und finden sich der öffentlichen Kritik ausgesetzt. Als beispielsweise im Juli 2016 in den späten Abendstunden türkische Militärs versuchten, gegen Staatspräsident Erdogan zu putschen, waren Informationen nahezu ausschließlich über das Internet und soziale Netzwerke zu erlangen. Der SPD-Spitzenpolitiker Karl Lauterbach kritisiert das öffentlich-rechtliche Fernsehen – anlassgemäß über den Kurznachrichtendienst *Twitter*: „Unglaublich. Militärputsch in der Türkei unvollendet [im] Gange und ARD und ZDF senden eine Krimiwiederholung und ein Konzert. Nur Twitter informiert." Und der Branchendienst *Meedia* titelt: „Türkei-Putsch: Twitter bleibt erste News-Quelle, TV versagt und wird von Facebook Live abgehängt."

Nein, der Tag und damit die Tagesaktualität sind im Journalismus keine Bezugsgröße mehr. Die Tage des „Jour"-nalismus sind gezählt, wenn man so will.

A2 UBIQUITOUS COMPUTING

Nach Angaben des Statistischen Bundesamts haben in Deutschland 83 Prozent aller Personen ab 10 Jahren einen Computer. Aber was meint heutzutage eigentlich noch das Wort Computer? Mikrochips und Digitaltechnik stecken heute in Fernsehgeräten und Telefonen, in Armbanduhren und in Zahnbürsten.

LESEN

Der amerikanische Informatiker Mark Weiser sprach bereits Anfang der 1990er-Jahre in seinem Text *The Computer for the 21st Century* vom „ubiquitous computing". Mit diesem Ausdruck, den man mit „Rechnerallgegenwart" übersetzen könnte, meinte er, dass Personal Computer als hauptsächliche Repräsentanten des Informationszeitalters verschwinden werden und stattdessen die Dingwelt selbst mittels Sensoren und Chips intelligent wird.

Kevin Ashton, der den Standard für RFID-Sensoren mitentwickelt hat, hat dafür den Terminus „internet of things" geprägt. RFID-Sensoren sind Chips, mit denen man berührungslos Waren und Gegenstände identifizieren kann. Diese Chips sind nötig, damit ganz unterschiedliche Dinge zusammen das „Internet der Dinge" bilden können. Um dieses zu ermöglichen, wurde eigens der Adressraum des Internets vergrößert. Das heute gültige Internetprotokoll in der Version 6, kurz IPv6, kann potenziell ungefähr 340 Sextillionen ($3{,}4 \cdot 10^{38}$) Adressen vergeben, was theoretisch ausreichen würde, um jedem Objekt in unserem Sonnensystem fast bis hinunter auf die Atomebene eine eigene Internetadresse zuzuweisen. Neben den Smartphones sind aktuell typische Anwendungsbeispiele die „Wearables", also intelligente Kleidungsstücke oder Brillen, die mittels Chip mit dem Internet verbunden sind: Aus Hardware wird Everyware. Das Auto, der Fernseher und der Kühlschrank sind heute schon fast selbstverständlich ebenfalls mit dem Internet verbunden.

Das verändert den heutigen Begriff von Kommunikation und hat auch Auswirkungen auf den Journalismus als wesentliche Ausprägung öffentlicher Kommunikation, also der Herstellung von Öffentlichkeit. Aktuelle Information zählt, wie Birgit van Eimeren von der ARD-Medienforschung feststellt, „inzwischen fast zur ‚Begleitinformation' von Internet- und E-Mail-Providern, so dass es bei diesen Standardanwendungen im Netz kaum möglich ist, nicht wenigstens ab und zu Nachrichteninhalten zu begegnen".[4] Heute schon erfolgen mehr als 60 Prozent der Zugriffe auf journalistische Internetangebote per Smartphone. Man spricht darum auch von „Snack News": Nachrichten werden heute konsumiert wie Kartoffelchips oder Süßigkeiten. „Snacking'n'checking" bedeutet, bei jeder sich bietenden Gelegenheit das Smartphone zu zücken, um wahlweise das Status-Update, die E-Mails, *WhatsApp* oder die Weltlage zu checken.

Mediennutzung

Menschen unter 30 Jahren nutzen zu mehr als 80 Prozent das Internet regelmäßig mobil. Laut ARD/ZDF-Onlinestudie ist für mehr als ein Viertel aller InternetnutzerInnen mobiles Internet mittlerweile „unverzichtbar". Laut Statista-App-Monitor ist die *Tagesschau*-App die meistgenutzte News-App auf Smartphones. Auf den Plätzen davor rangieren fast nur die Apps der nicht-journalistischen Internetdienste von sozialen Netzwerken und Messaging-Diensten (*Facebook, WhatsApp*) sowie Suchmaschinen, Video- und Verkaufsplattformen (*YouTube*, Ebay, Amazon).[5]

Insgesamt beträgt die durchschnittliche Mediennutzung der BundesbürgerInnen mehr als zehn Stunden täglich: Wenn man sich überlegt, wie viel Zeit wir mit Schlafen und gewissen alltäglichen Verrichtungen verbringen, bei denen Mediennutzung schlechterdings unmöglich ist, tun wir in der Mediengesellschaft eigentlich rund um die Uhr kaum noch etwas anderes. Und das in überwiegendem Maße digital.

Schon werden journalistische Angebote für 3D-Brillen entwickelt und die virtuelle Realität (VR) als Berichterstattungsraum für journalistische Darstellungen entdeckt. Zu den Olympischen Spielen in Rio de Janeiro im Sommer 2016 hat die *Süddeutschen Zeitung* in Kooperation mit dem Münchner VR-Unternehmen Re'flekt eigens eine App entwickelt, mit der Hintergrundreportagen dreidimensional erfahrbar werden sollen. Mit Digitalkameras bestückte Unpiloted Aerial Vehicles (UAV), auch Drohnen genannt, erschließen heute JournalistInnen neue Räume und

„Als im Herbst 1994 die ersten Verlage, Fernseh- und Radiosender Nachrichtenseiten im Internet anboten, war kaum zu erahnen, welche Folgen dies für die Geschäftsmodelle der Anbieter, für die Arbeit der Journalisten und schliesslich für die Informationsgewohnheiten der Menschen haben würde."

BIRGIT VAN EIMEREN, ARD-MEDIENFORSCHUNG[6]

neue Perspektiven der Wahrnehmung und der Recherche. Die Rechnerallgegenwart führt zu einer Allgegenwart von Journalismus, sozusagen „Ubiquitous Journalism". Nachrichten werden per Push-Mitteilung auf die Smartwatch geschickt, Videobildschirme in U-Bahn-Haltestellen und Monitore in Straßenbahnen versorgen via Internet mit dem Weltgeschehen. Allein die Firma *Infoscreen* betreibt über ganz Deutschland verteilt über 3.500 Geräte, die den öffentlichen Raum mit redaktionellen Inhalten plus Werbung versorgen.

Auch JournalistInnen können heute im mobilen digitalen Zeitalter überall sein und überall arbeiten. Zusammen mit der Tendenz von Verlagshäusern und Rundfunkanstalten, ehemals festangestellte RedakteurInnen in eine prekäre Freiberuflichkeit zu zwingen, sind JournalistInnen im großstädtischen Raum heute das Paradebeispiel für ZeitgenossInnen, die der Kabarettist Florian Schröder etwas spöttisch als „Generation IMM" (= „Irgendwas mit Medien") bezeichnet hat. Den etwaigen Nachteilen wegen fehlender Anstellungsverhältnisse stehen unter Umständen gewisse Vorteile in der Work-Life-Balance gegenüber, wenn Arbeitszeiten nicht mehr durch Bürozeiten bedingt sind: Die Digitalisierung führt auch zur Auflösung traditioneller redaktioneller Strukturen, wenn Nachrichtenverteilsysteme und Content-Management-Systeme von überall erreichbar sind. Und das Smartphone ist ja nicht nur ein RezipientInnen-, sondern auch ein ProduzentInnen-Medium: Es fungiert als Recherche-, Aufnahme-, Editier- und Publizierwerkzeug: „Mobile Reporting" ist das Stichwort. „Ubiquitous Journalism" in diesem Sinne heißt: Journalismus kann nicht nur überall rezipiert werden – er kann auch überall produziert werden.

Wo Journalismus immer und überall stattfindet, stellt sich die Frage, was am Online-Journalismus eigentlich noch das Besondere sein soll. Welches Merkmal unterscheidet einen spezifischen Online-Journalismus von anderen Formen des Journalismus? Gibt es ihn überhaupt noch, den Unterschied, der den Unterschied macht? Darum soll es im nächsten Abschnitt gehen.

A3 ONLINE-JOURNALISMUS ODER JOURNALISMUS.ONLINE?

„Schafft den Online-Journalismus ab", schreibt der ehemalige *FAZ*-Digital-Chef Mathias Müller von Blumencron: „Die Mehrheit der Leser orientiert sich primär im Netz, was nicht heißt, dass sie dort nicht auch Zeitung liest. Millionen lesen primär Zeitung, was nicht heißt, dass sie nicht auch das Internet nutzen. Nahezu jeder Journalismus ist heute auch digital."[7]

Mit der knuffigen These will Blumencron nicht nur provozieren. Er weist auf einen heute eigentlich selbstverständlichen Umstand hin: Es gibt heute keinen Journalismus mehr, der nicht am Computer hergestellt und immer häufiger auch an irgendeiner Form vom Computer rezipiert wird. Um sich das klar zu machen, muss man nur lesen, was der Journalist Oliver Michalsky in einem *Facebook*-Posting beschrieben hat, nämlich wie in vordigitaler Zeit sein erster Arbeitstag zu Beginn seines Volontariats aussah: „1. Tag des Volontariats. Workflow: Text mit Schreibmaschine auf formatiertem Papier schreiben. Ressortleiter redigiert handschriftlich bis zur Unkenntlichkeit. Ausrechnen, wie viele Satzzeilen in Petit das werden (Schreibmaschinenzeile mal irgendwas). Hoffen, dass das hinkommt. Überschriften nach Maschinensatz (bis 12 Punkt?) und Handsatz (Gutenberg, ihr wisst schon) berechnen. Manuskript samt Seitenspiegel in die Mettage tragen. Setzer setzt, Metteur mettiert. Seitenabzug abholen. Korrekturlesen. Text passend machen. Text zu kurz und keine Idee mehr? Zurück in die Mettage, Metteur um Regletten bitten. Soll keiner sagen, man sei damals nicht herumgekommen."

Tempi passati, diese Zeiten sind vorbei. Das journalistische Geschäft ist heute von Anfang bis Ende digitalisiert. „Online-Journalismus" als Oberbegriff für das, was diese etwas nerdigen jungen Leute in den Redaktionen trieben, die nicht mehr für die Printausgabe der Zeitung schrieben und keine Filmbeiträge mehr fürs Fernsehen herstellten, sondern stattdessen direkt auf der Homepage des Verlags oder Senders publizierten, ist obsolet.

Das Wort bezeichnete einen zusätzlichen Ausspielkanal, der sich neben Print, Radio und TV gruppierte und auch in vielen journalistischen Ausbildungscurricula so noch vorgesehen ist. Die Digitalisierung des Journalismus geht aber viel weiter. Man betrachte nur die Produktionsprozesse, innerhalb derer heute Journalismus zustande kommt:

» Bei der Zeitung werden Texte heute mit einem Textverarbeitungsprogramm erfasst und anschließend in ein Content-Management-System gegeben. Von hier wandert der Text in die digitale Druckvorstufe, wo das Layout hergestellt wird. Nun wird per Computer-to-Plate-Technologie (CTP) eine Druckvorlage für die Rollenoffsetdruckmaschine ausgespielt oder per Direct-Imaging-Verfahren sofort an die Druckmaschine gesendet. Parallel kann ein PDF-Dokument, zum Beispiel für den Vertrieb als E-Paper-Ausgabe, erstellt werden. Aus dem Content-Management-System werden die Texte parallel für die Online-Ausgabe oder eine App ausgegeben.

» Beim Radio werden digital aufgezeichnete Töne am Computer geschnitten. Im digitalen Tonstudio sprechen SprecherInnen oder die ReporterInnen selbst den Beitragstext. So landet der fertige Beitrag in der ebenfalls digitalen Senderegie, wo die ModeratorInnen das fertige Stück im Selbstfahrerstudio direkt am Monitor abrufen und in ihre Sendung einbauen können. Nur das ausgehende Radiosignal ist in aller Regel noch analog, Ausnahme ist hier zum Beispiel ein Sender wie *Deutschlandradio Wissen*, der ausschließlich digital sendet.

» Beim Fernsehen sind die heutigen HD-Kameras alle tragbare Computer. Sie zeichnen digital ihre Bilder auf Optical Disc oder ein anderes Speichermedium (Karten, Sticks) auf. Diese Videodaten werden auf einen Schnittcomputer wie den Avid Mediacomposer übertragen. Der fertige Filmbeitrag wird entweder auf ein digitales Band ausgespielt, wiederum auf einen Stick oder ein anderes Speichermedium gespeichert oder direkt auf einem Mediaserver weiterverarbeitet. Im digitalen Synchronstudio wird der SprecherInnentext aufgespielt und schließlich in der digitalen Senderegie das Stück oder die Sendung über den Äther geschickt. Auch der TV-Äther ist übrigens heute ein digitaler, denn das terrestrische analoge Fernsehen ist in Deutschland schon 2009 abgeschaltet worden, das analoge Satellitensignal 2012. Auch die Empfangsgeräte sind heute Computer und nennen sich Hybrid Broadcast Broadband TV (HBB TV): Mit ihnen haben die ZuschauerInnen parallel zum normalen Programm zum Beispiel Zugriff auf Mediatheken oder andere Zusatzdienste.

» Auch die spezifischen „Online-JournalistInnen" arbeiten heute nicht mehr ausschließlich auf und für die Homepage ihres Verlags oder Senders, da sich auch in der Netzwelt die Ausspielkanäle vervielfacht haben. Die Apps und die Tabletversion müssen bespielt werden, Nachrichten werden über Instant-Messaging-Dienste wie *WhatsApp* vertrieben, Videos und Podcasts müssen produziert und eingebunden werden, erfolgreiche Online-Beiträge werden in die Printausgabe übernommen (oder umgekehrt).

Mit der Digitalisierung des Journalismus hat sich eine ganze Kultur nachhaltig verändert, wie auch die JournalismusforscherInnen um Volker Lilienthal feststellen: „Digitaler Journalismus signalisiert also die Veränderung des Journalismus als kulturelle Praxis, während der Begriff Online-Journalismus lediglich angibt, auf welchem Übertragungsweg Journalismus stattfindet bzw. eher einen Vertriebskanal in Abgrenzung zu Rundfunk oder Printerzeugnissen bezeichnet."[8] Berührt wird hier der Kernbereich dessen, was heute als Medienkonvergenz bezeichnet wird.

Medienkonvergenz

Medienkonvergenz bezeichnet die Verschmelzung ehemals separater Kommunikationskanäle auf technischer, inhaltlicher, wirtschaftlicher, organisatorischer und rezeptiver Ebene, wobei die technische Konvergenz die Grundvoraussetzung darstellt. Man geht von drei unterschiedlichen Konvergenzeffekten aus: Bei der *Extinktion* („Auslöschung") verdrängt ein neues Medium ein altes vollständig. Bei der *Komplementarität* ordnen sich die Medien neu an und ergänzen sich gegenseitig, bei der *Evolution* entwickelt das neue Medium sich aus dem alten und nimmt seine Funktionen in sich auf.

Der Computer als „Universalmedium" (Kittler) ist das konvergente Medium schlechthin. Er integriert nahezu alle anderen Medien in sich und hat einige tatsächlich zur Extinktion gebracht. Seine technische Entwicklung hat massive Änderungen auf organisatorischer, wirtschaftlicher und inhaltlicher Seite angestoßen. Die Technik ist zwar Grundvoraussetzung, sie stellt aber andererseits auch nur das kommunikative Potenzial zur Verfügung. Aus medienwissenschaftlicher Sicht ist ein Medium mehr als nur Kommunikationstechnik zur Übertragung, Verarbeitung und Speicherung von Daten. Der Kommunikationsforscher Ulrich Saxer spricht von der „Doppelnatur" publizistischer Medien. Erst die soziale Komponente, also die Sender, die etwas mitzuteilen haben, macht aus einer Technologie ein Medium. In Abwandlung einer berühmten Äußerung des kanadischen Mediengurus Marshall McLuhan könnte man sagen: „The message is the medium." Darum benötigt auch ein digitaler Journalismus JournalistInnen.

Wo es eine Konvergenz gibt, da gibt es auch eine Divergenz. Und auch die hat mit der sozialen Komponente von Medien zu tun: Nicht alle NutzerInnen und KommunikatorInnen gehen jeden Schritt der medientechnischen Entwicklung mit. Im Computerzeitalter sprechen wir von „Digital Divide".

Digital Divide

Unter „Digital Divide" (dt.: digitale Kluft) verstehen wir die Unterschiede im Zugang zu und der Nutzung von Informations- und Kommunikationstechnologien zwischen verschiedenen Bevölkerungsgruppen aufgrund technischer, demografischer und sozioökonomischer Faktoren. Die digitale Kluft kann sich sowohl auf die Mitglieder innerhalb einer Gesellschaft oder auch auf die Unterschiede zwischen Industrie- und Entwicklungsländern beziehen.

Nach Daten der Vereinten Nationen haben in den Industriestaaten zwischen 50 und 90 Prozent der Bevölkerung einen Computer. In Schwellenländern sind es nur zwischen 12 und 49 Prozent und in Afrika in vielen Ländern bestenfalls 4 Prozent der Bevölkerung. Für Deutschland erstellt die Initiative D21 jährlich den *(N)Onliner Atlas*. Auch hier ist ein Gefälle in der Computer- und Internetnutzung bemerkbar, und zwar sowohl in den Altersgruppen als auch von West nach Ost. Sofern Journalismus in Gänze heute digitaler Journalismus ist, sind somit Gruppen in der Gesellschaft von der Informationsvermittlung teilweise ausgeschlossen. Die Diskussion um Netzausbau und Netzneutralität, um Breitbandversorgung und schnelles

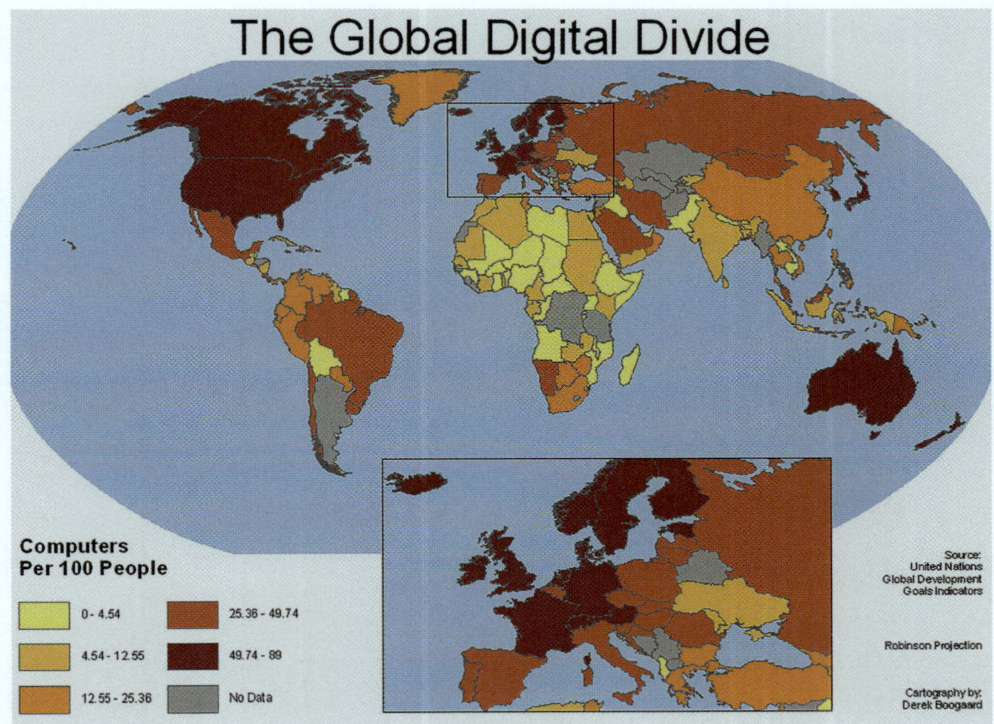

Abb. 2: Digitale Kluft im globalen Maßstab: Nur in Industriestaaten gibt es flächendeckend Zugang zu Computern.

mobiles Netz drehen sich darum immer auch um Journalismus, nämlich um die Frage, ob und wie JournalistInnen ihre RezipientInnen erreichen.

Eine digitale Kluft, die nicht zuletzt eine kulturelle ist, zieht sich auch durch die Redaktionen: Die klassisch arbeitenden KollegInnen von Printzeitungen oder Rundfunk und Fernsehen sehen manchmal immer noch mit gelinder Herablassung auf die „OnlinerInnen". Als der Leiter der Online-Redaktion der *Süddeutschen Zeitung*, Stefan Plöchinger[9] im Frühjahr 2014 in die Chefredaktion des gesamten Blattes aufsteigen soll, sorgt das angeblich nicht nur für Kritik unter den angestammten PrintjournalistInnen des Hauses, sondern auch für einen hämischen Kommentar in der Medienkolumne der *Frankfurter Allgemeinen Sonntagzeitung:* „Wobei ja vielleicht wirklich nichts dagegen spricht, einen Internetexperten in die Führungsriege der Zeitung aufzunehmen. Wäre es aber dann nicht sinnvoll, auch einen Journalisten in die Chefredaktion von ‚sueddeutsche.de' zu holen?"[10]

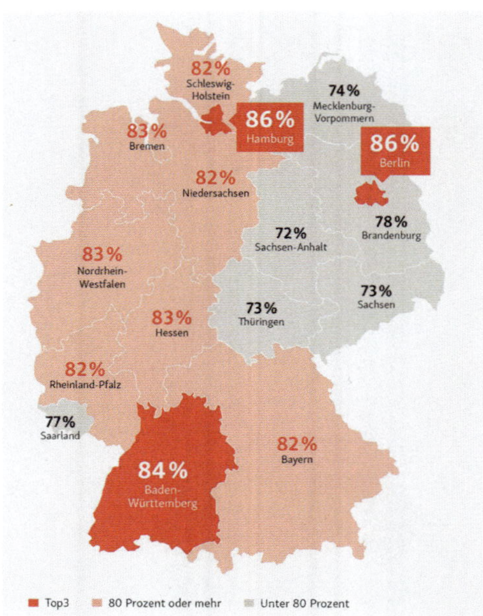

Abb. 3: (N)Onliner-Atlas 2017: Ostdeutschland surft weniger.

Mit der Gegenüberstellung von JournalistInnen und „Internetexperten" löste der *FAS*-Autor Harald Staun eine enorme Solidaritätswelle im Netz aus. Da Plöchinger statt mit Anzug und Krawatte gerne mal mit Kapuzenpulli zu sehen war, ließen sich unter dem Hashtag #Hoodiejournalismus KollegInnen mit diesem Kleidungsstück im Kurznachrichtendienst *Twitter* sehen.

Der Klassenkampf in den Redaktionen tobt nach wie vor zwischen der „Holzklasse", also den Print-AnhängerInnen, die angeblich zu viel „totes Holz" für die gedruckten Ausgaben produzieren, und der „Stromklasse", die angeblich hinter ihren Monitoren versinkt und mit wahrem Leben und wahrem Journalismus nichts zu tun hat. Er zeigt sich auch dort, wo vorgeblich gar kein Unterschied mehr gemacht wird. Alexander Ochse, der stellvertretende Digitalchef der *Bildzeitung*, erzählt voller Stolz, *Bild Online* habe 500 Mitglieder, da gar kein Unterschied mehr zwischen Print- und Online-RedakteurInnen gemacht werde. Doch sind die einen KollegInnen in der Springer GmbH und die anderen bei der Springer SE angestellt, mit deutlich unterschiedlicher Bezahlung und unterschiedlichen Sozialleistungen. Der *Spiegel* gehört zu 50 Prozent der Mitarbeiter-KG, die am Jahresende gerne einen schönen Bonus auszahlt. Doch die 160 Online-RedakteurInnen von *Spiegel Online* gehören der KG nicht an und kommen darum nicht in diesen Genuss. Die RedakteurInnen von *Zeit Online* sind im Frühjahr 2016 sogar in den Streik getreten, um die gleiche Bezahlung wie ihre PrintkollegInnen durchzusetzen. Seitdem ist die *Zeit* eines der ersten Medien, das seine OnlinerInnen nach dem gleichen Tarif bezahlt wie den Rest der Redaktion.

Mit der Frage nach dem Status von traditionellen JournalistInnen und „Onlinern" hängt noch eine tiefergehende Frage zusammen: Wer darf sich überhaupt JournalistIn nennen und was ist überhaupt „Journalismus"? Der Gründer von *netzpolitik.org* zum Beispiel, Markus Beckedahl, wurde vom Branchenblatt *Medium Magazin* 2010 zum „Politikjournalisten des Jahres" gekürt und saß als Sachverständiger in der Enquetekommission des Deutschen Bundestages zu „Internet und Gesellschaft". Als er aber nach der Bundestagswahl 2013 eine Jahres-Akkreditierung als Pressevertreter für den Deutschen Bundestag haben wollte, verweigerte das Bundespresseamt ihm diese mit der Begründung, er sei „Blogger" und kein Journalist. Auch Tilo Jung, der mit seinem Web-Video-Format *Jung & Naiv* PolitikerInnen an die Generation *YouTube* heranführt (oder umgekehrt), wurde mit der gleichen Begründung die Akkreditierung verweigert. Am Status der JournalistInnen hängen neben Akkreditierungen oder der Vergabe von Presseausweisen aber auch die verfassungsmäßigen Rechte, die in Artikel 5 des deutschen Grundgesetzes geregelt sind. Hier sind Klärungen notwendig, die Gesellschaft und Politik als Ganzes angehen.

Durch die Digitalisierung erhält der Journalismus eine neue Bedeutung. Computernetzwerke sind nicht nur Übertragungs-, sondern auch und vor allem Speichermedien. Nichts ist so alt wie die Zeitung von gestern? Das stimmt so nur zum Teil, denn als zeitgeschichtliche Dokumente bekommen sie einen ganz neuen Wert. So stellen die Journalismusforscher Klaus-Dieter Altmeppen und Klaus Arnold fest, die Medien seien „zentrale Geschichtsvermittler und für die Bevölkerung [...] in dieser Beziehung weitaus wichtigere Informationsquellen als Schule oder Universität".[11] Im Netz sind heute schon enorme digitale Archive mit dem Journalismus von gestern und vorgestern entstanden, auf die per Mausklick zugegriffen werden kann. Der *Spiegel* hat zum Beispiel sein komplettes Archiv online gestellt, angefangen beim Jahr 1947. Um auf solche Bestände zurückgreifen zu können, musste man in vordigitalen Zeiten gut ausgestattete Staats- und Universitätsbibliotheken besuchen und sich dort kiloschwere Folianten mit den Jahrgangsbeständen aushändigen lassen. Journalismus ist heute in vielen Bereichen nicht mehr flüchtig und vergänglich, sondern bleibt verfügbar und nachlesbar. Man nennt das auch den „Long Tail" (den „langen Schwanz" oder „langen Ausläufer"), wie der Journalist Chris Anderson diesen Effekt im gleichnamigen Buch getauft hat. Online-Artikel erzielen die meisten Klicks nicht unmittelbar, wenn sie aktuell hochgeladen werden, sondern über die Gesamtdauer der Zeit, die sie online stehen. Das gilt vor allem für nutzwertige Stücke, deren Informationsgehalt nicht unbedingt in der Aktualität liegt.

LINK

Das Nachrichtenmagazin *Der Spiegel* hat sein komplettes Heftarchiv ins Netz gestellt – und das ab 1947. Kostenlos. Eine zeitgeschichtliche Quelle erster Güte: http://www.spiegel.de/spiegel/print/index-2016.html oder bit.ly/spiegelarchiv.

Journalismus ist heute digital und online. Er ist es vollumfänglich, in allen Bereichen, Produktionsschritten und Ausspielwegen. Hier eine Form des digitalen Journalismus über einen spezifischen Ausspielweg zu definieren, z.B. die Homepage des Verlags oder Senders, ist nicht sinnvoll. Auch der Untertitel des vorliegenden Buches zitiert den Online-Journalismus nur wie eine liebgewonnene alte Gewohnheit. Was heute nicht im Internet publiziert wird, droht überhaupt nicht mehr wahrgenommen zu werden: Der Journalismus ist dem Computer buchstäblich ins Netz gegangen. Der Online-Journalismus ist tot, es lebe der Journalismus.online.

A4 DIE NEUE ROLLE DER LESERINNEN

Die *Krautreporter* haben ihre Redaktionsräume in der Kulturbrauerei in Berlin-Prenzlauerberg. „Flaschenabteilung" steht auf einer der gelbgeziegelten Wände. Um das Wortspiel auf keinen Fall auszulassen: Nein, es sind keine journalistischen Flaschen, die hinter diesen Wänden einen Journalismus der vielleicht neuen Art im Netz betreiben. Seit 2014 publizieren die *Krautreporter*, die aus einer Crowdfunding-Plattform gleichen Namens hervorgegangen sind, ihr Online-Magazin mit täglich aktuellen Reportagen und Berichten. Aber die *Krautreporter* haben keine „Leser" oder „User", die *Krautreporter* haben „Mitglieder". Sebastian Esser sitzt mir mit seiner Ikea-Kaffeetasse auf einem in die Jahre gekommenen Stoffsofa gegenüber und erklärt das Prinzip: „Es geht nicht darum, Inhalte zu verkaufen, sondern darum, eine Beziehung aufzubauen, die so stark ist, dass ein Teil der Leute, mit denen diese Beziehung besteht, bereit sind, das Projekt, die gemeinsame Idee zu unterstützen." Und das tun sie. Nach der Anfangseuphorie haben die *Krautreporter* zwar auch LeserInnen, pardon: Mitglieder, wieder verloren. Aber immer noch glauben so viele UserInnen an die Idee und an die Geschichten, die die *Krautreporter* zu erzählen haben, dass eine sechsköpfige Redaktion davon den Lebensunterhalt bestreiten kann.

„Was es da bei *Vanity Fair* oder auch beim *Stern* oder beim *Spiegel*, was es da noch so gibt, das ist ja alles super Journalismus, da gibt es ja überhaupt nichts zu meckern. Es ist aber was völlig anderes als Online-Journalismus ", findet Esser. Die „Mitglieder" der *Krautreporter* sind entsprechend nicht einfach nur passive RezipientInnen, sondern dürfen sich aktiv einbringen: kommentieren, Themenvorschläge machen, bei Recherchen helfen.

Der Journalismus.online hat vor allem zu einer neuen Kultur geführt. Es ist die Fusion der alten Bildungskultur mit der neuen Netzkultur. Wie sieht diese Kultur aber aus? Der Schweizer Medienwissenschaftler Felix Stalder hat dafür den Ausdruck „Kultur der Digitalität" geprägt. Wenn JournalistInnen sich heute anders verhalten, anders publizieren und eine andere Rolle in der Gesellschaft spielen, dann hat es vor allem mit dem geänderten

Krautreporter

Sebastian Esser, der Gründer der *Krautreporter*, hat mit dem Journalismus ganz klassisch angefangen: „Ich war bei gedruckten Magazinen, die dann regelmäßig alle zwei Jahre eingestellt wurden." Esser kam zu dem Schluss, dass die Verlagswirtschaft überhaupt nicht verstanden habe, was da gerade vor sich ginge. Er gründete darum 2013 eine Crowdfunding-Plattform für Journalismus, die *Krautreporter*. Crowdfunding bedeutet, dass man eine Idee ins Netz stellt und eine Menge Interessierte (die „Crowd") findet, die diese Idee vorfinanzieren. Auf Essers Crowdfunding-Plattform waren es Recherchen, Reportagereisen und journalistische Geschichten, die vorzufinanzieren waren, und das klappte auffällig gut: Erfolgsquoten von 70 Prozent sind für Crowdfunding-Ideen ausgezeichnet und deuteten ein neues Geschäftsmodell für Journalismus im Netz an. Schnell kam die Idee auf, nicht nur für die Finanzierung der journalistischen Ideen von anderen zu sorgen, sondern selbst als Redaktion mit Inhalten ins Netz zu gehen und sich eine „Crowd", eine „Community" zu suchen. Vorbild war das niederländische Portal *De Correspondent*. Im Oktober 2014 war es so weit: 17.000 Abonnenten erklärten sich bereit, einen jährlichen Betrag von 60 Euro zu zahlen, um eine neue Form von Online-Journalismus vorzufinanzieren. Für 1.000 Mitgliedschaften stand dabei allein schon die Augstein-Stiftung gerade.
Die Beiträge sind nicht nach Ressorts gegliedert, weswegen sie von Suchmaschinen nicht so gut gefunden werden. Stattdessen stehen sie wie in einem Blog chronologisch untereinander. Schwerpunkt sind lange Autorenbeiträge und Hintergrundreportagen. Klickzahlen sind in dem werbefreien Umfeld nicht so entscheidend, wichtiger ist die Konversionsrate, also die Zahl der Leser, die nach Lektüre eines Artikels zu „Mitgliedern" werden. Mittlerweile wurde die Trägergesellschaft in eine Genossenschaft überführt: Für 250 Euro Mindesteinlage kann jeder Miteigentümer der *Krautreporter* werden. Vorbild war hier die Berliner *Tageszeitung*. Rund 350 GenossenschaftlerInnen haben im Jahr 2016 rund 150.000 Euro aufgebracht.

» **Herausgeber:** Sebastian Esser, Alexander von Streit
» **ChefredakteurInnen:** Theresa Bäuerlein und Rico Grimm

- » **Sitz:** Berlin
- » **Zahl der Online-RedakteurInnen:** 10
- » **AuslandskorrespondentInnen:** 1 (New York)
- » **Social-Media-Kanäle:** *Facebook*, *Twitter*, Newsletter
- » **Social-Media-RedakteurInnen:** Aufgabe des Chefs vom Dienst
- » **Mitgliederzahl:** 5–6.000
- » **User-Zahl durchschnittlicher Beitrag:** k.A.
- » **User-Zahl reichweitenstärkster Beitrag:** 750.000
- » **Konversionsrate:** 10 Leser/Text
- » **Online-CMS:** Eigenentwicklung (auf Basis von Sir Trevor)
- » **Stärkste Ressorts:** Politik, Wirtschaft und Gesellschaft
- » **Verhältnis Eigenbericht/Agentur:** 100% Eigenberichte
- » **LeserInnen-Beteiligung:** eigener Kommentarbereich für Mitglieder
- » **Nutzerdatenanalyse:** Chartbeat, Google Analytics

Verhältnis zu den LeserInnen, ZuschauerInnen und UserInnen zu tun. „Leser sind nicht länger die passiven Empfänger unserer Botschaften. Sie erschaffen, teilen und kommentieren heute selbst. Und sie gehen wie selbstverständlich davon aus, dies auf News-Webseiten zu tun", schreibt der US-amerikanische Journalist Mark Briggs.[12]

Der New Yorker Journalismusprofessor Jay Rosen hat dafür das Akronym TPFKATA kreiert. Es steht für die Überschrift eines Artikels in seinem Blog *Pressthink*: *The People Formerly Known as the Audience* (Die Leute, die man früher das Publikum nannte).

Darin dekliniert Rosen ein bisschen im Stil der zehn Gebote, wie die neue Stellung des Publikums die professionelle Medien- und Journalismusproduktion verändert hat.

Teilhabe am Journalismus hieß in vordigitalen Zeiten, dass man einen Leserbrief schreiben konnte, der mit etwas Glück in gekürzter Form veröffentlicht wurde. Bei Rundfunk und Fernsehen waren die Möglichkeiten noch eingeschränkter, hier gab es nahezu gar keine Formate, in deren Rahmen Zuhörer- und Zuschauermeinungen zu Gehör gekommen wären. Heute geht Partizipation am Journalismus um ein Vielfaches weiter:

» RezipientInnen können einzelne Artikel und Beiträge kommentieren, auf Fehler hinweisen und eigene Stellungnahmen verfassen; dazu dienen die Kommentarspalten auf den Webseiten der Medien oder auch deren Auftritte in den sozialen Netzwerken;
» RezipientInnen können auch untereinander kommunizieren, ihre Erfahrungen austauschen oder sich zu einer gemeinsamen Interessenvertretung zusammentun – das hat etwa die „Ständige Publikumsvertretung" aus Leipzig getan, die wegen der mangelhaften Bürgervertretung in den Rundfunkräten der öffentlich-rechtlichen Rundfunkanstalten die Programmkontrolle selbst in die Hand genommen hat und bei fehlerhafter Berichterstattung die Sender mit Programmbeschwerden überzieht;
» RezipientInnen können selbst publizieren, indem sie einen Blog oder eine Webseite ins Netz stellen; auch die Pinnwände in den sozialen Netzwerken sind ja nichts anderes als private Publikationsforen – viele Watchblogs, also Blogs, die Medien oder Politik unter die Lupe nehmen, sind auf diese Weise entstanden, zum Beispiel *netzpolitik.org*;
» RezipientInnen können Videos drehen und auf Internetplattformen hochladen, um auf diese Weise das Weltgeschehen zu kommentieren, sich beim Auspacken von Einkaufskartons zu zeigen oder die lustigsten Streiche der Hauskatze zu verewigen;
» RezipientInnen gerade jüngeren Alters sind in eine Welt mit Computern, Internet, Handys und Navigationsgeräten schon hineingeboren, deswegen nennt man sie die „Digital Natives", also die „geborenen Digitalen" (wobei „native" im Englischen auch „Eingeborener" bedeutet!). Sie gehen ganz selbstverständlich mit digitalem Equipment um, können Filme drehen und schneiden und haben insgesamt eine Medienkompetenz, die den Abstand zu den Medienprofis schmelzen lässt.

Je länger die Aufzählung wird, umso komischer kommt einem das Wort „RezipientIn" vor. Handelt es sich überhaupt noch um „RezipientInnen", die in ihrem bedingungslosen Konsumwillen sich den Angeboten der Medienwelt hingeben? Nein, es sind aktive TeilhaberInnen am Mediensystem mit Rezeptions- *und* Publikationswünschen. Und umgekehrt, die Bezeichnung „KommunikatorIn" für die professionellen MedienmacherInnen,

„Die Leute, die man früher das Publikum nannte, sind die, die früher mal am Empfangsende des Mediensystems standen, und das war eine Einbahnstraße."

JAY ROSEN, JOURNALISMUSPROFESSOR

die auf den Kommunikationswissenschaftler Gerhard Maletzke zurückgeht, war wahrscheinlich immer schon schief, nie war sie aber so falsch wie heute: Kommunikation war stets ein dialogischer Prozess mit Feedbackschleifen, aber heute hat Kommunikation eine ganz neue Qualität. Aus einem asymmetrischen Verhältnis zwischen Journalismus und Publikum ist ein symmetrisches geworden, man könnte auch sagen, es herrscht endlich Gleichberechtigung. „Wir sind das Publikum! Autoritätsverlust der Medien und Zwang zum Dialog" ist entsprechend eine Studie der Otto-Brenner-Stiftung überschrieben. Und auch das Hamburger Hans-Bredow-Institut spricht in einem größeren Forschungsprojekt von der „(Wieder-)Entdeckung des Publikums". Beide Seiten müssen erst lernen, mit dieser neuen publizistischen Machtverteilung umzugehen.

Noch etwas hat sich im Verhältnis zwischen JournalistInnen und ihrem Publikum geändert: Noch nie wussten Redaktionen so viel über ihre LeserInnen, ZuschauerInnen und NutzerInnen. Das Fernsehen musste (und muss weiterhin) sündhaft teure Erhebungen durch die Gesellschaft für Konsumforschung (GFK) bezahlen, um die Einschaltquoten für ihre Programme zu erfahren. Radiosender und Zeitungen haben gar kein ähnliches Instrument. Bei der Allensbacher Markt- und Werbeträgeranalyse (AWA) oder den Forschungen der Arbeitsgemeinschaft Media-Analyse (AG.MA) wird jährlich bis vierteljährlich bei Umfragen stichprobenhaft erhoben, wer in Deutschland eigentlich was liest oder hört. Die so gewonnenen Zahlen sind ungenau und unzuverlässig, aber dennoch hängt ein Vermögen an ihnen, denn nach ihnen bemessen sich unter anderem die Preise für Werbung.

Ganz anders ist die Situation in der Online-Welt. Hier weiß man als Webseiten-Betreiber in der Regel im gleichen Augenblick, welche NutzerInnen in welcher Zahl welche Angebote in Anspruch nehmen, welche Seiten sie sich ansehen, welche Links sie klicken und wie lange sie auf einer Webseite bleiben. Alle der für dieses Buch besuchten Online-Redaktionen erheben solche Daten und arbeiten mit ihnen. „Wir sehen sehr viel klarer, was Leser lesen", erklärt Stefan Plöchinger, Ex-Online-Chef der *Süddeutschen Zeitung*, „weil das einfach in Echtzeit messbar ist. Deswegen machen wir sicher keinen zahlengetriebenen Journalismus. Aber wir können Zahlen in andere Relationen stellen als das bei einer (gedruckten) Zeitung möglich ist."

Nutzerdaten

Die Informationsgemeinschaft zur Feststellung der Verbreitung von Werbeträgern (IVW) e.V. ist ein Zusammenschluss von Medienunternehmen, Werbetreibenden und Agenturen und stellt seit 1997 mittels sogenannter Zählpixel die Gesamtzahl der Seitenabrufe sowie die einzelnen zusammenhängenden Nutzungsvorgänge bei Webangeboten fest. Die technische Durchführung der Zählung liegt bei der Infoline GmbH. Die folgenden Begriffe haben sich im redaktionellen Alltag etabliert:

» **Page Impression** steht für den einzelnen Aufruf einer HTML-Seite. Dieser Begriff ist aus verschiedenen Gründen überholt. Zum einen konnten Klickraten-Optimierer in den Redaktionen durch simple Tricks (z.B. Bildergalerien zum Weiterklicken) die Impression-Rate künstlich nach oben bugsieren. Zum anderen ist Webcode heute komplexer und es können Elemente hinzugeladen werden, ohne eine HTML-Seite erneut aufrufen zu müssen. Für die Messung der einzelnen Abrufe von Unterseiten (z.B. einzelnen Artikeln oder Beiträgen) kann die Page Impression dennoch immer noch hilfreich sein.

» Ein **Visit** ist der Besuch einer UserIn auf einer Webseite. Dies kann sich auf eine einzelne Seite oder auf mehrere Seiten innerhalb einer Domain beziehen, zum Beispiel wenn eine LeserIn *Bild Online* ansteuert und dort mehrere Beiträge aufruft. Ist die NutzerIn 30 Minuten inaktiv, gilt der Visit als beendet.

» Ein **Visitor** ist die BesucherIn einer Webseite. Steuert die BesucherIn mehrmals am Tag die gleiche Webseite an, wird sie trotzdem auf Tagesbasis als ein Visitor gezählt.
» Der **Unique User** entspricht dem Visitor. Allerdings kann eine WebseitenbesucherIn aufgrund von Cookies, also kleinen Hilfsdateien, die im Browserordner gespeichert werden, auch über einen längeren Zeitraum identifiziert werden und wird dann als Unique User nur einmal gezählt.
» Die **Engaged Time** ist die Zeit, die der Visitor aktiv auf einer Seite bleibt bzw. die er aktiv einem Artikel widmet.
» Die **Bruttoreichweite** bezeichnet die Summe aller erzielten Kontakte (also aller Visits) in einem festgelegten Analysezeitraum (zum Beispiel einem Monat).
» Die **Nettoreichweite** bezeichnet die Summe aller Kontakte von verschiedenen Personen (also der Unique Visitors) im Analysezeitraum.

Die Nutzung von Webvideos oder anderen multimedialen Elementen wird von der IVW nicht gemessen. Die Arbeitsgemeinschaft Fernsehforschung (AGF) misst aber seit 2014 die Nutzung von TV-Mediatheken im Internet.

Mehr als 50 Prozent der Webseitenbetreiber weltweit und 80 Prozent der Betreiber in Deutschland setzen darüber hinaus für ihre eigenen Analysen Google Analytics ein. Bei diesem Werkzeug werden die Daten des gesamten Internetverkehrs auf einer Webseite an Google übergeben, woraus eine enorme Menge an statistischem Material entsteht. Und das funktioniert nicht nur bei Webseiten. Wie das Computermagazin *C't* schon 2014 aufgedeckt hat, werden auch die Sehgewohnheiten der BesitzerInnen von Smart-TVs ausgehorcht und die Daten zur weiteren Analyse an Google übergeben.

Folgende Informationen über das Besucherverhalten auf Webseiten liefert Google Analytics:

Google Analytics

- lokale Herkunft der BesucherIn (Land und Stadt)
- Sprache
- Computerbetriebssystem
- Gerät (PC, Tablet-PC oder Smartphone)
- Browser und alle verwendeten Add-ons
- Auflösung des Computers
- Quelle des Besuchs (Suchmaschine, soziales Netzwerk oder Link von einer anderen Webseite)
- Welche Dateien werden heruntergeladen?
- Welche Videos werden angesehen?
- Welche Werbebanner werden angeklickt?
- Wohin geht die BesucherIn: Klickt sie durch weitere Seiten des Portals oder verlässt sie die Seite wieder?
- Wie lange bleibt die BesucherIn insgesamt auf der Webseite?

Für Echtzeitzugriffe auf die Userstatistik benutzen viele Redaktionen ein Programm namens Chartbeat. Das browserbasierte Programm misst in Echtzeit alle Nutzeraktivitäten: Was geschieht gerade auf der Webseite? Wie viele UserInnen sind gerade auf der Seite aktiv? Aus welchen Ländern oder Regionen kommen sie? Mit welchem Endgerät besuchen sie die Seite: von einem Computer oder einem Smartphone aus?

Diese Form der Datenbeschaffung wird auch als „Tracking" bezeichnet und ist datenschutzrechtlich sehr umstritten. Denn auch wenn diese Daten nicht unmittelbar personalisierbar sind, lassen sie doch Schlüsse auf persönliche Einstellungen, zukünftiges Verhalten und sogar intime Vorlieben zu. Eine Forschergruppe um Michal Kosinski von der Universität Cambridge hat herausgefunden, dass allein aus *Facebook*-Likes zuverlässig auf persönliche Eigenschaften geschlossen werden kann.

LESEN

In ihrem Aufsatz *Private traits and attributes are predictable from digital records of human behavior* zeigen o.g. die ForscherInnen, dass auch intime Details wie die sexuelle Orientierung, politische Einstellungen, Nikotin-, Alkohol- und Drogenkonsum sowie die Religionszugehörigkeit mit Wahrscheinlichkeiten bis zu 95 Prozent vorhergesagt werden können.

Eigenschaft	Zuverlässigkeit der Prognose	Was wurde genau untersucht?
Ethnischer Hintergrund	95%	Kaukasisch oder Afro-Amerikanisch?
Geschlecht	93%	Männlich oder weiblich?
Sexuelle Orientierung I	88%	Schwul?
Politische Einstellung	85%	Liberal oder konservativ?
Religion	82%	Christlich oder muslimisch?
Sexuelle Orientierung II	75%	Lesbisch?
Nikotinkonsum	73%	Raucher/Raucherin?
Alkoholkonsum	70%	Trinkt Alkohol?
Beziehung	67%	Single oder in einer Beziehung?
Drogenkonsum	65%	Konsumiert Drogen?
Trennungskind	60%	Eltern im Alter von 21 getrennt?

Erfolgsraten bei der Prognose von Persönlichkeitseigenschaften aus Facebook-Likes. Quelle: Kosinski et al, 2013

Abb. 4: Persönliche Eigenschaften, die durch User-Tracking ermittelt werden.

„Do not track"

In den Sicherheitseinstellungen der Internetbrowser lässt sich die Funktion „Do not track" aktivieren. Damit bekommen die angesteuerten Webseiten die Information, dass kein Nutzerprofil erstellt werden soll. Allerdings sind Webseitenbetreiber gesetzlich nicht verpflichtet, diese „Do not track"-Präferenz zu berücksichtigen. Datenschützer-Innen in Deutschland gehen davon aus, dass das Ignorieren der Einstellung einen Verstoß gegen Art. 5 Abs. 3 der ePrivacy-Richtlinie (sog. „Cookie-Artikel") darstellt. Außerdem komme das Setzen des „Do not track"-Signals einer „Erklärung eines Widerspruchs im Sinne von § 15 Abs. 3 TMG" gleich. Solche Widersprüche seien laut Telemediengesetz (TMG) von AnbieterInnen zu beachten. Allerdings haben ausgerechnet die Suchmaschinenbetreiber *Yahoo* und Google öffentlich erklärt, den „Do not track"-Button zu ignorieren.
Einen Schritt weiter können datenschutzbewusste NutzerInnen gehen, wenn sie Browser-Add-ons wie No Script oder Ghostery installieren. Damit sind kleine Hilfsprogramme auf Webseiten, die mit der Internet-Programmiersprache Java Script geschrieben sind, nicht mehr ausführbar. Zum Beispiel basiert auch Google Analytics teilweise auf Java Script. Allerdings stellen einige Webseiten ihren Dienst ein, wenn die Script-Funktion im Browser deaktiviert ist.

> Für JournalistInnen sind „Do not track"- und „No Script"-Funktionen ein zweischneidiges Schwert. Denn Usertracking ist ein wichtiges Instrument für die Werbeindustrie und die ist nun einmal für einen Großteil der Einnahmen verantwortlich, mit denen Journalismus. online finanziert wird.

Man kann als BenutzerIn teilweise das Tracking umgehen, Sicherheit gibt es in dieser Frage aber nicht. Dass die Daten zur Analyse an Server in den USA geschickt werden, gilt als besonders problematisch, weil sie dadurch jeder Regulation durch deutsches oder europäisches Recht entzogen werden.

Die Veränderungen im Verhältnis von Journalismus und Publikum im digitalen Zeitalter haben auch mit erheblichen gesellschaftlichen Veränderungen zu tun. Die medientechnischen Entwicklungen sind dabei nur eine Mit-Ursache für diesen sozialen Strukturwandel. In allen entwickelten Gesellschaften ist schon spätestens seit den 1960er-Jahren eine Parzellisierung hin zu Teilöffentlichkeiten und Subkulturen feststellbar. Diese Subkulturen haben auch schon in der vordigitalen Ära ihre eigenen Wege der Publizität gesucht. Man denke nur an die Studentenpresse der 1960er-Jahre, aus denen einige der „etablierten" Verlage von heute hervorgegangen sind. In den 1970er-Jahren blühte die Alternativpresse mit ihren Stattzeitungen, Bürgerwochenblättern und Flugschriften. Auch die *Tageszeitung* (*Taz*) ist in dieser Zeit entstanden. In den 1980er-Jahren kamen Fanzines und die Bürgerradios hinzu. Mit diesem neu entstandenen publizistischen Bürgersinn hat sich schon damals der Begriff der Öffentlichkeit gewandelt: Das Wort von der „Gegenöffentlichkeit" entstand. In den 1990er-Jahren brachte der Schweizer Soziologe Peter Gross den Begriff „Multi-Optionsgesellschaft" auf: Menschen verhalten sich nicht mehr kongruent zur sozialen Schicht, Gruppe oder der Familientradition, sondern versuchen ständig, aus dem Meer der Optionen die besten für sich auszusuchen. Die Massenmedien haben versucht, durch immer weitergehende Diversifizierung darauf einzugehen. Die Digitalisierung und das Internet haben diese verschiedenen Strömungen und Stimmungen konvergieren und im Netz aufgehen lassen. In dem Maße, in dem sich die Grenzen zwischen professioneller Publizistik und Publikum auflösen, hat auch das Verhältnis Privatheit/Öffentlichkeit eine massive Neubestimmung zu Lasten der ersteren erfahren. Dass Privatpersonen Sachverhalte der persönlichen und persönlichsten Lebensführung in Webtagebüchern und sozialen Netzwerken potenziell einem Massenpublikum öffentlich machen, hat den Sinn des Begriffs „Privatheit", aber auch den Begriff der „Publizität" massiv in Frage gestellt. An den Paradoxien, die damit zusammenhängen, werden wir noch eine Weile zu kauen haben.

LINK

Schon gibt es Netzapologeten wie Christian Heller, der in seinem Manifest *Post-Privacy: Prima leben ohne Privatsphäre* für das Ende einer ebensolchen eintritt und in seinem eigenen Wiki auch Persönlichstes wie seinen Terminkalender oder die Bewegungen auf seinem Sparkassenkonto online stellt: plomlompom.de/PlomWiki.

Der Kommunikationswissenschaftler Manuel Thomä hat den „Zerfall des Publikums" im Angesicht der neuen Online-Medien in einer gleichnamigen empirischen Studie untersucht. Er ist zu dem Ergebnis gekommen, dass das Publikum sich in drei Gruppen unterteilt:

» Die erste Gruppe ist die „Avantgarde", die sich mit den neuesten Online-Features auskennt und sie nutzt. Diese Gruppe besitzt meist eine höhere Schul- und Ausbildung.
» Die zweite Gruppe sind die „Schatzsucher und Flaneure", die sich nicht in erster Linie für das Medium, sondern für die Inhalte interessieren.
» Die dritte Gruppe sind die „Abgekoppelten", die sich für Online- und Mobilnachrichten überhaupt nicht interessieren, diese skeptisch sehen und denen häufig auch die Medienkompetenz für den Umgang damit fehlt.[13]

Das segmentierte Publikum will auf neue und andere Art gewonnen und angesprochen werden. Viele Rezepte der alten Medienwelt funktionieren da nicht mehr – dafür steht auch die Erosion von Auflagen und Werbeeinnahmen. Wenn der Journalismus eine Zukunft haben soll, dann muss er in gewisser Weise von vorn anfangen, und das heißt, er muss von diesem neuen Verhältnis zu seinem Gegenüber ausgehen. Volker Lilienthal spricht in diesem Zusammenhang von der „Dialogisierung des Onlinejournalismus". Aus dem etwas paternalistischen und bildungsbürgerlichen Gestus einer vergangenen Journalismuskultur muss eine neue, partnerschaftliche Verbindung mit dem „Du" der eigenen LeserInnen werden. Das englische

Abb. 5: Time Magazine: „You" wird „Person des Jahres".

Wort für Du ist „you". Im Jahr 2006 hat das *Time Magazine* „You" zur „person of the year" gewählt: „Yes, you. You control the Information Age. Welcome to your world." Für den Journalismus hat das eminente Folgen. Man kann es darum auch etwas plakativer ausdrücken: Aus dem Journalismus muss ein *Your*-nalismus werden: Yournalismus.online.

A5 ULTRAKURZE GESCHICHTE DES JOURNALISMUS.ONLINE

Ein imposantes Gebäude ist das *Spiegel*-Hauptquartier in der Ericusspitze nahe dem Hamburger Hauptbahnhof, wie es da pfeilgleich in die Elbe hineinragt. In der Snackbar im legendären Panton-Design im fünften Stock des Gebäudes treffe ich Anselm Weidermann, Chef vom Dienst bei *Spiegel Online*. Er kam 2007 nach VWL-Studium und Henri-Nannen-Schule zu *Spiegel Online*. „Seitdem hat sich alles verändert", erzählt Weidermann nonchalant. Vor zehn Jahren sei das Angebot noch viel textlastiger gewesen, heute sei *Spiegel Online* multimedialer, biete mehr Bewegtbild und viele Infografiken. „Wir waren immer der Marktführer und dann kam lange, lange nichts mehr. Heute sind die Mitbewerber viel agiler geworden." Konkurrenz belebt also auch im Journalismus.online das Geschäft. Außerdem war *Spiegel Online* einstmals einfach hip, die LeserInnen waren Fans und FreundInnen des Webangebots. Heute müsse sich die Redaktion, so Weidermann, auch wegen Pegida & Co. viel mehr mit Kritik von Userseite auseinandersetzen.

Dass *Spiegel Online* im seriösen Nachrichtengeschäft die Marktführerschaft behauptet, hängt nicht nur damit zusammen, dass die Redaktion als eine der ersten in Deutschland ins Netz gegangen ist. Auch die schiere Größe der Online-Redaktion sichert die Marktstellung. 160 RedakteurInnen arbeiten im großen Online-Newsroom in der Erricusspitze. Jeden Tag werden auf der Homepage 150 neue Artikel veröffentlicht. Die Besonderheit: Das gedruckte Nachrichtenmagazin erscheint nur wöchentlich, tagesaktuelle oder gar Echtzeit-Information war eigentlich nie Sache des *Spiegels*. Schon deswegen unterscheidet sich das Angebot von *Spiegel Online* von dem der Print-Schwester deutlich. Dafür trägt sich die Online-Ausgabe vor allem durch die hohen Werbeeinnahmen selbst und muss nicht, wie in vielen anderen Fällen, von der Printredaktion

Abb. 6: Newsroom von Spiegel Online in Hamburg.

quersubventioniert werden. Mittlerweile erwirtschaftet *Spiegel Online* ein Drittel des Gewinns der *Spiegel*-Gruppe. Dennoch gab es auch beim *Spiegel* Gräben zwischen den traditionellen Print-KollegInnen und den OnlinerInnen. Die entsprechenden Kämpfe kosteten mehreren Chefredakteuren den Job, zuletzt Klaus Brinkbäumer, der im Sommer 2018 abgesetzt wurde. Dafür rückt mit Barbara Hans die Online-Chefin ins Chefredaktionsteam auf, um die Fusion der Print- und der Online-Redaktion zu stemmen.

Spiegel Online

Spiegel Online ist einer der vielen Ableger des Nachrichtenmagazins *Der Spiegel*, zu denen etwa auch *Spiegel TV*, das *Manager Magazin* oder *Spiegel Geschichte* zählen. Bei den journalistischen Qualitätsmedien ist *Spiegel Online*, was die Klickzahlen angeht, unangefochtener Marktführer in Deutschland. Dies führt dazu, dass die Online-Redaktion schwarze Zahlen schreibt. In dieser wirtschaftlichen

Verfassung kann sich *Spiegel Online* Einrichtungen leisten, von denen andere Online-Medien nur träumen können: Zum Beispiel hat die Redaktion vermutlich als einzige Online-Redaktion in Deutschland zwei eigene DokumentaristInnen, die nur fürs Fact-Checking zuständig sind. Außerdem hat *Spiegel Online* acht eigene KorrespondentInnen im Ausland, darunter eine im australischen Sidney, die, wenn in Europa Nacht ist, auf der anderen Erdseite die Homepage betreut.

- **Online-Chef:** Barbara Hans
- **Sitz:** Hamburg
- **Zahl der Online-RedakteurInnen:** 160
- **AuslandskorrespondentInnen:** 8 (Brüssel, Moskau, Istanbul, Neu Delhi, Washington, New York, Sidney – in Australien wird die Homepage nachts betreut)
- **Social-Media-RedakteurInnen:** 3
- **Unique User** (Juli 2018, AGOF): 21 Mio.
- **User-Zahl durchschnittlicher Beitrag:** sechsstelliger Bereich
- **User-Zahl reichweitenstärkster Beitrag:** 1,5 Mio.
- **Online-CMS:** Eigenentwicklung
- **Stärkste Ressorts:** Panorama, Kultur, Politik, „einestages"
- **LeserInnen-Beteiligung:** Kommentarbereich unter Artikeln (bei NS-, Asyl- und Israel-Themen ist der Kommentarbereich geschlossen)
- **Nutzerdatenanalyse:** k.A.

LINK

Die Geschichte von *Spiegel Online* und die Geschichte des Online-Journalismus in Deutschland in einer Zeitleisten-Reportage mit Links zu den markantesten Ereignissen der Zeitgeschichte. Auch als Beispiel für „Scrollytelling" sehenswert: http://www.spiegel.de/netzwelt/web/spiegel-online-geschichte-und-entwicklung-des-online-journalismus-a-995631.html.

Das Hamburger Nachrichtenmagazin war eine der ersten Redaktionen, die in Deutschland online gegangen sind. Seit Oktober 1994 ist der *Spiegel* im WWW. Vor ihm war nur die *Deutsche Welle* im Netz, wie eine Hausmitteilung aus dem September 1994 informiert. Dass der *Spiegel* so schnell sein konnte, hatte auch damit zu tun, dass viele seiner Inhalte bereits fürs Publikum digital aufbereitet waren. Denn das WWW hatte Vorläufer, die auch bereits Nachrichten und journalistische Inhalte übermittelt haben:

- » In Bulletin Board Systems, Newsgroups und Mailgroups wurden schon seit den frühen 1970er-Jahren auch journalistisch relevante Inhalte verbreitet und diskutiert. Über den Reaktor-Unfall in Tschernobyl berichtete 1986 als eine der ersten die *Bayerische Hackerpost* in ihrem Mailboxsystem.
- » Das System Ceefax aus Großbritannien wurde 1974 eingeführt und ist das Vorbild für alle Teletext- oder Videotextsysteme. Die heutigen Online-Redaktionen vieler öffentlich-rechtlicher Sender gehen auf die ursprünglichen Videotext-Redaktionen zurück.
- » In Frankreich gab es ein ganz eigenes System namens *Minitel*, das nicht über das Fernsehgerät lief, sondern über ein spezielles Terminal in den Haushalten abgerufen wurde. *Minitel* bot nicht nur eine eigene Telefonauskunft, sondern auch Nachrichten, Aktienkurse und den Wetterbericht. Die große Popularität führte dazu, dass sich in Frankreich das WWW deutlich langsamer durchsetzte. *Minitel* wurde erst 2012 endgültig abgeschaltet.
- » In Deutschland bot die Deutsche Bundespost seit 1983 ein eigenes Bildschirmtextsystem namens *BTX* an. Einige Verlagshäuser sammelten über *BTX* ihre ersten Erfahrungen mit neuen, computerbasierten Distributionswegen für Nachrichten, auch *DPA*-Agenturmeldungen waren über die Verlage von Anfang an für die „Tele-Leser" verfügbar. Special-Interest-Magazine wie das Computermagazin *Chip* leisteten sich ebenfalls einen *BTX*-Auftritt. Sehr erfolgreich auf *BTX* war auch der *Westdeutsche Rundfunk (WDR):* Er gehörte zu den größten Informationsanbietern dieses Postdienstes und erzielte vielleicht auch deswegen so hohe Abrufraten, weil die *WDR*-Sendung *Computerclub* über *BTX* kostenlose Software anbot. *BTX* war aber recht teuer, da man neben Anschluss- und Monatsgebühren auch noch eine eigene Hardware vom Postmonopolisten kaufen musste, außerdem kostete jeder Seitenabruf Geld. *BTX* ging 1995 in das neu geschaffene *T-Online* über, wo es noch bis 2007 unter der Bezeichnung *T-Online Classic* weitergeführt wurde – vor allem wegen der beliebten Banking-Funktionen.

Das World Wide Web

Das Internet, das 1969 als Arpanet in Büros des amerikanischen Verteidigungsministeriums gegründet wurde (aber entgegen anderslautenden Gerüchten nie eine „militärische Erfindung" war), bildet nur die technische Infrastruktur für das weltweite Netzwerk. Der Dienst, den die meisten UserInnen mit dem Internet gleichsetzen, ist das World Wide Web (WWW). Es wurde im Jahr 1989 als Hypertextsystem vom britischen Physiker Tim Berners-Lee am europäischen Forschungszentrum CERN in Genf erfunden. Das Besondere daran ist, dass Daten nicht hierarchisch, sondern eher wie ein Zettelkasten geführt werden und die BenutzerInnen damit zu Informationen geführt werden, von denen sie vorher nicht ahnten, dass sie sie interessieren. Angeregt wurde Berners-Lee dazu durch ein Buch aus seiner Kindheit, *Enquire Within Upon Everything*, eine Art „Ich sag' dir alles"-Lexikon, in dem sehr disparate Einträge von Benimmregeln bis zu medizinischen Informationen wild durcheinander präsentiert wurden.

LESEN

Tim Berners-Lee legte 1989 ein Projektpapier mit dem schlichten Titel *Information Management. A Proposal* vor, in dem er ein Hypertext-System skizzierte, das im Grunde „ein ‚Netz' aus Notizen mit Links zwischen ihnen" sein sollte.

Als Systemvoraussetzungen formulierte Berners-Lee, dass

- » Zugriff und Datenaustausch zwischen verschiedenen Computersystemen möglich sein sollte,
- » jeder Informationen einstellen und aktualisieren können sollte,
- » private Links unterstützt werden sollten,
- » die NutzerInnen ihre eigenen Informations-Netze für den persönlichen Gebrauch erstellen können sollten
- » und das Einstellen von Informationen genauso simpel sein sollte wie die Suche und das Abrufen von Informationen.

Wie die meisten großen Erfindungen ist auch das WWW nicht eine einzige Erfindung, sondern das Zusammenspiel von mehreren technologischen Neuerungen. Im Zentrum stehen drei Komponenten:

- Die Uniform Resource Locators (URLs), die die Adressen der einzelnen WWW-Seiten darstellen,
- das Hypertext Transfer Protocol (HTTP), das für die Übertragung der Hypertexte in Netzwerken sorgt und
- die Hypertext Markup Language (HTML), also die Sprache, in der Webseiten verfasst sind.

Heute wacht das World Wide Web Consortium (W3C), das am Massachusetts Institute of Technology (MIT) beheimatet ist, über die Netz-Standards. Den Vorsitz hat immer noch Tim Berners-Lee inne. Das W3C wird hälftig aus US-amerikanischen Regierungsmitteln und Geldern der Europäischen Union finanziert.

Chaos Computer Club

Der Chaos Computer Club (CCC), der (auch ein „online-journalistischer" Link) 1981 am Redaktionstisch der alternativen *Tageszeitung* gegründet wurde, leistete sich einen solchen *BTX*-Auftritt, um Schwachstellen des Systems zu testen. Den Hackern gelang es, sich über *BTX* 135.000 DM von der Hamburger Sparkasse aufs eigene Konto überweisen zu lassen (was sie anschließend wieder rückgängig machten). Der Hack hatte auch journalistische Auswirkungen, die auf einen Wandel in der öffentlichen Kommunikation hindeuteten: Erstmals kam eine Computernutzergruppe in der *Tagesschau* zu Wort. Der Redaktionstisch der *Taz*, an dem der CCC gegründet wurde, war übrigens der legendäre Küchentisch der „Kommune 1", Deutschlands prominentester Wohngemeinschaft, die in Zeiten der 68er-Studentenrevolte das Land bewegte.

Als erstes etabliertes Medienhaus, das das WWW für das Nachrichtengeschäft nutzte, gilt die US-amerikanische Tageszeitung *The News & Observer* in Raleigh, North Carolina. Mit dem Online-Chefredakteur George Schlukbier stellte das Blatt im Juli 1994 die Webseite *Nando Times* ins Netz, die zuvor schon seit 1993 über ein selbstgehostetes System abrufbar war. Mit ihrer Ressorteinteilung und ersten interaktiven Elementen schreiben sich die Macher der *Nando Times* zugute, die „vielfach kopierte" Vorlage für unzählige Newsseiten im Netz geboten zu haben. Das ist nicht die

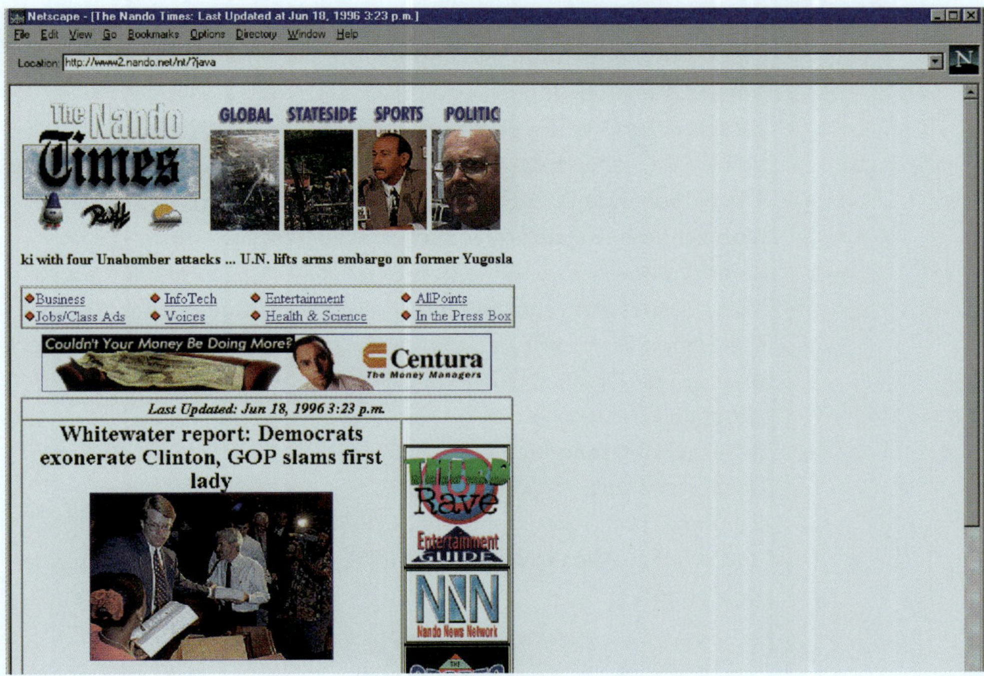

Abb. 7: Erste Online-Zeitung: Nando Times vom 18. Juni 1996.

ganze Wahrheit, denn bereits vorher, im November 1993, hatte das College of Journalism and Communications an der University of Florida eine rudimentäre Nachrichtenseite ins Netz gestellt. Und schon im Januar 1994 lancierte die *Palo Alto Weekly* ihre Webseite – allerdings stellte sie einfach zweimal wöchentlich ihre komplette Ausgabe online.

Die *Nando Times* bot online bereits lokale, nationale und internationale Nachrichten, außerdem Sport, Wirtschafts- und Lifestyle-Nachrichten sowie Gaming-News. Mit dem Projekt „Newspaper in Education" förderte die *Nando Times* freien Internetzugang für Schulen. Die Nutzer-Interaktivität bestand allerdings hauptsächlich darin, am Valentinstag und anderen hohen Feiertagen Grüße an seine Lieben auf die Newsseite stellen zu können. Darüber hinaus etablierte die *Nando Times* aber bereits Arbeitsweisen, die sich später als typisch für online-journalistische Abläufe erweisen sollten:

» Die Redaktion arbeitete im Schichtbetrieb 24 Stunden, war also nicht tagesaktuell, sondern publizierte bereits in Echtzeit.

» Die *Nando Times* verwertete Nachrichten und Artikel der großen Nachrichtenagenturen und anderer Medien wie der *New York Times*, *Wallstreet Journal* oder *Bloomberg* und stellte sie online, und zwar zum Teil ein Jahr und länger, bevor diese Dienste selbst Webseiten hatten.
» Die eingehenden Berichte wurden online-optimiert, das heißt die Überschriften wurden geändert und die Beiträge wurden kategorisiert, um sie besser auffindbar zu machen. Manchmal wurden auch Webdossiers aus verschiedenen Artikeln zusammengestellt.
» Die *Nando Times* war also eigentlich mehr ein News-Aggregator, aber es wurden auch exklusive Eigenberichte für die Online-Seite geschrieben, vor allem zu lokalen und zu Sportthemen.
» Mit Linklisten schufen die *Nando Times*-Redakteure eine Frühform des Kuratierens.
» Die Redaktion experimentierte auch mit Java-Programmierung und schuf auf diese Weise schon 1996 rotierende Fotoalben auf der Homepage.

Noch etwas sollte sich als typisch für den Online-Journalismus erweisen: Besonders hohen Zulauf erhielt die *Nando Times* immer bei „Breaking News", bei denen sich die LeserInnen offenbar online besonders schnell und zuverlässig informiert fühlten. Die Beiträge zum Bombenattentat in Oklahoma City 1995 oder zum Tod von Lady Di zählen zu den meistgeklickten Artikeln auf der *Nando*-Seite überhaupt.

Ein Meilenstein für die Entwicklung des Journalismus.online ist das katastrophale Attentat auf das New Yorker World Trade Center am 11. September 2001. Online-Medien sind hier die schnellsten und die am meisten nachgefragten Nachrichtenangebote für die „Breaking News" aus den USA. So berichtet beispielsweise *Spiegel Online* schon 13 Minuten nach dem Anschlag darüber; der Nutzer-Ansturm ist zeitweise so groß, dass die Server zusammenbrechen und zusätzliche Ressourcen angemietet werden müssen. An einem einzigen Tag greifen fast zehn Millionen Leser auf das Online-Angebot des *Spiegels* zu, fünfmal mehr als bei anderen dramatischen Ereignissen. Der *Spiegel* und andere Medien stellen in der Folge auf 24-Stunden-Betrieb um. Der Journalismus.online hat sich etabliert und ist eine feste Größe im Nachrichtengeschäft.

ONLINE SCHREIBEN

B1 SCHREIBEN IM DIGITALEN ZEITALTER

Ein Haus für gute Texte

Die Hultschiner Straße in München liegt nicht gerade im Szeneviertel. Das neue Hochhaus der *Süddeutschen Zeitung* ist im Gewerbegebiet gelandet. Viele RedakteurInnen weinen dem alten Standort in der Sendlinger Straße nach: Downtown München, wenn man so will, zentraler ging es nicht. Aber das alte Gebäude war zu eng, verwinkelt, kein Platz für Expansion. Und die *Süddeutsche* expandiert. Zum Beispiel die Online-Redaktion. 80 RedakteurInnen arbeiten exklusiv an den diversen Online-Ausgaben der *SZ*. Aber man versteht sich hier – das betont der damalige Digitalchef Stefan Plöchinger ausdrücklich – als „integrierte Redaktion": „In Wahrheit arbeitet jeder Mensch, der in diesem Haus arbeitet, für online. Also alle Redakteure der *Süddeutschen Zeitung* werden auch online publiziert. Jeder Redakteur arbeitet hier medienneutral." Plöchinger begrüßt mich in seinem lässigen Eckbüro mit Blick auf den Münchener Süden. Er serviert mir einen Kaffee, den er mithilfe eines Wasserkochers in seinem Büro schnell selbst gekocht hat. Auf dem großen Flatscreen über dem Konferenztisch läuft die sich ständig aktualisierende Webseitenstatistik des *SZ*-Online-Auftritts. 14.000 Visitor sind zum Zeitpunkt unseres Interviews auf der Seite. Und Plöchinger ist sich recht sicher, was die lesen wollen: „Unsere Leser wollen Geschichten lesen. Deswegen tun unsere Redakteure das, was sie am besten können: Nämlich Geschichten erzählen und lange Texte schreiben." In der Vergangenheit habe man multimedialen Darstellungsformen und datenjournalistischen Experimenten mehr Raum gegeben. Aber jetzt konzentriere man sich wieder auf die Kernkompetenzen – und die bestünden nun einmal darin, gute Geschichten zu recherchieren und aufzuschreiben.

Der Kapuzenpulli, auch „Hoodie" genannt, wird Stefan Plöchinger, dem Ex-Online-Chef der *Süddeutschen Zeitung*, wohl noch lange nachhängen. Die Wochenzeitung *Die Zeit* kolportierte als erste das Gerücht, der geplante Aufstieg des passionierten Hoodieträgers Plöchinger in die

Abb. 8: Stefan Plöchinger kochte bei der Online-Redaktion der SZ den Kaffee noch selbst.

Chefredaktion des eigenen Blatts würde von arrivierten Printkollegen äußerst kritisch beäugt. In einem gehässigen Kommentar der *Frankfurter Allgemeinen Sonntagzeitung* wurde dann notiert, es spräche nichts dagegen, einen Internetexperten zum Mitglied der Chefredaktion zu machen, aber dann müsse auch ein Journalist in die Leitung der Online-Abteilung der *Süddeutschen* aufrücken. Da war sie wieder, die alte Spaltung zwischen klassischen Printjournalisten und jungen Onlinern, die eigentlich nur Computerexperten und gar keine richtigen Journalisten seien. Eine Solidaritätswelle rollte insbesondere durch *Twitter*, der Hashtag „Hoodiejournalismus" wurde ein paar Tage lang zum „Trending Topic", Fotos von solidarischen JournalistInnen mit Kapuzenpulli, allen voran *Bild*-Chef Kai Diekmann, geisterten durchs Netz.

Dabei muss Plöchinger sich unter seiner Kapuze gar nicht verstecken, hat er doch, trotz Bezahlmodells, die Online-Seite der *Süddeutschen* zu beträchtlichem Erfolg geführt. Laut der Arbeitsgemeinschaft Online Forschung (AGOF) hatte die *SZ* Ende 2017 über 12 Mio. Unique User auf der Seite und liegt damit im deutschen News-Seiten-Ranking auf Platz 8.

SZ Online

Gestartet ist die Online-Seite der *Süddeutschen Zeitung* am 6. Oktober 1995. Anfangs wurden keine genuinen Online-Texte verfasst, dafür stand oft der komplette Inhalt der Printausgabe kostenlos im Netz. Während des sogenannten „Dotcom-Booms" wurde unter dem ersten Online-Chefredakteur Patrick Illinger eine eigene Online-Redaktion aufgebaut – und beim Platzen der Dotcom-Blase wieder abgebaut, die *SZ*-Website fiel hinter die Mitbewerber zurück. Erst unter dem Online-Chef Hans-Jürgen Jakobs, der 2007 das Ruder übernahm, wuchs die *SZ Online*-Redaktion wieder. 2011 kam Stefan Plöchinger von *Spiegel Online*. Im gleichen Jahr wurde eine digitale Ausgabe entwickelt, die zusammen mit neuen Apps für Smartphones und Tablet-Computer auf den Markt kam und von Anfang an, wie Plöchinger erklärt, auch als Pay-Modell funktioniert hat. 2012 und dann wieder 2015 gab es umfassende Relaunchs der Website, die seitdem unter dem Logo der Printausgabe und mit den gleichen Grundschriften online geht. 2015 wurde auch ein Bezahlmodell eingeführt, das das „Metered Model"-Konzept mit dem „Freemium Model" kombiniert: Die ersten 10 News-Artikel sind kostenlos lesbar, danach muss gezahlt werden. Gleichzeitig gibt es exklusive Artikel, die unter der Rubrik „Das Beste aus der Zeitung" ausschließlich gegen Bezahlung lesbar sind. Zahlungsbereite *SZ*-LeserInnen dagegen erhalten eine Tages-Flatrate: Gegen eine Tagesgebühr kann man 24 Stunden lang alle Angebote der *SZ* nutzen, egal ob als E-Paper, auf der Website oder in der App. Darüber hinaus bietet die *Süddeutschen Zeitung* mit *SZ Espresso* einen täglichen Service, der die wichtigen Themen des Tages bündig zusammenfasst, sowie einen *WhatsApp*-Newsletter.

» **Online-Chef:** Julia Bönisch
» **Sitz:** München
» **Zahl der Online-RedakteurInnen:** 80

„Das Internet ist ein Medium, das man mit Texten bespielt, und wir sind ein Haus, das sich auf gute Texte versteht.“

STEFAN PLÖCHINGER, SZ ONLINE

- **AuslandskorrespondentInnen:** 3 (San Francisco, New York, Washington)
- **Social-Media-RedakteurInnen:** 2,5 (+1 für das *SZ*-Magazin)
- **Unique User** (Oktober 2018, AGOF): 11,75 Mio.
- **User-Zahl durchschnittlicher Beitrag:** k.A.
- **User-Zahl reichweitenstärkster Beitrag:** k.A.
- **Online-CMS:** Polopoly (ein Ableger des Print-CMS von Atex)
- **Stärkste Ressorts:** Sport und München
- **LeserInnen-Beteiligung:** *Facebook*-Kommentare und täglich 3 Diskussionsthemen über die Onlineplattform *Disqus* (kein offener Kommentarbereich auf der Seite)
- **Nutzerdatenanalyse:** Chartbeat und Google Analytics

Schreiben ist und bleibt eine der Kerntugenden des Journalismus, auch online. Das Internet ist in erster Linie ein Textmedium. Der weitaus größte Teil des Webs besteht aus Texten. Der Hypertext-Forscher Jay D. Bolter nannte das „the revenge of text upon television“. Texte können im Netz besonders gut und einfach dargestellt werden. Die Basis des WWW ist ein Textsystem, nämlich die „Hypertext Markup Language“. HTML-Seiten werden geschrieben, nicht programmiert. Und Texte sind – da ist sich nicht nur Stefan Plöchinger sicher – das, was LeserInnen am ehesten suchen, wenn sie journalistische Informationen im Internet aufrufen.

Auch Christian Lindner, der damalige Chefredakteur der Koblenzer *Rhein-Zeitung*, bestätigt im Interview: „Bei uns auf der Webseite läuft nach wie vor Text eindeutig am besten, ganz klassischer normaler Text."

Texte haben auch gegenüber anderen Darstellungsformen enorme Vorteile:

» Textlesen und Textverständnis ist ein in langen Schul- und Ausbildungsjahren erlerntes Kulturvermögen;
» Texte haben entsprechend hohe „Usability": LeserInnen bestimmen Lesetempo und Rhythmus komplett selbst, können in Texten hin- und herspringen;
» Texte bieten die perfekte Möglichkeit, Informationen auf den Punkt zu bringen;
» Lesen strukturiert, wie die Leseforscherin Maryanne Wolf schreibt, die Schaltkreise und Verbindungen in unserem Gehirn und setzt dadurch Ressourcen für neue kognitive Fertigkeiten frei.

Hypertexte multiplizieren diese Vorteile noch, denn es sind Textsysteme: Sie verweisen auf andere Texte, sind in ein Netzwerk aus Informationen eingebunden und können auch ihre Grundlagen und Voraussetzungen offenlegen. LeserInnen haben auch hier den Usability-Vorteil, selbst entscheiden zu können, ob sie Links folgen oder sie ignorieren wollen.

Die digitale Schreibmaschine

Mit dem Vorgang des Schreibens sind oft romantische Vorstellungen verknüpft: Man denkt an Spitzwegs Gemälde vom *Armen Poeten in der Dachkammer*, man denkt an Gänsekiel und Füllfederhalter. Auch viele VolontärInnen oder Journalismus-Studierende, die man nach den Motiven für ihre Berufswahl fragt, antworten häufig mit: „Ich schreibe gerne."

Das professionelle Schreiben, wie es beispielsweise heute von JournalistInnen betrieben wird, hat sich allerdings von diesen romantischen Vorstellungen weit entfernt. Die digitale Boheme, die mit einem Latte Macchiato im Kaffeehaus an ihren Projekten werkelt, tut dies nicht mit Stift und dem berühmten leeren Blatt Papier. Schreiben ist eine durchtechnisierte Tätigkeit geworden, die heute ausschließlich an digitalen Endgeräten ausgeführt wird und die in ihrer ganzen Komplexität so nur selten wahrgenommen wird.

Geschrieben werden am Computer auch nicht mehr nur Texte. Geschrieben wird auch Programmcode, geschrieben werden Kommandozeileneingaben, geschrieben wird in Grafik- und Illustrationsprogrammen und auch die Berechnungen in Tabellenkalkulations- und Auswertungsprogrammen – wie sie beispielsweise im Datenjournalismus eine Rolle spielen – erfolgen über Tastatureingaben. Die Computertastatur, ob real aus Plastik und Platinen oder virtuell nachgebildet auf den Touchbildschirmen mobiler Geräte, ist das universelle Eingabegerät des Mediums Computer. Viele Computerprogramme und alle gängigen Betriebssysteme lassen sich auch ganz ohne Maus nur über Tastaturbefehle bedienen. Inwieweit das gewählte Bearbeitungsmedium Einfluss auf die Medieninhalte hat, ist in der Medien- und Kommunikationswissenschaft stark umstritten. Wenig umstritten ist die Einsicht, dass man die Arbeitsgeräte, mit denen man professionell umgehen will, auch kennen sollte, um deren spezifische Möglichkeiten auszunutzen und ihre Grenzen auszuloten. Die Eingabe eines Textes über eine Tastatur und dessen Anzeige auf einem Bildschirm ist dabei nur der erste Schritt. Der Text wird in einer Datenbank abgelegt, diese Datenbank befindet sich auf einem Server, in einer arbeitsteiligen Situation arbeiten auch andere kollaborativ am eigenen Text weiter, rufen ihn ab, speichern ihn wieder. Die Ausgabe des Textes über verschiedene Kanäle muss gesteuert und kontrolliert werden. Bis der Text die LeserIn erreicht, wird eine ganze Lawine an kreativen und technischen Schritten ausgelöst. Jeder Fehler in dem größtenteils rein technischen Vorgang kann erheblichen Einfluss auf den Text haben, kann ihn verschlechtern oder sogar ruinieren.

Tipps

Da die Tastatur für professionelle SchreiberInnen das wichtigste Arbeitsgerät und die Schnittstelle zum Computer ist, sollte hier besonders auf die Qualität und Ergonomie des Geräts geachtet werden. Für professionelle Arbeitsplätze definiert die Bildschirmarbeitsverordnung (BildscharbV) in der Fassung vom 31.08.2015 die Anforderungen und formuliert auch das Recht der ArbeitnehmerInnen auf Ergonomie an Bildschirmarbeitsplätzen. Auf Folgendes sollte insbesondere geachtet werden:

» Die Tastaturen sollten einen deutlich spürbaren „Klick", also einen ganz kleinen Widerstand beim Drücken haben.

» Wer häufig bei Computerarbeiten Verspannungen und Schmerzen im Schulterbereich spürt oder gar über Kopfschmerzen klagt, sollte eine ergonomische Tastatur ausprobieren, bei deren Nutzung die Körper- und Handhaltung günstiger ist.
» Wer keinen Nummernblock benötigt, sollte eine schmalere Tastatur ausprobieren, damit die Maus näher am Körper benutzt werden kann.
» Bei Laptops sollte man darauf achten, dass genügend Zwischenraum zwischen den einzelnen Tasten besteht.
» Der Bildschirm sollte höhenverstellbar sein und sich ungefähr auf Augenhöhe befinden – bei Laptops lohnt sich oft für den heimischen oder Büroarbeitsplatz die Anschaffung eines externen Monitors.

Auch von den LeserInnen wird heute im Online-Journalismus viel mehr erwartet, als die reine „Lean-back"-Haltung der passiven KonsumentIn: Ohne versierten Umgang mit Computer, Tastaturen und mobilen Endgeräten wie Tablets und Smartphones werden Text und LeserInnen nicht mehr zusammenfinden. Sekundärer Analphabetismus ist darum in westlichen Industrienationen ein Phänomen, dass auch zum Problem für Internetmedien werden kann. Wer nicht mehr fließend lesen und schreiben kann, wird an Online-Kommunikation nur in sehr eingeschränktem Umfang teilnehmen können. Ironie der Mediengeschichte: Erst hat die medientechnische Entwicklung den Menschen das Alphabet ausgetrieben, und dann erfordert die nächste medientechnische Revolution wieder die Alphabetisierung. Gutes und korrektes Texten ist im Internet auch darum wichtig, weil es häufig das einzige Medium ist, über das schriftliche Kommunikation noch wahrgenommen wird und darum auch die Standards dafür setzt.

Wer also im Online-Journalismus mitmischen will, ist gut beraten, sich darüber Gedanken zu machen, wie ein Text zustande kommt, was einen guten Text ausmacht, was die Besonderheiten von Online-Texten sind und welche typischen journalistischen Textformen es im Netz gibt. Das soll im Folgenden geschehen.

B2 HTML SCHREIBEN

Die Sprache des Internets heißt „Hypertext Markup Language" (HTML).

HTML-Sprache

HTML ist keine Programmiersprache, sondern eine Auszeichnungssprache, das heißt, es wird ganz normaler natürlich-sprachlicher Text geschrieben und dann werden mit bestimmten Sonderzeichen Textmerkmale bestimmt. Diese Textmerkmale können Formatierungsbefehle wie Überschrift, Zitat oder Kursivtext sein oder auch die Eigenschaft eines sprachlichen Ausdrucks bezeichnen, Hyperlink zu einem weiteren Text zu sein. Diese speziellen Auszeichnungs-Ausdrücke werden als „Tags" bezeichnet".

HTML ist nicht die einzige Sprache des Internets und vielleicht nicht einmal mehr die dominante: Datenbankbasierte Anwendungen, Peer-to-Peer-Kommunikation, mobile Apps, Videoabrufe und proprietäre Lösungen bestimmter Anbieter nehmen heute gegenüber browserbasierten Angeboten eine starke Stellung ein (obwohl auch viele Mobile-Apps auf HTML basieren).

The Web is Dead. Long Live the Internet, schrieben Chris Anderson und Michael Wolff schon 2010 im amerikanischen Netz-Magazin *Wired*.

Dennoch wird Web-Kommunikation gerade im journalistischen Bereich auch in Zukunft eine fruchtbare und relevante, womöglich sogar immer noch die vorherrschende Medientechnologie bleiben.

Anders als in den frühen Jahren des WWW ist es heute für JournalistInnen nicht mehr unbedingt notwendig, HTML schreiben oder gar programmieren zu können. Die meisten Eingabesysteme, die sogenannten Content-Management-Systeme (siehe Kap. D), nehmen der AutorIn heute den lästigen Computerkleinkram ab und lassen sie sich weitgehend auf den Text konzentrieren. Dennoch können basale technische Kenntnisse von HTML und den damit zusammenhängenden Webtechnologien wichtig sein.

Es reicht als Problemstellung ja schon aus, wenn ein Text bei einer ersten Ansicht im Webbrowser nicht so aussieht wie erwartet, zum Beispiel wenn eine Überschrift verrutscht oder zwischen Bild und Bildunterschrift zu viel Leerraum ist. Mit einem kurzen Blick in den HTML-Text einer Webseite und grundlegenden Kenntnissen von dem, was man dort sieht, lassen sich solche Schwierigkeiten häufig schnell ausräumen.

Die Sprache des Webs: HTML

Den HTML-Text einer Website kann man sich mit den üblichen Internetbrowsern ganz einfach anschauen. Beim Internet Explorer kann man mit einem Rechts-Klick ins Browserfenster im nun aufscheinenden Pop-up-Menü den Befehl „Quellcode anzeigen" auswählen. Bei anderen Browsern geht das ähnlich. Häufig reicht auch die Tastenkombination „STRG + U", um den Quellcode gezeigt zu bekommen.

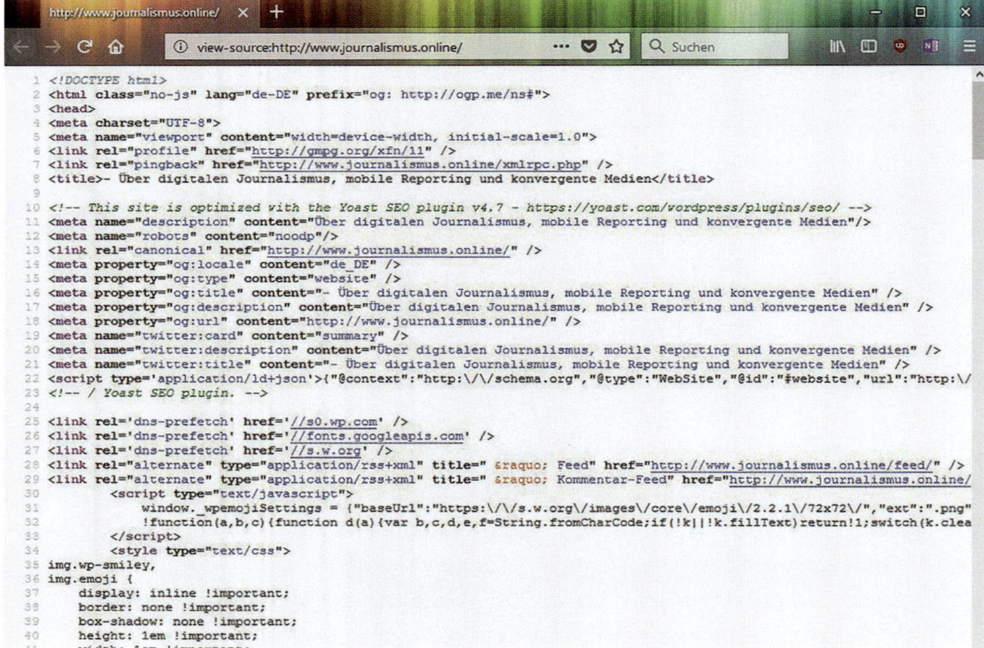


```
<!DOCTYPE html>
<html class="no-js" lang="de-DE" prefix="og: http://ogp.me/ns#">
<head>
<meta charset="UTF-8">
<meta name="viewport" content="width=device-width, initial-scale=1.0">
<link rel="profile" href="http://gmpg.org/xfn/11" />
<link rel="pingback" href="http://www.journalismus.online/xmlrpc.php" />
<title>- Über digitalen Journalismus, mobile Reporting und konvergente Medien</title>

<!-- This site is optimized with the Yoast SEO plugin v4.7 - https://yoast.com/wordpress/plugins/seo/ -->
<meta name="description" content="Über digitalen Journalismus, mobile Reporting und konvergente Medien"/>
<meta name="robots" content="noodp"/>
<link rel="canonical" href="http://www.journalismus.online/" />
<meta property="og:locale" content="de_DE" />
<meta property="og:type" content="website" />
<meta property="og:title" content="- Über digitalen Journalismus, mobile Reporting und konvergente Medien" />
<meta property="og:description" content="Über digitalen Journalismus, mobile Reporting und konvergente Medien" />
<meta property="og:url" content="http://www.journalismus.online/" />
<meta name="twitter:card" content="summary" />
<meta name="twitter:description" content="Über digitalen Journalismus, mobile Reporting und konvergente Medien" />
<meta name="twitter:title" content="- Über digitalen Journalismus, mobile Reporting und konvergente Medien" />
<script type='application/ld+json'>{"@context":"http:\/\/schema.org","@type":"WebSite","@id":"#website","url":"http:\/
<!-- / Yoast SEO plugin. -->

<link rel='dns-prefetch' href='//s0.wp.com' />
<link rel='dns-prefetch' href='//fonts.googleapis.com' />
<link rel='dns-prefetch' href='//s.w.org' />
<link rel="alternate" type="application/rss+xml" title=" &raquo; Feed" href="http://www.journalismus.online/feed/" />
<link rel="alternate" type="application/rss+xml" title=" &raquo; Kommentar-Feed" href="http://www.journalismus.online/
        <script type="text/javascript">
            window._wpemojiSettings = {"baseUrl":"https:\/\/s.w.org\/images\/core\/emoji\/2.2.1\/72x72\/","ext":".png"
            !function(a,b,c){function d(a){var b,c,d,e,f=String.fromCharCode;if(!k||!k.fillText)return!1;switch(k.clea
        </script>
        <style type="text/css">
img.wp-smiley,
img.emoji {
    display: inline !important;
    border: none !important;
    box-shadow: none !important;
    height: 1em !important;
```

Abb. 9: Quellcode einer HTML-Seite.

Die erste Seite, auf der man landet, wenn man eine Internetadresse wie zum Beispiel „www.journalismus.online" eingibt, ist die Indexseite. Dahinter steckt ganz einfach eine Textdatei mit dem Namen „index.html", die auf dem eigenen Webserver zum Beispiel im Ordner „journalismus.online" liegt. Steuert man eine x-beliebige Internetadresse an, die auf .com, .de, .org oder Ähnliches endet, sucht der Browser immer zuerst nach einer Datei namens index.html.

Wie man am Quellcode schon sieht, besteht HTML überwiegend aus Buchstaben und ein paar wenigen Zahlen. Was sonst noch auffällig ist, sind die vielen <spitzen Klammern>. Was zwischen diesen spitzen Klammern steht, sind die „Tags" (engl. ausgesprochen), also genau die Auszeichnungen, die festlegen, wie der Text auf der Internetseite erscheinen soll. Der Buchstabe h in spitzen Klammern steht einfach für „Headline", also eine Überschrift. <h1> ist die erste oder Oberüberschrift, <h2> ist die nächstkleinere Überschrift und so weiter. Der Tag <p> steht für „paragraph" und sorgt einfach für einen neuen Absatz. Möchte man ein Wort oder einen Satz fett schreiben, braucht man dafür den Tag <strong>. Natürlich muss man dem Webbrowser stets auch sagen, wann eine Auszeichnung endet, sonst bliebe ja nach dem ersten Tag <h1> der komplette folgende Text als erste Überschrift ausgezeichnet. Dafür gibt es die End-Tags, die nach der ersten spitzen Klammer noch einen Querstrich haben. Um das Wort „dick" in einem Satz also als fettgedruckt auszuzeichnen und danach normal weiterzuschreiben, schreibt man: <strong>dick</strong>.

Ein HTML-Dokument besteht aus Kopf (engl. header) und einem Körper (engl. body). Der eigentliche (journalistische) Text und die Tags, die ihn auszeichnen, stehen im Body. Im Header stehen Informationen über die HTML-Datei, also zum Beispiel die Ankündigung, dass es sich überhaupt um ein HTML-Dokument handelt <html>, oder der Titel der Seite <title>. Außerdem befinden sich im Header bestimmte Meta-Informationen. Das sind solche Informationen, die zwar die NutzerInnen im Webbrowser nicht zu sehen bekommen, die aber beispielsweise von Suchmaschinen ausgelesen werden können. Der Text, der beispielsweise als „Meta Description" hier verzeichnet wird, ist genau der, den Suchmaschinen wie Google unter der Überschrift als Zusammenfassung darstellen (das sogenannte „Snippet").

Typischer Aufbau einer HTML-Seite

```
1. <html>
2. <head>
3. <title>Seitentitel</title>
4. </head>
5. <body>
6. <h1>Überschrift</h1>
7. Hier steht der journalistische Text dieser Seite.
   Manchmal können Wörter auch <strong>fett</strong> oder
   manchmal auch <em>kursiv</em> geschrieben sein.
8. </body>
9. </html>
```

Ursprünglich sahen HTML-Seiten wirklich sehr simpel aus: Eine Überschrift gefolgt von Text, der manchmal bunt daherkam, gegliedert durch Trennstriche. Für professionelle Publizistik war das zu langweilig: Man wollte im WWW die gleichen oder doch ähnliche Layout-Optionen haben, wie man sie von gedruckten Publikationen kannte. Es kamen darum immer neue Tags dazu, um die Darstellung von Inhalten auf Webseiten zu verbessern. Bis heute sind aber die Layout-Möglichkeiten von HTML-Seiten im Vergleich zu denen von Printveröffentlichungen deutlich eingeschränkt. Dafür trägt die Technologie Sorge, dass HTML-Seiten auf allen Computern der Welt in jedem Browser ungefähr gleich aussehen. In der nebenstehenden Tabelle sind einige der wesentlichen Auszeichnungselemente von HTML aufgeführt.

Da HTML eine Sprache ist, kann man sie tatsächlich in jedem Textverarbeitungsprogramm einfach schreiben. Gut eignen sich dafür einfache Texteditoren wie „Textedit" am Mac oder das „Wordpad" unter Windows. Wichtig ist, die Datei beim Speichern mit der Endung .html zu versehen (und nicht mit .txt oder .doc).

HTML-Elemente – Allgemein	
<!DOCTYPE html>	erste Zeile jeder HTML-Datei
<html lang=„de">	gibt an, dass die komplette Seite auf „deutsch" ist (engl. language = Sprache)
<head>	Hier beginnt der Header-Bereich, der Meta-Informationen über die Webseite enthält.
<title>	Seitenüberschrift, taucht zwar nicht *im* Browserfenster auf, dafür aber an folgenden wichtigen Stellen: » Titelzeile des Browserfensters » als Lesezeichen (Bookmark) » auf Ergebnisseiten von Suchmaschinen
<body>	Textkörper der Seite
Strukturelemente	
<h1> … </h1> bis <h6> … </h6>	Überschriften (engl. headlines)
<p> … </p>	Absatz (engl. paragraph)
 	erzwungener Zeilenumbruch (engl. break)
<hr>	Trennlinie (engl. horizontal ruler)
Auszeichnungselemente	
<b> … </b>	Fettschrift (engl. bold)
<strong> … </strong>	wichtiger Bereich, Schrift wird meist fett angezeigt (engl. strong = kräftig)
<i> … </i>	kursive Schrift (engl. italic = kursiv)
<em> … </em>	hervorgehobener Bereich, Schrift wird meist kursiv angezeigt (engl. emphasis = Hervorhebung)
<del> … </del>	durchgestrichener Text (engl. deleted = gelöscht)
<small> … </small>	Kleingedrucktes (engl. small = klein)

Verlinken, aber richtig

Einen Online-Text schreiben ist das eine. Es ist ein (journalistischer) Vorgang, der sich erst einmal nicht sonderlich von normaler Textproduktion unterscheidet. Was den Online-Text wirklich von anderen Texttypen unterscheidet, sind die im Text integrierten Hyperlinks, mit denen sich ein ganzes Textsystem schaffen lässt. Dabei unterscheidet man zwischen internen und externen Links:

Links

Interne Links verweisen auf andere Hypertexte (oder andere Dokumenttypen) innerhalb des eigenen Webauftritts.
Externe Links verweisen auf andere Hypertexte oder Dokumente, die in einem anderen Webauftritt zu finden sind (also auch eine andere URL haben).

Anders als bei anderen Hypertextmodellen war die so simple, wie geniale Idee von Tim Berners-Lee, dem Erfinder von HTML, den Hyperlink selbst zum Teil des Online-Texts zu machen und ihn einfach selbst mit einem Tag auszuweisen, als ob es sich um eine Eigenschaft der „getagten" Wörter handeln würde, ein Link zu sein.

Um innerhalb eines HTML-Dokuments auf andere HTML-Seiten zu verlinken, verwendet man den Anker-Tag <a>. Es gibt verschiedene Formen der Verlinkung und damit auch verschiedene Typen von Anker-Tags. Der wichtigste ist „href", was für „hyper reference" steht. Um einen externen Link beispielsweise zur Homepage von *Spiegel Online* in seine HTML-Seite aufzunehmen, schreibt man also:

<a href=„http://www.spiegel.de/index.html">

Um einen Link genau auf eine bestimmte Zeichen- oder Buchstabenfolge, den sogenannten „Linktext" oder „Ankertext", im eigenen Online-Text zu legen, schreibt man die Wörter, die den Link darstellen sollen, vor den Anker-Endtag. Ein kleiner Ausschnitt inklusive Link könnte dann in HTML so aussehen:

Ständig aktualisierte Nachrichten und Informationen gibt es auf <a href=„http://www.spiegel.de/index.html">Spiegel Online.</a>

Tote Links

Was ist, wenn jemand in seine Webseite einen externen Link einfügt und der Betreiber der Webseite, auf die verlinkt wurde, löscht genau diese Seite? Dann entsteht ein „toter Link". Der Webserver, bei dem der Link ankommt, gibt dann üblicherweise eine Antwort in Form des http-Statuscodes „404 Not Found". Tote Links sind das nichtlösbare Problem des World Wide Webs, weil es als dezentrales Computernetzwerk keine zentrale Kontrolle über das Vorhandensein oder Nichtvorhandensein von Dokumenten haben kann. Andere Hypertextsysteme, zum Beispiel Ted Nelsons Xanadu, wollten das anders lösen und eine Dokumenten- und Versionskontrolle implementieren, was aber auf Kosten der Flexibilität des Systems gegangen wäre. Die Integrität des WWW kann nicht garantiert werden, weil es eben nie fertig ist, sondern ständig im Zustand einer riesigen Baustelle bleibt, worunter gerade die Links zu leiden haben. Tote Links sind aber keine Spezialität von Online-Systemen: Wer schon einmal eine wissenschaftliche Abschlussarbeit geschrieben hat, kennt das Problem, dass man in einer Fußnote ein Werk erwähnt und es dann im Literaturverzeichnis vergisst aufzuführen – Fehler 404.

Im Webbrowser würde dieser HTML-Code so dargestellt:

Ständig aktualisierte Nachrichten und Informationen gibt es auf **Spiegel Online**.

Auch Bilder und Grafiken sind nicht integraler Bestandteil von Webseiten, sondern werden als separate Dateien auf dem Webserver (oder einem Unterordner, der häufig „Images" oder „Dateien" heißt) aufbewahrt. Entsprechend muss – wenn in einem Online-Text ein Bild oder eine Grafik auftauchen soll – im HTML-Code ein Verweis auf diese Datei gesetzt werden. Dies geschieht mit dem <img>-Tag. Auch dieser Tag kann diverse Attribute besitzen, aber das mit Abstand wichtigste ist die Auszeichnung mit „src" (engl. source = Quelle). Fügt man also in seinen Online-Text den Ausdruck <img src=„guernica.jpg" /> ein, so wird im Webbrowser das Bild „Guernica.jpg" dargestellt, sofern sich die entsprechende Bilddatei im gleichen Ordner wie die HTML-Datei befindet. Ist die JPG-Datei in einem anderen Ordner, so muss man hinter das src-Attribut den gesamten Dateipfad hinschreiben, zum Beispiel:

```
<img src=„http://www.journalismus.online/bilder/guernica.jpg"/>
```

Ein bisschen Linkosophie

Eine sinnvolle Anzahl, Art und Platzierung von internen und externen Links im Online-Text entscheiden darüber, wie sich LeserInnen innerhalb eines Webauftritts zurechtfinden, wie lange sie in diesem Webauftritt bei der Stange bleiben („Engaged Time") und wie sie sich nach der Lektüre weiterbewegen. Eine kleine Philosophie des Verlinkens, also eine „Linkosophie", kann helfen, LeserInnen zu gewinnen und zu behalten.

Interne Links leiten die LeserInnen durch den Webauftritt und sind somit ganz entscheidend dafür, ob sie dort finden, was sie suchen, und entsprechend der Seite „treu" bleiben oder gar zu einem späteren Zeitpunkt zurückkehren („Return-Quote"). Das Vertrauen in die Leistungsfähigkeit eines Webauftritts hängt ganz wesentlich mit der Navigation und der internen Verlinkung auf einer Seite zusammen. Und Vertrauen ist die Zwillingsschwester der Glaubwürdigkeit und damit eines der höchsten Güter, mit denen LeserInnen gewonnen werden können. Mit einer sinnvollen internen Verlinkung kann darum indirekt die Glaubwürdigkeit des eigenen Mediums erhöht und die Rückkehr-Bereitschaft von LeserInnen gesteigert werden.

LESEN

Die Usability-Forscher Lara Catledge und James Pitkow vom Georgia Institute of Technology in Atlanta (USA) haben schon in der Frühzeit des Webs Mitte der 1990er-Jahre in ihrer Studie *Characterizing Browsing Strategies in the World Wide Web* typische Navigationsmuster bei der Nutzung von Webauftritten untersucht.

Dabei haben sie festgestellt, dass das Folgen von Links die mit Abstand häufigste Interaktion ist, die LeserInnen anstellen – gefolgt vom Klicken der „Zurück"-Taste. Die Art, wie sie Links folgen, hängt stark davon ab, welcher Typ von NutzerInnen sie sind. Die Forscher unterscheiden drei Hauptnavigationsmuster:

Navigationsmuster (nach Catledge/Pitkow)

1. **Zielloses Browsen („Serendipitous Browser"):**
   Diese LeserInnen verfolgen kein bestimmtes Ziel, verweilen auf einzelnen Seiten nur kurz und vertreiben sich die Zeit („surfen").
2. **Thematisch gerichtetes Browsen („General Purpose Browser"):**
   Diese LeserInnen wollen über bestimmte Themen auf dem Laufenden bleiben und besuchen bei mittlerer Verweildauer Webseiten, die dafür relevant sind.
3. **Punktgerichtetes Browsen („Searcher"):**
   Diese LeserInnen haben ein definiertes Informationsziel und suchen beispielsweise nach einem bestimmten Dokument, Artikel oder Produkt. Ihre Verweildauer kann überdurchschnittlich lang sein.

Wenn man Logfiles analysiert, kann man darüber hinaus feststellen, dass LeserInnen Webauftritte in zwei typischen Bewegungsmustern durchforsten, nämlich mit der „Nabe-Speiche-Strategie" (engl. hub-and-spoke) oder mit der „Tieftauch-Strategie" (engl. depth-first-search).

Bei der „Nabe-Speiche-Strategie" surfen die LeserInnen von einem Zentrum aus (in der Regel der Homepage) über die dortigen Links zu den Unterseiten auf der nächstliegenden Hierarchie-Ebene des Webauftritts, um hierauf umgehend zum Zentrum zurückzukehren (das sind die „Zurück"-Klicker). Von der zentralen Seite aus verlaufen also kreisförmig Fäden zu den Satellitendokumenten, was grafisch wie ein Rad mit Speichen aussehen würde. Solchen LeserInnen muss man also von der Homepage aus ein möglichst abwechslungsreiches Angebot mit entsprechend vielen Verlinkungen auf eigene Unterseiten bieten.

Bei der „Tieftauch-Strategie" folgen die LeserInnen den Links immer tiefer bis auf die unteren Hierarchie-Ebenen eines Webauftritts. Dieses Surfverhalten kann man vor allem bei den LeserInnen mit punktgerichtetem Informationsinteresse konstatieren („Searcher"). Diese SurferInnen produzieren überdurchschnittlich viele Klicks innerhalb eines Auftritts, weil sie immer weiter vordringen, bis sie das Gesuchte gefunden haben. Diese LeserInnen muss man auf jeder einzelnen Seite des eigenen Webauftritts mit weiterem „Futter" versorgen, indem man weiterführende Links innerhalb des eigenen Angebots anbietet.

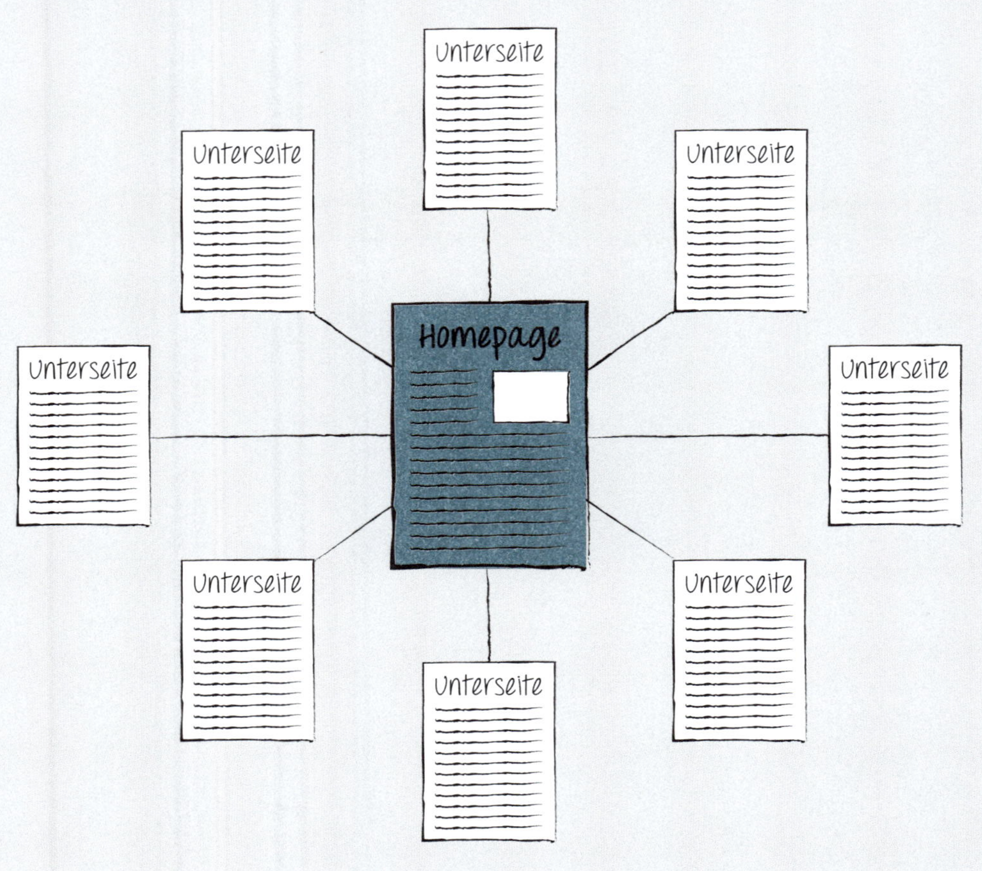

Abb. 10: Das „Nabe-Speiche-Muster" des Surfverhaltens.

Externe Links halten viele Redaktionen für eine Gefahr und gehen entsprechend vorsichtig damit um. Schließlich scheint eine LeserIn, die einem externen Link folgt und damit in einen anderen Webauftritt wechselt, für das eigene Angebot verloren. Dies ist allerdings nur teilweise richtig, denn

» der Journalismusforscher Martin Welker hat festgestellt, dass Quellentransparenz eines der wesentlichen Merkmale für Recherchequalität und damit für Qualität im Journalismus überhaupt ist. Und mit kaum einer anderen Maßnahme lässt sich Quellentransparenz besser in einem Text symbolisieren, als damit, dass man auf die zugrunde liegenden Quellen verlinkt.
» Nabe-und-Speiche-SurferInnen verliert man in der Regel auch gar nicht durch externe Verlinkungen, weil ihre Neigung, solchen externen Links zu folgen, sehr schwach ausgeprägt ist. Stattdessen stärkt man aber das Vertrauen in die eigene journalistische Arbeit durch Kenntlichmachung externer Quellen.

» bei der Auszeichnung eines Links kann man meistens definieren, ob der Link im gleichen Fenster bzw. in der gleichen Registerkarte geöffnet werden soll oder in einem neuen. Bei der zweiten Option, die man regelmäßig bevorzugen sollte, kehrt die LeserIn automatisch zum eigenen Webauftritt zurück, sobald sie die neue Registerkarte oder das neue Fenster des Browsers schließt (siehe Abb. 11).

Viele Redaktionen haben sogar gute Erfahrungen damit gemacht, auf der Homepage oder entsprechenden Themenseiten als Presseschau eine Rubrik „Das schreiben die anderen" mit den entsprechenden Links zu den Webauftritten der journalistischen Mitbewerber einzurichten. Was auf den ersten Blick aussieht wie der Dolchstoß für die Maximierung des eigenen Internet-Traffics, kann in Wahrheit ein kluger Schachzug sein: Wenn die LeserInnen schon auf der eigenen Homepage erfahren, was die anderen zu einem Thema schreiben, müssen sie sich nicht selbst mühsam durch die diversen News-Seiten im Internet klicken. Man verliert also durch externe Links keine LeserInnen, sondern kann im Gegenteil neue hinzugewinnen.

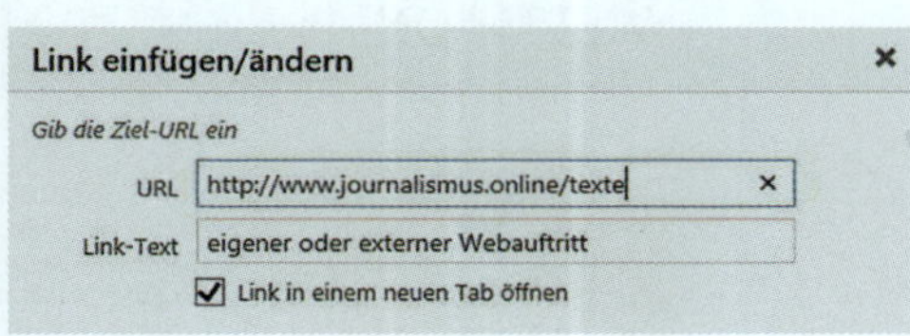

Abb. 11: So einfach geht's: Link in neuem Tab öffnen (Wordpress).

TELEPOLIS

POLITIK WISSENSCHAFT ENERGIE & KLIMA KULTUR MEDIEN MAGAZIN

TELEPOLIS ▸ POLITIK ▸ ORIENT ▸ Saudi-Arabien bombardiert im Jemen Gefängnis und Wohnhäuser

Angeblich haben die Huthi-Rebellen am Donnerstag auf Mekka eine ballistische Rakete abgeschossen. Sie war von den Saudis abgeschossen worden und fiel 65 km von Mekka entfernt auf den Boden. Abgefeuert wurde sie nach saudischen Angaben aus der von den Huthis kontrollierten Provinz Saada. Die Huthi-Rebellen bestreiten den Abschuss nicht, sagen aber, die Burkan-1-Rakete sei nicht auf Mekka gerichtet gewesen, sondern auf den Flughafen von Dschidda, der auch mit "hundertprozentiger Genauigkeit" getroffen worden sei. Zuvor hatten sie bereits eine Rakete auf den Luftwaffenstützpunkt in Taif abgeschossen. Der Krieg findet seit einiger Zeit nicht nur im Jemen, sondern auch im südlichen Saudi-Arabien statt, das von Jemen aus beschossen wird.

Gestern bombardierten Flugzeuge der saudischen Koalition ein Gefängnis in der von den Huthis seit 2014 kontrollierten Hafenstadt Hodeidah. Angeblich wurde es mehrmals angegriffen und völlig zerstört. Mindestens 60 Menschen seien getötet und mehr als 30 verletzt worden, darunter viele der 84 Gefangenen. Welchen Sinn dieser Angriff hatte, ist unklar, da die Gefangenen schließlich eher Gegner der Huthi-Rebellen gewesen dürften.

Am gleichen Tag bombardierte die saudische Koalition noch drei Wohnhäuser in der Stadt Salo in der Nähe von Taiz. 17 Menschen seien dabei getötet worden. Irrtümlich, so Saudi-Arabien. Die von Huthi-Rebellen kontrollierten Medien sprechen von vielen weiteren Bombardierungen und getöteten Zivilisten, aber dies lässt sich oft unabhängig nicht bestätigen.

Abb. 12: Telepolis verwendet extrem kurze und wenig aussagekräftige Links.

Bei der Gestaltung von Links im Text, stellt sich die Frage, wo sie am besten platziert werden. Außerdem fragt sich, wie lang der Link und wie lang der Linktext oder Ankertext, also der verlinkende Terminus, eigentlich sein darf bzw. soll.

Ein Linktext, der so kurz ist, dass er nicht ins Auge springt, sondern sich im Gesamttext verliert, ist sicherlich unpraktisch. Einzelne, noch dazu kurze Wörter oder gar nur Teilwörter als Linktext zu verwenden, ist also nicht sinnvoll. Bei einem Artikel aus *Telepolis*, dem Online-Magazin für Netzkultur, fällt beispielsweise auf, dass nicht nur sehr kurze einzelne Wörter verlinkt sind, sondern dass auch wenig aussagekräftige Wörter wie „sagen" oder „bombardieren" den Linktext bilden (siehe Abb. 12).

Abb. 13: Die Stuttgarter Zeitung bietet externe Links in der Rubrik „Das schreiben die anderen" als Bildergalerie.

Linktext

Im Idealfall sollte der Linktext so aussagekräftig sein, dass die LeserInnen schon an den verlinkenden Begriffen erkennen, was sich hinter dem Link verbirgt. Die Auswahl der Ankertexte und deren Platzierung strukturieren ja auch den eigenen Online-Text, denn durch die Form der Auszeichnung als farbig markierte oder gar unterstrichene Wörter bekommen die Linktexte herausgehobene Bedeutung. Der Online-Forscher Stefan Heijnk weist in seinem Buch *Texten fürs Web* darauf hin, dass es auch innerhalb eines Satzes einen großen semantischen Unterschied macht, welche Begriffe mit Ankern versehen werden:

Berlin: SPD-Chef Siegmar Gabriel wird Kanzlerkandidat.
In diesem Beispiel wird die LeserIn hinter dem Link Informationen über die Stadt Berlin oder eventuell Ausführungen zum Politikbetrieb in der Bundeshauptstadt erwarten dürfen.

Berlin: **SPD-Chef** Siegmar Gabriel wird Kanzlerkandidat.
Berlin: SPD-Chef **Siegmar Gabriel** wird Kanzlerkandidat.
Berlin: SPD-Chef Siegmar Gabriel wird **Kanzlerkandidat**.

Lässt man die Verlinkung wandern, ändert sich auch die Semantik und damit die Erwartungshaltung der LeserInnen, welche Informationen sich hinter dem Link tatsächlich verbergen. Man vergrößert das semantische Spektrum der Lesererwartungen also erheblich, wenn man mehrere Wörter hintereinander zum Ankertext macht. Drei bis maximal acht Wörter scheinen hierbei eine gute Faustregel. Von nichtsprachlichen Elementen als Anker für Links ist abzuraten, weil dies den Lesererwartungen widerspricht und die Verlinkung zum Suchspiel macht.

Was die Länge des Links selbst, also der hinterlegten Webadresse, angeht, kursieren einige Mythen. So ist immer wieder zu lesen, die Suchmaschine Google würde solche Links nach 55 Zeichen kappen, sodass ausgerechnet Keywords, die im Bereich nach dem 55. Zeichen stehen, vom Suchalgorithmus nicht mehr berücksichtigt wurden. Experimente von Johannes Beus, dem Gründer des deutschen Suchmaschinenspezialisten Sistrix, haben allerdings gezeigt, dass dies nicht stimmt. Auch bei sehr langen Links wie http://www.journalismus.online/Unterordner/Nocheinunterordner/dies-ist-ein-wichtiges-keyword.html (97 Zeichen) würde Google zuverlässig das „Keyword" erkennen. Ähnlich verhält es sich mit der häufiger zitierten „8-Wörter-Regel", nach der Suchmaschinen nur die ersten acht Wörter mitzählen würden. Von der Leseforschung wissen wir, dass das menschliche Auffassungsvermögen bei mehr als acht Elementen an seine Grenzen stößt. Wir stoßen hier eher an eine anthropologische als an eine algorithmische Grenze. Es ist also sinnvoll, sich beim Ankertext auf drei bis acht Wörter zu beschränken. Beim Link selbst spielt die Anzahl der Wörter keine Rolle.

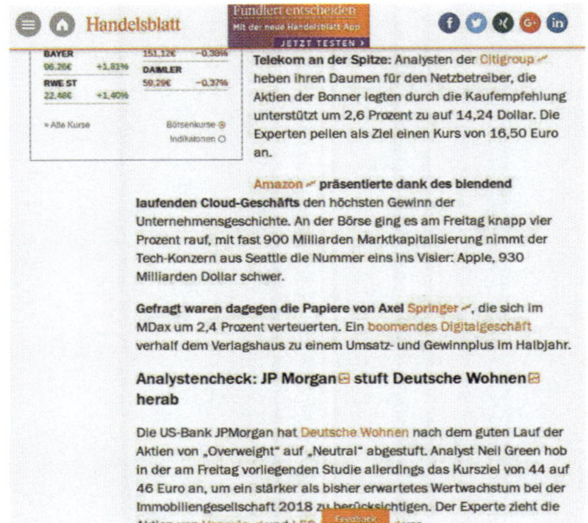

Handelsblatt

Fundiert entscheiden
Mit der neue Handelsblatt App
JETZT TESTEN ›

BAYER			151,12€	−0,38%
96,26€	+1,81%		DAIMLER	
RWE ST			59,29€	−0,37%
22,48€	+1,40%			

» Alle Kurse — Börsenkurse ◉ — Indikatoren ○

Telekom an der Spitze: Analysten der Citigroup heben ihren Daumen für den Netzbetreiber, die Aktien der Bonner legten durch die Kaufempfehlung unterstützt um 2,6 Prozent zu auf 14,24 Dollar. Die Experten peilen als Ziel einen Kurs von 16,50 Euro an.

Amazon **präsentierte dank des blendend laufenden Cloud-Geschäfts** den höchsten Gewinn der Unternehmensgeschichte. An der Börse ging es am Freitag knapp vier Prozent rauf, mit fast 900 Milliarden Marktkapitalisierung nimmt der Tech-Konzern aus Seattle die Nummer eins ins Visier: Apple, 930 Milliarden Dollar schwer.

Gefragt waren dagegen die Papiere von Axel Springer, die sich im MDax um 2,4 Prozent verteuerten. Ein boomendes Digitalgeschäft verhalf dem Verlagshaus zu einem Umsatz- und Gewinnplus im Halbjahr.

Analystencheck: JP Morgan stuft Deutsche Wohnen herab

Die US-Bank JPMorgan hat Deutsche Wohnen nach dem guten Lauf der Aktien von „Overweight" auf „Neutral" abgestuft. Analyst Neil Green hob in der am Freitag vorliegenden Studie allerdings das Kursziel von 44 auf 46 Euro an, um ein stärker als bisher erwartetes Wertwachstum bei der Immobiliengesellschaft 2018 zu berücksichtigen. Der Experte zieht die Aktien von Vonovia und LEG [Feedback] vor.

Abb. 14: Das Handelsblatt hinterlegt Links mit Börsencharts.

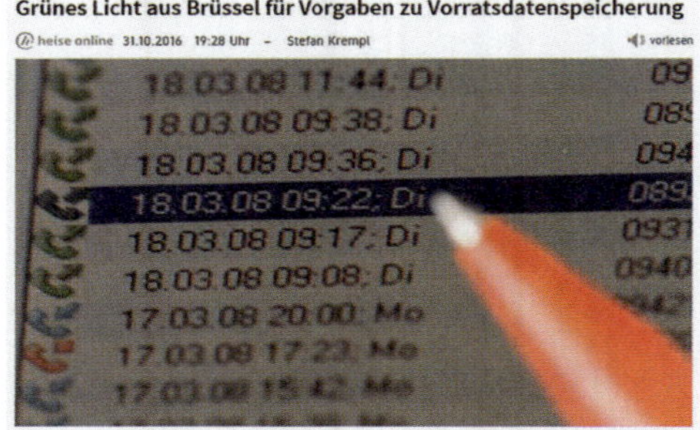

Grünes Licht aus Brüssel für Vorgaben zu Vorratsdatenspeicherung

heise online 31.10.2016 19:28 Uhr – Stefan Krempl — vorlesen

Die EU-Kommission und die Mitgliedsländer haben offenbar keine Bedenken gegen den Anforderungskatalog der Bundesnetzagentur zur Umsetzung der Vorratsdatenspeicherung. Die strengen Auflagen können so bald in Kraft treten.

Der umstrittene Entwurf der Bundesnetzagentur für technische Leitlinien zur Umsetzung des Gesetzes zur Vorratsdatenspeicherung hat eine wichtige Hürde genommen. "Nach unserem Wissen haben weder die EU-Kommission noch einzelne Mitgliedsstaaten Einwände dagegen erhoben", erklärte ein Sprecher des Bundeswirtschaftsministeriums am Montag gegenüber heise online.

Wenig Resonanz

Die Regulierungsbehörde hatte den Anforderungskatalog im Juli zur "Notifizierung" nach Brüssel geschickt. Bis 19. Oktober bestand so die Möglichkeit, zu dem Vorhaben Stellung zu beziehen. Öffentlich haben davon nur Wissenschaftler und ein Betreiberverband Gebrauch gemacht, die den Entwurf kritisieren. Die Bundesnetzagentur will die Anforderungen nun Anfang November offiziell herausgeben und in Kraft setzen.

Laut dem Gesetz, gegen das Klagen vor dem Bundesverfassungsgericht und einem Verwaltungsgericht laufen, dürfen Verbindungs- und Standortdaten für Strafverfolgungszwecke nur im Inland aufbewahrt werden. Die Bundesnetzagentur hat diese Klausel in ihre Richtlinie übernommen. Prinzipiell soll es zwar möglich sein, das vollständige System nebst Abfrageschnittstelle oder Einzelkomponenten an einen "Erfüllungsgehilfen" auszulagern. Auch dieses "Outsourcing" darf aber nur im Inland erfolgen.

Bedenken der Kommission

Abb. 15: Desorientierung durch zu viele Links ohne Linkmuster.

Man kann Links nach einem festgelegten Schema setzen, das dann als Linksetzmuster bezeichnet wird. Dies kann so weit gehen, dass mit der Linksetzung selbst eine Art Storytelling betrieben wird, wenn die Ankertexte oder die (vermutbaren) Links miteinander in einer semantischen Beziehung stehen. In Online-Artikeln von Wirtschaftsblättern wie der *Wirtschaftswoche* oder dem *Handelsblatt* werden zum Beispiel häufig ausschließlich die Namen börsennotierter Firmen verlinkt, um hinter den Links auf Charts mit dem aktuellen Aktienkurs oder der allgemeinen Unternehmenssituation zu verweisen (siehe Abb. 14).

Grundsätzlich muss man die Entscheidung treffen, ob Links in den Text des Online-Artikels eingebettet werden („Embedded Links") oder ob man sie in einem separaten Bereich auf der Webseite, zum Beispiel unterhalb des Texts, ausstellen will. Bei eingebetteten Links wiederum müssen Online-AutorInnen gewahr sein, dass Verweise im Text zwar einerseits eine Orientierungshilfe, andererseits aber auch eine Lesehürde sein können.

Stehen zu viele Links auf zu engem Raum, ist für die LeserInnen ein Linksatzmuster, bzw. was sich hinter den Links verbirgt, nicht erkennbar. Es wird eher Verwirrung gestiftet und die LeserIn tendenziell ermuntert, sich Orientierung woanders im Netz zu suchen. Das Beispiel aus dem Online-Newsticker des Heise-Verlags zeigt einen Artikel, der in vier Absätzen neun eingebettete Links enthält (siehe Abb. 15). Zwei dieser Links sind externe Verweise,

„Eingebettete Links sind Orientierungshilfe und Lesehürde zugleich.“

STEFAN HEIJNK, MEDIENBERATER UND BUCHAUTOR[14]

während sieben interne Links sind. Die Ankertexte sind alle unterschiedlich lang, wobei einer nur aus einem einzigen Wort besteht. Gleich der erste Satz des Artikels enthält schon drei Links, wovon einer ein externer ist. Hier wird Quellenreichtum und Orientierung nur vorgetäuscht – und das auf eine für LeserInnen schwer nachvollziehbare Weise. Beim Setzen von Links ist also so etwas wie „Link-Ökonomie“ gefragt.

Es kann günstiger sein, Links nicht einzubetten, sondern in einem eigenen Bereich auf der Webseite anzuzeigen. Viele journalistische Webauftritte haben heute im unteren Seitenbereich von Online-Artikeln Kästen mit internen Links zu thematisch verwandten Beiträgen. In Eyetracking-Studien ist allerdings festgestellt worden, dass die wenigsten Online-LeserInnen einen Text komplett bis zum Ende durchlesen. Linkgruppen, die erst unter dem Text auftauchen, werden darum selten noch registriert. Eine Ausstellung in einem separaten Kasten nach einem der ersten Absätze scheint da sinnvoller.

Unsere Autorin hat sich vor einem Jahr wütend von ihrer Heimat abgewandt. Doch nun muss sie erkennen, dass sie es sich damit zu einfach gemacht hat. mehr...

Maulkorb für Maschmeyers Ex-Kumpel Claassen

EXKLUSIV Carsten Maschmeyer und Utz Claassen waren mal Freunde. Doch seit Wochen streiten sie über ein gemeinsames Unternehmen. Claassen kassiert nun eine empfindliche Niederlage. mehr...

Youtube und Gema einigen sich auf Lizenzvertrag

Musikvideos von 70 000 Künstlern sind ab sofort frei verfügbar: Die Onlineplattform zahlt nun Geld an den Rechteverwerter. Ganz verschwinden wird der schwarz-rote Sperrbildschirm jedoch nicht. mehr...

Urheberrechte von Musikern
Die Videos dieser Künstler sind jetzt bei Youtube zu sehen

Schlagzeilen

vor 2 Min. Protest
Sendlinger-Tor-Platz: Flüchtlinge treten in Hungerstreik

vor 5 Min. Krieg im Irak
IS will 25 000 Zivilisten als menschliche Schutzschilde nach Mossul bringen

vor 7 Min.
Anke Domscheit-Berg
"Ich bin mit Karacho gegen die gläserne Mauer gerannt"

vor 9 Min. Elektronik
Akku-Abschreibung verhagelt Sony die Quartalsbilanz

vor 12 Min. Fußball
Inter Mailand trennt sich von Trainer de Boer

vor 13 Min. Tennis
Erstrunden-Aus für Tennisprofi Mischa Zverev in

Das Beste aus der Zeitung SZ Plus

Was München vom Nazi-Wahnsinn blieb
Die Nationalsozialisten wollten das alte München abreißen. Einige ihrer Bauwerke haben den Krieg überstanden. Sie spiegeln den Ungeist – und gehören gerade deshalb zur Stadtgeschichte.
NS-ARCHITEKTUR

"Früher hätte nie jemand eine Matratze mit UPS liefern lassen"
David Abney hat als Packer bei UPS angefangen, jetzt ist er Chef des Konzerns. Der Online-Handel verändert die Branche, sagt er – und erklärt, was es mit vermeintlich kostenlosem Versand auf sich hat.
INTERVIEW

Sind Flüchtlinge zum Piepen?
Eine Komödie mit Senta Berger und Elyas M'Barek wirft diese Frage auf – und ein Mann, der schon Hunderte Flüchtlinge in seiner Wohnung hat schlafen lassen, kann sie beantworten.
KINO

Hat Gott in der Petrischale Platz?
Der Vorsitzende des Deutschen Ethikrats, Peter Dabrock, im Gespräch über die Vereinbarkeit von Glaube, Liebe und Familie im Zeitalter der Hightech-Reproduktion.
MEDIZIN

BMW – Vom Vorreiter zum Nachzügler

Junge Automarken setzen konsequent auf Elektromobilität und autonomes Fahren – für BMW bleibt der Verbrennungsmotor ein wichtiges Standbein. Die Marke braucht dringend wieder einen Volltreffer. mehr...

Leser lesen

Leser empfehlen

1. Wahl zum Bundespräsidenten Diesmal muss es eine Bundespräsidentin werden

2. Elektromobilität Deutsche Autohersteller werden Opfer ihrer Trägheit

3. Altdorf Pegida-Aktivist lädt zu Demo gegen "Islamschweinerei"

Abb. 16: Die Süddeutsche Zeitung stellt auf ihrer Homepage Linkbereiche deutlich in Kästen aus.

Auf der Homepage der *Süddeutschen Zeitung* sind interne und externe Links deutlich in Kästen abgesetzt und dies vornehmlich in einer eigenen rechten Randspalte (siehe Abb. 16). Hinzu kommt ein eingerückter Kasten mit Premium-Artikeln aus der gedruckten Ausgabe für zahlende Online-LeserInnen, der ebenfalls deutlich abgesetzt ist. Die Linkerwartung der LeserInnen, die Usability der Seite und die erwartbare journalistische Qualität des Angebots treten damit in eine fruchtbare Beziehung.

Checkliste: Links

- ☐ Interne und externe Links zeugen von Recherchetiefe und journalistischer Qualität und sind wesentlicher Bestandteil von Online-Artikeln.
- ☐ Die Ankertexte sollten zwischen drei und acht Wörter lang sein.
- ☐ Die Ankertexte sollten semantisch in Bezug auf die verlinkte Quelle stehen und sich mit der Linkerwartung der LeserInnen decken.
- ☐ Ausgestellte Links sollten nach Möglichkeit nicht am Ende der Seite stehen, sondern in einem gesonderten Bereich nach einem der ersten Absätze des Online-Artikels.

Das optimale Bild

Es gilt zwar nicht erst, seit es das Internet gibt, aber das Internet hat es noch einmal verdeutlicht: Wir leben im Zeitalter der Bilder. KulturwissenschaftlerInnen sprechen auch vom „Visual Turn" oder „Iconic Turn": Bilder definieren heute gesellschaftliche Relevanz, dienen der Kontextualisierung von Ereignissen und (Elite-)Personen und bestimmen unsere Wahrnehmungen dieser Ereignisse – manchmal mehr als die Ereignisse selbst. Gerade die Selfie-Kultur der Generation Smartphone zeigt, dass ein Geschehnis erst dann Bedeutung erlangt, wenn ein Bild davon gemacht wird. UserInnen reagieren eher auf die lebendige Darstellung im Foto als auf die inhaltliche Darstellung im Fließtext.

Bilder werden in Webseiten als Link eingebunden, auch wenn sie im Browser mit dem Text zusammen dargestellt werden. Darum ist es sinnvoll, beim Thema Schreiben in Online-Medien auch auf die Einbindung von Bildern einzugehen.

Schon für die klassischen Printmedien wurde in Eyetracking-Studien festgestellt, dass Fotos und farbige Elemente sehr effizient dafür sorgen, die Blicke der LeserInnen zu lenken. Das Poynter-Institute konnte das auch für News-Websites sowie für deren Lektüre an Tablet-Computern bestätigen. Besonders großformatige Bilder erregen Aufmerksamkeit und lenken die Blicke. Briefmarkengroße Abbildungen werden von Online-LeserInnen nahezu ignoriert. Auch der Web-Usability-Experte Jakob Nielsen hat gemessen, dass über die Hälfte der Bilder in Webauftritten von den LeserInnen vollständig ignoriert werden. Bilder in einer Größe von 210 x 230 Pixeln erregten die meiste Aufmerksamkeit, größere Bilder konnten dagegen die Zahl der Augenkontakte nicht weiter erhöhen. Die Größe der Bilder spielt vor allem bei Abrufen auf mobilen Endgeräten eine Rolle. Denn auf den kleinen Displays von Smartphones sind sehr kleine Abbildungen kaum noch zu erkennen. Schon das ist ein guter Grund, im Seitenlayout auf Bildgrößen zu achten, die auf allen Endgeräten gut zu erkennen sind.

LINK

Die Ergebnisse der Eyetracking-Studie des Poynter-Institutes: http://www.poynter.org/2004/eyetrack-iii-what-news-websites-look-like-through-readers-eyes/24963/ oder unter bit.ly/2e17Md1.

Blickbewegungsstudien haben auch ergeben, dass RezipientInnen in Bildern zuallererst Augenkontakt suchen. Selbst bei Nacktfotos wandern die Blicke spontan nicht auf die Geschlechtsmerkmale, sondern zuerst auf die Augen. Das macht vielleicht auch den Erfolg des viel geschmähten „Cat Content" im Internet aus: Das Größenverhältnis der Augen zum restlichen Kopf ist bei Katzen besonders günstig – ähnlich übrigens wie bei Babies, die damit das sogenannte „Kindchen-Schema" auslösen. In der Medienpsychologie wird dieses Phänomen auch als „Vividness-Effekt" bezeichnet: Illustrative Bilder stechen buchstäblich stärker ins Auge, werden intensiver wahrgenommen und besser erinnert.

LeserInnen versuchten bei der Poynters-Eyetracking-Studie regelmäßig, Bilder auf Webseiten anzuklicken, auch wenn überhaupt kein Hyperlink hinterlegt war. Offenbar lösen Bilder online eine starke Linkerwartung aus, was Online-AutorInnen sich mit einer geschickten Verlinkung zunutze machen können.

Schrift im Bild kann die Dauer der Blickkontakte noch weiter vergrößern. Gerade in der Social-Media-Kommunikation machen sich das heute

Abb. 17: ARD-Teaserbild auf Facebook: Text im Foto erhöht die Aufmerksamkeit.

die Online-Medien zunutze, wenn sie Zitate aus Online-Artikeln in Fotos einbinden und damit auf *Facebook*, *Instagram* & Co. ihre Beiträge anteasern. Man spricht dann auch von „Textbildern" (siehe Abb. 17). Das deckt sich übrigens mit der Beobachtung, dass Online-LeserInnen bei allem „Visual Turn" auf Webseiten zu allererst auf Textelemente achten und dann erst auf Bildelemente: Das Internet ist eben ein Textmedium.

Zu einem Bild gehört auch eine aussagekräftige Bildunterschrift. Häufig ist es die Bildunterschrift, die den Blick überhaupt erst aufs Bild lenkt. Ein Bild kann zwar mehr als tausend Worte sagen, aber einige wenige Worte können entscheidend sein, um einen Bildinhalt überhaupt zu verstehen. Schließlich gehören in die Bildunterschrift ganz wesentlich auch die Copyright-Informationen. Der Deutsche Journalisten-Verband (DJV) hat eine eigene Aktion unter dem Motto „Fotografen haben Namen" ins Leben gerufen, um darauf aufmerksam zu machen, dass mit den (künstlerischen) Urhebern von Fotos häufig sehr stiefmütterlich umgegangen wird, obwohl das Fotografieren eine journalistische Leistung sui generis ist.

Viele Online-Dienste bieten heute Fotos und Grafiken mit Creative-Commons-Lizenz, die unter bestimmten Bedingungen frei nutzbar sind. Auch hier ist es allerdings wichtig, sich diese Bedingungen explizit anzusehen. Häufig darf man Fotos zwar kostenlos nutzen, muss aber beispielsweise trotzdem den Urheber nennen oder andere Angaben machen. Manchmal ist auch nur die nicht-kommerzielle Nutzung gestattet oder eine weitergehende Bildbearbeitung (etwa im Rahmen einer Collage) untersagt.

Checkliste: Lizenzfreie Bilder

- ☐ Online-Dienste, die lizenzfreie Fotos anbieten, sind z.B. pixabay.com, pixelio.de oder fotolia.com.
- ☐ In der Online-Foto-Community flickr.com lässt sich nach freigegebenen Fotos suchen.
- ☐ Auch in der Google-Bildersuche hat man die Option, sich nur lizenzfreie Fotos anzeigen zu lassen.

- ☐ Die kommerzielle Fotodatenbank Getty Images bietet für nicht-gewerbliche BloggerInnen das kostenfreie Embedden von Fotos aus ihrem Bestand an (www.gettyimages.de/creative-images/royaltyfree).
- ☐ Unter search.creativecommons.org lassen sich diverse Online-Dienste nach Medienmaterial (neben Bildern zum Beispiel auch Musik) durchsuchen, das unter die Creative-Commons-Lizenz fällt.

Wie man Webseiten gut aussehen lässt (CSS)

In HTML sind Inhalt und Formatierung grundsätzlich getrennt. Ursprünglich ging man davon aus, dass der Seitenbetreiber nur die reine Textinformation vorhält, während das Aussehen vom Browser der LeserInnen bestimmt werden sollte. Hierfür gab (und gibt) es in den Browsereinstellungen eine eigene Abteilung, mit der Volltext, Überschriften usw. eigene Schriftschnitte und Schriftgrößen zugewiesen werden konnten. Und so sahen zu Beginn des WWW Webseiten dann auch aus: Jede anders umbrochen, manchmal mit irrwitzigen Schmuckschriften ausstaffiert, für Kurzsichtige in Giganto-Optik. Deswegen gab es auch nur wenige HTML-Tags für Schriftformate wie <h1> bis <h6> für Überschriften oder <blockquote> für eingerückte Zitate. Für LayouterInnen, die jetzt WebdesignerInnen heißen, und Online-JournalistInnen war das unbefriedigend, weil sie schon immer der Überzeugung waren, dass die Formatierung und die Funktionsweise einer Seite stark miteinander zu tun haben („form follows function"). Der HTML-Standard wurde darum weiter präzisiert, um WebseitengestalterInnen mehr Einfluss auf das individuelle Erscheinungsbild zu geben. Es wurden also Tags eingeführt wie <font face="Times New Roman" size="5" color="green">, um den Text auf einer Webseite entsprechend zu formatieren. Entsprechend wurden auch Attribute für die Absatzformatierung wie <p align="center"> eingeführt, um Text zu zentrieren usw. Allerdings brachen diese Eingriffe in HTML mit der originären Idee, Inhalt und Formatanweisungen zu trennen.

CSS

In späteren HTML-Versionen wurde dazu übergegangen, alle Formatierungsinformationen in ein separates Dokument, die CSS-Datei, zu schreiben. CSS steht für „Cascading Style Sheet" (dt. gestufte Gestaltungsbögen). Alle Formatanweisungen werden in diese CSS-Datei geschrieben, die wiederum wie ein Link in die zu formatierende HTML-Datei eingebunden wird.

Die Vorteile von Cascading Style Sheets liegen auf der Hand: Einmal angelegt, können Stilvorlagen auf alle Seiten innerhalb eines Webauftritts angewandt werden, um so eine einheitliche Optik zu gewährleisten. Ebenso leicht ist es möglich, für alle Seiten eines Webauftritts gleichzeitig bestimmte Formatierungen zu ändern. Wer in einer Textverarbeitung wie Word schon mit Formatvorlagen gearbeitet hat, dem kommt dieses Verfahren bekannt vor. Die heute vielleicht wichtigste Eigenschaft von Cascading Style Sheets ist, dass man unterschiedliche Formatierungen für verschiedene Endgeräte definieren kann. Dabei wird zuerst erfasst, mit welchem Browser die LeserIn die HTML-Seite ansteuert („Browser Sniffing").

Die einzelnen Formatstile heißen „Klassen" (engl. classes). Die Klassen können prinzipiell frei benannt werden. Das ist praktisch, wenn man zum Beispiel alle Überschriften mit einem bestimmten Schriftschnitt, aber je nach journalistischem Ressort mit einer anderen Farbe darstellen will. Eine Klasse könnte dann „.headlinepolitik" und eine andere „.headlinekultur" heißen.

In der CSS-Datei würde man nun definieren, welche Texteigenschaften die Kultur-Überschriften bekommen sollen (siehe im Kasten unter a). Innerhalb der Klasse „.headlinekultur" bestimmen nun bestimmte Selektoren wie „font-family", „font-size" oder „font-weight" das weitere Aussehen. Um sie unter eine Klasse zu gruppieren, werden die {geschweiften Klammern} verwendet. Um die Formatierung auf den Text anzuwenden, wird sie einfach auf den Absatz-Tag <p> oder den Container-Tag <span> angewendet (siehe im Kasten unter b). In unserem Beispiel ist unter c) zu sehen, wie die Kultur-Überschrift am Ende aussehen würde.

Statt eigener Benennungen kann man auch die HTML-eigenen Formatierungs-Tags als Grundlage für die CSS-Datei nehmen. Die Formatoptionen werden für alle Textelemente verwendet, die in der HTML-Datei mit diesem Tag ausgezeichnet sind (siehe folgenden Kasten).

Formatieren mit Cascading Style Sheets	
a.	**.headlinekultur** {font-family: „Times New Roman“; font-size: 18 px; font-weight: bold}
b.	<span class=„headlinekultur“>Große Oper in Köln</span>
c.	**Große Oper in Köln**

HTML-Text-Tags mit CSS formatieren	
a.	**h1** {font-family: „Arial“; font-size: 16 px; font-weight: bold}
b.	<h1>Bombenstimmung in Düsseldorf</h1>
c.	**Bombenstimmung in Düsseldorf**

Die Einbindung einer CSS-Datei erfolgt einfach über einen externen Link. Dazu muss nur ein Ausdruck wie der folgende im Head-Teil der HTML-Datei stehen:

<link href=„stylesheet.css“ rel0“stylesheet“ type="text/css">

Für die externe Verlinkung existieren auch andere Einbindungsformen, aber dies ist die einfachste. In Content-Management-Systemen – wie im übernächsten Kapitel ausführlicher beschrieben – werden viele Funktionen von CSS automatisch eingebunden, sodass AutorInnen und JournalistInnen sich nicht weiter darum kümmern müssen. Wichtig ist aber zu wissen, dass auch in diesen Fällen in der Regel eine CSS-Datei für die Formatierungen auf der eigenen Webseite verantwortlich ist.

WWW für Fortgeschrittene: HTML 5

Im Jahr 2015 hat das W3-Consortium die fünfte Fassung der Internet-Auszeichnungssprache HTML vorgelegt, kurz: HTML5. Dies ist eine wesentliche Erweiterung der Funktionsweise dieser Sprache und die erste große Revision von HTML seit 1997.

Seit Ende der 1990er-Jahre hatte das WWW sich in enormem Tempo weiterentwickelt. Von einem „Lean-back"-Medium zum Betrachten von Webseiten hat es sich zu einem Universalmedium gemausert, über das man Urlaubsreisen bucht und Bücher kauft, Kontoabfragen macht und die Steuererklärung abgibt, anonym surfen will oder auch eine Zeitung abonniert.

Um all diese Funktionen zu unterstützen, wurden Beiboote herangeschafft in Form von Erweiterungen der ursprünglichen Auszeichnungssprache sowie der Programmier- oder Skriptsprachen. Als Erweiterung von HTML sollte XML (engl. extensible markup language = erweiterbare Auszeichnungssprache) dienen, mit der vor allem strukturierte Daten im Internet besser darzustellen und zu bearbeiten werden sollten. Strukturierte Daten sind Tabellen und Datenbanken, auf denen alle Formen von Online-Shops oder Archiven beruhen. Skriptsprachen sind PHP (engl. personal home page tools), Java Script oder eben die ausgewachsene Programmiersprache Java.

HTML5 soll viele der Funktionen selbst übernehmen. Dadurch hat es sich aber auch zu einer überaus komplexen Sprache entwickelt. An dieser Stelle sollen darum nur die wesentlichen Möglichkeiten dieser neuen Version dargestellt werden:

Wichtige neue Funktionen von HTML5

- **Erweiterte Audio- und Video-Einbindung:** Vor HTML5 benötigte man Browser-Erweiterungen wie Flash oder externe Wiedergabeprogramme wie Quicktime, um Audio und Video in Webseiten integrieren zu können. Mit den neuen Tags <audio> und <video> können diese nun direkt im Browser abgespielt werden.
- **Erweitere Grafik-Unterstützung:** Mit dem neuen <canvas>-Tag (engl. canvas = Leinwand) lassen sich Bereiche innerhalb einer Webseite definieren, innerhalb derer grafische Elemente autonom agieren können – unabhängig davon, ob es sich um ein statisches Bild, eine Animation oder ein interaktives Online-Spiel handelt.

- **Semantisches Web**: Mit den neuen semantischen Tags lassen sich verschiedene Typen von Webinhalten nun auszeichnen. Der <article>-Tag zeigt den Hauptteil einer Seite, der <aside>-Tag verweist auf eine Seitenleiste, der <nav>-Tag auf einen Bereich mit externen Links.
- **Geolokation:** HTML5 erlaubt erweiterte Unterstützung für Geolokation, also die genaue geografische Ortung. Damit lassen sich spezifische Anwendungen je nach Aufenthaltsort der LeserInnen realisieren (Stichwort: Augmented Reality).
- **Lokale Speicherung:** Zuvor waren sogenannte Cookies die einzige Möglichkeit, Daten lokal über einen Browser auf dem Computer der LeserInnen zu speichern. Diese Cookies waren wichtig zum Beispiel für die Identifizierung bei Anmeldeprozessen auf Webseiten, etwa beim Homebanking. Aber auch die Online-Werbeindustrie hat eifrig Gebrauch von Cookies gemacht. In HTML5 lassen sich nun auch ganze Sessions, zum Teil sogar längerfristig, lokal abspeichern.

B3 KLEINE WEBSEITEN-KUNDE

End of Homepage?

Die regionale Tageszeitung, die die Eltern noch jeden Morgen auf dem Frühstückstisch liegen hatten, war ein Stück mediale Heimat. Man kennt das noch vom Weihnachtsbesuch, wenn man aus alter Tradition zum *Fränkischen Tag* oder zum *Schwarzwälder Boten* greift, einfach weil es ein Stück Zuhause ist. Michael Angele, der stellvertretende Chefredakteur der Wochenzeitung *Freitag*, hat zum voraussichtlichen Ende der gedruckten Medien ein kleines Buch über den „letzten Zeitungsleser" geschrieben. Darin stellt er fest, „man las auch früher eine Zeitung nicht ausschließlich, um sich zu informieren. [...] Eine Zeitung war ein Zugang zur Welt, war ein Stück Heimat und ihr Gegenteil, wenn sie den Blick weitete, eine Zeitung gehörte fest zum Alltag, wenn sie am Mittag auf dem Tisch lag, und sie überschritt diesen Alltag zugleich."[15]

Im digitalen Zeitalter bietet der Webauftritt eines journalistischen Mediums vielleicht eine neue Heimat, und entsprechend heißt diese Seite ja auch ganz passend „Heimatseite" oder englisch „Homepage".

Seinen LeserInnen auch im Netz eine Heimat zu bieten, ist Mathias Müller von Blumencron sehr wichtig. Das liegt vielleicht daran, dass er langjähriger Online-Chef der *Frankfurter Allgemeinen Zeitung* (*FAZ*) war, die mit durchaus offensivem Einsatz von Frakturschrift und einem akzentuiert konservativen Profil eine Leserschaft anspricht, der Heimat noch ein ganz besonderes Wort ist. Auch online übte man in Frankfurt lange konservative Zurückhaltung: Die *FAZ* war die letzte der großen überregionalen Zeitungen, die mit einem eigenen Auftritt im Internet aufgeschlagen ist. Das war im Jahr 2001.

Die Heimat der eleganten *FAZ* liegt nicht im elegantesten Teil Frankfurts, eher im Büro-Nirwana zwischen Hauptbahnhof und Messegelände. Einige Büros in den langen Fluren der beiden sich gegenüberliegenden Gebäudetrakte stehen inzwischen leer: Die *FAZ* musste sich seit 2014

„Eine Zeitung war ein Zugang zur Welt, war ein Stück Heimat und ihr Gegenteil, wenn sie den Blick weitete."

MICHAEL ANGELE, STELLV. CHEFREDAKTEUR DER WOCHENZEITUNG FREITAG

von 200 MitarbeiterInnen trennen, weil die Werbeerlöse drastisch eingebrochen sind. Angeblich schrieb man, wie die KollegInnen von der *Taz* vermeldeten, zeitweise eine Million Euro Verlust im Monat.

Auch das Büro, in dem mich Müller von Blumencron zum Interview empfängt, ist schlicht eingerichtet. Der Kaffee wird gebracht, er ist schwarz und gut. Mit dem Slogan vom „Ende der Homepage" kann Blumencron überhaupt nichts anfangen. Die These stammt vom Internet-Guru Jeff Jarvis.

Abb. 18: Mathias Müller von Blumencron, ehem. FAZ-Online-Chef.

LESEN

In einem Beitrag seines Blogs *Buzzmachine* mit der Überschrift *After the page* dachte Jeff Jarvis darüber nach, was nach der typischen News-Homepage eigentlich kommen würde.

Heute wird unter der These vom Ende der Homepage vor allem die Situation verstanden, dass viele LeserInnen News vermehrt über die Zeitleisten von sozialen Netzwerken oder über Smartphone-Apps wahrnehmen und nicht mehr unbedingt gezielt die Heimatseiten von etablierten

Nachrichtenmedien ansteuern. Das macht die Wiedererkennbarkeit journalistischer Marken schwierig und bringt auch ökonomische Probleme mit sich, denn Werbeerlöse gehen dann an die Plattformbetreiber wie *Facebook* oder *Twitter* und nicht mehr an die Zeitungsverlage.

Müller von Blumencron sieht diese Gefahr nicht: „Bei uns ist die Homepage oder die entsprechende Startseite für das mobile Angebot überhaupt nicht tot. Sie ist auch bei der *Bildzeitung* nicht tot oder bei *Spiegel Online*." Sie sei nur für bestimmte Online-Marken nicht existent, die es bisher noch nicht geschafft hätten, mit ihrer Marke einen großen Eindruck zu machen, sondern die ihre Haupttätigkeit eigentlich darin sähen, als „Inhalteschleuder" mit einer gewissen Beliebigkeit zu arbeiten. Gerade die Startseite, so Müller von Blumencron, stelle einen Markenzusammenhang her und gebe den LeserInnen damit Orientierung, denn ein Online-Artikel, über dem *FAZ* stünde, suggeriere Qualität und Glaubwürdigkeit: „In der Timeline von Facebook oder im Twitter-Stream verschwimmen die einzelnen Stücke und die Qualität der Marke gerät stärker in den Hintergrund."

Die journalistische Homepage hat also noch eine Zukunft. Im Folgenden werde ich einige bekannte Typen von News-Homepages Revue passieren lassen, um ihre Möglichkeiten und Grenzen aufzuzeigen.

FAZ Online

Mathias Müller von Blumencron hatte auch selbst in der Online-Redaktion der *FAZ* eine neue journalistische Heimat gefunden, nachdem Teile seiner beruflichen Karriere zeitweise sehr öffentlich stattfanden: Er war viele Jahre Redaktionsleiter bei *Spiegel Online*, bis er im Jahr 2008 zusammen mit dem Printkollegen Georg Mascolo zum gemeinsamen Chefredakteur des Nachrichtenmagazins ernannt wurde. Wenn mit dieser Personalentscheidung eine spezifische Online-Strategie zum Ausdruck gebracht werden sollte, durfte sie als gescheitert betrachtet werden, denn beide Chefredakteure wurden 2013 wegen „unterschiedlicher Auffassungen zur strategischen Ausrichtung" wieder abberufen. Im gleichen Jahr wurde Müller von Blumencron Chefredakteur Digitale Medien der *FAZ* und verantwortlich für alle digitalen Produkte. Dieses Amt versah er bis Ende 2017 und wurde dann von Carsten Knop abgelöst.

Die Online-Redaktion der *FAZ* versteht sich als das „digitale Labor". Heute schreiben aber auch angestammte Print-RedakteurInnen für die Online-Seite. Neben der Homepage gibt es mit *FAZ plus* eine geräteoptimierte Ausgabe der gedruckten Zeitung. In den einzelnen Ressorts, die traditionell bei der *FAZ* sehr stark sind, gibt es immer noch eine klare Trennung zwischen Print und Online. Aber in den nachrichtlichen Kernbereichen Politik und Wirtschaft sitzen OnlinerInnen und PrintredakteurInnen mittlerweile gemeinsam in einem Newsroom. Daneben gibt es in jedem der klassischen Ressorts einen Online-Verantwortlichen, der den Rang einer ZeitungsressortleiterIn hat. Unter den digitalen Angeboten ist bei der *FAZ* das E-Paper besonders erfolgreich: Die eher konservative Klientel der Zeitung will vermutlich auch digital am klassischen und erlernten Zeitungslayout festhalten und sucht nicht unbedingt die online-spezifische Aufbereitung von Themen und Geschichten.

» **Online-Chef:** Carsten Knop
» **Sitz:** Frankfurt am Main
» **Zahl der Online-RedakteurInnen:** 40
» **AuslandskorrespondentInnen:** 4 (Indien, Thailand, Taiwan)
» **Social-Media-RedakteurInnen**: 10 (Abt. Leserkommentare)
» **SEO-ExpertInnen**: 2
» **Unique User** (September 2018, AGOF): 9,81 Mio.
» **User-Zahl durchschnittlicher Beitrag:** 20.000 bis 100.000
» **User-Zahl reichweitenstärkster Beitrag:** 1 Mio.
» **Online-CMS:** Polopoly (ein Ableger des Print-CMS von Atex)
» **Stärkste Ressorts:** Politik, Wirtschaft, Sport
» **LeserInnen-Beteiligung:** Kommentarbereich auf der Artikelseite für bestimmte Themen geöffnet, ferner *Facebook*-Kommentare
» **Nutzerdatenanalyse:** keine personalisierten Daten

Die „lange Wurst": Wie (journalistische) Webseiten aussehen

http://www.spiegel.de/ SPIEGEL ONLINE - Aktuelle ...

SPIEGEL ONLINE DER SPIEGEL SPIEGEL TV Anmelden

Künftiger US-Präsident

Fünf Tage Trump - sieben Folgen

Wirtschaft, Abschiebungen, Europapolitik: In den ersten Tagen nach Donald Trumps Wahl zum US-Präsidenten zeichnet sich ab, was auf die Welt zukommen könnte. Der Überblick. mehr... [Video | Forum]

Trumps Pläne für die Wirtschaft: Globales Risiko

Kolumne: Das Schlimmste an Trump

Erstes Interview nach Wahlsieg

Trump will Präsidentengehalt ausschlagen

Das Gehalt eines US-Präsidenten ist für Trump offenbar nicht der Rede wert: In einem Interview erklärte er, für seinen neuen Job nur einen Dollar pro Jahr anzunehmen. Außerdem sprach er über seine Kritiker und die "netten" Clintons. mehr...

TV-Interview: Trump will zwei bis drei Millionen Migranten abschieben

Asylpolitik: USA übernehmen Flüchtlinge aus australischen Lagern

Reince Priebus

Republikaner-Boss soll Stabschef im Weißen Haus werden

Die erste große Personalie unter US-Präsident Trump ist bekannt: Der Parteichef der Republikaner, Reince Priebus, soll die organisatorische Leitung des Weißen Hauses übernehmen. mehr... [Forum]

Die Lage am Montag

Status: Es ist kompliziert

Was Rache und Eitelkeit mit Merkels Sinneswandel bei der Suche nach einem Gauck-Nachfolger zu tun haben. Und: Warum die Grünen die Verlierer des Tages sind. Die Antworten in der Lage am Morgen. *Von René Pfister* mehr... [Video | Forum]

Suche nach Gauck-Nachfolger: Gabriel verlässt Kanzleramt nach 45 Minuten

Joe-Biden-Witze

Das Trump-Trauma weglachen

Humor ist das beste Mittel gegen Angst. Nach Donald Trumps Wahlsieg verbreiten sich im Netz Hunderte Weißes-Haus-Witze. Mitten drin: ein störrischer Noch-Vizepräsident Joe Biden. Die besten Sprüche im Überblick. Von Stefan Schultz mehr... [Forum]

Globale Sicherheit: Nato mahnt USA zur Bündnistreue

Brexit-Wortführer Farage bei Trump: Treffen sich zwei Rechtspopulisten

Fotos aus dem Weißen Haus

So schön war's mit Obama

SCHLAGZEILEN >

Alle Artikel auf einen Blick...

Newsletter

BÖRSE > Märkte | Meine Börse

DAX	10.667,95	+0,36
Dow Jones	18.847,66	+0,21
EUR / USD	1,08	-0,49
Öl	44,35	-3,10
Gold	1.224,30	-3,08

Mehr Kurse Stand: 08:37 Uhr

Kurse abfragen

Top Gelesen | Verschickt | Gesehen

1 **Joe-Biden-Witze:** Das Trump-Trauma weglachen

2 **Opinion:** An Absurd and Dangerous President

3 **Zeelands Strände:** Einsame, einsame Niederlande

4 **Steigende Zinsen, schwacher Export:** Globales Risiko

5 **Senegal-Brasilien:** Brite will Atlantik

Abb. 19: Eine „lange Wurst": Die Homepage des Spiegels.

Für die Art und Weise, wie Nachrichten, journalistische Informationen und Geschichten im Web präsentiert werden, hat sich in den vergangenen gut 20 Jahren, in denen es Online-Journalismus nun gibt, eine spezifische Form herausgemendelt. Hierbei gibt es durchaus nationale oder kulturelle Unterschiede.

Die News-Seiten, wie sie sich in Deutschland etabliert haben, beschreibt Müller von Blumencron, ehemals *FAZ,* als „lange Wurst": „Da liegen Dutzende von Teasern untereinander in verschiedenen grafischen Ausprägungen, und die Seiten sind sehr, sehr lang." Die Homepages von *Süddeutscher Zeitung, Spiegel, FAZ* & Co. sind vor allem lange Scrollstrecken, die dem alten Goethe'schen Motto folgen: „Wer vieles bringt, wird manchem etwas bringen." Um dem Eindruck eines Sammelsuriums entgegenzuwirken, haben gerade die genannten drei großen deutschen News-Seiten in Redesigns der jüngeren Vergangenheit ihre Heimatseiten aufgeräumt und vor allem viel Weißfläche integriert.

Das grundsätzliche Problem, das journalistische Webseiten-MacherInnen lösen müssen, ist, dass viele LeserInnen, bei allem Räsonieren über ProsumerInnen und die interaktive Macht des Netzes, beim Rezipieren von News-Sites vor allem im „Lean-back"-Modus sind und eher konsumieren als selbst aktiv werden wollen: Alle relevanten Nachrichten und Geschichten sollen darum möglichst auf der ersten Seite auftauchen, damit die LeserInnen nach dem Narbe-Speiche-Modell mit möglichst wenig

Klicks einer interessanten Story folgen und dann zur Homepage zurückkehren können. Dieser leserorientierte Gedanke trifft aber auf noch ganz andere Aufbauprinzipien, die aus der Vorgeschichte des Journalismus oder des Webs kommen:

» News-Seiten vor allem der etablierten Medienhäuser sollen auch die Ressorteinteilung der alten Printwelt mitabbilden: Journalistische Ressorts sind gelernte Ordnungsmuster, die den LeserInnen bei der Orientierung helfen können. Allerdings wird dies konterkariert, wenn außer den klassischen fünf Ressorts in den endlosen Weiten der Online-Welt noch zahllose weitere hinzugefügt werden. *Spiegel Online* arbeitet mit Ressorts, die in der Printausgabe gar nicht vorkommen (zum Beispiel *Reise*, *Netzwelt* oder das sehr klickstarke *Einestages*) und bietet in seiner Menüstruktur unter 17 Ressorts sage und schreibe 72 Rubriken an.
» Da LeserInnen im „Lean-back"-Modus auch nicht gerne scrollen, sind die klickstarken Beiträge oft weit oben auf der Homepage platziert. Das führt dazu, das häufig erst fünf bis acht „Featured"-Story-Teaser erscheinen und dann erst im zweiten Homepagebereich die Ägide der eigentlichen Ressorts beginnt.
» Aus den Anfangstagen des Webs schleppen viele News-Seiten immer noch die alte Portal-Idee für ihre Homepage mit. Bei Webportalen gingen die frühen WebdesignerInnen davon aus, dass UserInnen eine einzige Anlaufstelle im Netz reicht, die dann aber von News über Lebenshilfe und Service bis Webverzeichnis alles aufbieten musste. Sieht man sich die Fußbereiche vieler journalistischer

Abb. 20: Gepflegtes Chaos: Die Homepage der Bildzeitung.

> Homepages an, erkennt man, dass sie sich von dieser Idee noch nicht verabschiedet haben. Da finden sich Bußgeldrechner und Kfz-Versicherungsvergleiche, Strom- und Gasanbieter, Immobilienbörsen, ein Gehalts-Check und die Eurojackpot-Zahlen (siehe Abb. 21).

Das Medium, das im Netz am ehesten von diesen Aufbauprinzipien abweicht, ist die Homepage von *Bild Online*. Analog zur gedruckten Ausgabe dominieren auch auf der Webseite großformatige Foto- und Farbflächen, häufig noch nicht mal mit einem Teasertext, sondern lediglich einer Überschrift versehen. Dafür schleppt die Webseite jenen Mangel mit sich, der auch der Printausgabe der Boulevardzeitung immer vorgeworfen wird, dass nämlich ihr Layout ein „gepflegtes Chaos" sei, das wenig Orientierung biete (siehe Abb. 20).

Vergleicht man eine größere Anzahl deutschsprachiger journalistischer Homepages, findet man einen immer wiederkehrenden Aufbau (siehe Abb. 22). Nach einer ersten Navigationszeile erscheint der Medientitel, in der Regel in der gleichen Typografie wie das Printpendant. Darunter findet sich häufig eine zweite Navigationsleiste mit den journalistischen Ressorts als Menüpunkten. Hierauf folgt meist Werbung, die aber auch die gesamte Homepage umschließen kann. Eine Aufmacher-Story verläuft inklusive eines großen Fotos in der Regel über die gesamte Homepagebreite (HP1). Dann folgt ein häufig zweispaltiger Bereich, in dem sich die Teaser der meistgeklickten Storys finden (HP2). Ein weiterer Homepagebereich auf Seitenbreite featured zum Beispiel Videos oder Premiumbeiträge, die nur gegen Bezahlung zu lesen sind (HP3). Im Bereich HP4 sind dann häufig unter den Ressorttiteln die aktuellen Storys des Tages zu finden. Ein wiederum seitenbreiter HP5-Bereich schließt oft die Homepage mit einer Bildergalerie oder anderem visuellen Material ab. Der Footer gehört häufig Drittanbietern mit webportalmäßigen Angeboten. Die Seite beschließt ein Navigationsbereich, der beispielsweise auf das Impressum, ein Kontaktformular oder die Sitemap verlinken kann.

Abb. 21: Die Seite als Webportal: Fußbereich von Spiegel Online.

Navigation 1 (Login, Abo, Social Media, Impressum etc.)

Seitentitel

Navigation 2 (Home, Ressorts)

Werbebanner

Homepage 1
(Aufmacherstory mit großem Foto)

Homepage 2
(3 bis 7 „featured story"-Teaser inkl. kleiner Fotos)

Navigation 3
(Bestreads, Kommentare, externe Links, Service)

Homepage 3
(Feature-Bereich: Videos, Premium-Beiträge)

Homepage 4
(Ressort-Storys-Teaser inkl. kleiner Fotos)

Navigation 4
(Social Media, LeserInnen-Kontakt)

Homepage 5
(Bildergalerie, Printstorys, Panorama)

Footer (Fußbereich)
(Service, externe Links, Shopbereich, Social Media)

Navigation 5 (Impressum, Sitemap, Ressorts, Kontakt, Abo)

Abb. 22: Idealtypischer Homepage-Aufbau deutschsprachiger News-Seiten.

Die Arbeitsgemeinschaft Online Forschung (AGOF) erhebt jeden Monat die BesucherInnen über 14 Jahren für die deutschen Online-Medien und erstellt daraus ein Ranking der erfolgreichsten Newsseiten. Ein Blick darauf zeigt, wer heute in Deutschland für Journalismus.online steht:

Abb. 23: BesucherInnen 14+ in Mio. (März 2018)

Rang	Medium	Visits in Mio.
1	bild.de	365
2	spiegel.de	211
3	focus.de	176
4	Upday (App)	123
5	n-tv.de	119
6	welt.de	111
7	zeit.de	61
8	sueddeutsche.de	56
9	stern.de	54
10	faz.net	50
11	derwesten.de	33
12	express.de	30
13	rp-online.de	23
14	Redaktionsnetzwerk Deutschland (RND, Madsack)	22
15	mopo.de	19
16	merkur.de	18
17	handelsblatt.com	18
18	tz.de	17
19	huffingtonpost.de	15
20	tag24.de	14

Die Spitzenposition hält häufig *Bild Online*, aber auch *Focus Online* schafft es mit äußerst boulevardeskem Zuschnitt immer wieder auf Platz 1 der deutschen Online News Charts. Dies bestätigt die oft gemachte Feststellung von der Boulevardisierung des Online-Journalismus: Mit boulevardigen Themen und Geschichten sind offensichtlich im Internet die meisten Klicks zu holen. Direkt neben den beiden Boulevardangeboten stehen aber ganz oben im Ranking einige Tanker des deutschen Qualitätsjournalismus: *Spiegel Online* als Platzhirsch der seriösen Online-Information definiert seit Jahren, wie man online mit News LeserInnen gewinnt und hält. Mit *SZ Online* und *Zeit Online* sind zwei Schwergewichte des investigativen Journalismus und der langen, welterklärenden Geschichten fast gleichauf. Sehr auffällig ist, dass die Toppositionen des Journalismus.online in Deutschland fast ausnahmslos von etablierten Medienmarken eingenommen werden, die mit bekannten Printtiteln am Markt sind. Nur drei Titel innerhalb dieser Top 20 sind reine Internetmarken, die nicht auch über andere Ausspielkanäle bekannt sind: *Huffingtonpost Online* als deutscher Ableger der US-amerikanischen Blogfarm, die mobile App *Upday*, die vom Springer-Verlag produziert wird und deren hohe Sichtbarkeit damit erklärt werden kann, dass die App auf Samsung-Smartphones vorinstalliert ist, und mit *Tag24* ein inhaltlich und formal stark an *Bild Online* erinnerndes Boulevardmedium, das hauptsächlich im „Copy&Paste"-Verfahren Zweitverwertungen von People-Storys verwurstet, aber auch einige lokalisierte Geschichten bietet. Die Stärke der etablierten Medien im Online-Bereich kann mehrere Gründe haben:

» LeserInnen haben in etablierte Medienmarken das größte Vertrauen und suchen darum auch online vorwiegend Seiten jener Betreiber aus, bei denen sie sich sonst auch analog informieren;
» etablierte Medienhäuser haben die redaktionelle und materielle Power und das nötige Know-how, um einen Echtzeit-Nachrichtenbetrieb im Web zu gewährleisten;
» gerade etablierte Printhäuser haben keine Alternative als sich über kurz oder lang ins Internet zu verlagern, und stellen entsprechende Ressourcen zur Verfügung.

Mit *Express, TZ, Merkur, Rheinischer Post (RP)* sowie *Der Westen*, dem Online-Angebot der *Westdeutschen Allgemeinen Zeitung (WAZ)*, sind gleich fünf vorwiegend regional tätige Medienhäuser in den Online News Top 20.

Das zeigt die Stärke der regionalen Medienhäuser in Deutschland und die Verbundenheit der LeserInnen zu den „Homepages" ihrer Heimatmarken auch im Netz. Von den Online-Angeboten der großen öffentlich-rechtlichen Sender findet sich keines in diesem Ranking, denn sie lassen ihre Reichweiten nicht von der AGOF messen. Allerdings sind sie durch Gerichtsurteile und gesetzliche und behördliche Regeln in ihrer Online-Durchschlagskraft auch arg beschnitten – was immerhin zeigt, dass diese Regeln, die ja gerade zum Schutz der privatwirtschaftlichen Presseverlage geschaffen wurden, auch ihre Wirkung zeigen (siehe Kap. F1). Mit *N-TV Online* und *Welt Online* , in der der Nachrichtensender *N24* aufgegangen ist, finden sich aber die Online-News-Seiten von zwei Privat-TV-Sendern in der Rangliste. Deren Erfolg hat einerseits damit zu tun, dass bei immer größerer Übertragungs-Bandbreite die im Netz so populären Videos sich immer stärker durchsetzen und dass TV-Sender naturgemäß hier ein professionelles Angebot haben – das ist auch der Grund, warum *Welt Online* mit *N24* fusioniert hat und online so erfolgreich ist. Andererseits haben die Holdings, die hinter den beiden News-TV-Sendern stehen (RTL bzw. die Axel Springer SE) mit eigenem Korrespondentennetz und großen redaktionellen Apparaten sehr viel genuine Eigenberichte zu bieten: eine Qualität, die offensichtlich ankommt. Mit *Handelsblatt Online* (Holtzbrink) behauptet sich darüber hinaus auch ein Titel aus dem Special-Interest-Bereich mit eher sperrigen Wirtschaftsthemen in den Online News Top 20, was schon an und für sich ein großer publizistischer Erfolg ist. Die Platzierung zeigt aber auch, dass das Internet ein Büromedium ist: Hauptnutzungszeiten sind nach wie vor insbesondere die typischen Büroarbeitszeiten und da sind Informationen aus dem Berufs- und Wirtschaftsleben von besonderem Interesse.

News-Aggregatoren

Eine besondere Form der Heimatseite sind News-Aggregatoren, die sich gerade als Startseiten bei journalistisch interessierten LeserInnen großer Popularität erfreuen.

LeserInnen haben in News-Aggregatoren häufig die Möglichkeit, sich eigene News Feeds nach Interessenlage, Ressorts oder bestimmten Quellen zusammenzustellen. Auf diese Weise fungieren News-Aggregatoren als persönliche und personalisierte Nachrichtenvermittler im Netz.

Es besteht meistens auch die Möglichkeit, sich beim Eingang neuer Meldungen zu bevorzugten Themen oder Quellen benachrichtigen zu lassen. Dies erfolgt über sogenannte „RSS-Feeds".

News-Aggregatoren

News-Aggregatoren haben keine eigenen redaktionellen Ressourcen, sondern sammeln – meistens in automatisierten Verfahren – die Teaser von Meldungen und Berichten anderer Online-News-Quellen. Neben Nachrichtenquellen können auch Blogs, Video-Plattformen oder Podcasts ausgewertet werden. Die Darstellung erfolgt in einer Webapplikation oder einer eigenen Client Software.

RSS-Feed

RSS (engl. really simple syndication) bedeutet auf Deutsch so viel wie „sehr einfache Zusammenfassung" und ist ein Dateiformat für Web-Feeds, das zum Anwendungsbereich des semantischen Webs zählt. Die Datei-Endungen lauten auf .rss oder .xml. Die Darstellung von Daten im RSS-Format wird auch als RSS-Feed bezeichnet. RSS wird gebraucht, um Artikel einer Webseite oder deren Kurzfassungen (vor allem Nachrichtenmeldungen) zu speichern und in maschinenlesbarer Form bereitzustellen. LeserInnen können Aggregatorprogramme nutzen, um sich nur die Kurzfassungen der Beiträge einer Webseite herunterzuladen und dann zu entscheiden, ob der gesamte Artikel gelesen (und heruntergeladen) werden soll. RSS-Feeds eignen sich auch zur Verarbeitung durch spezialisierte Suchmaschinen und Alert-Dienste.

Der Branchenverband Bitcom hat eine repräsentative Umfrage unter Internet-NutzerInnen zu der Frage durchgeführt, wie Online-Nachrichten aufgespürt werden. Dabei kommen 81% der Befragten über Suchmaschinen, 64% laufen direkt die Homepage der Nachrichtenquelle an und nur 11% stoßen auf Online-Nachrichten über News-Aggregatoren. Die Online-RedaktionsleiterInnen, die ich für dieses Buch interviewt habe, bestätigen ungefähr dieses Bild. Die niedrige Zahl der Zugriffe über News-Aggregatoren steht in keinem Verhältnis zu den juristischen und politischen

Auseinandersetzungen, die es gerade auch um die Nutzung der kurzen Textzusammenfassungen von Nachrichten, den sogenannten „Snippets", in Deutschland und auch andernorts gab. In Frankreich verklagte die Nachrichtenagentur Agence France-Presse (AFP) das Unternehmen Google auf Schadenersatz in Höhe von 13,2 Mio. Euro wegen der Indizierung von AFP-Artikeln. In Deutschland trat 2013 nach jahrelangen Debatten das Leistungsschutzrecht für Presseverlage in Kraft, das dem Schutz verlegerischer Leistungen vor systematischen Zugriffen durch die Anbieter von Suchmaschinen dienen soll. Artikelzusammenfassungen sollen im Netz demnach für ein Jahr ab Veröffentlichungsdatum gesetzlich geschützt sein, sodass die Snippets nur noch gegen vorherige Lizensierung verwendet werden dürften. Google forderte hierauf von den Verlegern eine Mitteilung, auf die Ansprüche aus dem Gesetz bezüglich *Google News* zu verzichten, andernfalls würden ihre Inhalte dort nicht mehr gelistet. Viele der stärksten Lobbyisten für das Leistungsschutzrecht, namentlich die Verlage Axel Springer, Burda und FAZ, stimmten daraufhin dem „Opt-in" einer weiteren unentgeltlichen Listung zu. KritikerInnen des Leistungsschutzrechts, unter anderem Journalistenverbände und die Jugendorganisationen nahezu aller deutscher Parteien, verwiesen zudem darauf, dass niemand die Verleger zwinge, ihre Inhalte unentgeltlich ins Netz zu stellen und damit für Suchmaschinen und Aggregatoren auffindbar zu machen. Die Diskussion über die europäische Urheberrechtsreform wird aktuell auf der Ebene der Europäischen Union fortgesetzt. Hier hat das EU-Parlament im Juli 2018 vorerst gegen eine Verschärfung der Regelungen gestimmt.

Google News

Die Mutter aller News-Aggregatoren im Netz ist *Google News*. Die Webanwendung wurde vom indischen Programmierer Krishna Bharat für Google erfunden, weil dieser nach den Attentaten vom 11. September 2001 vergeblich versucht hatte, sich einen vollständigen Überblick über die Online-Nachrichten zu dem Terroranschlag zu verschaffen. Viele Server waren völlig überlastet, auf der Startseite von Google – so zeigt ein Bildschirmfoto, das der Blog „Search Engine Land" archiviert hat – prangte an 9/11 der Hinweis: „Falls Sie News suchen, werden Sie die neuesten Informationen im Radio oder im Fernsehen finden."

Die erste Beta-Version von *Google News* startete im September 2002. Seit 2003 gibt es eine deutschsprachige Version, die mehr als 700 Nachrichtenquellen auswertet. Heute existieren Versionen in über 70 Ländern und in 35 Sprachen. Die Auswahl und das Ranking der Meldungen auf *Google News* erfolgt nach einem Algorithmus, der „Story-Rank" genannt wird und der auf dem „Page-Rank" genannten Filteralgorithmus der normalen Google-Suche aufbaut. Immerhin betreffen ein Sechstel aller Suchanfragen der Google-Suchmaschine aktuelle Nachrichtenthemen. In einer der Patentschriften zu *Google News* werden 13 Kriterien aufgelistet, nach denen die Nachrichten, das Nachrichtenumfeld oder die Quellen ausgewählt und bewertet werden: Lange Nachrichten sind besser als kurze, schnell publizierte besser als später kommende. Nachrichten zu einem Thema, zu dem schon viele andere Nachrichten existieren, werden höher gerankt als solche, die thematisch eigene Wege gehen. Nachrichten von großen, gar international aufgestellten Medienhäusern werden gegenüber kleinen Redaktionen bevorzugt. Kommunikationswissenschaftliche Forschungen – namentlich vom Journalismusforscher Markus Beiler – haben freilich ergeben, dass die Relevanzkriterien von *Google News* nicht mit den üblichen journalistischen Relevanzkriterien und Nachrichtenfaktoren übereinstimmen. Ein weiterer Kritikpunkt ist, dass auf *Google News* primäre journalistische Quellen gleichrangig neben Blogeinträgen und PR-Material auftauchen. Insgesamt ist die Spannweite der Quellen dieses News-Aggregators nicht sehr hoch: Fast vier von zehn Beiträgen (38%) stammen von nur zehn verschiedenen Quellen und das sind die reichweitenstarken und marktbekannten Medienmarken. Schließlich ist *Google News* auch nicht sonderlich aktuell: Im Durchschnitt sind die Artikel, auf die verlinkt wird, anderthalb Tage alt. Bei einem Relaunch von *Google News* im Frühjahr 2018 sind in vielen Versionen die Teasertexte verschwunden, eigene Rubriken können nicht mehr angelegt werden. Für viele UserInnen hat damit die Usability der Seite stark abgenommen.

Andere aggregierende Nachrichtenquellen sind die Startseiten der großen Internetprovider, insbesondere *T-Online*, *Yahoo* und *GMX*.

Die *DPA Weblines* sind ein Angebot der *Deutschen Presse-Agentur (DPA)*, bei dem die AbonnentInnen aus mehreren Themenkanälen wie dem Nachrichtenkanal *Infoline*, dem Ratgeberdienst *Serviceline*, dem Entertainment-Angebot *Starline* oder dem Sportangebot *Sportsline* wählen können. Zusätzlich zu den Inhalten kann die *DPA Infocom* auch das komplette Nachrichten-Management auf den Webseiten von Medienhäusern übernehmen: Der Dienst wird einmal auf der Homepage implementiert, danach aktualisieren sich die Nachrichten in einem automatisierten Verfahren. Viele regionale Zeitungshäuser nutzen dieses Angebot, um sich mit der eigenen Online-Redaktion auf die Stärken der regionalen und lokalen Berichterstattung zu konzentrieren, ohne auf überregionale und internationale Nachrichten verzichten zu müssen. Aber auch eine große Online-Redaktion wie die der Wochenzeitung *Die Zeit* nutzt die *DPA Weblines* im unteren Teil ihrer Homepage, obwohl die 80 Personen starke *Zeit Online*-Redaktion genug Eigenberichte hätte: „Das machen wir für die Nachrichtenjunkies", erklärt mir Jochen Wegner, Online-Chef der *Zeit*, im Interview.

Andi Goral von der hyperlokalen Nachrichtenseite *Report-K* in Köln sieht das *DPA*-Angebot kritisch. Denn die Beiträge der *DPA Weblines* sind in Inhalt und Umfang nicht mit den Angeboten der *DPA* für Printerzeugnisse identisch. Online-Abonnenten der *Weblines* können die deutlich ausführlicheren Printberichte der *DPA* zwar sehen, dürfen sie aber nicht veröffentlichen. Das online-journalistische Angebot schneidet da im nachrichtlichen Sektor immer schlechter ab. Für Andi Goral liegt dies daran, dass die Gesellschafter der *Deutschen Presse-Agentur* eben hauptsächlich aus dem Print- und TV-Bereich stammen und immer noch wenig Interesse daran haben, den Journalismus.online als gleichwertig zu betrachten. Journalistisch problematisch wird das laut Goral, wenn Online-JournalistInnen einerseits Schwierigkeiten haben, für wichtige Medienereignisse wie den Münchener NSU-Prozess Akkreditierungen zu bekommen, weil Nachrichtenagenturen hier bevorzugt werden, und andererseits die Online-Redaktionen dann nicht auf die ausführlichen Berichte von diesen Ereignissen publizistisch zugreifen können. Auch wenn die *DPA*-Meldungen nicht für jedermann frei im Netz verfügbar sind, speist sich doch das nachrichtliche Angebot von News-Aggregatoren zu einem Gutteil aus solchen Agenturen: Nach den bereits erwähnten Untersuchungen von Markus Beiler stammen mehr als 50 Prozent der mit einer Autor- oder Herkunftsbezeichnung versehenen Beiträge von Nachrichtenagenturen, und hiervon kommen wiederum mehr als die Hälfte von der *DPA*.

B4 ONLINE-TEXTE SCHREIBEN

Der Newsstream

Dass die *TZ* aus München eine erhebliche überregionale Bedeutung hat, ahnt man erst einmal nicht, wenn man in der Beyerstraße nahe dem Münchener Hauptbahnhof das Verlagsgebäude des Münchener *Merkur*, zu dem die *TZ* zählt, betritt. Im verglasten Büro hinter dem großzügigen neugestalteten Online-Newsroom treffe ich Online-Chef Markus Knall. Er verantwortet nicht nur die Online-Seiten von *TZ* und *Merkur*, sondern von 38 journalistischen Domains, die von der Ostsee bis zum Alpenrand reichen. Ob die Webseiten der *Hessischen Niedersächsischen Allgemeinen*, der *Offenbach-Post*, des *Westfälischen Anzeigers* oder *fehmarn24*: Die Inhalte werden größtenteils von der Zentralredaktion in München hergestellt. Das Modell der Zentralredaktion hat nicht nur bei der Ippen-Gruppe, zu der *TZ*, *Merkur* und die anderen Blätter gehören, Einzug gehalten. Auch andere Verlagsgruppen wie zum Beispiel die Madsack-Gruppe aus Hannover mit ihrem „Redaktionsnetzwerk Deutschland" (RND), dem im Frühjahr 2018 auch die Blätter des Kölner Dumont-Verlags beigetreten sind, bündeln ihre Online-Aktivitäten, um über Zentralisierung und Synergie Geld und Stellen zu sparen. „Wir haben als Zentralredaktion inzwischen auch Drittmandanten, also nicht nur Verlage der eigenen Gruppe, sondern auch wirklich Drittverlage, die quasi unseren Service einkaufen, und da spielen wir Content aus", erklärt Markus Knall. „Nicht jeder lokale oder regionale Verlag kann sich so eine Mannschaft leisten, kann es sich leisten, sieben Tage die Woche von mindestens 6 bis 23 Uhr besetzt zu sein und auch entsprechend bei Großnachrichtenlagen ein großes Programm aufzufahren."

Neben der Zentralredaktion in München gibt es innerhalb der Verlagsgruppe sehr wohl auch noch lokale Online-Redaktionen, zum Beispiel in Kassel, Rosenheim, Hamm oder Mannheim. Dort wird für das entsprechende Lokalkolorit gesorgt und der lokale Sport bearbeitet. Viele Inhalte werden einfach von den Nachrichtenagenturen übernommen. Markus Knall:

„Agenturen sind natürlich die Masse, weil es viel leichter ist, einen Agenturtext rüber zu kopieren – so schnell kann ich keinen Text schreiben." Die klickstarken Themen sind allerdings solche, die in der Online-Redaktion für den eigenen Auftritt selbst geschrieben werden.

Merkur/TZ

Die Online-Redaktion der Münchener *TZ* und des Münchener *Merkurs* bilden eine Zentralredaktion, die die Online-Auftritte für bundesweit 38 Medien herstellt. Themenschwerpunkte bringt Online-Chef Markus Knall vor allem bei den Boulevardtiteln mit „Blaulicht, Rotlicht, Fluchtlicht" auf den Nenner. Im Unterschied zu Print wird online vor allem auch der Erotik-Bereich bespielt. Online zählt nicht nur das „Girl des Tages" zu den klickstarken Beiträgen, sondern vor allem auch thematische Artikel zur Sexualität, die bei der online-affinen Altersschicht zwischen 20 und 30 besonders gut ankommen. Bei den Lokalzeitungen machen lokale Themen die Hälfte des Traffics aus. Wirtschaftlich zahlt sich das Modell offenbar aus: Die Zentralredaktion verdient mit den diversen Online-Auftritten „in nicht unerheblichem Maße", wie Knall berichtet. „Viele Anzeigen, Kleinanzeigen, werden teilweise schon für Online mehr aufgegeben als bei Print."

- **Online-Chef:** Markus Knall
- **Sitz:** München
- **Zahl der Online-RedakteurInnen:** ca. 40 (inkl. freie MitarbeiterInnen, 2 VJs und Team „Fußball vor Ort")
- **AuslandskorrespondentInnen:** –
- **Social-Media-RedakteurInnen:** 1
- **Zahl der einzelnen Domains:** 38
- **Unique User** (Oktober 2018, AGOF): 9,52 Mio.
- **User-Zahl durchschnittlicher Beitrag:** 100.000
- **User-Zahl reichweitenstärkster Beitrag:** 250.000
- **Online-CMS:** Alfa Mediasuite und selbstentwickelte Komponenten
- **Stärkste Ressorts:** Blaulicht, Flutlicht, Rotlicht
- **LeserInnen-Beteiligung:** eigener Kommentarbereich, Leserreporter-Tool, *Facebook*
- **Nutzerdatenanalyse:** Google Analytics und eigenes Analyse-Tool

Abb. 24: TZ-Online-Chef Markus Knall in seiner Münchener Zentralredaktion.

Ein guter Text ist ein guter Text ist ein guter Text. Auch online. Wer gut schreiben kann, der sollte nicht damit aufhören, nur weil er jetzt Journalismus.online macht. Der Vorteil, den das Zentralredaktions-Modell bietet, ist, dass der fortwährende und nicht-endende Gang der Ereignisse rund um die Uhr professionell beobachtet und redaktionell bearbeitet werden kann. Nachrichten verlaufen heute im Newsstream, und das hat den Journalismus.online stark verändert. „Wir sind im tiefen Umbruch in der Branche, wir müssen uns neu ausrichten, auf welchen Kanälen wir produzieren und diese Neuausrichtung ist total spannend, sie wird total anstrengend, manchmal macht sie Kollegen auch Angst, wenn man mit Althergebrachtem brechen muss", erklärt Markus Knall.

Auch Mathias Müller von Blumencron, Ex-Online-Chef der *FAZ*, stellt im Interview die Bedeutung des Newsstreams heraus. Anders als beim herkömmlichen Journalismus mit Redaktionsschluss und Deadline bewegt sich der Journalismus.online im fortwährenden Strom der Nachrichten:

„Wir denken ja anders als die klassischen Printkollegen. Nicht in Redaktionsschlüssen, sondern wir denken in Ereignissträngen. Und ein Ereignisstrang muss bearbeitet werden. Das fängt mit einer Eilmeldung an, wo wir im Prinzip den Kern eines Ereignisses beschreiben, aber noch verdammt wenig wissen und das auch deutlich machen, in dem man eben sagt ‚In Kürze mehr ...'. Dann steht da vielleicht nur ein Satz. Diese Meldung wird ausgebaut, dann setzen sich möglicherweise weitere Leute dran, analysieren das Ereignis, gehen auf Nebenaspekte ein, recherchieren weiter. Im Folgenden entstehen Stücke für die Zeitung, möglicherweise Leitartikel, auf jeden Fall eine nachrichtliche Story, sicherlich eine Analyse – jedenfalls bei größeren Ereignissen. Wenn die Zeitung fertig ist, geht es aber natürlich online trotzdem weiter und in den Abend hinein und die ganze Nacht durch. Wir haben eine Nachtschicht, die abwechselnd von mehreren Kollegen geführt wird, die im asiatischen Raum leben. Das heißt, für die ist das eine Vormittagsschicht."

Mit der Arbeit im Newsstream hängt die Frage zusammen, die unter Online-ForscherInnen diskutiert wird, nämlich ob die etablierten Präsentationsformen journalistischer Texte für den Journalismus.online überhaupt noch angesagt sind. Das gilt vor allem für das Formprinzip der „umgekehrten Pyramide", demzufolge die wichtigsten Informationen – und das heißt vor allem die Beantwortung der entscheidenden W-Fragen – im ersten Absatz oder in den ersten Absätzen zu erfolgen habe und im Fortgang des Textes die folgenden Absätze abnehmende Relevanz haben. Dieses Formprinzip war in Printmedien schon wegen des begrenzten Platzangebots wichtig, weil jeder Text relativ problemlos von hinten gekürzt werden konnte, ohne wichtige Informationen abzuschneiden. Genau diese Problemlage stellt sich im Journalismus.online aufgrund des entgrenzten Mediums Internet gar nicht mehr: Jeder Text kann im Prinzip beliebig lang sein. Die Textbegrenzungen, die online bestehen, erfolgen eher aus aufmerksamkeitsökonomischen Gründen, da die LeserInnen nur eine begrenzte Verweildauer auf Web- und Artikelseiten haben und es darum trotzdem sinnvoll sein kann, sie schnell im oberen Bereich eines Artikels weiter mit den wichtigsten Informationen zu versorgen. Um einen Text nach dem „umgekehrte Pyramiden"-Prinzip zu bauen, muss aber natürlich das Ganze einer Story überschaut werden können und hier ruht im Journalismus.online eher das Problem: Wer im Newsstream arbeitet, aktualisiert fortwährend Teilaspekte einer Story, erzählt aber niemals die ganze Geschichte.

Außerdem nehmen die LeserInnen die Story auch noch auf verschiedenen Ebenen wahr: Sie werden vielleicht über ein Social-Media-Posting auf ein Thema aufmerksam, sie stoßen auf der Homepage einer Zeitung auf eine Überschrift oder einen interessanten Teaser und arbeiten sich dann klickend bis zur Artikelseite vor, wo sie dann einen Beitrag ganz oder auch nur teilweise lesen, sich den mit dem Lauftext verknüpften Satellitenfragmenten wie zum Beispiel den Zoom-Versionen von Grafiken oder Videos widmen oder den in den Text eingebetteten Links folgen, um andernorts im Netz weiterzulesen. Dem Newsstream der JournalistInnen korrespondiert also ein Lektürestream der LeserInnen. Statt umgekehrt pyramidal sind journalistische Geschichten online darum eher in Textschichten aufgebaut, die von den RezipientInnen nach eigenen Relevanz- und Lektürekriterien zusammengesetzt werden.

Wer seine LeserInnen möglichst lange auf der eigenen Webseite halten will, muss seinem Newsstream einen spezifischen „Duft" verleihen. Dies ist jedenfalls die These des amerikanischen Usability-Forschers Jared Spool. Eigentlich ging man davon aus, dass mehr als drei bis vier Klicks pro Visit nicht zu haben sind – danach verliere man die LeserIn. Spool hat gezeigt, dass diese Annahme zu simpel ist und es sehr wohl möglich ist, den „Durchhaltewillen" der LeserInnen über den geschickten Einsatz bestimmter Reizwörter zu kitzeln. Ist das Interesse am Inhalt der Webseite oder des Artikels groß genug, dann ist den LeserInnen egal, ob eine Information auf der ersten oder fünften Ebene einer Webseite liegt, ob sie auf verschiedene Seiten, Fragmente und Medientypen verteilt ist oder ob sie den Windungen des Newsstreams folgt. Spool nennt das den „Scent" (dt. Duft) einer Information. Dieser Duft würde durch Reizwörter übertragen und es sei die Duftspur dieser Reizwörter, der die LeserInnen auf ihrem Klickweg durch eine Webseite folgen würden. Einmal die Witterung aufgenommen, folgten die LeserInnen dieser Spur bis zum Zieldokument.

Der Duft der Information

Jared Spool kam dem „Scent" von Informationen durch ein Medienexperiment auf die Spur. Er beobachtete InternetnutzerInnen bei einer Online-Recherche, notierte jeden Suchschritt und fragte nach jedem Klick: Welche Informationen erwarteten die UserInnen und glaubten sie, die Information schon erhalten zu haben? Bei den Informations- und Linkerwartungen lagen die NutzerInnen ziemlich daneben. Sie zeigten aber ein starkes Gespür dafür, ob sie in der Nähe des Zieldokuments mit der gewünschten Information sind.
Mit Reizwörtern lasse sich, so Spool, eine unwiderstehliche Duftspur zum Zieldokument legen. Notwendig sei allerdings, dass die Vokabelspur unterwegs auf jeder einzelnen Unterseite aufgefrischt würde: „Finden sich die Reizwörter nicht auf jeder betrachteten Zwischenseite, dann geht die Spur verloren." Die LeserIn würde dann den „Zurück"-Button des Browsers klicken, um die Spur andernorts wieder aufzunehmen, „ein untrügliches Zeichen, dass die Vokabelspur Lücken enthält".[16]

Überschriften, Teaser, Leads

Wenn die LeserInnen auf der Homepage eines journalistischen Mediums landen, sind sie erst einmal im Scan-Modus, und der ist für die BetreiberInnen journalistischer Webseiten zugleich der Panik-Modus. Denn LeserInnen sind schnell, unheimlich schnell. Schon die Ladezeit einer Webseite kann darüber entscheiden, ob eine NutzerIn bleibt oder weitersurft. Der Usability-Forscher Jakob Nielsen hat herausgefunden, dass acht bis zehn Sekunden die absolute Obergrenze für die Ladephase einer Webseite sind, bis also alle Überschriften, Texte, Bilder und Werbebanner korrekt im Browser erscheinen. Die nun folgende Scanphase, in der die LeserInnen die Überschriften, Bilder und Teaser überfliegen, die Themenlage taxieren, sie mit ihrer Interessenlage abgleichen und über ein Weiterlesen entscheiden, dauert nach empirischen Untersuchungen der Kieler Marktforschungsinstituts Dr. Parge & Partner zwischen 25 und 60 Sekunden. Abzüglich der Ladezeit bleiben also etwa 15 bis 50 Sekunden, in denen LeserInnen entscheiden, ob sie auf der Seite bleiben oder lieber weitersurfen.

Nun geht es um die Haftkraft der Inhalte (engl. stickyness) einer Webseite. Wer Online-LeserInnen gewinnen und halten will, muss also kurz und knapp auf der Homepage zeigen, was das journalistische Tafelsilber ist, das zum Weiterlesen animiert. Mit Goethes Faust müssen die Online-LeserInnen dazu gebracht werden, sich selbst zuzurufen: „Verweile doch, du bist so schön!"

Die Präsentation der Vielfalt an Themen und Geschichten in journalistischen Online-Medien erfolgt durch Überschriften, Teaser und Teaserbilder. Formulierung und Wahl dieser Elemente entscheiden also darüber, ob und wie LeserInnen online gewonnen werden können. Für Online-LeserInnen ist entscheidend, möglichst viele Themen mit möglichst wenig Blickkontakten in möglichst kurzer Zeit erfassen zu können.

Online-Überschriften

Beim Ansurfen einer journalistischen Webseite sind die LeserInnen in der Regel noch nicht im höchsten Aufmerksamkeitsmodus, sondern üben eher das aus, was man mit dem Medienlinguisten Daniel Perrin „beiläufiges Lesen" nennen könnte: Sie überfliegen die zehn bis zwanzig aufmerksamkeitsstärksten Wörter – und das sind meistens Begriffe, die sie in den fettgedruckten Überschriften finden. Wenn die Überschrift Interesse weckt, wird der Teaser gelesen und eine Klickentscheidung getroffen. Die Überschrift hat also zwei Funktionen:

» Aufmerksamkeit für das Thema der Geschichte erzeugen und
» Neugierde wecken.

Das erste Gebot für jede gute Überschrift ist darum sprachliche und thematische Klarheit und Eindeutigkeit. Die Überschrift soll neugierig auf den folgenden Text machen. Daraus ergibt sich, dass unbedingt die thematischen Schlüsselbegriffe in die Headline gehören und die zu erwartende journalistische Geschichte sich jedenfalls andeuten sollte.

Wer die zu erzählende Geschichte in Kurzform in seine Überschrift packen möchte, bedient sich am besten des „Küchenzurufs". Für *Stern*-Gründer Henri Nannen war der „Küchenzuruf" der springende Punkt einer Geschichte, das, was der zeitungslesende Mann seiner Frau in der Küche zuruft, wenn sie sich erkundigt: „Was ist passiert, Schatz?" (über das zugrunde liegende Verständnis der Geschlechterrollen möchte ich an dieser Stelle nicht diskutieren).

Storytelling

Was ist eigentlich eine journalistische Geschichte? Eine Geschichte erzählt vom Konflikt zwischen zwei Personen in ihrem zeitlichen Verlauf. Personen können dabei menschliche oder auch juristische Personen, beispielsweise Institutionen, Behörden oder Firmen, sein. Konflikt ist alles, was sich zwischen Personen an Auseinandersetzungen abspielen und zu einer Zustandsänderung führen kann. Geschichtenerzählen (engl. storytelling) ist heute in der gesamten öffentlichen Kommunikation und damit auch im Journalismus sehr wichtig geworden. Mit Geschichten sind nicht nur fiktionale Storys gemeint, sondern gerade im Journalismus eben auch faktenbasierte Storys, die nichtsdestoweniger den gleichen Regeln des Erzählens (Dramaturgie, Spannung usw.) folgen.

Wer storybasiert themenidentifizierende Schlüsselwörter in seiner Überschrift unterbringen will, wird diese entweder als *konfliktidentifizierende* oder als *protagonistenidentifizierende* Schlüsselwörter formulieren. Typische konfliktidentifizierende Begriffe sind „Bürgerkrieg", „Steuerstreit", „Verkehrsunfall", „Parteienkrach", „Ehescheidung", „Misstöne" usw. Protagonistenidentifizierende Wörter nennen handelnde Personen mit Namen oder Funktion bzw. die beteiligten Institutionen, also zum Beispiel das Bundesverfassungsgericht, die Regierung, die Gewerkschaft oder einen Verein:

» Lufthansapiloten streiken auch am Samstag (Welt)
» Rebellen stimmen Feuerpause zu (Taz)
» In Syrien droht Rückkehrern Folter (Rhein-Zeitung)

Das F-Layout oder F-Schema

Der Usability-Forscher Jacob Nielsen hat in seinen Blickbewegungsstudien herausgefunden, dass die Aufmerksamkeit von WebseitenbesucherInnen in der Regel von rechts nach links und von oben nach unten abnimmt. Sieht man sich ein solches typisches Blickbewegungsmuster in einer grafischen Visualisierung – beispielsweise als sogenannte „Heatmap" – an, ergeben die Blickbewegungen das Muster des Buchstabens F, weswegen von F-Layout oder F-Schema die Rede ist (engl. f-pattern).

Dieses Ergebnis hat natürlich auch mit der in westlichen Ländern typischen Leserichtung von links nach rechts zu tun. In Ländern mit anderen Schriftkulturen kann dieses Muster auch anders aussehen. Für die Webseitengestaltung hat das F-Schema jedenfalls große Bedeutung: Die Elemente oben auf der Seite werden zuerst wahrgenommen. Wichtige textliche und bildliche Inhalte sollten darum weit oben platziert werden. Für Überschriften gilt: Das Schlüsselwort sollte möglichst früh, das heißt möglich weit links, fallen. Menüstrukturen, Bilder und andere Elemente einer Webseite, die am rechten Rand der Seite platziert sind, haben weniger Chancen, wahrgenommen zu werden.

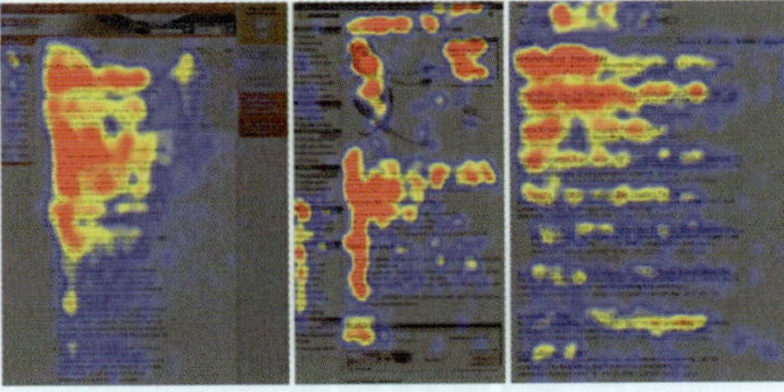

Abb. 25: Heatmap der Blickbewegungen auf einer Webseite.

Mit der Konfliktzentrierung von journalistischen Geschichten hängt auch der häufig geäußerte Vorwurf zusammen, dass der Journalismus zu negativ berichten würde. Bei allen Diskussionen um „konstruktiven" oder „positiven" Journalismus muss man allerdings festhalten, dass dort, wo es keine Konflikte oder Auseinandersetzungen gibt, es zumeist auch nicht zu berichtenswerten Zustandsänderungen kommt. Dass alles so geblieben ist, wie es schon immer war, mag im Sinne konservativer Aktualisierung des Weltgeschehens auch seine Bedeutung haben. Es gibt sicherlich News-RezipientInnen, die deswegen Nachrichten konsumieren, weil sie erfahren wollen, dass alles beim Alten ist. Nicht-Veränderungen sind aber häufig einfach nicht relevant. Der Journalismus.online mit seiner echtzeit-journalistisch motivierten Schnelligkeit und die Flüchtigkeit der Online-LeserInnen verstärken diesen Effekt der Negativität eher noch.

Checkliste: Überschriften

- ☐ Die Überschrift sollte den wesentlichen Inhalt des Textes enthalten, aber auch nicht mehr!
- ☐ Aktive Verben einsetzen!
- ☐ Ironie vermeiden: beim heterogenen Publikum des Massenmediums Internet zu missverständlich!

- ☐ Humor einbauen: witzige Wendungen, Stilfiguren und Sprachbilder („Stuss mit lustig", *Süddeutschen Zeitung*).
- ☐ Rhythmus durch Reihung und Reim („Rudi, haudi Saudi", *Bild*).
- ☐ Alle unnötigen Wörter streichen!
- ☐ Nicht die Fakten nennen, sondern ihre Auswirkungen (das verweist in die Zukunft und erzeugt Spannung)!

Wer online Neugierde wecken will, sollte auch sprachlich auf den Neuigkeitswert seiner Informationen hinweisen. Logfile-Analysen haben ergeben, dass Überschriften, die Ausdrücke wie „Geheimnis", „Tipp" oder „bemerkenswert" enthalten, deutlich häufiger angeklickt werden.

Neurologisch werden affektive Entscheidungen vom sogenannten Althirn getroffen. Dieser Teil des Gehirns ist der „primitivste" und auf Überlebensstrategien spezialisiert, wie Patrick Renvoise in seinen Studien zum Neuromarketing festgestellt hat. Es reagiere darum besonders auf direkte, einfache und visuelle Ansprache. Statt Fremdwörtern und komplexen Satzstrukturen sollten darum leicht zugängliche und anschauliche

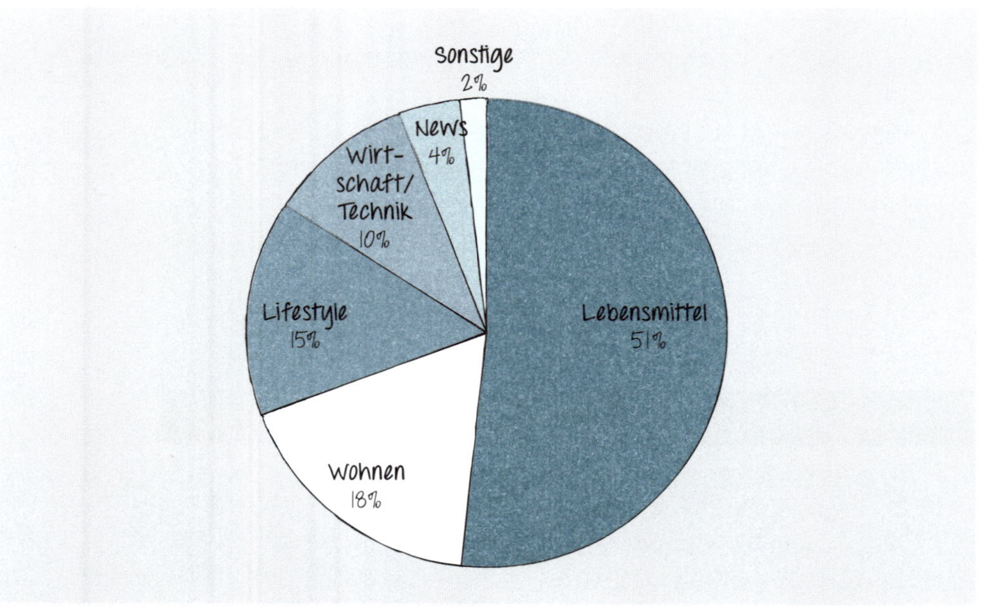

Abb. 26: Themen in häufig geteilten Überschriften.

Begriffe für eine Überschrift verwendet werden, die Klickanreize bieten. Vielleicht erklären sich mit unserem Überlebensreflex auch die Ergebnisse der Studie, die Garrett Moon vom Social-Media-Dienstleister CoSchedule angestellt hat. Er hat untersucht, welche Begriffe in Überschriften vorkommen, die besonders häufig in den sozialen Medien geteilt werden. In über 50 Prozent der Headlines kamen Lebensmittel vor, gefolgt von den Themenfeldern Wohnen und Lifestyle. Reine News-Inhalte landeten mit vier Prozent auf dem vorletzten Platz (siehe Abb. 26).

Es hat auch neurologische Gründe, dass Inhalte, die Emotionen hervorrufen, mehr Aufmerksamkeit erzeugen als gefühlsneutrale und damit für den Erfolg einer Überschrift ausschlaggebend sein können. Mithilfe eines online verfügbaren „Emotional Marketing Value Headline Analyzer" lässt sich der emotionale Wert von häufig und von wenig geteilten Überschriften messen. Das Ergebnis: Die Headlines von viralen Postings mit mehr als tausend Klicks erzielen regelmäßig einen emotionalen Wert von 30 oder höher. Postings, die selten geteilt werden, erzielen auch nur einen emotionalen Wert von unter 20. Zu den Wörtern, die den emotionalen Wert von Überschriften nach oben gehen lassen, zählen auch Personalpronomen, die die LeserInnen direkt ansprechen. Garrett Moon gibt ein Beispiel für eine nicht- und eine hoch-emotionale Überschrift:

Steuertipps für die zweite Jahreshälfte (emotionaler Wert: 0%).
Dinge, die Sie genau jetzt tun sollten, um sich auf die anstehende Steuersaison vorzubereiten (emotionaler Wert: 45%).

Tipp

Der „Headline Analyzer" misst den emotionalen Wert von Überschriften: http://www.aminstitute.com/headline/.

Ein einziges Wort kann den emotionalen Gehalt einer Überschrift und damit die Bereitschaft, zu klicken und den dazugehörigen Artikel zu lesen, ändern. Die Studie *Sprache und Erinnerung* von Elizabeth Loftus und John Palmer konnte zeigen, dass sich durch Hinzufügen oder Abändern eines einzigen Worts die Bedeutung einer Aussage und die Reaktion darauf vollkommen verändern können.

Magische Wörter

Welche Wörter sind es, die die Sinne ansprechen und besonders hohe Aufmerksamkeit erzeugen? Der Werbeguru David Ogilvy erarbeitete schon in den 1960er-Jahren eine Liste mit den zwanzig mächtigsten Wörtern, die auf RezipientInnen besonders anreizend wirken:

vergleichen ... Sonderangebot ... erstaunlich ... jetzt Verbesserung ... revolutionär ... plötzlich ... außergewöhnlich ... Wunder ... einfach ... Beeilung ... vorstellen ... magisch ... Angebot ... sensationell ... ankünden ... schnell ... beliebt ... verblüffend ... Herausforderung

Dies ist eine Wortliste aus der Werbesprache. Es liegt aber nahe, dass es auch in der journalistischen Sprache Ausdrücke gibt, die eine besondere Anziehungskraft auf die LeserInnen ausüben.

In journalistischen Handbüchern liest man, Überschriften sollten keine Fragen enthalten, weil LeserInnen Antworten suchen würden. Im Online-Bereich gilt das nicht so ganz. Überschriften in Frageform erzielen höhere Klickraten als solche, die mit Punkt oder Ausrufezeichen enden. Daran ändert auch das nach dem britischen Technikjournalisten Ian Betteridge benannte „Law of Headlines" nichts, demzufolge man auf Überschriften in Frageform grundsätzlich mit nein antworten könne, weswegen derlei Formulierungen trivial seien.

Appelle können allerdings dann gute Überschriften abgeben, wenn sie mit einem Aufruf zum Selbermachen verbunden sind. Die „Do it yourself"-Philosophie ist gerade im Internet sehr verbreitet, weil Menschen sich heute Rat für den Alltag vor allem online suchen. Außerdem haben nutzwertige Beiträge im „Long Tail" Vorteile, weil sie eher zeitlos sind. „7 Tricks für ...", „Lernen Sie wie ..." oder „Wie man (etwas bewerkstelligt) ..." sind Formulierungen, die häufig gute Klickraten erzielen.

Was die Komposition von Überschriften auf einer journalistischen Homepage angeht, ist vor allem Varietät gefragt. Der Screenshot mit verschiedenen Überschriften zeigt, wie die Tageszeitung *Die Welt* sich auf ihrer Homepage bemüht, nebeneinanderstehende Überschriften möglichst abwechslungsreich zu gestalten, um über die Varianten von Headline-Typen den Abwechslungsreichtum der Inhalte auszudrücken (siehe Abb. 27): Sachliche Inhaltsbeschreibungen bei politischen Themen stehen neben wörtlichen Zitaten und direkten Aufforderungen mit Leseransprache („Das müssen Sie essen ..." – Lebensmittel!).

Dachzeilen oder Spitzmarken

In klassischen Zeitungen wurde die Überschrift meistens durch eine Unterüberschrift ergänzt. Im Journalismus.online hat sich eher die Dachzeile etabliert.

> **Tipp**
>
> Journalistische Online-Angebote strotzen vor Superlativen und Übertreibungen: „Die erfolgreichsten Tricks …", „Die stärksten Momente …" oder „Die fantastischsten Katzenbilder …" erzeugen häufig Überdruss und lösen darum auch keinen Klickreflex mehr aus. Hier kann es sinnvoll sein, sich bewusst abzuheben und etwas mehr Negativität in die Überschrift zu bringen. Ausdrücke wie „Vermeiden Sie …", „Niemals …" oder „Die schlimmsten …" erregen durch ihren warnenden Charakter Interesse. Aber auch solche Sprachfiguren sollte man sehr dosiert einsetzen.

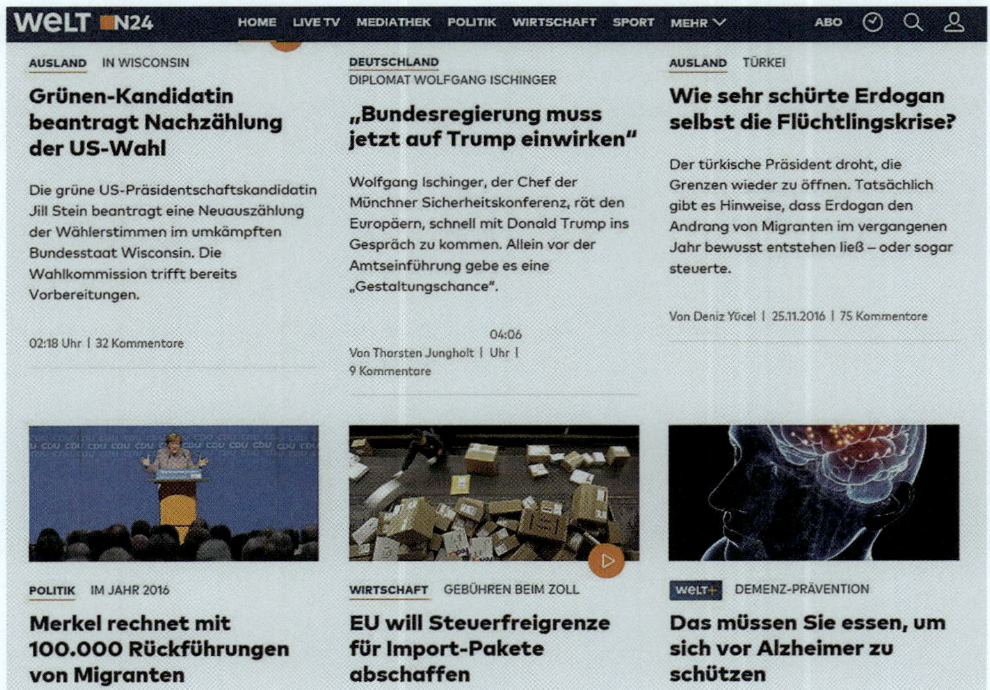

Abb. 27: Abwechslungsreiche Überschriften in Welt Online.

Dachzeile

Die Dachzeile ist ein kurzer Ausdruck oder eine kurze prägnante Wendung über der eigentlichen Überschrift, die auf die Headline Bezug nimmt und sie inhaltlich näher bestimmt. Manchmal findet man als Dachzeile auch das Ressort oder im weiteren Sinn das Themenfeld, zu dem der zugehörige Artikel zählt. Auf engl. heißt die Dachzeile „kicker" oder „standfirst".

Abb. 28: Die Neuss-Grevenbroicher Zeitung hat die Dachzeile vergessen.

Die Dachzeile gibt der Online-RedakteurIn mehr Freiheit bei der Formulierung der Überschrift. Das merkt man, wenn die Dachzeile einmal fehlt wie im abgebildeten Beispiel auf der Webseite der *Neuss-Grevenbroicher Zeitung*, wo statt einer passenden Formulierung als Platzhalter das Wort „Dachzeile" stehen geblieben ist. Die folgende Überschrift „Eine Krone für die Besten" bleibt nebulös, weil die tiefere Bestimmung fehlt. Eine knappe Ergänzung wie „Popmusik" oder „Preisverleihung" wäre hier nötig gewesen.

Häufig dient die Dachzeile auch dazu, eine Überschrift geografisch zu verorten. Wenn die *Rheinische Post Online* titelt: „Atomaufsicht schlägt Alarm" ist noch nicht viel gesagt. Erst die Dachzeile mit der Ortsbestimmung klärt darüber auf, dass es sich um die belgische Atomaufsicht und das umstrittene Atomkraftwerk in Tihange im deutsch-belgischen Grenzgebiet handelt, womit auch die Relevanz für deutsche LeserInnen bestimmt ist:

AKW Tihange
Atomaufsicht schlägt Alarm

Die Dachzeile wird selten zuerst gelesen, der Blick der Online-LeserInnen fällt immer zuerst auf die größer gesetzte Schlagzeile. Dennoch ist sie meistens nicht verzichtbar, wie ein kleines Experiment zeigt. In der folgenden Abbildung habe ich aus einem Artikel der *Taz Online* die Dachzeilen und Teaserbilder entfernt. Auf den ersten Blick ist zu sehen, wie stark Headline und Dachzeile miteinander korrespondieren.

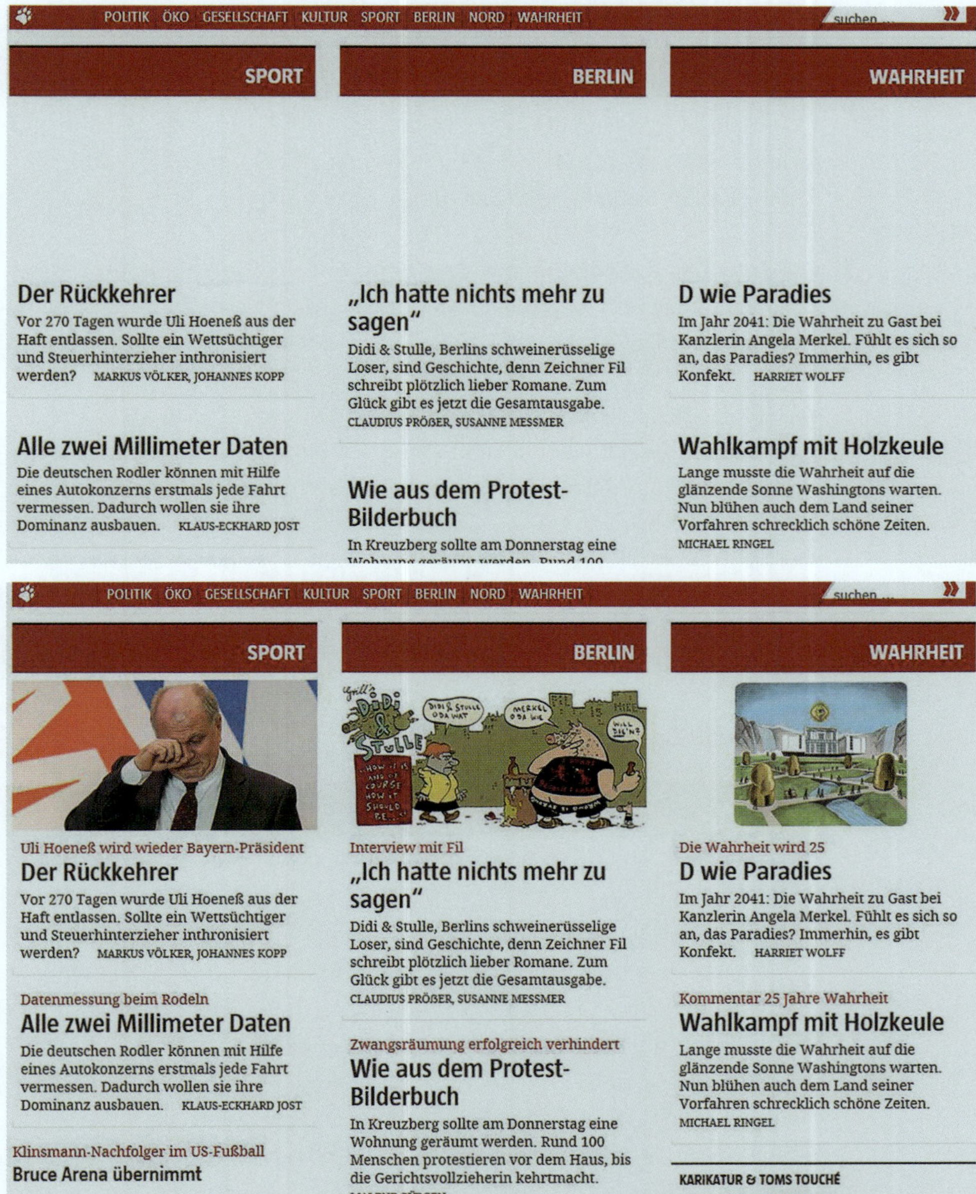
POLITIK ÖKO GESELLSCHAFT KULTUR SPORT BERLIN NORD WAHRHEIT suchen ...

SPORT

Der Rückkehrer

Vor 270 Tagen wurde Uli Hoeneß aus der Haft entlassen. Sollte ein Wettsüchtiger und Steuerhinterzieher inthronisiert werden? MARKUS VÖLKER, JOHANNES KOPP

Alle zwei Millimeter Daten

Die deutschen Rodler können mit Hilfe eines Autokonzerns erstmals jede Fahrt vermessen. Dadurch wollen sie ihre Dominanz ausbauen. KLAUS-ECKHARD JOST

BERLIN

„Ich hatte nichts mehr zu sagen"

Didi & Stulle, Berlins schweinerüsselige Loser, sind Geschichte, denn Zeichner Fil schreibt plötzlich lieber Romane. Zum Glück gibt es jetzt die Gesamtausgabe. CLAUDIUS PRÖßER, SUSANNE MESSMER

Wie aus dem Protest-Bilderbuch

In Kreuzberg sollte am Donnerstag eine

WAHRHEIT

D wie Paradies

Im Jahr 2041: Die Wahrheit zu Gast bei Kanzlerin Angela Merkel. Fühlt es sich so an, das Paradies? Immerhin, es gibt Konfekt. HARRIET WOLFF

Wahlkampf mit Holzkeule

Lange musste die Wahrheit auf die glänzende Sonne Washingtons warten. Nun blühen auch dem Land seiner Vorfahren schrecklich schöne Zeiten. MICHAEL RINGEL

POLITIK ÖKO GESELLSCHAFT KULTUR SPORT BERLIN NORD WAHRHEIT suchen ...

SPORT

Uli Hoeneß wird wieder Bayern-Präsident

Der Rückkehrer

Vor 270 Tagen wurde Uli Hoeneß aus der Haft entlassen. Sollte ein Wettsüchtiger und Steuerhinterzieher inthronisiert werden? MARKUS VÖLKER, JOHANNES KOPP

Datenmessung beim Rodeln

Alle zwei Millimeter Daten

Die deutschen Rodler können mit Hilfe eines Autokonzerns erstmals jede Fahrt vermessen. Dadurch wollen sie ihre Dominanz ausbauen. KLAUS-ECKHARD JOST

Klinsmann-Nachfolger im US-Fußball

Bruce Arena übernimmt

BERLIN

Interview mit Fil

„Ich hatte nichts mehr zu sagen"

Didi & Stulle, Berlins schweinerüsselige Loser, sind Geschichte, denn Zeichner Fil schreibt plötzlich lieber Romane. Zum Glück gibt es jetzt die Gesamtausgabe. CLAUDIUS PRÖßER, SUSANNE MESSMER

Zwangsräumung erfolgreich verhindert

Wie aus dem Protest-Bilderbuch

In Kreuzberg sollte am Donnerstag eine Wohnung geräumt werden. Rund 100 Menschen protestieren vor dem Haus, bis die Gerichtsvollzieherin kehrtmacht. MALENE GÜRGEN

Senatsposten in Berlin

Ökologie kommt ohne Grüne aus

WAHRHEIT

Die Wahrheit wird 25

D wie Paradies

Im Jahr 2041: Die Wahrheit zu Gast bei Kanzlerin Angela Merkel. Fühlt es sich so an, das Paradies? Immerhin, es gibt Konfekt. HARRIET WOLFF

Kommentar 25 Jahre Wahrheit

Wahlkampf mit Holzkeule

Lange musste die Wahrheit auf die glänzende Sonne Washingtons warten. Nun blühen auch dem Land seiner Vorfahren schrecklich schöne Zeiten. MICHAEL RINGEL

KARIKATUR & TOMS TOUCHÉ

Abb. 29 und 30: Überschriften mit vs. ohne Dachzeilen und Teaserbilder.

Spitzmarke

Die Dachzeile wird in der Pressesprache oft auch als Spitzmarke bezeichnet. Manchmal versteht man unter der Spitzmarke aber auch ein vorgeschaltetes oder durch Interpunktion abgesetztes Wort innerhalb der Überschrift, das deren Inhalt näher bestimmt.

Die Spitzmarke kann ebenfalls dazu beitragen, das Verständnis der Überschrift zu erleichtern und gleichzeitig mehr Freiheiten bei deren Formulierung zu bieten. Die folgenden Beispiele machen dies auf einen Blick klar:

- Fidel Castro: Verehrt und gehasst (Tagesspiegel)
- Hochwasser: Italien versinkt im Regen (FAZ)
- Obama-Interview: „Deutsche sollten Merkel wertschätzen" (Focus)

Die Spitzmarke ist noch einmal kürzer als die Dachzeile, besteht häufig nur aus einem Wort und bestimmt häufig einen Schauplatz oder eine Person. Gerade bei Zitaten als Überschriften kann die Spitzmarke dazu dienen, die SprecherIn zu identifizieren.

Teaser und Lead

Teaser

Der Teaser (engl. tease = reizen, necken) wird auch als Anreißer oder Webvorspann bezeichnet. Er hat im Journalismus.online die wichtige Aufgabe, den Leseanreiz für die Online-LeserInnen zu wecken. Der Teasertext soll die wesentlichen Informationen des Online-Artikels enthalten, auf den er verweist. Gleichzeitig soll er so viel Informationslücken lassen, dass das Weiterlesen für die RezipientInnen interessant ist.
Im US-Online-Journalismus werden Teaser auch „blurb" genannt. Die Bezeichnung geht auf die kurzen, begeisterten Kommentare auf Buchumschlägen oder Filmplakaten zurück. Die Wortschöpfung wird auf den Humoristen und Schriftsteller Gelett Burgess zurückgeführt. Der erfand 1907 eine Figur namens „Miss Belinda Blurb", die nur dazu da war, über sein neues Buch nette Sachen zu sagen.

Der Teaser ist auch die demokratischste Textsorte des Journalismus.online, denn selbst wenn journalistische Anbieter heute dazu übergehen, ihre eigentlichen Inhalte hinter Paywalls vor kostenfreiem Zugriff zu schützen, ist der Teasertext meistens für jedermann und jedefrau lesbar. Der Teasertext ist in der Regel auch derjenige, der in Postings der sozialen Netzwerke und in den Zusammenfassungen von News-Aggregatoren auftaucht. Entsprechend ist seine Bedeutung für die Journalist-LeserInnen-Beziehung nicht hoch genug einzuschätzen. Grundsätzlich können zwei Typen von Teasertexten unterschieden werden: der *Lead* und der *Cliffhanger*.

Lead

Der Lead ist altes Nachrichtenhandwerk und nicht online-spezifisch: Nach der Darstellungsregel der umgekehrten Pyramide beginnt ein journalistischer Bericht mit einem Vorspann, der kurz und bündig die wesentlichen, nämlich die sachgebundenen W-Fragen beantwortet: Wer? Was? Wann? Und wo?

Ausgeblendet bleiben die W-Fragen der Deutungsebene – also Wie und Warum. Wenn man so will, ist der größere Teil journalistischer Texproduktion, nämlich alles jenseits des Teasertexts, „nur" die Deutung der Ereignisse, die in knappster nachrichtlicher Form bereits im Lead bekanntgemacht wurden. Dies mag der Grund sein, warum die früheren Online-Chefs von *SZ* und *FAZ* Stefan Plöchinger und Mathias Müller von Blumencron unisono von den JournalistInnen als „Welterklärern" sprechen. Vor allem stark nachrichtlich geprägte Webseiten bevorzugen, vielleicht aus alter Tradition, diesen Teaser-Stil. Hier ein Beispiel von der Homepage des Nachrichtensenders *N-TV*:

Berichte: Leiche hat gebrannt
Abgeordneter wird tot am Rhein gefunden
In der Nähe von Mannheim wird eine Leiche am Rheinufer gefunden. Es handelt sich dabei um den Landtagsabgeordneten Wolfgang R. Ein Passant soll den Notruf wegen einer „brennenden Person" gewählt haben. Die Ermittler gehen von Selbstmord aus.

In der Instruktionspsychologie wird ein solcher Lead auch als „inklusiver Vorspann" bezeichnet, weil er den wesentlichen Informationskern bereits enthält.

Für den Journalismus.online ist das durchaus problematisch und wurde auch entsprechend kritisch im Zusammenhang der Auseinandersetzung der deutschen Zeitungsverleger mit News-Aggregatoren wie *Google News* diskutiert. Denn der nicht ganz von der Hand zu weisende Verdacht besteht, dass Online-LeserInnen die News-Aggregatoren im Netz wie eine personalisierte Web-Tageszeitung nutzen und gar nicht mehr zu den Homepages oder Artikelseiten weiterklicken, weil sie die wesentlichen Informationen durch die Teasertexte bereits erhalten haben. Der Klickanreiz, der durch einen Lead-Teaser geschaffen wird, ist also entsprechend gering.

Cliffhanger

Der Cliffhanger ist bestens bekannt aus Soap Operas oder Krimiserien: Er befindet sich am Ende einer Fortsetzungsgeschichte, und lässt eine Frage offen, die zum Anschauen der nächsten Folge anregen soll. Auch beim Teaser kann man Fragen offen lassen und dadurch gezielt einen Klickanreiz schaffen.

Cliffhanger sollen Neugier auf den verlinkten Online-Artikel wecken. Es lassen sich drei Typen von Cliffhanger-Teasern unterscheiden:

1. *Direkte Cliffhanger* münden in konkreten Fragesätzen. Der verlinkte Artikel verspricht die Antwort. Beispiel: „Zunehmend beginnen schon Kinder, ihr Geschlecht zu wechseln – noch vor der Pubertät. Wird so Leid verhindert? Oder ist das ein gefährlicher Trend?" (*Zeit*)
2. *Indirekte Cliffhanger* werfen verdeckte Fragen auf. Die Informationsleerstelle wird also deutlich markiert, ohne dass am Ende ein Fragezeichen steht. Beispiel: „Eine französische Studie zeigt: Es gibt viele Gründe für Frauen, untreu zu werden. Einer davon ist ziemlich profan. Und schmutzig. Und sollte eine klare Warnung an alle Männer sein." (*Welt*).
3. *Visuelle Cliffhanger* arbeiten mit neugierig machenden Bildmotiven, die Klickanreize schaffen. Das können eingefrorene Bewegungen (wie geht es weiter?), unscharfe oder teilverhüllte Motive (was steckt dahinter?) oder andere informationskaschierende Elemente sein. Die Homepage des Online-Sportdienstes *Spox* arbeitet zum Beispiel gar nicht mehr mit Teasertexten, sondern im Zuge des „Visual Turns" nur noch mit Teaserfotos, wie die folgende Abbildung zeigt.

Checkliste: Cliffhanger

Es gibt ein paar einfache Tricks, wie Cliffhanger maximale Neugier wecken:

- ☐ **Dissonanz:** Der dargestellte Sachverhalt widerspricht den Erwartungen. Beispiel: „Ja, die Amerikaner gelten gemeinhin eher als verklemmt. Aber sie können auch ganz anders." (*Bild Online*)
- ☐ **Intensität:** Starke Reize, die häufig sprachlich durch affektive Begriffe oder Superlative ausgedrückt werden. Beispiel: „Ein genialer Treffer in der Europa League sorgt für großes Aufsehen. Mit einem ‚Rabona'-Schuss überlistete Roms Perotti seinen Gegner." (*Welt Online*)
- ☐ **Überraschung:** Entsteht oft, wenn Elemente nebeneinanderstehen, die intuitiv nicht zusammengehören. Beispiel: „Ein US-Magazin hat die 100 weltbesten Instagram-Accounts gekürt. Gleich hinter Rihanna auf Platz vier: Die US-Behörde für Verkehrssicherheit." (*20 Minuten Online*)
- ☐ **Nutzwert:** Was den LeserInnen weiterhilft, hat unmittelbare lebenspraktische Relevanz. Beispiel: „Kontaktlinsen-Träger sollten unbedingt auf das Haltbarkeitsdatum ihrer Linsen achten. Wer Kontaktlinsen nach Ende der Mindesthaltbarkeit benutzt, dem droht ein unnötiges Risiko." (*Augsburger Allgemeine Online*)

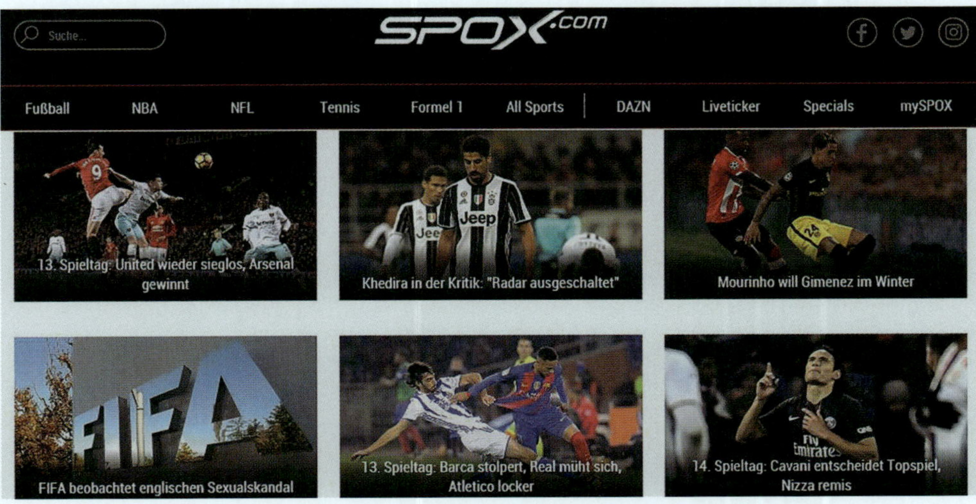

Abb. 31: Visual Turn: Spox.com arbeitet ausschließlich mit Teaserfotos.

Wichtig ist, die unterschiedlichen Formen von Teasern auf der Homepage zu mischen. Wenn alle Webvorspänne mit Fragezeichen enden, sieht die Homepage nicht mehr wie ein Informationsangebot, sondern wie ein Rätselheft aus. Außerdem wirken Textauszeichnungen wie Fragezeichen, Ausrufezeichen oder VERSALIEN wie ein Dreh am Lautstärkeregler: Sie „schreien" die LeserInnen an und buhlen in einer für LeserInnen aufdringlichen Art um Aufmerksamkeit. Lizenzen hierfür haben höchstens explizite Boulevard-Angebote im Netz, von denen solche Betonungsformen regelrecht erwartet werden.

Teaserlänge

Was die Länge des Teasers angeht, ist sie mit „kurz" nur unzureichend beschrieben, auch wenn Stefan Heijnk kalauert: „Die optimalen Teaser: Kurz und knapp wie Miniröcke." Hier sind einige bedeutsame Punkte zu berücksichtigen, selbst wenn in professionellen Arbeitsumgebungen die Länge des Teasers in der Regel vom Content-Management-System vorgegeben ist. Auch für Social Media und News-Aggregatoren sind die maximalen Längen von Teasern festgelegt. Bei *Twitter* sind das (seit Ende 2017) 280 Zeichen, bei *Google News* 160 und bei *Facebook* 250 Zeichen. Nun kann es zwar sinnvoll sein (und viele CMS sehen das auch vor), für Social Media oder *Googles* Snippets (so heißen die Teaser hier) Kurztexte zu verfassen, die sich von den Teasern auf der eigenen Homepage unterscheiden. Ein Grund könnte gerade sein, dass man nicht die kompletten Informationen schon auf Fremdplattformen bekannt geben möchte. Im täglichen Workflow wird das aber vermutlich nicht sehr praktisch sein und auch nicht immer gelingen. Man wird sich also pragmatisch auf Teaserlängen zwischen minimal 160 und maximal 280 Zeichen einstellen müssen. Wer die Teaser für den mobilen Gebrauch optimieren will, wird sie unter Umständen noch kürzer formulieren.

Wichtig ist, dass die einmal vorgesehene Teaserlänge auch eingehalten und nach Möglichkeit nicht deutlich unterschritten wird. Auf *Zeit Online* ist zu sehen, dass die Redaktion offensichtlich klare Maßgaben zur Teasergestaltung aufgestellt hat. Mit großer Regelmäßigkeit sind die *Zeit*-Teaser zwei bis drei deutsche Sätze lang und nehmen genau vier Zeilen ein. Sie sind damit exakt auf die Höhe des Teaserbilds abgestimmt und geben der *Zeit*-Homepage einen sehr ausbalancierten Charakter (siehe Abb. 32).

In der Redaktion von *Spiegel Online* scheint man etwas liberaler zu sein, was die Länge von Teasern angeht. Wie das Beispiel im nebenstehenden Screenshot zeigt, sind einige Teaser so kurz, dass sie neben dem Teaserbild noch viel Weißfläche lassen, andere sind so lang, dass sie unter dem Teaserbild noch umbrochen werden (siehe Abb. 33).

Abb. 32: Die Teaser der Zeit sind gleichmäßig und ausbalanciert.

Abb. 33: Der Spiegel ist liberaler, was die Teaser-Gestaltung angeht. Sieht aber nicht gut aus.

Sprachlich gilt beim Teaser das, was Nea Matzen aus der Online-Redaktion der *Tagesschau* das „EVA-Prinzip" nennt:

- Erwartungen erfüllen.
- Verständlichkeit herstellen.
- Aktualität beachten.

Verständlichkeit wird gerade im gedrängten Raum des Teasers dadurch stark erhöht, dass auf alle Arten von Fremdwörtern verzichtet wird. Das gilt insbesondere auch für die in der Online-Welt so beliebten englischen Tech-Ausdrücke sowie den offenbar mittlerweile fast unvermeidbaren denglischen Business-Sprech. Es ist empirisch belegt, dass die LeserInnen solche Ausdrücke weder mögen, noch verstehen. Ein „CEO" ist einfach ein „Geschäftsführer", ein „Meeting" ist einfach eine „Besprechung", und selbst für das Wort „Computer" kann man immer noch „Rechner" sagen. Ein paar weitere sprachliche Tricks sind vor allem im Teaser zu beherzigen:

- Das Tempus ist in der echtzeit-journalistischen Online-Welt, anders als im Printjournalismus, nicht das Perfekt, sondern das Präsens: Nicht „Die Regierung hat beschlossen ...", sondern „Die Regierung beschließt ...".

» Aktivisch formulieren und nicht passivisch: Also nicht „Die Regierung ist vom Wahlvolk gewählt worden …", sondern „Das Volk wählt die Regierung …". Dabei ist starken Verben immer der Vorzug zu geben vor Nominalkonstruktionen und Substantiven.
» Zahlen sollten in Online-Texten immer in Ziffern geschrieben werden. Usability-Forscher Nielsen hat in seinen Eyetracking-Experimenten herausgefunden, dass LeserInnen sehr stark auf Ziffern reagieren, selbst wenn sie in einer Masse von Text versteckt waren. Einerseits unterscheiden sich Ziffernfolgen typografisch stark von Buchstabenfolgen, andererseits stehen Ziffern journalistisch für Exaktheit und Recherche. „Ziffern verbessern die Scanbarkeit von Web-Inhalten", so Jakob Nielsen.

Eine wichtige, wenn nicht die entscheidende Frage bei der Teasergestaltung ist, wo der Link zum eigentlichen Online-Artikel platziert werden soll. Hier sind im Laufe der Zeit die verschiedstenen Spielformen ausprobiert worden: Mal wurde der gesamte Teasertext als Sprungmarke definiert, mal wurde der letzte Satz oder die letzten Wörter als Link gesetzt. Heute hat es sich weitgehend etabliert, die simpelste und effektivste Form der Verlinkung zu wählen, nämlich am Ende des Teasertextes Sprungwörter wie „weiterlesen" und „mehr" oder Sprungphrasen wie „zum Artikel" und „ganzer Text" als Link zu definieren. Das ist eindeutig, funktional und führt die LeserInnen immer auf die richtige Spur. Auch die Teaserüberschrift oder das Teaserbild können auf den Online-Artikel verlinken. Wichtig ist jedoch, dass kein Link im Umfeld des Teasers woanders hinführt als zur eigentlichen Artikelseite. Fremdlinks auf andere Informationsangebote oder gar Werbung brechen völlig mit der Lesererwartung und würden die Leserbindung beschädigen. Egal, was also im Teaser als Hyperlink herhält, er darf nirgendwo anders hinführen als zur eigenen Artikelseite.

Zu vermeiden sind auch Teaser-Abbrüche. Das Phänomen taucht auf, wenn der Teasertext länger ist, als im CMS vorgesehen. Dann überlässt man dem Programm die textuelle Entscheidung und dies führt dazu, dass der Text nach der erreichten Zeichenzahl mitten im Satz abbrechen kann. Häufig geschieht dies, wenn automatisiert Fremdmaterial (beispielsweise von Agenturen) ungeprüft für die Homepage übernommen wird und dieses infolge starrer Template-Definitionen nicht ins eigene Schema passt. Sowohl in Sachen Usability als auch psychologisch ist dies verheerend,

„Wir haben nicht die Ausstrahlung, so hysterisch zu sein.“

JOCHEN WEGNER, ONLINE-CHEF DER ZEIT

da die Online-LeserInnen ihre Selektionsentscheidungen aufgrund fragmentarischer Informationen treffen müssen.

Checkliste: Teaser

- ☐ Lead-Teaser schreiben, um die wichtigsten Informationen rüberzubringen; Cliffhanger-Teaser, um Neugier zu wecken!
- ☐ Die Zeichenzahl-Obergrenze einhalten, aber auch ausschöpfen!
- ☐ Nicht zu viele Detail-Informationen – dafür ist der Artikel da!
- ☐ Unnötige Wörter streichen, vor allem Vorsilben, Pronomen, Artikel, Präpositionen!
- ☐ Aktivisch und im Präsens schreiben! Zahlen in Ziffern!

Der Online-Artikel

Die Redaktion von *Zeit Online* liegt ebenerdig hinter großen Glasscheiben am Askanischen Platz in Berlin, in unmittelbarer Nähe zum Anhalter Bahnhof. Auch im Inneren sind Räume nur durch Glasscheiben voneinander getrennt. *Zeit Online*-Chef Jochen Wegner begrüßt mich in seinem gläsernen Büro mit Blick auf den Newsroom seiner Redaktion. Spartanischer kann ein Büro nicht sein: Nur ein Tisch und zwei Stühle. Nicht mal ein Computer steht auf dem Schreibtisch. „Ich mache alles hiermit“, erklärt Wegner und hält sein Smartphone in die Höhe. Den Kaffee bekommen wir von einer Mitarbeiterin gebracht. Nach zwanzig Minuten erscheint sie wieder und erinnert an den nächsten Termin. Wir reden dann aber doch länger.

„Es gibt heute online eine Formenvielfalt, die steht nicht mehr hinter den anderen Mediengattungen zurück“, findet Jochen Wegner. Ähnlich wie bei *Spiegel Online* ist auch bei *Zeit Online* das Besondere, dass das Mutterblatt nicht tagesaktuell ist, sondern nur wöchentlich erscheint, „Wir haben einerseits ein Weekly und andererseits ein minütliches Medium", bestätigt Wegner. Dennoch sind auch bei *Zeit Online* vor allem lange und tiefgehende Stücke gefragt. Vor vier, fünf Jahren habe es mal eine Strategiediskussion gegeben, ob man nicht online etwas ganz Anderes machen solle. „Aber die Leute l eben einfach die Marke *Zeit*, so wie sie ist und wofür sie steht. Online sollte gefälligst auch das bieten: einen etwas tiefergehenden Journalismus, etwas nachdenklicher."

Zeit Online

Nach der Journalistenschule gründete Jochen Wegner mit *jonet* das erste Online-Netzwerk für JournalistInnen, damals noch auf Mailboxbasis. Er wurde Wissenschaftsredakteur beim Magazin *Focus* und als solcher durfte er seinen KollegInnen immer wieder das Internet erklären. „Daraus sind dann viele Karrieren von Online-Chefs entstanden, dass halt Leute, die darüber geschrieben haben, dann gefragt wurden: ‚Sag' mal, du redest den ganzen Tag darüber, kannst du es nicht auch machen?'", erinnert sich Wegner. Folgerichtig wurde er 2006 Chefredakteur von *Focus Online*. Seit 2013 leitet er die Online-Redaktion von *Zeit Online*. Die Wochenzeitung *Die Zeit* unterscheidet sich vor allem auch dadurch von anderen Printblättern, dass sie immer noch Auflagenzuwächse verzeichnen kann und Erlösrekorde feiert. Das färbt auch auf den Online-Ableger ab. Jährlich wachsen die Zugriffszahlen auf das Angebot von *Zeit Online* vor allem auch mobil um 20 bis 30 Prozent. Die Verzahnung mit der Printredaktion der *Zeit* ist eng. Es laufen ständig fünf bis sechs gemeinsame Recherchen von Print- und Online-RedakteurInnen. Es gibt auch personelle Verflechtung, die Wegner „Gefangenenaustausch" nennt: Ein Printredakteur ist eine halbe Woche in der Online-Redaktion in Berlin, und umgekehrt ist ein Onliner die andere halbe Woche in der Printredaktion in Hamburg.

» **Online-Chef:** Jochen Wegner
» **Sitz:** Berlin
» **Gegründet:** 1996
» **Zahl der Online-RedakteurInnen:** 80
» **AuslandskorrespondentInnen:** 1–2

- » **Social-Media-RedakteurInnen:** 5–6
- » **Video-Team** (Webvideo, Snapchat, Instagram): 5
- » **Unique User** (Oktober 2018, AGOF): 13,2 Mio.
- » **User-Zahl durchschnittlicher Beitrag:** 50–60.000
- » **User-Zahl reichweitenstärkster Beitrag:** mehr als 1 Mio.
- » **Online-CMS:** Vivi (Open Source)
- » **Stärkste Ressorts:** Politik, Gesellschaft, Wissen
- » **Bezahlmodell:** Freemium
- » **LeserInnen-Beteiligung:** offener Kommentarbereich (ca. 100.000 Kommentare/Woche)
- » **Nutzerdatenanalyse:** Google Analytics, Webtrack

Nicht nur bei *Zeit Online* ist bei aller Vielfalt von Darstellungsformen der Online-Artikel der Königsweg der Präsentation gerade von langen und hintergründigen Stücken. Die Online-Artikelseite ist auch das eigentliche Ziel aller Bemühungen, LeserInnen zum Klicken von Links, Teaser, Bildern oder Überschriften zu bringen. Das Versprechen, das ein Link bietet, jetzt muss es eingelöst werden, jetzt müssen die Online-JournalistInnen zeigen, was sie wirklich draufhaben.

Alle Blüten textueller Darstellungsformen, die die reiche Flora des Journalismus hervorgebracht hat, gehen auch online: Bericht und Reportage, Feature und Dokumentation, Interview und Kommentar, Glosse und Service. Auffällig ist, dass Online-Texte im Durchschnitt häufiger subjektive Darstellungsformen nutzen und auch in faktenorientierten Darbietungsarten häufiger eine persönliche Perspektive einfließen lassen. Dennoch sind einige Besonderheiten zu beachten und es sind auch einige Darstellungsformen entstanden, die spezifisch für den Journalismus.online stehen.

Die erste Besonderheit ist die Rezeptionssituation: Das Lesen an Bildschirmen dauert etwa 25% länger als in Printmedien und ist bei den LeserInnen auch nicht sonderlich beliebt. Nach einer Umfrage des Instituts für Demoskopie Allensbach aus dem Jahr 2016 gaben 65% der Befragten an, längere Texte nach wie vor lieber auf Papier zu lesen. Nur für 28% machte es keinen Unterschied und lediglich 7% der Befragten bevorzugten für längere Texte Bildschirmmedien. Am Monitor ist es auch nicht so leicht, den Überblick über einen Text zu bekommen, da wir immer nur einen kleinen Ausschnitt zu sehen bekommen. Der Teil des Textes, der aktuell auf dem

Display zu sehen ist, wird auch als Bildschirmportion (engl. screen portion) bezeichnet. Die LeserInnen versuchen – wie Blickbewegungsstudien ergeben haben – sich irgendwie auf der Seite zu orientieren: Erst wird der Bildschirm etwas ziellos überflogen, dann wird eher kürzer als länger in dem Artikel gelesen. Das Poynter-Institut hat herausgefunden, dass durchschnittlich 77% eines Texts gelesen werden und die Gesamtlänge dabei keine Rolle spielt. Immerhin 63% der Online-LeserInnen sollen laut Poynter einen Artikel, den sie einmal angefangen haben, auch zu Ende gelesen haben. Schon aus diesen Gründen ergeben sich für das Schreiben von Online-Texten einige Bedingungen:

Checkliste: Textgliederung

- ☐ Text deutlich gliedern und häufiger einen Absatz machen; in englischsprachigen Online-Medien geht man so weit, sogar pro Satz einen Absatz zu machen.
- ☐ Schlüsselbegriffe auszeichnen, zum Beispiel durch Fettdruck.
- ☐ Zwischenüberschriften setzen, die die Gliederung anzeigen.
- ☐ Aufzählungen in Listenform mit Aufzählungszeichen.
- ☐ Längere Texte auf mehrere Bildschirmportionen verteilen.

So richtig online-spezifisch ist das übrigens nicht. Inghard Langer, Friedemann Schulz von Thun und Reinhard Tausch haben solche Regeln schon in den 1970er-Jahren in ihrem Klassiker *Sich verständlich ausdrücken* auch für Printmedien gefordert. Geschickt ist es, die LeserInnen mitentscheiden zu lassen, wie sie einen Text präsentiert bekommen möchten. *Zeit Online* veröffentlicht auch im Netz eher lange und hintergründige Stücke und verteilt diese häufig auf mehrere Artikelseiten. Am Leserand wird angeboten, von Seite zu Seite weiterzulesen oder auch, sich den gesamten Artikel auf einer einzigen Seite anzeigen zu lassen. Hilfreich ist dabei auch, genau zu zeigen, wie viele Folgeseiten noch kommen, um den LeserInnen eine Orientierung über den Gesamtartikel zu geben.

Texteinstieg

Kommen die Online-LeserInnen auf die Artikelseite, haben sie einen Informationsvorsprung: Sie haben in der Regel schon den Teaser oder das *Google*-Snippet gelesen und sind grob im Bilde darüber, was sie erwartet (oder was sie erwarten, dass sie erwartet – was ein Unterschied sein kann). Es stellt sich darum die Frage, ob der Teaser auf der Artikelseite wiederholt werden sollte, ob ein klassischer Lead-Satz an seine Stelle treten sollte oder ob der Artikel einfach ohne Teaser oder Lead weitergehen sollte.

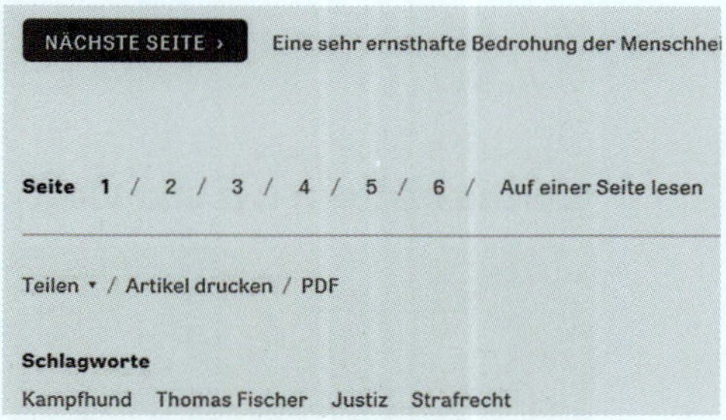

NÄCHSTE SEITE › Eine sehr ernsthafte Bedrohung der Menschhei

Seite 1 / 2 / 3 / 4 / 5 / 6 / Auf einer Seite lesen

Teilen ▾ / Artikel drucken / PDF

Schlagworte

Kampfhund Thomas Fischer Justiz Strafrecht

Abb. 34: Die Zeit: Lange Artikel in vielen Portionen.

Es gibt darauf mehrere Antworten. Den Teaser oder einen Lead einfach fortzulassen ist schon deshalb keine Option, weil man nie wissen kann, auf welche Weise die Online-LeserInnen auf der Artikelseite gelandet sind. Vielleicht sind sie nur einem einfachen Link in einem anderen Artikel oder einem Hinweis in einem Social Media Posting gefolgt. In diesem Fall können die Kenntnis des Teasers und damit unter Umständen die Antworten auf wichtige W-Fragen nicht vorausgesetzt werden. Einen neuen Vorspann mit anderem Wortlaut zu schreiben, ist auch eher ungünstig, weil es bei den LeserInnen für Irritationen sorgen kann, ob sie wirklich auf der Zielseite gelandet sind. Die meisten Online-Redaktionen wiederholen darum den Teaser wörtlich. Einige journalistische Webseiten haben eine andere Alternative gefunden. Die *SZ Online* stellt häufig statt der wörtlichen Wiederholung des Teasers eine kurze Zusammenfassung des Artikels mit Aufzählungszeichen voran. Die *Welt Online* beginnt mit einem knappen Lead-Satz und einer Zusammenfassung mit Bullet Points, um anschließend unter der Rubrik „Warum das wichtig ist" noch auf die Relevanz des Themas hinzuweisen.

Tipp

LeserInnen lesen einen Online-Text lieber weiter, wenn er mit einem „warmen W" beginnt, wenn er also eine W-Frage beantwortet, die irgendwie das Herz berührt.

Dies kann die direkte Ansprache von Gefühlen sein:

Der Jubel war groß, als im Sommer 2014 Betriebsratschef Martin Hennig vor die Belegschaft der Ford-Werke trat und verkündete: „Der Fiesta bleibt in Köln." (*Kölner Stadtanzeiger Online*)

SZ Politik Wirtschaft Panorama Sport München Bayern Kultu

Home > Geld > Rente > Koalition - Gleiche Rente in Ost und West

24. November 2016, 22:52 Uhr Koalition

Gleiche Rente in Ost und West

Koalition Einigung auf Rentenangleichung in Ost und West
(Video: Reuters, Foto:dpa)

- Union und SPD trafen sich in Berlin zu einem Rentengipfel.
- Anschließend war zu erfahren, dass die Rentenansprüche von Menschen, die aus gesundheitlichen Gründen früher aus dem Job ausscheiden und eine Rente wegen Erwerbsminderung beziehen, erhöht werden.
- Außerdem werden die Ostrenten schrittweise an das Westniveau angeglichen.

Feedback

WELT N24 DIGITAL ZEITUNG TV

HOME LIVE TV MEDIATHEK POLITIK WIRTSCHAFT SPORT MEHR ABO

HOME ▸ POLITIK ▸ DEUTSCHLAND ▸ Flüchtlinge: „Müssen uns viele Syrer noch einmal genau anschauen"

DEUTSCHLAND FLÜCHTLINGE

„Müssen uns viele Syrer noch einmal genau anschauen"

Von Manuel Bewarder | Stand: 06:33 Uhr | Lesedauer: 4 Minuten

Klaus Bouillon (CDU) ist seit 2014 Innenminister des Saarlandes. Seit Anfang dieses Jahres ist der 69-Jährige Vorsitzender der Innenministerkonferenz

Quelle: picture alliance / dpa

Klaus Bouillon fordert eine nachträgliche Kontrolle von syrischen Flüchtlingen.

- Der Vorsitzende der Innenministerkonferenz bezeichnet dies als „notwendig".
- „Wir wissen mittlerweile, dass sich auch einige Gewaltbereite und Gefährder unter die Flüchtlinge gemischt haben."

Warum das wichtig ist:

Hintergrund der Forderung ist die Aussetzung der Einzelfallprüfung beim BAMF, die im Jahr 2015 für verschiedene Nationalitäten galt.

78

Abb. 35 und 36: Zusammenfassungen statt Teaser bei SZ Online und Welt Online.

Auch starke Adjektive oder szenische Beschreibungen sorgen für einen warmen Auftakt:

Jeremy Clarkson liebt nostalgische Benzinfresser, rammt gern andere Autos und schert sich nicht um die Energiewende oder anderen „neumodischen Kram". (*Gruenderszene Online*)

Einen warmherzigen Auftakt kann auch die direkte Leseransprache bringen, vor allem wenn Nutzwert an sie gekoppelt ist:

Kosten-Check: Hier machen Sie die Reise Ihres Lebens. (*Merkur Online*)

Die optimale Länge von Online-Texten

So schnell Online-LeserInnen sich auf der Homepage für ein Weiterlesen oder Weiterklicken entscheiden, so schnell überfliegen sie auch den Inhalt einer Artikelseite. Usability-Experte Jakob Nielsen schätzt, dass die Verweildauer auf inneren Seiten von Webauftritten bei 45 bis 60 Sekunden liegt. Die Internetberatung Dr. Heindl ermittelte in einer Logfile-Analyse, dass die durchschnittliche Verweildauer bei 53 bis 60 Sekunden liegt, wobei in Einzelfällen die LeserInnen schon nach 15 Sekunden wieder Abschied nahmen, in anderen aber auch weit über 250 Sekunden für die Lektüre blieb.

Das wirft die Frage auf, wie lang Online-Texte eigentlich sein dürfen. „Fassen Sie sich kurz", bringt Jakob Nielsen seine Lehrmeinung zum Thema Texten fürs Internet auf den Punkt: „Verwenden Sie nicht mehr

„Do what you do best and link to the rest.“

JEFF JARVIS, JOURNALISMUSFORSCHER

als 50 Prozent des Textes, den Sie für dasselbe Thema in einer gedruckten Publikation verwenden würden".[17] Zahlreiche Serviceseiten im Internet geben Tipps über die optimale Textlänge von Online-Texten, die sich vor allem durch Kürze auszeichnet. Maximal dürfe der optimale Online-Text nur 1.000 bis 2.000 Zeichen haben, ist bei Bernd Röthlingshöfer zu lesen. Und wer im Internet danach fragt, was „die Idealmaße für Ihren Content" sind, erfährt etwa bei Annette Mattgrey, dass der perfekte Online-Text in maximal sieben Minuten zu lesen sein müsse.[18]

Ganz so einfach ist journalistisch die Sache nicht. Der wichtigste Maßstab für die Länge eines Artikels sollte doch vornehmlich ein journalistischer sein, nämlich alle Informationen auszubreiten, die nötig sind, um eine spezifische faktuale Geschichte erzählen und verstehen zu können. Online-JournalistInnen können die Länge ihrer Texte nicht beliebig den Ergebnissen von Eye-Tracking-ExpertInnen und den Empfehlungen von Usability-ForscherInnen anpassen. Gerade wo Online-Texte nicht dem Prinzip der umgekehrten Pyramide folgen, sondern in Textschichten aufgebaut sind, lassen sich Artikel auch nicht einfach von hinten kürzen. Was tun?

Es gibt zwei Möglichkeiten, auf die Textlänge online Einfluss zu nehmen: Sinnvolles Bescheiden oder Aufteilen. Beim Aufteilen des Textes auf mehrere Artikelunterseiten hat sich die Faustregel etabliert, Artikel bis ca. 8.000 Zeichen auf einer HTML-Seite zu belassen. Das ergibt an einem normalen PC-Monitor ungefähr drei Textportionen, die LeserInnen müssen also dreimal auf der Seite herunterscrollen bzw. in den Scrollbalken klicken. An einem mobilen Endgerät muss die LeserIn mit Wischgesten allerdings eine ganz schön lange Strecke zurücklegen, um einen solchen Text auf ihrem Display vollständig zu lesen.

Sinnvolle Bescheidenheit beim Texten kann beispielsweise dadurch erreicht werden, dass man sich überlegt, ob man die ganze Geschichte selbst erzählen muss oder ob nicht Teile der Geschichte vielleicht schon anderswo im Netz erzählt worden sind. Hier lässt sich ein Online-Spezifikum optimal einsetzen, nämlich die Kunst des Verlinkens.

„Tun Sie das, was Sie am besten können, für den Rest gibt es Links", hat der US-amerikanische Netzevangelist Jeff Jarvis geschrieben.[19] Hier haben Online-JournalistInnen viele Möglichkeiten, den eigenen Online-Text zu entschlacken und Textschichten auszulagern:

- Die Agenturmeldung, die schon auf unzähligen anderen Online-Newsplattformen zu lesen war, muss wahrlich nicht ein weiteres Mal ins Netz gestellt werden. Eine Online-Redaktion kann auf die anderen Seiten verlinken und sich stattdessen auf Eigenrecherchen, lokale Besonderheiten oder die Betroffenen vor der eigenen Haustür konzentrieren.
- Auch Recherchematerial, also zum Beispiel lange O-Töne, Dokumente oder Web-Quellen, müssen nicht wörtlich in den Artikel integriert werden, sondern können als Mikrodokumente im eigenen Webauftritt verlinkt werden.
- Eine Geschichte kann im Netz auch sehr gut in ihre unterschiedlichen Aspekte aufgeteilt und mit unterschiedlichen Darstellungsformen auf je eigenen HTML-Seiten mit den entsprechenden Verlinkungen erzählt werden.

Aufmerksamkeit

Aufmerksamkeit ist ein knappes Gut geworden. In der Theorie der Informationsökonomie von Georg Franck, die er *Ökonomie der Aufmerksamkeit* (1998) genannt hat, hält die Gesellschaft überhaupt nur noch über den Austausch und Bewirtschaftung von Aufmerksamkeit zusammen. Die Variablen dieser Aufmerksamkeit heißen Prestige, Reputation, Prominenz und Ruhm und sie treten im Zeitalter des „mentalen Kapitalismus" in Konkurrenz zur anderen Währung – dem Geld. Dabei wird die Aufmerksamkeit der KonsumentInnen und RezipientInnen durch die Medienangebote immer stärker beansprucht. Das ist die These des Internet-Kritikers Nicholas Carr, die er wortreich in seinem Bestseller *Wer bin ich, wenn ich online bin und was macht mein Gehirn solange?* dargelegt hat.

Grad und Spanne an Aufmerksamkeit, die RezipientInnen online-journalistischen Angeboten widmen können, sind stark von der Rezeptionssituation abhängig. Die Klickraten von Newsseiten im Netz gehen beispielsweise bei mobiler Nutzung gerade in Verkehrsstoßzeiten enorm in die Höhe: Nachrichten werden heute am Smartphone auf dem Weg zur Arbeit in der U-Bahn oder im Bus rezipiert. Ein anderes von der Medienforschung in den letzten Jahren konstatierte Phänomen heißt „Second Screen" und beschreibt den Umstand, dass wir auf die exorbitante tägliche Mediennutzungsdauer – die die ForscherInnen mit durchschnittlich über 10 Stunden pro BundesbürgerIn angeben – nur noch kommen können, wenn wir Medien parallel nutzen: Fernsehschauen und gleichzeitig mit dem Tablet surfen. Dass die Aufmerksamkeit für die Inhalte des einzelnen Mediums schwindet, dürfte auf der Hand liegen und ist von MedienpsychologInnen auch experimentell bestätigt worden: Wir sind zum Multitasking nicht geboren.
Für das Online-Schreiben hat das Konsequenzen: Es gilt hier, sich noch klarer und einfacher auszudrücken als in den vergangenen Zeiten der monomedialen Buch- und Printkultur. Schwierige Stellen in Büchern oder Zeitungen wurden übersprungen, um an anderer Stelle weiterzulesen. Zu komplizierte Texte im Netz werden aber weggelickt und man hat die LeserInnen verloren. Im Netz gilt darum noch mehr, was der Philosoph Karl Popper schon lange vor dem Internetzeitalter forderte: „Wer es nicht einfach und klar sagen kann, der soll schweigen und weiterarbeiten, bis er's klar sagen kann."[20]

Suchmaschinenoptimiert schreiben

Mit der Aufmerksamkeitsökonomie hängt auch das zusammen, was in vielen Online-Redaktionen in der einen oder anderen Form zur Glaubenssache mutiert ist: Das suchmaschinenoptimierte Schreiben.

Schon der Ausdruck „suchmaschinenoptimiertes Schreiben" kann nicht von Leuten stammen, denen Textqualität sonderlich am Herzen liegt. Und in der Tat, wer Online-Texte so verfasst, dass sie vor allem Google & Co. in den Kram passen, der wird furchtbare Textungetüme herstellen, aber keinen guten Journalismus betreiben. Journalismus.online sollte für LeserInnen optimiert sein, nicht für Suchmaschinen.

Suchmaschinenoptimierung (SEO)

Suchmaschinenoptimierung (engl. search engine optimization) ist ein Bündel von Maßnahmen, um Webinhalten im organischen Ranking von Suchmaschinen in den unbezahlten Suchergebnissen, dem sogenannten Natural Listing, eine möglichst hohe Platzierung einzubringen. Ziel ist, nach Möglichkeit auf der ersten Seite der Suchtreffer zu landen.

Auf der anderen Seite sind Suchmaschinen die am meisten genutzten Dienste im Internet überhaupt. Auch wenn laut dem Bekunden der meisten von mir interviewten Online-RedaktionsleiterInnen der Anteil der Online-LeserInnen, die über Suchmaschinen auf Newsseiten kommen, eher im ein- bis niedrigen zweistelligen Prozentbereich liegt, wird keine Redaktion sich diese Zugriffe entgehen lassen wollen. Wer im Internet nicht über Suchmaschinen gefunden wird, der wird gar nicht gefunden. Und einige journalistische Netzangebote beziehen dann doch – vermutlich auch aufgrund der eigenen Suchmaschinenoptimierungsstrategie – erheblich Reichweite von Suchmaschinen und News-Aggregatoren. Der Webdienst Similarweb analysiert Web-Traffic auch auf Basis seiner Herkunft. Hier kann man also sehen, wie viele SurferInnen eine Seite gezielt ansteuern, wie viele über ein Social Media Posting aufmerksam werden, einem Link von einer anderen Seite folgen oder eben durch eine Suchmaschine auf die Newsseite geführt werden. Similarweb zeigt, dass die Online-Chefs der Newsportale doch etwas untertreiben, wenn es um die Bedeutung von Suchmaschinen für den eigenen Traffic geht. Die bekannten Zeitungshäuser gewinnen im Schnitt immerhin ungefähr ein Viertel ihrer BesucherInnen über die Internetsuche. Zum Vergleich habe ich in die Zufallsauswahl von Newsportalen auch eine Klickfarm wie news.de aufgenommen: Diese Webseite hat keine Eigenberichte, sondern zehrt fast ausschließlich von offensichtlich ausgefuchsten SEO-Strategien, mit denen der Internetverkehr auf die eigene Seite gelenkt wird. Die Webseiten von *Welt, Focus, Merkur* und der *Rheinischen Post* machen offenkundig über Gebühr Gebrauch von Suchmaschinenoptimierung und erzielen über Suchmaschinen einen Traffic zwischen 33 und 47 Prozent. Die Webseite von *Welt Online* dominierte durch aggressive SEO-Verfahren eine Zeitlang so stark die Schlagzeilen von *Google News*, dass Hans-Jürgen Jakobs, der damalige Online-Chef der *Süddeutschen*, öffentlich protestierte, von „Manipulation" sprach und eine Art Ethik-Kodex für SEO forderte.[21]

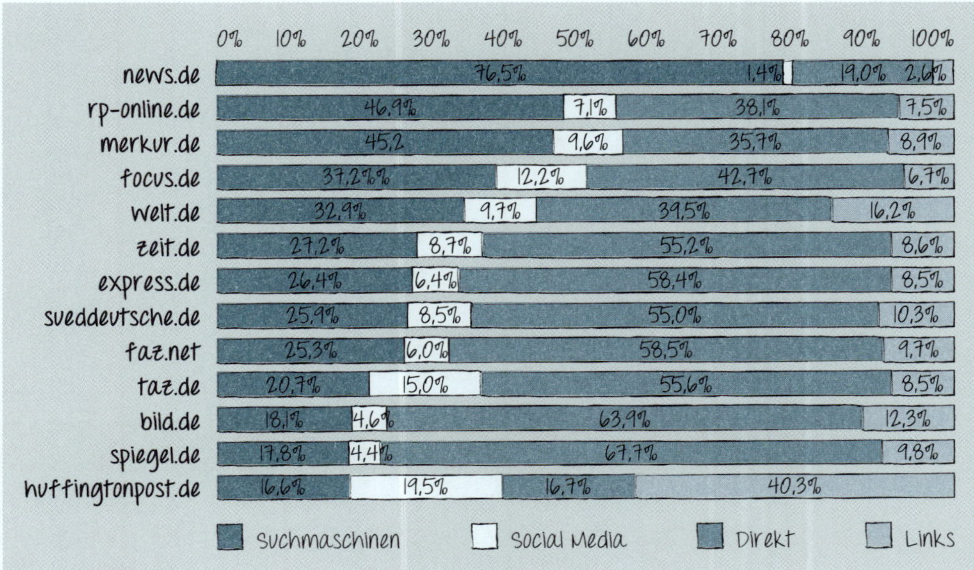

Abb. 37: Wie Online-LeserInnen News-Seiten finden.

Mathias Müller von Blumencron, der ehemalige Online-Chef der *FAZ*, empfindet es als Selbstverständlichkeit, dass Online-JournalistInnen sich heute mit Suchmaschinenoptimierung beschäftigen: „Für manchen Traditionalisten ist das ja Voodoo und was ganz Böses. Ich halte das für extrem wichtig, denn Leute suchen ja etwas im Netz. Sie wollen Orientierung haben, und wir haben die Antworten. Aber die Leser finden die Antworten nur, wenn wir uns ein Stückchen an die Gewohnheiten, an die Technologie der Bots von Google und anderen Suchmaschinen anpassen."

Wer LeserInnen online gewinnen will, der schreibe gute Texte zu selbstrecherchierten Themen und Geschichten. So baut man langfristig eine Online-Marke auf und erzeugt Vertrauen und Leserbindung. Auch das zeigt die Statistik: Ein Dienst wie *news.de* hat fast keine generischen LeserInnen, freiwillig würde man solch eine Seite eben nicht besuchen. Ganz anders die journalistischen Platzhirsche *Spiegel Online* oder *Bild Online*, die von überproportional vielen LeserInnen direkt angesurft werden und deren Traffic entsprechend weniger abhängig von Suchmaschinen oder Social Media ist. Im zweiten Schritt sollte man einige Tipps der SEO-StrategInnen beherzigen, damit die gute eigene Arbeit auch gefunden wird. Faustregel: So wenig SEO wie möglich, so viel wie nötig.

Da Suchmaschinen im Netz algorithmisch arbeiten, folgen sie klaren und strikt definierten Regeln, um ihre Trefferlisten zu generieren. Allerdings legen sie im Normalfall diese Regeln nicht offen. Es hat sich darum eine ganze SEO-Industrie gebildet, die versucht, den Geheimnissen von Google & Co. auf den Grund zu gehen und dadurch die Webseiten ihrer Auftraggeber in den Rankings der Suchmaschinen möglichst weit nach oben zu bringen. Man kann davon ausgehen, dass die Einträge auf der ersten Ergebnisseite einer Suchmaschine zu gängigen Suchwörtern dort nur stehen, weil dafür Geld ausgegeben wurde: Entweder weil man direkt Geld in Online-Werbung investiert hat oder weil man SEO-ExpertInnen beschäftigt, die dafür sorgen, dass man weit nach oben rückt.

Checkliste: Suchmaschinenoptimiertes Schreiben

- ☐ Suchmaschinen sind indexbasierte Programme, die mit sogenannten Spidern oder Crawlern das Web durchfahnden und ein verkleinertes Abbild des Internets, nach Schlüsselwörtern sortiert, in einer Datenbank speichern. Also ist es wichtig, dass die entsprechenden Schlüsselwörter in einem Text vorkommen. Je höher die Schlüsselwortdichte, die sogenannte Keyword Density, desto höher das Ranking.
- ☐ Synonyme verringern die Keyword Density: Wer nach „Angela Merkel" sucht, der wird nicht die „Uckermarkerin" finden. Andererseits erkennen die Algorithmen von Google & Co. auch unnatürlich hohe Schlüsselwortdichten und sortieren sie als „Spamdexing" aus. Natürliche Wortdichten liegen bei ca. drei bis fünf Prozent, wollen SEO-Spezialisten errechnet haben.
- ☐ Auch die Position der Keywords im Text kann das Ranking verbessern: Schlüsselwörter in Überschriften zählen mehr als solche im normalen Fließtext. Auch das ist ein Grund, warum Online-Texte stärker gegliedert werden sollten. Faustregel: Pro Bildschirmportion zwei Absätze.
- ☐ HTML unterscheidet 6 Gliederungsebenen von <h1> bis <h6>. Günstig ist, wenn das Keyword in der Überschrift h1 und vor allem auch in Unter- oder Zwischenüberschriften h2 vorkommt. Zu unterscheiden vom Titel des Artikels ist der <title>-Tag. Auch hier sowie in der URL sollte das Keyword auftauchen.

- ☐ Suchmaschinen schätzen auch nutzerfreundlich aufgebaute Texte: Begriffe in Gliederungen oder Tabellen werden darum höher bewertet als unübersichtliche Bleiwüsten.
- ☐ Gebräuchliche Wörter haben bessere Chancen, in Suchmaschinen gesucht und gefunden zu werden, als ungewöhnliche. Hier decken sich die Tipps für das suchmaschinenoptimierte Schreiben mit den altbewährten Regeln einer klaren und einfachen Sprache, die schon immer als „gute Schreibe" identifiziert wurde.
- ☐ Wörter sollten besser getrennt oder mit Bindestrich als zusammengeschrieben werden. Denn bei Getrenntschreibung erkennen Suchmaschinen die Wörter als unterschiedliche Suchbegriffe, was die Trefferwahrscheinlichkeit und damit das Ranking erhöht.
- ☐ In der Kürze liegt nicht immer die Würze. Suchmaschinen favorisieren Texte, die mindestens 200 bis 300 Wörter haben. Auch Überschriften sollten mindestens 35 Zeichen haben.
- ☐ Neben den Keywords kennen Suchmaschinen wie Google noch an die 200 andere Kriterien, nach denen der Index und die Suchergebnisseiten aufgebaut werden. Die „semantische Suche" ist dabei ein Feld, das für Suchmaschinenbetreiber immer wichtiger wird. Die Search Engines versuchen immer mehr, die Online-Texte wirklich zu „verstehen". Das führt dazu, dass neben den eigentlichen Keywords auch ganze Wortfelder erkannt werden. Wer also über den Bundesnachrichtendienst schreibt, hebt die Keyword Density auch dadurch, dass er Begriffe wie Geheimdienst, Spione, Agenten usw. verwendet.
- ☐ Eines der wichtigsten Relevanzkriterien von Google ist die Zahl der Links, die auf einen Text verweisen. Links erhält man in der Regel aber nur dann, wenn man auch selbst aktiv verlinkt. Jeder Online-Artikel sollte darum interne und auch externe Hyperlinks enthalten.
- ☐ HTML-Seiten enthalten auch Text, der nicht auf der im Browser angezeigten Seite erscheint, den sogenannten Meta-Text. Dazu zählen die „Meta-Description" und die „Meta-Keywords". In beiden sollten die relevanten Keywords vorkommen. Die Meta-Description ist auch der Text, den beispielsweise *Google News* als Snippet anzeigt. Er sollte nicht länger als 160 Zeichen sein. Auch im Meta-Text sollten Keywords nicht in ungewöhnlicher Häufung vorkommen.

Aus Journalismus muss Yournalismus werden: Das gilt vor allem bei der Suchmaschinenoptimierung. Denn gutes Suchmaschinenoptimieren bedeutet nichts anderes als Online-Texte für LeserInnen aufbereiten und auffindbar machen. Der erste Schritt sollte darum sein: In der eigenen Webstatistik nachsehen, wer die eigenen LeserInnen sind, wo sie herkommen und mit welchen Keywords sie die eigene Online-Seite gefunden haben. Webwerkzeuge wie „Google Trends" oder auch der „Google Keywordplanner" können dabei helfen herauszufinden, was aktuell besonders häufig gesuchte Schlüsselwörter im Internet sind. Auch dies kann ein Anhaltspunkt sein, welche Themen und Geschichten auf der eigenen Seite erfolgreich sein könnten.

Tipp

Der Google Keywordplanner hilft dabei, relevante Schlüsselwörter zu finden: https://adwords.google.de/KeywordPlanner.

Google ändert immer wieder die Kriterien, nach denen die Suchergebnisse sortiert und im Ranking dargestellt werden. Es ist darum sinnvoll, sich regelmäßig darüber zu informieren, nach welchen Kategorien die Suchmaschine aktuell arbeitet. Leider hat Google eine sehr restriktive Informationspolitik und rückt allenfalls spärliche Informationen über die Hintergründe der hauseigenen Search Engine heraus. Immerhin gibt es im Google-Blog (www.blog.google) hin und wieder Hinweise auf Änderungen im Produktportfolio, neue Suchfunktionen oder Firmeninterna. In die Bresche der Informationsverknappung bei Google springen eine Reihe von Blogs, in denen SEO-ExpertInnen ihr Wissen über die Google-Suchkriterien ausplaudern. Als einer der beliebtesten hat sich der englischsprachige Blog „Searchengineland" entwickelt.

Tipp

Searchengineland ist ein Blog, der Auskunft über die Suchkriterien von Google & Co. liefert: http://searchengineland.com.

B5 SPEZIFISCHE DARSTELLUNGSFORMEN UND ARBEITSWEISEN

Ein Text ist ein Text ist ein Text. Aber einige Texte sind eben doch „onliniger" als andere. Und es gibt mittlerweile Textsorten, die es fast nur oder ausschließlich online gibt, die gar der Journalismus.online erst hervorgebracht hat. Die wichtigsten dieser Textsorten will ich im Folgenden kurz vorstellen.

Listicles

Listen sind im Internet unheimlich „in". Sie bieten auf den ersten Blick Übersicht und verraten, was die Online-LeserInnen erwartet. Außerdem befriedigen sie das Bedürfnis nach schnellen Antworten und lassen ungefähr die Zeit abschätzen, die die LeserInnen für ihre Lektüre benötigen. Eine Studie des Online-Dienstes CoSchedule fand heraus, dass Online-Artikel, die etwas numerisch auflisten, elf Prozent der meistgeteilten Artikel in Social Media ausmachen. Damit belegen sie Platz 1 der Artikeltypen, die am häufigsten angeklickt und weiterempfohlen werden.

Die US-amerikanische Onlineplattform *Buzzfeed* hat die Listicles, also Online-Beiträge, die ausschließlich aus Listen bestehen, berühmt gemacht. Die *Buzzfeed*-Listicles sind dabei eher anspruchsloser und unterhaltsamer Kram:

11 Sexfragen, die im Grunde unmöglich zu beantworten sind
21 Wahrheiten, die sehr unordentliche Frauen nur allzu gut kennen
31 Dinge, die echt jeder schon mal getan hat, ohne stolz drauf zu sein
22 innere Konflikte, die nur Gelegenheitsvegetarier verstehen können

Die Boulevardpresse hat schon immer gerne mit Listen gearbeitet, weil sie Übersichtlichkeit und Abgeschlossenheit suggerieren. Im Journalismus.online

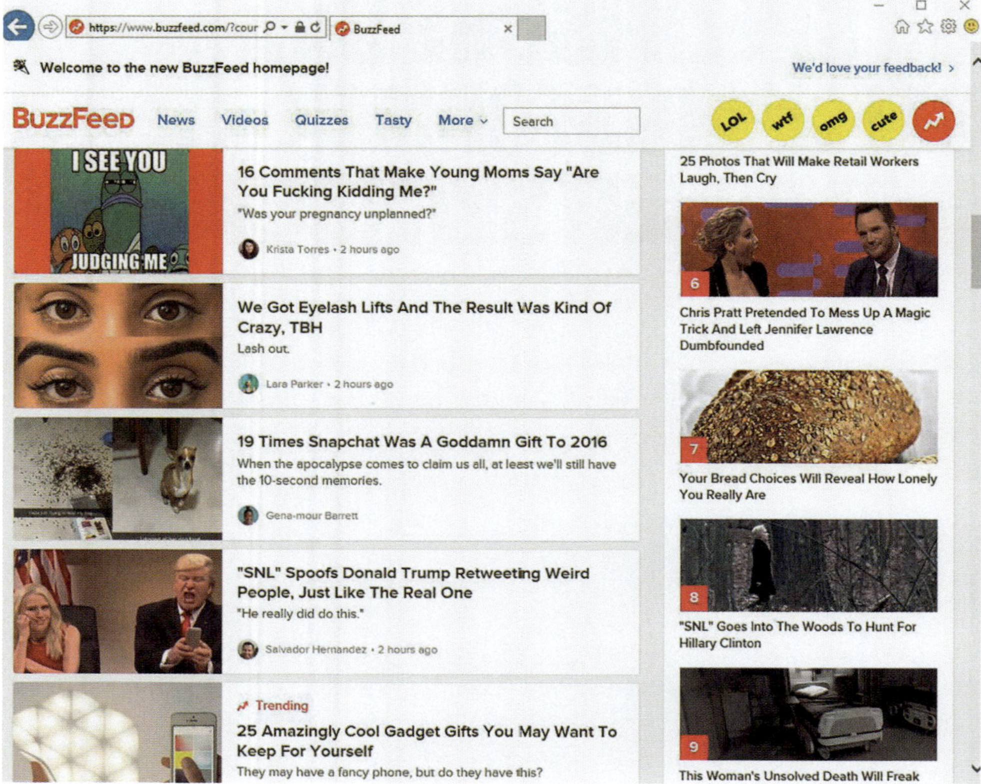

Abb. 38: Hochamt der Listicles: Buzzfeed.

spielen sie eine Rolle, weil Textgliederung und Übersicht wegen der speziellen Rezeptionssituation im Web besonders wichtig sind. Die Bedeutungsarmut vieler Listicles ist dabei nicht der Textform geschuldet: Arika Okrent von der Universität von Chicago hat beispielsweise Listicles als neue „literarische Form" beschrieben, die an japanische Haikus erinnere und eine für LeserInnen komfortable Struktur habe, mit der sie, wie Sprache überhaupt, Ordnung in die Unübersichtlichkeit der Welt bringe.

Steven Poole erklärt in seiner Sprach-Kolumne auf *The Guardian* die psychologische Wirkung von Listicles. Jedes Thema wird in Listen nämlich auf eine begrenzte Zahl von Fakten oder „Faktoiden" reduziert. Bei einem normalen Artikel hat die LeserIn üblicherweise keinen Überblick, wie viele Tatsachen sie bis zum Ende erfahren wird. Das Listicle sei darum auch demokratischer als ein hierarchisch strukturiertes Dokument, so Poole:

Es synchronisiere gleichwertig nebeneinanderstehende Ereignisse mit einem Konzept von Weltgeschichte, bei dem ganz einfach ein Ereignis nach dem anderen abgehakt werde. Immerhin sei auch die Gründungsakte aller protestantischen Kirchen ein Listicle gewesen, nämlich Luthers 95 Thesen, die er an der Wittenberger Kirchentür „gepostet" habe. Listen müssen auch nicht semantisch unterkomplex sein: Immerhin hat der italienische Semiotiker und Bestsellerautor Umberto Eco ein ganzes Buch über Listen fast ausschließlich in Listenform veröffentlicht.

Die Web-Psychologin Nathalie Nahai hat das Rezept für Listicles und ihre „catchy" Überschriften auf eine Formel gebracht:

Zahl/Auslöser-Ausdruck
+ Adjektiv
+ Schlüsselwort
+ Versprechen
= Listicle-Formel

Nahai verdeutlicht ihre Formel am Beispiel eines Servicebeitrags zum Thema Eierkochen. Man könnte diesen Artikel nun mit „Warum ich es liebe, Eier zu kochen" überschreiben. Man könnte aber auch die Formel anwenden. Das sähe dann so aus:

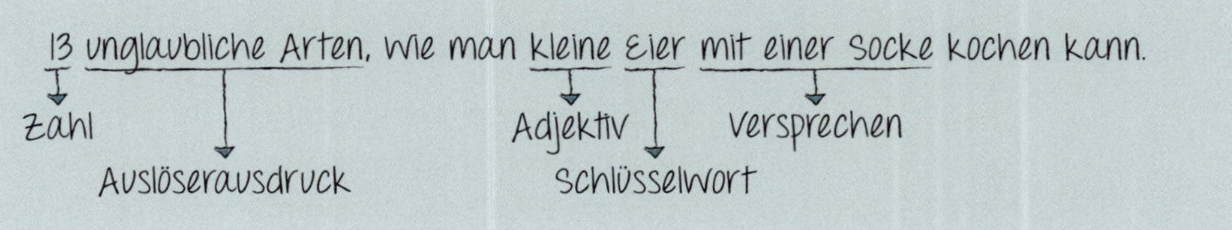

Abb. 39: Formel für „catchy" Überschriften.

Der australische Blogger John Kerswell hat festgestellt, dass Listicles sich häufig kultureller Auslöser bedienen, um Anschlusskommunikationen herzustellen. Die Formel, auf die er darum die Technik der Listicles bringt, lautet:

„X things Y can teach you about Z"

Dabei ist X eine Zahl, Y der kulturelle Auslöser und Z ein möglichst populäres Alltags- oder Webphänomen:

11 Fakten, die Mozart uns über Pralinen sagen kann
22 Techniken, die man in der Disco beim Tanzen braucht

Ungerade Zahlen erzeugen dabei einen um 20 Prozent höheren Klickreflex als gerade Zahlen, wie Simon Edelstyn von der Content-Marketing-Plattform Outbrain herausgefunden hat: „11 Tipps, wo du am Wochenende feiern kannst" sind also klickaffiner als nur „10 Tipps".

Listen und Listicles können eine praktische Art sein, Daten und Fakten übersichtlich und lesefreundlich darzustellen. Wo sie nur eingesetzt werden, um LeserInnen zu ködern und auf letztlich inhaltsleere Seiten zu locken, spricht man von „Clickbait", eine der anderen neuen Online-Erscheinungen.

Clickbait

Clickbait

Beim Clickbait (engl. to bait = ködern) soll zum Weiterklicken oder auch zum Social Sharing, also dem Teilen in sozialen Netzwerken, ermuntert werden. Dies geschieht meistens durch eine reißerische Überschrift oder einen stark übertriebenen Teaser, der eine sogenannte Neugierlücke (engl. curiosity gap) hinterlässt.

Der Clickbait ist nicht für das Internet erfunden worden, Boulevardmedien spielen schon seit langem mit diesem Mechanismus, auch der Cliffhanger von TV-Serien erfüllt eine ähnliche Funktion. Im Internet scheinen Clickbaits aber so gut zu funktionieren, dass Michael Müller im Blog *Basicthinking* fragt: „Wird die Online-Welt zum Clickbait-Puff?" Einziges Ziel dieses Vorgehens ist es, ohne Rücksicht auf (inhaltliche) Verluste die Zugriffszahlen und damit die Werbeeinnahmen durch Internetwerbung zu erhöhen. Typische Clickbait-Farmen sind neben *Buzzfeed* und *heftig.co* auch *upworthy.com, viralnova.com, Huffington Post* oder *Focus Online.* Als *heftig.co* im Frühjahr 2014 startete, sprang die Seite im Like-Medien-Ranking des Social-Media-Beobachters „10000 Flies" direkt von Null auf Position 1. Dass man mit einer Clickbait-Strategie auch gehörig danebenliegen kann, hat die Zeitschrift *TV Movie* unter Beweis gestellt: Nach dem Bekanntwerden der

Krebserkrankung von Buchautor und TV-Moderator Roger Willemsen postete *TV Movie* im Stil einer lustigen Quizfrage mit Fotos von vier bekannten TV-Moderatoren: „Einer dieser TV-Moderatoren muss sich wegen KREBSERKRANKUNG zurückziehen." Anschließend musste die Redaktion sich für diesen Fehlgriff entschuldigen.

Clickbait hat mit Journalismus.online nichts zu tun. Es ist eine Form von Online-Marketing, der es nur darum geht, Klicks und Visits zu generieren, koste es, was es wolle. In diesem Fall kostet es wohl eher die Reputation.

Abb. 40: Treibt mit Entsetzen Scherz: Für TV Movie war eine Krebserkrankung ein lustiges Quiz.

Echtzeit-Ticker

Wer sich in der nordhessischen Stadt Kassel über das aktuelle lokale Geschehen informieren will, der liest *Kassel Live*. Seit 2013 berichtet dieser Echtzeitblog 24 Stunden am Tag über aktuelle Ereignisse in Kassel, über Unfälle, Staus, Radarkontrollen, Polizeieinsätze, verspätete Straßenbahnen und Busse, postet aktuelle Bilder aus den Stadtteilen, Tipps zum Mittagessen in der City, freie Parkplätze in den städtischen Parkhäusern, schnelle Umfragen zu aktuellen Themen und lokale Sportergebnisse. Das alles geschieht recht schmuck- und schnörkellos auf einer simpel gestalteten Webseite. Beliefert wird *Kassel Live* von der Redaktion der *Hessischen Niedersächsischen Allgemeinen* (*HNA*), der örtlichen Lokalzeitung. Die erreicht mit diesem Echtzeit-Ticker neue Leserschichten, die sich für das gedruckte Angebot, aber auch für die Zeitungshomepage nicht mehr erwärmen können. In Spitzenzeiten hat der Live-Ticker *Kassel Live,* der auch über eine eigene Smartphone-App erreichbar ist, bis zu 30.000 LeserInnen.

Der Wortbestandteil „Ticker" deutet schon darauf hin, dass es sich nicht um eine ganz neue Erscheinung des Journalismus handelt. Im Gegenteil ist Nachrichtenjournalismus schon immer am Puls der Zeit und der Ereignisse und jagten Presseagenturen schon lange vor dem Internet

Abb. 41: Kassel Live: Leserstarker Echtzeit-Ticker der Hessisch-Niedersächsischen Allgemeinen.

Eilmeldungen über die Nachrichtenticker und versorgten die angeschlossenen Redaktionen bei sich überschlagenden Ereignissen in einem fortwährend aktualisierten Nachrichtenstrom über den weiteren Verlauf. Im Journalismus.online hat der Nachrichtenticker als Live-Ticker die LeserInnen erreicht, die sich in einer spontanen und simultanen Art über den Fortgang interessanter Ereignisse informieren können.

Echtzeit-Ticker

Der Echtzeit-Ticker oder Live-Ticker ist eine genuin online-journalistische Darstellungsform. Mit ihr werden aktuelle Ereignisse in ihrem zeitlichen Verlauf nahezu in Echtzeit in der Regel von den ReporterInnen vor Ort veröffentlicht. Live-Ticker können in der einfachsten Form im hauseigenen Content-Management-System als ständig aktualisierter Artikel realisiert werden. Um das Optimum aus dieser Darstellungsform herauszuholen, greifen Redaktionen aber besser auf spezielle digitale Werkzeuge zurück.

„Live-Ticker geben uns die Möglichkeit, in unterschiedlichsten Formaten ein Gesamtbild zu einem Thema zu erzeugen – authentisch und multimedial, oft auch bunt und unterhaltsam.“

CHRISTOPH DERNBACH, REDAKTIONSLEITER DPA-INFOCOM[22]

Beim Live-Ticker geht es längst nicht mehr nur um Breaking News mit unübersichtlichen Nachrichtenlagen: Live-Ticker gibt es mittlerweile zu fast allen journalistischen Lagen, zu planbaren Ereignissen ebenso wie zu Alltagsgeschehen. Der *BBC*-Reporter Charlie Beckett, der auch den journalistischen Thinktank „Polis“ der London School of Economics gründete, vermutete schon 2010, dass Live-Ticker die neue „Front Page“ von Newsseiten im Netz werden könnten. Ursprünglich waren es vor allem Sportereignisse, die online per Live-Ticker berichtet wurden: Während gerade Profi-Fußball-Events im Fernsehen live häufig nur gegen Bezahlung erlebt werden können, sind Live-Ticker auf Online-Nachrichtenseiten eine kostengünstige Alternative, um sich über das Spielgeschehen auf dem Laufenden zu halten. Dabei kann es auch zu Kuriositäten kommen wie im Fall des *Kölner Stadtanzeigers*: Wenn das Regionalblatt online per Live-Ticker über die Spiele einer der besten Fußballmannschaften der Welt, nämlich des 1. FC Köln, berichtet, ist zwar ein Reporter vor Ort im Stadion.

Der Live-Ticker wird aber von einem Kollegen in der Redaktion bespielt, der das Ereignis selbst offenbar nur im Fernsehen verfolgt und den Stadion-Reporter nur als eine weitere Stimme hin und wieder dazwischenschaltet.

Für einen redaktionellen Live-Ticker müssen einige Voraussetzungen erfüllt sein, damit er funktioniert und bei den LeserInnen ankommt:

Checkliste: Live-Ticker

- ☐ Ereignis sinnvoll aussuchen: Nicht jedes Event eignet sich gleichermaßen für die Echtzeit-Berichterstattung. Es muss beim Publikum auf Interesse stoßen und es muss eine so große schnell wechselnde Ereignisfülle aufweisen, dass sich eine fortwährende Aktualisierung im Live-Stream anbietet.
- ☐ Der Live-Ticker muss in die redaktionellen Routinen eingepasst sein: Mindestens eine ReporterIn muss für die Echtzeitberichterstattung freigestellt sein.
- ☐ Die ReporterInnen müssen im Umgang mit der Software geschult sein. Idealerweise hat die Redaktion ein paar „Probe-Live-Ticker" veranstaltet, bevor sie online geht.
- ☐ Es sollte nicht nur redaktionelles Material in den Live-Ticker eingespeist werden, sondern nach Möglichkeit auch „User-generated Content", also zum Beispiel Social Media Postings, Leser-Kommentare oder Leser-Fotos.
- ☐ Gerade bei „Breaking-News"-Szenarios muss der Live-Ticker prominent auf der eigenen Homepage platziert sein. Daneben sollte über die diversen anderen Kanäle und Kurznachrichtendienste (*Facebook, Twitter, WhatsApp* usw.) auf ihn hingewiesen werden.

Wie zugriffsstark ein Live-Ticker im Journalismus.online selbst bei nicht recht passender Themenwahl sein kann, hat *Focus Online* eindrucksvoll unter Beweis gestellt: Die Online-Nachrichtenseite ging unmittelbar nach dem schweren Skiunfall des im Koma liegenden Autorennfahrers Michael Schumacher Ende Januar 2013 mit einem Live-Ticker an den Start. Nun hat ein sich im Koma befindender Patient, noch dazu bei der restriktiven Informationspolitik von Management und Krankenhaus, eine für JournalistInnen negative Eigenschaft: Er produziert nämlich, bei aller persönlichen Tragik, nahezu keine neuen Nachrichtenlagen. Trotz alledem knackte *Focus Online* mit ihrem Echtzeit-Ticker zu diesem ereignislosen Ereignis im Januar 2014 die magische 10 Millionen-User-Grenze und überflügelte erstmals die KollegInnen von *Spiegel Online* und *Bild Online*, um sich seitdem ganz oben im Ranking der deutschsprachigen Newsseiten zu halten. Der Medienkritiker Stefan Niggemeier kommentierte diese Live-Tickerisierung von Anti-Ereignissen in der *Frankfurter Allgemeinen Sonntagzeitung* kritisch: „Aber wie das so ist: Eine Software, die es sehr leicht macht, einen Text zu aktualisieren, macht es auch sehr schwer, ihn nicht zu aktualisieren. Und so wohnt den Nachrichtentickern die Tendenz inne, zu Nicht-Nachrichtentickern zu werden. Während des Hoeneß-Prozesses konnte man so mitlesen, wie Journalisten warteten, wie sie sich fragten, warum das noch nicht weitergeht, wie sie spekulierten, wann es weitergeht. Dabei müsste man im Internet, anders als im linearen Fernsehen, die Zeit, in der nichts passiert, eigentlich gar nicht mit großem Nichts füllen. Es mischen sich: eine Fixierung auf Oberflächlichkeiten (*Spiegel Online*: ‚Uli Hoeneß kommt genau um 09:30 Uhr in den Gerichtssaal, er trägt eine blaue Krawatte'), ein permanenter Alarmismus und der Hang, auf der Grundlage von Nichtwissen, Halbwissen und Scheinwissen weitreichende Spekulationen anzustellen. Es ist in mancher Hinsicht eine unjournalistische journalistische Form: Sie sortiert und gewichtet nicht, sie sammelt nur und hält das, was sie findet, in chronologischer Reihenfolge fest."[23]

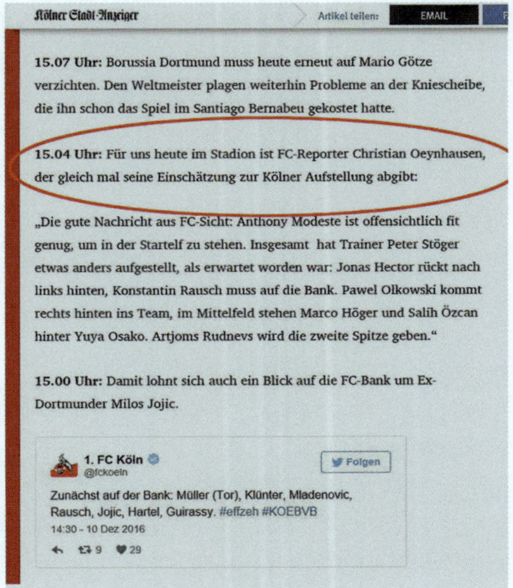

Kölner Stadt-Anzeiger

Artikel teilen: EMAIL

15.07 Uhr: Borussia Dortmund muss heute erneut auf Mario Götze verzichten. Den Weltmeister plagen weiterhin Probleme an der Kniescheibe, die ihn schon das Spiel im Santiago Bernabeu gekostet hatte.

15.04 Uhr: Für uns heute im Stadion ist FC-Reporter Christian Oeynhausen, der gleich mal seine Einschätzung zur Kölner Aufstellung abgibt:

„Die gute Nachricht aus FC-Sicht: Anthony Modeste ist offensichtlich fit genug, um in der Startelf zu stehen. Insgesamt hat Trainer Peter Stöger etwas anders aufgestellt, als erwartet worden war: Jonas Hector rückt nach links hinten, Konstantin Rausch muss auf die Bank. Pawel Olkowski kommt rechts hinten ins Team, im Mittelfeld stehen Marco Höger und Salih Özcan hinter Yuya Osako. Artjoms Rudnevs wird die zweite Spitze geben."

15.00 Uhr: Damit lohnt sich auch ein Blick auf die FC-Bank um Ex-Dortmunder Milos Jojic.

1. FC Köln @fckoeln

Folgen

Zunächst auf der Bank: Müller (Tor), Klünter, Mladenovic, Rausch, Jojic, Hartel, Guirassy. #effzeh #KOEBVB

14:30 - 10 Dez 2016

9 29

Abb. 42: Der Kölner Stadtanzeiger tickert „live" aus der Redaktionsstube, der Stadion-Reporter ist nur eine Stimme von vielen.

Es gibt aber natürlich auch herausragende Beispiele für den sinnvollen Einsatz von Live-Tickern, bei denen der Journalismus.online seine Stärken ausspielen kann. Der *DPA*-Echtzeit-Ticker zu den Streiks bei der Deutschen Bahn im November 2014 wurde von fast 900.000 Unique Visitors genutzt: Er hatte einen klaren Service-Charakter und informierte PendlerInnen und Reisende über den aktuellen Stand des Streiks sowie über ausfallende Züge und alternative Reisemöglichkeiten.

Was sich als ebenfalls populär beim Publikum und klickstark erwiesen hat, sind Live-Ticker zu bestimmten Fernsehformaten. Viele Online-Redaktionen bieten Ticker zu den bekannten *ARD*- und *ZDF*-Talkshows, entweder zum Nachlesen für diejenigen, die nicht selbst gucken können, oder aber für die ZuschauerInnen selbst, die während ihres Fernsehabends als „Second Screen" mit Laptop oder Tablet-Computer die aktuelle Sendung parallel ein zweites Mal verfolgen und sich womöglich als KommentatorInnen sogar selbst einschalten. Dies zeigt recht deutlich, dass auch online das Leitmedium nach wie vor das Fernsehen ist: Das Agendasetting für Online-Inhalte richtet sich oft nach dem, was im Fernsehen läuft. Die aktuellen Folgen der *ARD*-Krimiserie *Tatort* werden noch während der Ausstrahlung sehr fleißig von einer großen Fangemeinde unter dem Hashtag #tatort im Kurznachrichtendienst *Twitter* live kommentiert. Die letzte Ausgabe der *ZDF*-Show *Wetten dass ...?!* wurde von *DPA* live getickert. Auf diesen Echtzeit-Ticker wurde schon vor und während der Sendung am Samstagabend stark zugegriffen. Einen zweiten „Run" auf den *Wetten-dass*-Ticker gab es aber Montagmorgen zum Beginn der Bürozeit: Offenbar erfüllt ein Live-Ticker auch eine Chronisten-Funktion und kann im „Long Tail" des Journalismus.online noch einmal beträchtliche Zugriffszahlen erreichen.

Technisch ist die einfachste Möglichkeit, einen eigenen Live-Ticker zu erstellen, eine Online-Artikelseite chronologisch zu ergänzen und zu aktualisieren. Wichtig ist dabei, die Ergänzungen jeweils mit einer neuen Zeit- und gegebenenfalls auch Ortsmarke zu versehen, damit die LeserInnen eine Orientierung haben. Es hat sich etabliert, die Überschriften von live getickerten Meldungen am Anfang und Ende mit drei +-Zeichen zu versehen. Diese Konvention stammt noch aus der Zeit, als „Breaking News" per Telegramm an die Redaktionen geschickt wurde und macht typografisch im digitalen Zeitalter eigentlich keinen Sinn mehr. LeserInnen erhalten so aber grafemisch den leicht dechiffrierbaren Hinweis, dass hier aktuellste Informationen in Echtzeit geliefert werden. +++ Wichtig ist, die jeweiligen Schlagzeilen auch auf der Homepage so zu kennzeichnen. +++

Als digitales Werkzeug zum Erstellen von Live-Tickern nutzen viele Redaktionen heute Scribble Live. Die Software hat viele Funktionen bei relativ intuitiver Bedienung und bietet für die Redaktionen den Vorteil, dass die Live-Streams sich ohne weiteres Branding in die eigene Seite einbetten lassen. Das Profitool ist allerdings nicht kostenlos zu haben, die Abo- und Bezahlmodelle beginnen bei einer monatlichen Nutzungsgebühr von 2.500 Dollar.

Die deutsche Entwicklung eines Münchener Start-up-Unternehmens ist Storytile. Diese Software erstellt Echtzeit-Ticker im Magazinstil und passt sich dank Responsive-Design allen Endgeräten an. Übertragen werden Inhalte wie Text, Videos oder Bilder unterwegs vom Smartphone mit der Storytile Reporter App. Auch digitale Spiegelreflex-Kameras (DSLR) können eingebunden werden, um Fotos direkt in die Redaktion zu senden. Der Live-Ticker wird sodann im browserbasierten Redaktionssystem Storytile Edit erstellt und kann um *Facebook*-Postings oder *Twitter*-Tweets ergänzt werden. Auch Storytile wendet sich an professionelle Redaktionen und Marketing-Agenturen und kostet Geld. Die Bezahlmodelle beginnen bei 399 Euro im Monat.

DPA bietet seit dem Frühjahr 2018 mit *DPA-Live* eine News-Box zu Top-Ereignissen an, die sich ganz einfach „ready-to-publish" in journalistische Websites einbinden lässt. „Ob ESC-Finale, Bekanntgabe des WM-Kaders, royale Traumhzochzeit oder die vorgezogenen Wahlen in der Türkei", beschreibt die Presseagentur ihr Angebot selbst. Der *DPA-Live*-Ticker steht zur automatisierten Veröffentlichung zur Verfügung, er lässt sich aber auch mit eigenen Inhalten anreichern.

Abb. 43: Beispielseite eines Live-Tickers, der mit Storytile vom roten Teppich der Berlinale erstellt wurde.

Newsletter

Jeden Freitag bekomme ich eine persönliche E-Mail von Kurt Kister, dem Chefredakteur der *Süddeutschen Zeitung*. Auch Carsten Fiedler, der Chefredakteur des *Kölner Stadtanzeigers*, wendet sich regelmäßig per E-Mail an mich. Solche Editorials können Leserbindung schaffen, sie können Schlaglichter auf die digitalen (oder auch analogen) Ausgaben der eigenen Zeitung werfen, sie können natürlich auch eine Einladung zu ungehemmtem Geschwafel sein. Vor allem lenken sie aber den Blick auf ein interessantes Phänomen: E-Mails und Newsletter, schon wiederholt totgesagt, feiern im Journalismus.online fröhliche Urständ'.

Die Grenze zwischen einer, womöglich werblichen, E-Mail und einem informativen Newsletter sind fließend, als Darstellungsform ist der Newsletter noch nicht wirklich definiert. Ihn als Instrument der Information einzusetzen, liegt aber schon aus einem Grund nahe: Zu den Daten, die man regelmäßig von seinen Online-LeserInnen erfasst, gehört in allererster Linie die E-Mail-Adresse. Damit hat jede Online-Redaktion die Möglichkeit, einen direkten und persönlichen Kontakt zum Publikum aufzubauen und aus dem alten Journalismus den modernen Journalismus.online zu machen. Der Newsletter ist also eine der originären Online-Darstellungsformen. Einige Merkmale des Newsletters lassen sich herauskristallisieren:

Checkliste: Newsletter

- ☐ Der Newsletter erscheint periodisch.
- ☐ Er hat eine Betreffzeile, einen Titel, ein Datum und eine fortlaufende Ausgabennummer.
- ☐ Es gibt eine Webseiten-Version für die verlässliche Darstellung und einen Hyperlink im Newsletter zu dieser Version.
- ☐ Am Anfang steht eine Begrüßungsformel, idealerweise personalisiert.
- ☐ Es folgt ein Inhaltsverzeichnis.
- ☐ Im Editorial wird allgemein oder persönlich ins Thema des Newsletters eingeführt.
- ☐ Der Hauptteil des Newsletters besteht aus strukturiert präsentierten Texten (oder Teasertexten) inkl. Abbildungen und Links.
- ☐ Den Abschluss des Newsletters bildet das Impressum mit den Kontaktdaten der Newsletter-VersenderIn sowie ein Abbestell-Link.

Newsletter werden per E-Mail versendet und landen darum zu allererst im Posteingang des E-Mail-Programms. Dort sehen die LeserInnen in der Regel nur den Absender sowie die Betreffzeile. Die Formulierung der

Betreffzeile ist darum von herausragender Wichtigkeit, um nicht sofort im digitalen Papierkorb zu landen. Im Idealfall kann durch den Newsletter das entstehen, was KommunikationsexpertInnen einen „Communication Loop" nennen: Vom Newsletter klicken die LeserInnen weiter zur Newsletter-Website und von dort im Idealfall zur Homepage des journalistischen Mediums und zu den einzelnen Artikelseiten.

Journalistische Newsletter sollten sich von solchen, wie sie im Online-Marketing zu werblichen Zwecken eingesetzt werden, klar unterscheiden. Das gilt schon und insbesondere für die Betreffzeile. Hier sollte darum unbedingt schon ein Inhalt stehen und keine Aufforderung: Die Hypothese der Hauptstory oder die Umrisse einer Geschichte als „Küchenzuruf" sind besser als simple User-Appelle wie „Lesen Sie heute unbedingt …" Viele E-Mail-Programme und E-Mail-Server besitzen heute Spam-Filter und sind sehr sensibel, was werbliche Botschaften angeht. Sätze mit Ausrufezeichen am Ende landen darum schnell im Spamfilter, ohne dass die LeserInnen sie überhaupt zu Gesicht bekommen hätten.

Auch was den eigentlichen Text des Newsletters angeht, sollten faktenbasierte Geschichten erzählt und nicht nur Klickaufforderungen versendet werden. Selbst wenn das wesentliche Ziel der Redaktion sein mag, die LeserInnen vom Newsletter zur eigenen journalistischen Homepage zu bewegen, sollte der Newsletter doch als journalistische Publikation mit eigenem Wert angesehen werden. Und dafür gelten die gleichen Qualitätskriterien wie für alle journalistischen Darstellungsformen: eigenrecherchierte Geschichten präsentieren, Quellen transparent machen, spannend und verständlich schreiben und die LeserInnen einbinden.

Diskussionswürdig ist die Frage, ob der Newsletter im eigentlichen E-Mail-Text stehen oder als PDF-Dokument angehängt werden soll. Ein PDF-Dokument hat den Vorteil, dass es layout-treu ist und darum viel mehr Möglichkeiten der grafischen Gestaltung bietet. Der Preis ist allerdings, LeserInnen zu verlieren, denn viele LeserInnen öffnen nicht gerne angehängte Dokumente aus E-Mails heraus, manche tun dies sogar aus Prinzip nicht.

Eine alternative Möglichkeit ist der Versand der Newsletter-E-Mail als HTML-Dokument, das heute alle gängigen E-Mail-Clients darstellen können. Dies bietet auch Layoutmöglichkeiten inklusive der Einbindung von Fotos und Abbildungen sowie unterschiedlichen Schrifttypen. Der Berliner *Tagespiegel* verschickt einen solchen Newsletter täglich um 6 Uhr

Abb. 44: Der Newsletter des Berliner Tagesspiegels ist preisgekrönt.

morgens mit den wichtigsten Nachrichten aus der deutschen Hauptstadt unter dem Motto „Pflichtlektüre – für Leser über Berlins Grenzen hinweg. Knallharte Einordnung trifft Berliner Schnauze“. Chefredakteur Lorenz Maroldt wendet sich hier in einem persönlichen und manchmal sogar satirischen Ton an die EmpfängerInnen und wurde dafür bereits mit dem renommierten Grimme Online Award ausgezeichnet. Im Interview, das ich in Berlin mit dem Multimedia-Spezialisten Michael Hauri von der Agentur

2470 Media geführt habe, verweist dieser neidlos auf das Produkt der Konkurrenz: „Das ist einfach ein Newsletter, den ich mir auf meinem Smartphone anschaue, der dort gut aussieht und der mir einfach die wichtigsten Aktualitäten in Berlin auf eine lockere amüsante und trotzdem sehr informative Art und Weise darstellt."

Eine ganz andere, deutlich nüchternere Art, Newsletter zu versenden, hat die Journalistenvereinigung Netzwerk Recherche gewählt. Das Netzwerk verschickt in unregelmäßigen Abständen an Mitglieder und Interessierte Nachrichten aus der Medienwelt mit der Vorstellung aktueller Rechercheprojekte, Stellungnahmen zu medienpolitischen Diskussionen und Personalia aus dem Verein.

Der formale Aufbau dieses Newsletters folgt dem „Text E-Mail-Newsletter Standard" (TEN S). Der Zweck dieses Standards ist es, in textbasierten E-Mail-Newslettern die Orientierung zu vereinfachen. Als Navigationshilfe für Screen Reader beginnen alle Überschriften mit einem Doppelkreuz „#" und enden mit einem Punkt „." Die Inhalte sind nummeriert, die Nummern folgen direkt nach dem Doppelkreuz. Einige lange Hyperlinks im Newsletter werden durch die E-Mail-Programme möglicherweise auf mehrere Zeilen umgebrochen, sodass sie nicht funktionieren. In diesem Fall muss die komplette Zeichenkette des Hyperlinks in die Adresszeile Ihres Webbrowsers kopiert werden, damit die Links funktionieren.

Mit einem sogenannten Tracking-Pixel oder Zählpixel und mit individualisierten Links lässt sich das Leseverhalten der Newsletter-BezieherInnen nachvollziehen. Zum Beispiel lässt sich herausfinden, ob die E-Mail geöffnet wurde sowie ob, wann und welche Links angeklickt wurden. Wenn diese Daten nicht pseudonymisiert, also strikt von der E-Mail-Adresse der EmpfängerInnen getrennt gespeichert werden, handelt es sich um personenbezogene Daten, für die strenge rechtliche Regelungen gelten:

- Personenbezogenes Tracking ist nur mit ausdrücklicher und deutlich informierter Einwilligung der EmpfängerInnen erlaubt.
- Diese Einwilligung muss jederzeit widerrufbar sein.
- Ohne eine solche Einwilligung sind Daten und persönliche E-Mail-Adresse streng zu trennen und es muss eine Information über die Datenerhebung in einem Datenschutzhinweis geben.

Weitergehende Hinweise bietet der Eco-Verband der deutschen Digitalwirtschaft in seiner *Richtlinie für zulässiges E-Mail-Marketing.*

Kuratieren

Ausnahmezustand herrscht im März 2011 in den Medien, als nach einem Tsunami im Pazifik das Atomkraftwerk von Fukushima in Japan kollabierte. Live-Ticker der großen online-journalistischen Formate gaben einen Eindruck vom „Echtzeit-Journalismus", auch wenn das Katastrophengebiet evakuiert war und die allermeisten Journalisten sich im 300 Kilometer entfernten Tokio oder im noch weiter entfernten Yokohama befanden. Zum ersten Mal wurde *Twitter* in dieser Situation vielleicht das, was der Name schon länger vorgab, nämlich ein Kurznachrichtendienst, und verursachte damit – wie der Journalismusforscher Frank Esser schrieb – „Schockwellen im Mediensystem":[24] Via *Twitter* kamen die ersten Meldungen über die Erdstöße, hier meldeten sich Augenzeugen und Betroffene zu Wort. Der Tsunami im Pazifik löste vielleicht tatsächlich aus, was Julia Schröder in der *Stuttgarter Zeitung* eine „mediale Plattenverschiebung" nannte:[25] Erstmals konnten die klassischen Medien, insbesondere Tageszeitungen und TV-Nachrichtenkanäle, medial und quotenmäßig nicht von der Katastrophe profitieren, Wochenzeitungen verbuchten einen Auflagenrückgang, sogar der Buchmarkt brach in den Wochen nach dem Unglück ein.

Wer als Nachrichtenredakteur in der damaligen Situation den Überblick behalten wollte, musste nicht nur den Ticker und die aktuellen Fernsehsendungen, sondern vor allem die Netzressourcen und die sozialen Medien auf dem Radar haben. Und die Zuschauer bekamen nicht mehr redigierte Nachrichten, sondern den Originalton des Netzes, das Gezwitscher von *Twitter* und die Postings aus *Facebook* & Co. zu lesen und zu hören. Kuratieren wird diese neue journalistische Tätigkeit genannt, auch wenn Kritiker sie nicht für sonderlich journalistisch halten. Der Medienjournalist Jakob Steinschaden hat es auf die griffige Formel gebracht: „Kuratieren statt recherchieren."[26] Und Daniel Weber, Chefredakteur der Schweizer Zeitschrift *NZZ Folio*, wird zitiert mit der Aussage: „Wer kuratieren will, soll ins Museum. Journalisten sollen schreiben."[27]

Aber sind Kuratieren und guter Journalismus wirklich so ein großer Widerspruch? Der in Australien lehrende Kommunikationswissenschaftler Axel Bruns sieht den Journalismus auf dem Weg vom Gatekeeping zum sogenannten Gatewatching, womit er auch die Praxis des Kuratierens beschreibt: „Der Begriff Gatewatcher ist nützlicher als ‚Gatekeeper' oder ‚Bibliothekar': Gatewatcher beobachten, welches Material verfügbar und interessant ist, und identifizieren nützliche neue Informationen mit der Absicht, dieses Material in strukturierte und aktuelle Berichte einfließen zu lassen".[28]

Der Online-Journalist Markus Bösch sieht sogar die Zukunft des Journalismus im Kuratieren von Informationen und bestätigt Bruns' These vom Gatewatching: „Aggregieren ist auf jeden Fall ein zentraler Bestandteil zukünftiger journalistischer Arbeit. Journalisten haben kein Monopol mehr auf Nachrichten, Informationen sind für jedermann fast in Echtzeit verfügbar. Wir erleben gerade einen Übergang vom Gatekeeping zum Gatewatching."[29]

Auch die klassischen Medien haben das Kuratieren für sich entdeckt. Im Fernsehen werden in Sendungen wie *Hart aber Fair* öfter *Twitter*-Kommentare vorgetragen, die Wahlberichterstattung kennt eigene Social-Media-Redakteure, die vor laufender Kamera *Facebook*-Postings verkünden dürfen. Der Branchendienst *Meedia* hat für das neue Berufsbild satirisch die Bezeichnung „Twitter-Tussi" gefunden.[30]

Man kann also durchaus das Kuratieren zu den neuen online-typischen Darstellungsformen rechnen und den Vorgang des Kuratierens von Webinhalten als eine spezielle Form des Online-Schreibens. Fürs Kuratieren von Online-Nachrichtenquellen und aus den sozialen Netzwerken steht mittlerweile eine ganze Reihe an Web-Tools zur Verfügung. Diese Werkzeuge bieten in nutzerfreundlicher Art die Möglichkeit, aus einer Oberfläche heraus in verschiedenen sozialen Medien nach Keywords, Hashtags, Themen oder Personen zu suchen.

Storyful.com und scoop.it sind Tools, die fürs Kuratieren geschaffen wurden. Gerade für den mobilen Bereich sind einige Apps entwickelt worden, die als einfache Newsreader daherkommen, aber gute Werkzeuge für Onlinerecherchen sein können: Ob Newsify oder Flip-Board, Undrip oder Stumbleupon – sie alle erschließen auf verschiedene Weise nach persönlichen Präferenzen die Weiten des Internets.

Social Bookmarking ist eigentlich eine Möglichkeit, seine Lesezeichen direkt am Ort des Geschehens, also im Internet, abzulegen und so auch rechnerunabhängig zugänglich zu machen. In Zeiten des Information Overload ist es aber auch eine Form des Kuratierens von Webinhalten, vor allem wenn sich die eigenen Surftipps publizieren und teilen lassen. Keeeb.com und clipix.com sind beides Dienste, die neben den URLs von Websites auch gleich kleine Snippets sowie Dokumente und Daten verschiedenster Art sammeln können. Für beide Werkzeuge gibt es Browsererweiterungen, sodass auf Knopfdruck

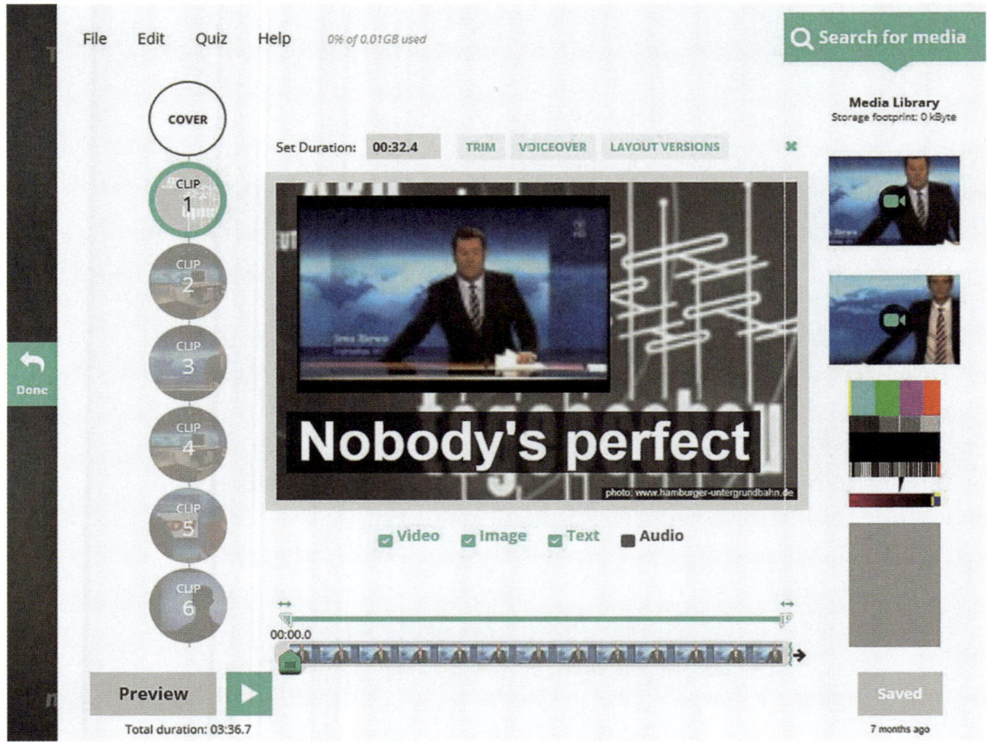

Abb. 45: Metta.io: Kuratierwerkzeug für Online-Videos.

die aktuellen Netzinhalte in der persönlichen Bookmark-Umgebung landen. Ähnlich funktionieren auch Blinklist oder Bagtheweb.

Paper.li ist ein digitales Werkzeug, mit dem sich aus Webinhalten ein eigenes Onlinemagazin erstellen lässt. Neben einzelnen Websites können auch Feeds wie *Twitter*, *Facebook*, Google+ oder *YouTube* eingebunden werden.

Apropos *YouTube*: Metta.io ist ein Multimedia-Werkzeug, das seine Stärken im Kuratieren von Videos und Bewegtbildmaterial aller Art hat. *YouTube*-Clips und andere Schnipsel lassen sich in Metta beliebig aneinanderreihen, kürzen, schneiden und mit Text versehen. Große Kenntnisse in Videoschnitt oder Audiobearbeitung sind dafür nicht nötig. Wie bei den meisten Kuratierwerkzeugen erfolgt die Materialrecherche direkt in der Kuratieroberfläche. Die Videos können aber auch mit Texten oder Untertiteln versehen werden.

Im Bereich der multimedialen Präsentation, ob webbasiert oder als mobile App, gibt es unzählige neue Werkzeuge, die Recherche mit Darstellung verbinden und die für die neue journalistische Tätigkeit des Kuratierens geeignet sind. Die wenigsten sind für den journalistischen Gebrauch bisher systematisch erschlossen oder evaluiert.

MULTIMEDIAL ERZÄHLEN

C1 ÜBER KURZ ODER LANG: VOM ONLINE-TEXT ZUM „LONGFORM JOURNALISM“

Eine Agentur für besondere Dinge

Die Multimedia-Agentur *2470 Media* logiert, wie man das von einem online-journalistischen Start-up irgendwie auch erwartet, standesgemäß in einem Loft im Berliner Wedding. *2470 Media* hat sich komplett auf digitales Storytelling spezialisiert und hat in Deutschland wesentlich zur Entwicklung von Multimedia-Reportage, Webreportage oder Multi-Story beigetragen. Seine unter anderem mit dem Grimme-Online-Award ausgezeichneten Stücke kombinieren multimodal Foto, Video, Text und weitere grafische Elemente. In einer dieser neuartigen Reportagen wird die afghanische Frauen-Fußball-Nationalmannschaft porträtiert: Da in Afghanistan das Filmen von Frauen in der Öffentlichkeit gesellschaftlich immer noch sanktioniert ist, wird die Geschichte vorwiegend in einem Fotostream erzählt, da die Fotografie das deutlich unauffälligere Medium gegenüber aufwendigem Videoequipment ist.

Die Multimedia-Reportage oder Web-Reportage ist vielleicht die erste wirklich genuin online-journalistische Darstellungsform. Ihre Produktion ist ohne digitale Werkzeuge nicht denkbar, ihre Rezeption ist gebunden an eine digitale Laufzeitumgebung – also etwa einen Webbrowser oder eine Smartphone-App. Gleichzeitig ist sie die Erzählform, die schlagkräftig unter Beweis stellt, dass Journalismus.online keineswegs nur Häppchenjournalismus sein muss und aus möglichst kurzen Textbites zu bestehen habe. Denn solche Multimedia-Reportagen zu lesen, anzuschauen und anzuhören, kann viel Zeit in Anspruch nehmen. In diesem Kapitel wollen wir uns darum mit diesen online-journalistischen Erscheinungsformen auseinandersetzen, die auch als „Longform Journalism" bezeichnet werden.

Es soll aufgezeigt werden, was „digitales Erzählen" heute eigentlich ausmacht und – vor allem – wie man es selbst machen kann.

2470 Media

Michael Hauri, der Gründer von *2470 Media*, hat Fotojournalismus studiert und sich dann mit zwei Kollegen selbstständig gemacht. Ausschlaggebend für die Gründung der kleinen innovativen Agentur waren zwei Umstände: Erstens erkannten die angehenden Fotojournalisten, dass der klassische Fotojournalismus für sie als Berufseinsteiger kaum noch Entwicklungsmöglichkeiten bot. Zweitens kam gerade im Jahr ihres Hochschulabschlusses mit der Canon EOS 5d die erste digitale Spiegelreflexkamera heraus, mit der man in professioneller Qualität auch Videos drehen konnte. Was lag näher, als aus der medientechnischen Innovation eine Tugend zu machen und auszuprobieren, was man mit der Kombination aus Foto und Video alles anstellen konnte. Statt von Multimedia-Reportagen spricht Michael Hauri darum auch von „Fotofilmen". Mit einem Gründungszuschuss ging die Crew nach Berlin und schuf im Auftrag der *Tageszeitung* (*Taz)* das Projekt *Berlinfolgen*, bei dem 100 BerlinerInnen in 2- bis 3-minütigen Webreportagen porträtiert wurden: Ein vielseitiges urbanes Mosaik, für das *2470 Media* im Jahr 2012 den Grimme Online Award erhielt. Seitdem hat sich die Agentur stark diversifiziert. Auch weil man vom Online-Journalismus in dieser aufwendigen Form allein nicht leben kann, wie Michael Hauri unumwunden zugibt. Als zweite Säule ist darum heute Content-Marketing dazu gekommen, also Multimedia-Reportagen im Auftrag von Kunden aus Industrie und Gewerbe. Für Hauri kein Problem, solange man den RezipientInnen nicht vorenthält, dass hier im Auftrag eines Unternehmens Kommunikation betrieben wird. Als dritte Säule werden überdies Workshops angeboten, in denen Michael Hauri und seine KollegInnen die Kunst der Multimedia-Reportagen und der dazu nötigen digitalen Werkzeuge vermitteln.

LINK

„Die Ersten auf dem Platz" – eine Multimedia-Reportage über Afghanistans Frauen-Fußballnationalmannschaft und ein Porträt über die Spielerin Sabera Azizi, der die afghanische Gesellschaft eine andere Rolle zugedacht hat als die der Sportlerin: https://vimeo.com/24966754.

Longform Journalism

„Fasse dich kurz!" ist die Regel, die Web-Usability-Experte Jakob Nielsen Online-Journalisten mit auf den Weg gibt. Doch es gibt auch Kontraindikationen, denen zufolge in der Kürze durchaus digital nicht immer die Würze liegt. Mit dem sogenannten „Longform Journalism" kehrt journalistisches Erzählen im Internet an seine technologischen Wurzeln zurück, denn das World Wide Web mit seiner Hypertext Markup Language hat ja ursprünglich den Text als Erzählmedium von den auch längenmäßigen Beschränkungen des nur gedruckten Texts befreien wollen, wie Norbert Gabriel feststellt: „Hypertext definiert nicht nur die Anfänge und die Enden des Textes neu, sondern auch seine Grenzen. Indem ein Text in ein Geflecht von anderen Texten gestellt wird, verliert er seine Abgeschlossenheit."[31]

Einige herausragende Beispiele zeigen, dass auch lange Erzählformen im Internet Leser finden: David Granns 16.000-Wörter-Artikel über eine möglicherweise unrechtmäßige Hinrichtung auf der Internetseite von *The New Yorker* brachte es auf nahezu 4,5 Millionen Abrufe. Die Multimedia-Reportage *Snowfall* auf der Internetseite der *New York Times* fand in einer Woche über 3,5 Millionen Leser – und das, obwohl ihre komplette Lektüre inklusive aller integrierten Webvideos mehrere Stunden in Anspruch nimmt.

Die ehemalige Chefredakteurin der *New York Times*, Jill Abrahmson, hat zusammen mit dem Journalisten Steven Brill eine Internet-Plattform für „Longform Journalism" ins Leben gerufen: Jeden Monat soll dort ein lang erzählter, ein „perfekter" Beitrag erscheinen, für dessen Produktion bis zu 100.000 Dollar zur Verfügung stehen sollen. Die hohe Summe darf nicht verwundern, denn der technische und personelle Aufwand für diese exemplarischen Ausführungen eines neuen „Digital Storytellings" ist groß. Die „Credits" unter der *Snowfall*-Reportage führen 16 Mitwirkende auf, die nach Bekunden des Autors und Reporters John Branch sechs Monate an dem Werk gearbeitet haben. Auch das crossmediale Projekt *Mein Vater, ein Werwolf*, das Redakteur Cordt Schnibben als Beauftragter für digitale Neuentwicklungen gleichzeitig für das Nachrichtenmagazin *Der Spiegel*, *Spiegel Online* und *Spiegel TV* entwickelt hat, zählt mehr als 20 Projektbeteiligte.

Abb. 46: Mit der Multimedia-Reportage *Snowfall* hat die New York Times Maßstäbe gesetzt.

Abb. 47: Vorbild für *Snowfall*: Die Multimedia-Reportage *Glitter in the Dark* auf der US-amerikanischen Independent-Website Pitchfork.

Snowfall

Am 19.Februar 2012 gerieten 16 Extremsportler bei einer riskanten Freeskiing-Tour am Tunnel Creek in den Cascades im Nordwesten der USA in eine Lawine. Vier von ihnen wurden unter ihr begraben, nur einer überlebte. Der amerikanische Sportjournalist John Branch schrieb über dieses Unglück eine Reportage, für die er sechs Monate lang recherchierte. Die *New York Times* machte daraus eine Multimedia-Reportage: *Snowfall*. Mit diesem Webfeature hat die alte Dame aus New York so sehr Maßstäbe für diese neue journalistische Darstellungsform gesetzt, dass manchmal heute das Verb „snowfallen" für die Erstellung dieser Art von Scrollytelling-Reportagen benutzt wird. Stilbildend ist diese Reportage vor allem, weil die Macher sich auf die Story und damit auf den Text konzentrieren. Die multimodalen Elemente, vor allem Videointerviews, aber auch viele Animationen und Grafiken, reichern die Geschichte nur an, ohne sich in den Vordergrund zu drängen. Zum ästhetischen Eindruck von *Snowfall* gehört auch das „Parallax Scrolling" (es scheint dabei, dass die einzelnen Ebenen auf der Webseite sich unterschiedlich schnell bewegen, sodass der Eindruck einer Bewegung in der Bewegung entsteht). Technisches Vorbild für *Snowfall* ist die Multimedia-Reportage *Glitter in the Dark* über die Sängerin Natasha Kahn und ihre Band, die auf der einflussreichen Independent-Website *pitchfork.com* erschienen ist.

LINK

Die Multimedia-Reportage *Mein Vater, ein Werwolf* von *Spiegel*-Redakteur Cordt Schnibben wurde schon als „deutsches Snowfall" bezeichnet: http://www.spiegel.de/static/happ/panorama/2014/werwolf/v1/pub/index_werwolf.html.

Die Netzreportage *Am Berg der Fahrrad-Verrückten* auf *Zeit Online* ist ebenfalls beispielhaft für die neue Darstellungsform. Ein Porträt über die Familie Castillan, die auf L'Alpe d'Huez, der berühmten Bergetappe der Tour de France, ein Hotel betreibt, wird ergänzt um eine Geschichte dieses Fahrradrennens, die Technikentwicklung der Rennräder, medizinische Informationen zum Blutdoping und einen Leistungsvergleich von Profi- und Amateurradlern: ein Gesamtkunstwerk, eine Multi-Story.

Abb. 48: Johannes Klaus' *Travel Episodes* sind als Multimedia-Reportagen genauso beliebt wie in Buchform.

Abb. 49: Die Spiegel-Multi-Story *Mein Vater, ein Werwolf* von Cordt Schnibben wird auch als das „deutsche Snowfall" bezeichnet.

Abb. 50: Die Zeit-Multimedia-Reportage *Am Berg der Fahrrad-Verrückten* ist ein Gesamtkunstwerk.

LINK

Porträt der Familie Castillan, die auf L'Alpe d'Huez, der steilsten Bergetappe der Tour de France, ein Hotel betreibt: http://www.zeit.de/sport/tour-de-france.html#chapter-01.

Johannes Klaus, der schon mit seinem Blog *Reisedepesche* Furore gemacht und unter anderem den Grimme Online Award gewonnen hat, hat mit *Travelepisodes* eine Plattform für Reisereportagen geschaffen, die ausschließlich mit „Scrollytelling" funktioniert. Viele bekannte ReisejournalistInnen stellen hier das Material zur Verfügung, aus denen Klaus, der im Hauptberuf Webdesigner ist, Multimediareportagen zusammenstellt. Die Geschichten sind so beliebt, dass sie auch den Weg zurück in die Holzklasse der analogen Medien gefunden haben und schon in einem zweiten Band ganz traditionell als Buch erschienen sind.

Es gibt durchaus Gründe, solche Erzählformen mit ihrer neuartigen Kombination aus und der Integration von (langem) Text, grafischen sowie Audio- und Videoelementen als eine neue journalistische Darstellungsform und als eine wirklich genuine Online-Erzählform anzusehen – von sehr experimentellen Formen der Webfrühzeit vielleicht abgesehen. Wie bei allen echten Innovationen sind am Anfang noch nicht einmal die Begrifflichkeiten recht klar: Sprechen wir von „Multimedia-Reportagen", von „Multi-Storys", von „Digital Storytelling", von „Long Reads"? Egal welchen Namen das Kind am Ende erhalten soll, für den redaktionellen Alltag sind – worauf auch John Branch hinweist – solche exaltierten Erzählprojekte viel zu aufwendig. Was nottut, sind also technische Werkzeuge, die die Herstellung solcher Formen von „Longform Journalism" vereinfachen, den personellen und zeitlichen Aufwand minimieren und die Produktion solcher erzählerischen Beiträge in die (online-journalistischen) redaktionellen Abläufe (beispielsweise in die je hauseigenen Content-Management-Systeme) einpassen lassen.

C2 DIGITALES ERZÄHLEN

Vom Storytelling zum Scrollytelling

In welcher Zeit leben wir nun eigentlich? Toni Weller spricht vom „digitalen Zeitalter", Manuel Castells nennt es auch das „Informationszeitalter", während Heinrich Klotz und Ulrich Beck von der „zweiten Moderne" sprechen. Gleichwie, die neue Zeit hat auch das Erzählen und im engeren Sinne das journalistische Erzählen tiefgreifend verändert. Die Veränderungen spielen sich dabei einerseits auf der gesellschaftlichen, andererseits aber auch auf einer eher technischen Ebene ab.

Auf der gesellschaftlichen Ebene sind laut Marcel Broersma und Chris Peters drei Phänomene zu konstatieren: Die „De-Industrialisation der Information", die „De-Ritualisierung der Rezeption" sowie die „Re-Privatisierung des Alltagserzählens":

- » *De-Industrialisierung* von Information meint, dass im Zuge der mit der Digitalisierung einhergehenden Rationalisierungen professionelle (Qualitäts-)Standards in der Medienproduktion aufgegeben wurden. So lassen sich heute zum Beispiel Profi-Equipment und Amateur-Equipment in der Medienproduktion nicht mehr so leicht unterscheiden.
- » *De-Ritualisierung* meint, dass die Rezeption von Medieninhalten nicht mehr in den traditionellen habituellen Formen abläuft, etwa mit der Morgenzeitung am Frühstückstisch.
- » *Re-Privatisierung* meint, dass professionelles Gatekeeping und daraus gewonnenes professionelles journalistisches Erzählen zugunsten von „Private Media" ins Hintertreffen geraten, wofür das Erzählen in den digitalen sozialen Netzwerken ein gutes Beispiel ist. Hinzu kommt, dass professionelle (journalistische) Erzähler sich heute bereits den Erzählformen und -inhalten in gerade jenen sozialen Netzwerken anpassen müssen, um noch eine Stimme zu haben.

Auf der eher technischen Ebene stehen heute auch privaten Mediennutzern Möglichkeiten der Medienproduktion und -verbreitung zur Verfügung, die im Vor-Informationszeitalter ausschließlich große Verlags- und Medienhäuser hatten. Das hat Einfluss auf das Erzählen selbst, wenn man dem Kittler'schen Theorem des „medientechnischen Apriori" folgen will, das Friedrich Kittler selbst gerne mit dem Nietzsche-Bonmot umschrieb: „Unser Schreibzeug arbeitet mit an unseren Gedanken".[32]

Viele Geschichten, gerade auch die faktualen (also auf realen Tatsachen beruhenden oder sie wiedergebenden) Geschichten, wie sie im Journalismus erzählt werden, würden ohne die neuen technischen Möglichkeiten nicht erzählt werden. Es hat sich dafür der Begriff „Digital Storytelling" etabliert. In seiner knappsten Definition, wie sie beispielsweise in der populären englischsprachigen Online-Enzyklopädie Wikipedia ausgeführt wird, umfasst dieses Digital Storytelling besonders das Erzählen des eigenen alltäglichen Erlebens und eher privater Aspekte der Lebenswelt („a short form of digital media production that allows everyday people to share aspects of their life story"). Deutlicher lässt sich die Re-Privatisierung des Erzählens kaum ausdrücken. In einem etwas weiteren Sinne könnte man „Digital Storytelling" aber auch als jede Form von Erzählen definieren, die dadurch gekennzeichnet ist, dass ihre Produktion, Publikation und Distribution ausschließlich über digitale Maschinen und Kanäle erfolgt. Entsprechend setzt etwa Simon Sturm digitales Storytelling mit der „ganze[n] Palette neuer, innovativer Darstellungsformen" gleich.[33]

Die neuen Formen des faktualen Ezählens im Internet – etwa in der Art des „Longform Journalism" – finden heute oft in der Gestalt der „Onepager" statt.

Onepager

Als Onepager werden heute Websites bezeichnet, die aus einer einzigen HTML-Seite bestehen. Der Begriff „Onepager" ist also eigentlich die Kurzform des Terminus „Onepage-Website". Auf einem Onepager werden die Inhalte komplett auf einer langen, nach unten laufenden Seite präsentiert. Die einzelnen Bereiche sind häufig durch grafische Elemente voneinander abgegrenzt und bilden so einzelne Sektionen, Abschnitte oder Kapitel. Diese sind durch Scrollen oder Navigation mit Sprungmarken direkt ansteuerbar.

Navigiert wird innerhalb des Webauftritts nicht mehr, wie beim klassischen Hypertext, indem von Link zu Link geklickt wird, sondern durch einfaches Scrollen auf ein und derselben Webseite – was nicht bedeutet, dass nicht Hyperlinks in den Erzählfluss eingearbeitet sein können. Das hat auch damit zu tun, dass heute, wie man schon in der ARD/ZDF-Onlinestudie 2014 nachlesen kann, mehr als 50 Prozent der Zugriffe auf online-journalistische Inhalte über mobile Endgeräte, also Smartphones und Tablet-Computer, erfolgt. Bei diesen Endgeräten mit Touchbedienung weist das Scrollen eine höhere Usability gegenüber hergebrachten Menü- oder Linkstrukturen auf. Diese Art von Storytelling wird darum auch als „Scrollytelling" bezeichnet.

Ein weiteres wesentliches Merkmal digitalen Storytellings ist, dass es integrativ ist: Es kombiniert und integriert verschiedene Medientypen und -quellen. Entsprechend könnte man digitales Storytelling auch als „konvergentes Storytelling" bezeichnen. Es gibt hier Überschneidungen, aber auch Abgrenzungsprobleme zu Begriffen wie multimediales oder crossmediales Storytelling. Häufig werden Arbeiten des digitalen Storytellings als „Multimedia Story" oder „Multi-Story" bezeichnet. Allerdings taugen diese Termini womöglich nur bedingt, um wirklich innovative Darstellungsformen zu definieren – immerhin war „Multimedia", worauf Simon Sturm hinweist, schon im Jahr 1995 „Wort des Jahres". Ein Fernsehfeature integriert beispielsweise auch Erzählelemente aus diversen Quellen (Bild, Ton, Grafik, Musik, Animation usw.). Sinnfälliger scheint da, auf einer übergeordneten Ebene das „digitale Storytelling" funktional zu analysieren. Sturm weist auf sechs kategoriale Bestimmungen hin, die zum Wesenskern der neuen, digitalen Erzählform gehören:

Digitales Storytelling (nach Simon Sturm)

- » Globalität
- » Multimedialität
- » Hypertextualität
- » Interaktivität
- » Aktualität
- » unbegrenzte Speicherkapazität

Gerade die letzte Kategorie wirft noch einmal die Frage nach der Länge der Texte auf. Denn die Unbegrenztheit der Speicherkapazität – vor allem im Zeitalter des Cloud Computing – korrespondiert ja mit der jedenfalls theoretisch unbegrenzten Erzähllänge im digitalen Storytelling. Wie lang ein solcher perfekter Longform-Beitrag sein darf, ist nicht einfach zu bestimmen: Länger als ein normaler Artikel, aber kürzer als ein Roman, definiert die englischsprachige Wikipedia etwas nonchalant. Die reine Länge, beispielsweise gemessen in Scrollzeit an einem Display der Länge x, ergibt dabei noch keine sinnvolle Größe, weil sie in Beziehung gesetzt werden muss zur Dauer der Rezeption beim User. Bei der Multi-Story oder Multimedia-Reportage kommt hinzu, dass die Rezeptionszeit sich aus der Summe der Rezeptionszeiten der einzelnen Elemente zusammensetzt. Die Gemachtheit als Multi-Story weist aber schon darauf hin, dass von einer durchschnittlichen Verweildauer auf einer solchen Site („average time on site") auszugehen ist, die deutlich über dem statistischen Durchschnitt liegt. Denn dieser liegt – wie schon im vorangegangenen Kapitel festgestellt wurde – bei lediglich 40 bis 60 Sekunden pro Website.

C3 TYPEN VON MULTI-MEDIA-REPORTAGEN

Bevor es losgeht: Storyboard

Wie bei jeder Reportage und eigentlich überhaupt bei jedem professionell zu erzeugenden journalistischen Beitrag bedarf es vor dem Loslegen der wohlüberlegten Planung. Bei der Multimedia-Reportage gilt dies umso mehr, damit die multimodalen Mittel auch effektiv zum Einsatz kommen und gut ineinandergreifen. Als probat hat es sich erwiesen, ein „Storyboard" zu erstellen. Ein Storyboard ist die skizzenhafte Visualisierung eines erzählerischen Ablaufs in seiner zeitlichen Folge. Besonders bei diachronen Darstellungsformen bietet sich diese Form der Vorab-Visualisierung sehr an. Effektiv ist, wie in einem Comicstrip für jeden Bildschirminhalt oder jede Bildschirmportion einen eigenen Kasten vorzusehen und ihre Beziehungen und Links untereinander mit Strichen kenntlich zu machen. Das Storyboard sollte neben dem jeweiligen Inhalt der journalistischen Erzählung auch kenntlich machen, in welchem Modus die Wirklichkeitserzählung dargeboten wird, also ob als Text, als Grafik, als Video usw.

Die folgende Checkliste fasst zusammen, was vor der Erstellung einer Multimedia-Reportage alles beachtet werden sollte:

Checkliste: Multimedia-Reportage

- ☐ **Eine gute Story recherchieren:** Eine gute Multimedia-Reportage macht man dann und nur dann, wenn man etwas zu erzählen hat.
- ☐ **Die Story dramaturgisch gliedern:** Stellen Sie alle zu erzählenden Ereignisse und ProtagonistInnen nebeneinander und überlegen Sie dann einen *Anfang*, der die LeserInnen in die Geschichte hineinzieht, einen *Höhepunkt*, der eine überraschende Nuance enthält, und ein *Ende*, das womöglich die LeserInnen zu einem weitergehenden Engagement animiert. Haben Sie auch die Länge

der Reportage jetzt schon im Blick. Kürzen kann man am besten, bevor man angefangen hat.

- ☐ **Eine Darstellungsform wählen:** Nun ist es an der Zeit festzulegen, welches Erzählelement auf welche Weise medial dargestellt werden soll.
- ☐ **Einen Zeitplan machen:** Gehen Sie vom Veröffentlichungsdatum rückwärts und legen für jeden Produktionsschritt einen sicheren Zeitraum fest! Der Zeitplan sollte auch genügend Zeit für Feedbacks eines Probepublikums (z.B. innerhalb der Redaktion) und Tests auf verschiedenen Ausspielkanälen enthalten.
- ☐ **Eigene Aufnahmen machen:** Jetzt geht es raus und die Foto-, Video- und Audioaufnahmen werden gemacht. Kurze Videoclips können gut für atmosphärische Hintergründe gebraucht werden. Fotos mit Close-up-Einstellungen können mit Schlüsselzitaten versehen auch für die Promo in sozialen Netzwerken gut genutzt werden.
- ☐ **Medieninhalte optimieren:** Fotos und Videos müssen für responsive Nutzung entsprechend bearbeitet werden: Für PC-Monitore, Smartphones oder Tablets braucht es häufig je eigene Einstellungsgrößen und Dateigrößen.
- ☐ **In der Kürze liegt die multimediale Würze:** Auch bei investigativen Longform-Storys sollten Sie sich auf das Wesentliche konzentrieren. Gerade bei Bildinhalten gilt: Lieber wenige großformatige, als viele wahllos verteilte kleinformatige Bilder.
- ☐ **Feedback geben lassen:** Zeigen Sie Ihre Multimedia-Reportage einem Testpublikum. An dieser Stelle sollte das ursprüngliche dramaturgische Konzept auch noch einmal kritisch hinterfragt werden.
- ☐ **Das Werk testen:** Sehen Sie sich Ihre Multimedia-Reportage auf den verschiedenen Endgeräten an und entscheiden, ob sie überall gut aussieht und alle Elemente funktionieren. Mehr als 50 Prozent der Zugriffe auf journalistische Inhalte findet mittlerweile mit Smartphones statt.
- ☐ **Eine Promotion-Strategie überlegen:** Findability ist im Netz das größte Problem, auch für die spannendsten Multimedia-Reportagen. Überlegen Sie, wie LeserInnen Ihre Reportage finden, wie Sie sie über Social Media streuen wollen und in welche Umgebungen sie eingebunden werden kann.

Diachrone Multimedia-Werkzeuge

Einfache, aber auch durchaus komplexe Multimedia-Reportagen selbst herzustellen, ist heute kein Hexenwerk mehr. Es gilt dabei die Regel, dass das Endprodukt naturgemäß nur so gut sein kann wie die Qualität derjenigen Elemente, aus denen es zusammengesetzt ist. Was Online-JournalistInnen brauchen, bevor sie sich an die Komposition ihrer Webreportage machen, ist gutes Multimedia-Material, also eine spannende und tragfähige selbstrecherchierte Story nebst aussagekräftigen Fotos, bei gutem Licht gefilmtes Videomaterial, in guter Atmosphäre aufgenommene Audios und natürlich einen gut lesbaren Text. Wie all diese Elemente zustande kommen und am Computer bearbeitet werden können, will ich an dieser Stelle nicht weiter vertiefen. Dazu gibt es genügend andere Ratgeberliteratur und auch entsprechende Tippseiten und Do-it-yourself-Videos im Netz. Im Kapitel zum Mobile Reporting (siehe Kap. G) werde ich darauf eingehen, wie man heute Smartphones einsetzen kann, um solches Material in halbwegs professioneller Qualität zu erzeugen, und was es für Zusatzequipment und Gadgets gibt, um die Qualität zu sichern.

An dieser Stelle werden Software-Werkzeuge vorgestellt, mit denen dieses Medienmaterial zu synchronen oder diachronen Reportagen arrangiert werden kann.

Synchron oder diachron?

Diachron sind alle Erzählformen, die sich an der Sukzessionsordnung des Zeitstrahls orientieren (Hin- und Rücksprünge dabei ausdrücklich konzediert), während synchron alle Erzählformen sind, die die Erzählelemente simultan präsentieren (zum Beispiel Charts oder Mappings, also die Darstellung von Elementen auf Landkarten). Häufig liest man hierfür auch vom Gegensatzpaar linear/non-linear, aber das ist aus verschiedenen Gründen irreführend. Der in der Mathematik definierte Begriff ist jedenfalls nicht gemeint, und schon wegen der möglichen Verwechslungsgefahr sollte man ihn besser vermeiden. Synchronizität oder Simultaneität lässt sich im digitalen Raum besonders gut darstellen, aber nicht aufgrund seiner Nonlinearität, sondern aufgrund seiner Multimodalität.

Die wenigsten von ihnen sind noch Stand-alone-Programme, also Computerprogramme, die in eigener Umgebung auf einem PC oder Mac laufen. Häufig handelt es sich um webbasierte Programme oder um Apps. Webbasierte Programme sind solche, die in eine HTML-Seite integriert sind und direkt im Fenster des Browsers laufen. Apps sind Programme, die auf Smartphones oder Tablets laufen. Auch deren Laufzeitumgebung beruht häufig auf HTML-Seiten. Wichtig ist zu bedenken, dass das zu bearbeitende Medienmaterial in Apps oder webbasierten Programmen häufig auf einen fremden Server hochgeladen werden muss. Das kann urheber- und datenschutzrechtliche Probleme mit sich bringen.

Embedded und branded

Gerade bei professionellen online-journalistischen Arbeiten ist es wichtig, dass die fertige Multimedia-Reportage auf der eigenen Website lauffähig ist. Einige Apps und webbasierte Programme bieten hierfür „Embedding-Codes" an, mit denen das fertige Produkt sehr einfach in die eigene HTML-Seite eingebunden werden kann. Der Embedding-Code kann einfach per „Copy&Paste" an der entsprechenden Stelle im HTML-Code der eigenen Seite eingefügt werden. Einige Tools „branden" dabei allerdings das fertige Produkt, also versehen es mit dem eigenen Markenlogo. Das ist nicht immer erwünscht, weil man schließlich nicht auf der eigenen Website Werbung für einen anderen Webanbieter machen möchte. Im Zweifel muss auf solche gebrandeten Programme verzichtet werden.

Slideshows

Unter denjenigen Online-Darstellungsformen, die ihre Geschichte auf einem Zeitstrahl erzählen, zählen die Slideshows oder Bildergalerien zu den verbreitetsten und auch beliebtesten. Eine ganze Weile lang waren Bilderstrecken ein probates Mittel für Online-Redaktionen, die Klickzahlen künstlich in die Höhe zu treiben. Das funktioniert heute nicht mehr so gut, da eher die Unique User für die Webbilanz zählen als deren einzelne Klicks. Dennoch sind Bildergalerien und Diashows nach wie vor bei den UserInnen sehr beliebt und ein praktisches Mittel, um eine größere Menge an Bildmaterial konzentriert und thematisch zusammenhängend zu präsentieren. Journalistik-Studierende aus Köln beispielsweise erstellen jedes Jahr den

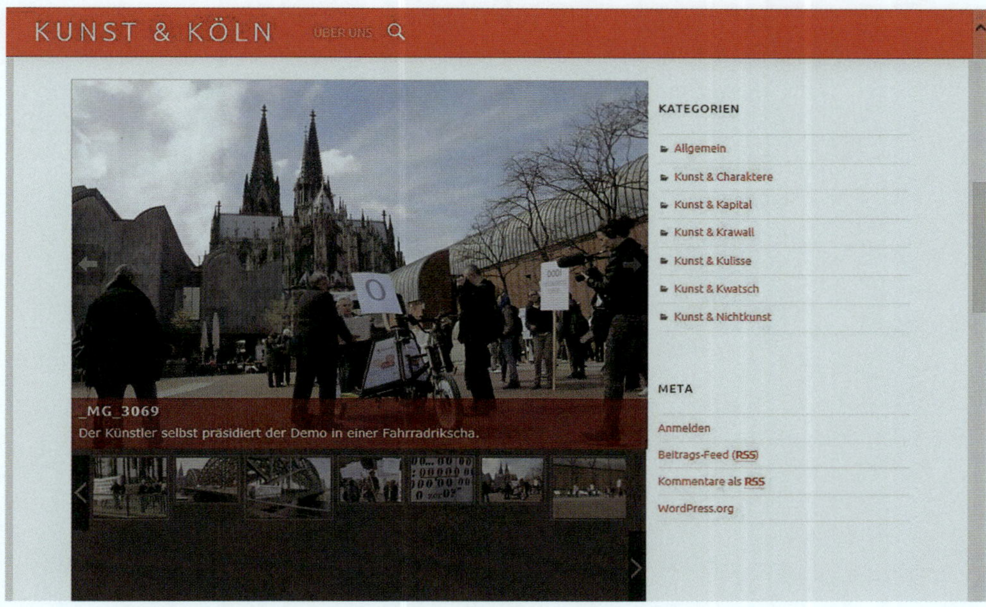

Abb. 51: Multimodales Erzählen in Slideshows mit Bild und Text.

Abb. 52: Loupe-Collage: Bildergalerien in Form gebracht.

kunstjournalistischen Blog *Kunstundkoeln* zur Kunstmesse *Art Cologne* und gestalten die bildermächtigen Sujets häufig in Form von Slideshows.

In der Regel bieten heute die Content-Management-Systeme Bordmittel an, um Bilder in Slideshows oder Galerien zu organisieren. Für das beliebte CMS Wordpress gibt es eine große Zahl an Plug-ins, um Diashows in den eigenen Blog oder die eigene Webpräsenz zu integrieren. Die meisten digitalen Werkzeuge für Web-Diashows bieten die Möglichkeit, Textinformationen zu den einzelnen Bildern bereitzustellen. Das kann über die klassische Bildunterschrift hinausgehen und auch längere Zusatzinformationen bieten, also schon tatsächlich multimodal sein.

Wer ein Stand-alone-Programm sucht, um Diashows herzustellen und im Web zu präsentieren, der kann zu so einem einfachen Tool wie Web Slideshow greifen, das 25 verschiedene Übergangseffekte bietet. Die Flash Slideshow Software speichert Diashows im webtauglichen Flashformat ab. Dieses ist allerdings nicht auf iPads oder iPhones abspielbar.

Eine ungewöhnliche und attraktive Art, Bildergalerien einmal anders zu gestalten, bietet das webbasierte Programm „Loupe". Mit der Funktion „Collage" lassen sich eine Anzahl von Bildern sich „in shape" bringen und in Form einer Figur oder eines Gegenstandes wie beispielsweise einer Blume darstellen.

Audio-Slideshows

Noch mehr werden die multimodalen Optionen von Audio-Slideshows ausgereizt. Sie sind eine Online-Präsentationsform, bei der Bilder mit Musik und häufig sogar mit gesprochenem Text unterlegt werden. Auf diese Weise lassen sich komplexe journalistische Geschichten erzählen. Viele der sogenannten Fotofilme der Berliner Agentur *2470 Media* bestehen aus oder enthalten Elemente von Audio-Slideshows.

Photopeach ist ein webbasiertes Programm, das dabei hilft, Slideshows zu erstellen und mit einer Tonspur zu versehen. Es hat eine eigene kleine Bibliothek mit lizenzfreien Musikstücken und Loops, bietet aber auch die Möglichkeit, *YouTube* oder das Web nach Audiotracks zu durchsuchen. Die Fotos werden mit einem kleinen Zoom versehen, sodass die Anmutung von Bewegtbild entsteht. Exportiert werden kann direkt aus der Programmoberfläche heraus in die sozialen Netzwerke. Photopeach bietet aber auch einen Embedding Code, um die Audio-Slideshow in eigene Webseiten oder den eigenen Blog einbetten zu können.

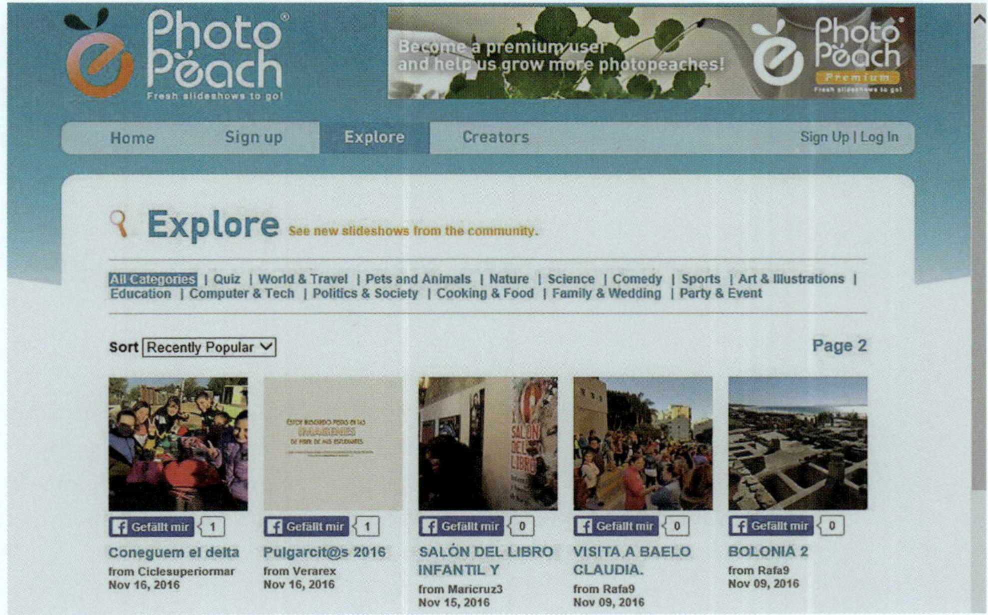

Abb. 53: Audio-Slideshows erstellen und exportieren mit Photopeach.

Abb. 54: Audio-Slideshows des englischen Guardian.

Die Online-Redaktion des englischen *Guardian* hat eine Zeit lang gerne Reportagen in Form von Audio-Slideshows auf ihre Webseite gestellt. Die ReporterInnen des *Guardian* haben dabei ein Tool namens Soundslides benutzt. Das webbasierte Programm beherrscht alle gängigen Foto-, Video- und HTML-Versionen und eignet sich darum für jede Art von Ausspielkanal.

Manchmal ist es praktisch, Slideshows direkt am Smartphone zu erstellen – vor allem wenn das Bild- und Tonmaterial selbst schon mit dem Smartphone aufgenommen wurde. Auch hierfür gibt es eine Reihe von Apps sowohl fürs iPhone als auch für Android-Geräte. Zu diesen Programmen zählen Animoto, Androvid oder Slideshow365. Für größere Projekte, bei denen wirklich ausgewachsene Reportagen in Form von Audio-Slideshows erzählt werden sollen, ist es angeraten, ausgewachsene Videoschnittsysteme wie Adobe Premiere, Sony Vegas oder Magix Video Deluxe zu benutzen. Diese haben auch den Vorteil, eine starke Kontrolle über Bild- und Tonspur zu haben und auf diese Weise gesprochenen Text framegenau auf die entsprechenden Bilder legen zu können.

Multi-Storys

War die Reportage die Königsdisziplin im klassischen Journalismus, so ist die Multi-Story vielleicht die Königin des Journalismus.online.

Multi-Story

Die Multi-Story kombiniert die multimodalen Möglichkeiten des Computers und des Netzes als Medien, indem sie Text, Bild, Datenvisualisierungen, Animationen, Videos und Hyperlinks in eine Oberfläche und einen Erzählstrom integriert.

Zu diskutieren wäre, ob die Multimediareportage überhaupt eine eigene Darstellungsform ist oder nicht eher selbst eine Art Hyper- oder Multi-Darstellungsform ist, da sie ihrerseits Darstellungsformen integriert, die für sich schon als solche stehen. Slideshows oder nach klassischen Regeln gebaute Videobeiträge können im Journalismus.online für sich stehen oder aber auch als Element in einer Multi-Story dienen. Diese Multi-Optionalität oder Multi-Multimodalität der Darstellungsformen führt mich dazu, hier und im Folgenden diesen integrativen Erzähltyp als „Multi-Story" zu bezeichnen.

Digitale Tools wollen die Möglichkeiten der Multi-Story einer breiteren publizistischen Klientel mit geringerem Aufwand zur Verfügung stellen. Schon der Begriff „Scrollytelling" verweist auf die Diachronizität des Erzählvorgangs: Das Scrollen am (mobilen) Bildschirm entspricht dabei gerade dem Fluss der Erzählung auf dem Zeitstrahl und gibt eine Rezeptionsrichtung – wenn nicht sogar eine Rezeptionsgeschwindigkeit – vor. Die multimodale Integration von Videos oder Slideshows als zeitbasierte Medien tut ihr Übriges zu diesem Effekt.

Das Programm Exposure ist eine App, die ursprünglich der Präsentation von digitalen Fotos diente. Hierfür bietet sie Layoutmöglichkeiten, die übliche Content-Management-Systeme oder Blogsoftware wie Wordpress nicht oder nur unter großen Schwierigkeiten bieten. „A beautiful website for your photo stories", bewirbt sich das Tool selbst. Die Integration von (in der Länge beschränkten) Videos und Text (mit nur simplen typografischen Differenzierungsoptionen) macht Exposure aber zu einer Erzählumgebung für ausgewachsene Multi-Storys. Die Usability ist hoch: Nutzer beschrieben die Arbeit mit diesen Programmen als „kinderleicht" und „intuitiv erlernbar". Exposure ist web- und browserbasiert. Es bietet allerdings nicht die Möglichkeit des Embedding, d.h. die Multi-Storys laufen also ausschließlich in der Programmumgebung. Nachdem Exposure ursprünglich kostenlos war, gibt es nun ein Abo-Modell für Basic-, Pro- und Business-KundInnen. Dafür lassen sich nun in eigene Exposure-Projekte auch Embedding Codes anderer Dienste einfügen, um beispielsweise ein Mail-Formular, ein 360°-Video oder andere auf HTML, CSS oder Javascript basierende Elemente einzufügen. Pro- und Business-KundInnen können ihre Exposure-Multi-Storys auch unter einer eigenen Internet-Domain publizieren.

Shorthand arbeitet ähnlich wie das vorgenannte digitale Werkzeug, ist aber deutlich professioneller. Entsprechend lesen sich auch die Referenzkunden des australischen Grafikerbüros Shorthandstudio, die dieses Multi-Story-Tool verwenden: *BBC, Guardian*, die *Hearst Magazines* oder der britische *Telegraph* erstellen ihre Multimedia-Reportagen mit diesem Programm. Die Professionalität hat ihren Preis: Die Nutzungstarife für die Software beginnen bei 400 Dollar im Monat. Shorthand Social ist – wie der Name schon sagt – die sozialere Alternative und lässt sich gebührenfrei nutzen, dann allerdings nur auf dem Shorthandserver, also nicht in der eigenen Webseiten-Umgebung oder auf der eigenen Seite „embedded".

Abb. 55: Exposure kombiniert Fotocollagen mit Texten.

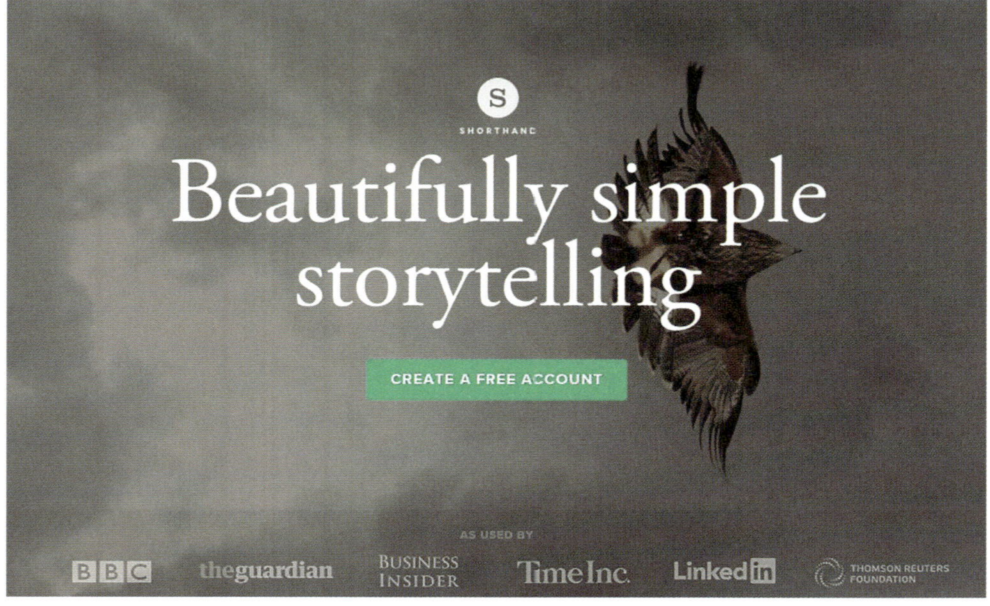

Abb. 56: Shorthand: Professionalität, die ihren Preis hat.

Atavist kommt im Vergleich dazu recht simpel daher. Ähnlich wie Exposure liegt die Hauptqualität dieser Webanwendung bei der Kombination von Text und Foto. Das Programm hat allerdings eine gravierende Einschränkung: Es arbeitet ausschließlich mit dem Firefox- oder Chrome-Browser.

Wer seine Multi-Story auf der eigenen Website einbinden will, kann das Wordpress-Plug-in Storyform nutzen (mehr zu Wordpress im nächsten Kapitel). Auch mit Storyform lassen sich Multi-Storys in Form des Scrollytelling herstellen, die dann in jeder Wordpress-Umgebung verfügbar sind. Wordpress-Installationen als Open-Source-Software lassen sich aber auch technisch in andere Content-Management-Systeme einbinden, sodass Storyform-Erzählungen hohe Flexibilität bieten. Auf der Website des *Trierischen Volksfreunds* findet sich eine Multi-Story über die treuen Fans des Fußballvereins Eintracht Trier, die auch nach dem Abstieg aus der zweiten Liga ihrem Club die Treue hielten. An dieser Multi-Story sind beispielhaft die Gestaltungsmöglichkeiten des Plug-ins zu sehen.

LINK

Multi-Story über die treuen Fans des Fußballvereins Eintracht Trier, die mit dem Wordpress-Plug-in Storyform vom *Trierischen Volksfreund* gestaltet wurde: http://thema.volksfreund.de/sport/eintracht-multimediareportage/.

Ähnlich funktioniert das Wordpress-Plug-in Aesop, benannt nach dem antiken Fabeldichter. Aesop vereint dreizehn Story-Komponenten, um in einer Wordpress-Umgebung ähnlich aufwendige Scrollytelling-Reportagen erzählen zu können wie mit den mächtigen Stand-alone-Programmen. Die Ulmer *Südwest Presse* hat eine ganze Reihe von Multi-Storys mit diesem digitalen Werkzeug erstellt – zum Beispiel eine Reportage über die ICE-Neubaustrecke zwischen Stuttgart und Ulm, die mit 3 Milliarden Euro eine der teuersten neuen Zugstrecken der Republik ist.

LINK

Die Storytelling-Seite der Ulmer Südwest Presse zeigt mit vielen Beispielen, wie in Wordpress Scrollytelling-Reportagen erzählt werden können: http://thema.swp.de/storytelling/.

Der Storyteller läuft ebenfalls unter Wordpress. Allerdings handelt es sich hierbei nicht um ein Plug-in, sondern um ein „Theme“. Die Journalistin Katharina Brunner, die den Storyteller entwickelt hat, wollte eine

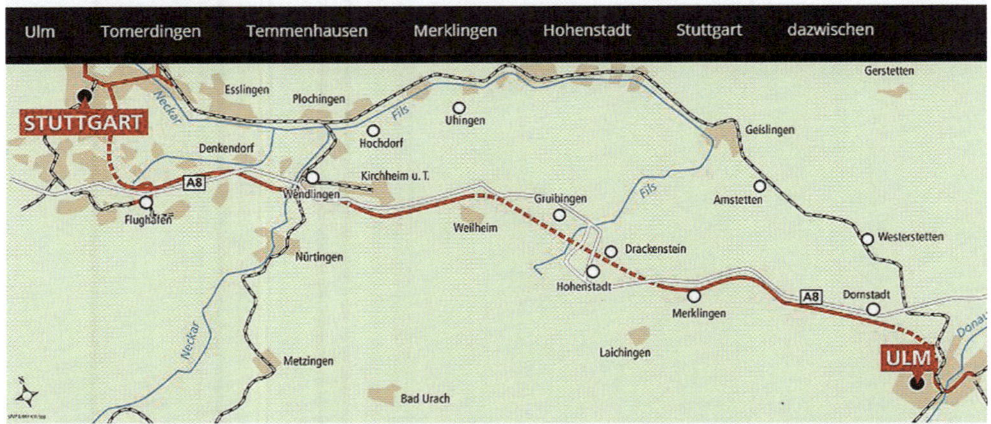

Abb. 57: Südwestpresse: Multi-Story *Zwischen den Bahnhöfen* mit dem Wordpress-Plug-in Aesop.

Abb. 58: Microsofts Multi-Story-Tool Sway als Web-Applikation: In der linken Spalte („Karten") stehen die verfügbaren Elemente, die mittlere Spalte ist die „Storyline" und rechts gibt es eine Vorschau.

lauffähige Multi-Story-Umgebung schaffen, für die nicht wie bei Pageflow Programmierkenntnisse für die Installation auf dem eigenen Server nötig sind. Was es einzig braucht, ist eine frische Wordpress-Installation sowie ein anderes Wordpress-Plug-in namens AddQuicktag. Schon kann man in der gewohnten Wordpress-Umgebung Multi-Storys erzählen.

Sway ist ein webbasiertes Programm aus dem Hause Microsoft und zählt offiziell zur MS Office-Suite, wo es sogar als „Powerpoint-Killer" gehandelt worden ist. Es ist in der Bedienung deutlich komplexer als die erstgenannten Anwendungen, bietet dafür aber gestalterisch auch deutlich mehr Möglichkeiten. So lässt sich die Laufrichtung des „Scrollytellings" frei definieren: Man kann also statt vertikal auch horizontal scrollen, wie Microsoft das auf Betriebssystemebene schon mit Windows 8 und seinem mobilen Pendant zu etablieren versucht hat. Außerdem lassen sich relativ bequem vorhandene Powerpoint-Präsentationen importieren. Wer ohnehin schon Microsoft Office-Abonnent ist, kann Sway kostenlos nutzen.

Adobe Spark reiht sich ebenfalls in eine Suite ein, nämlich in die Creative Suite aus dem gleichen Softwarehaus Adobe. Damit sind vor allem die Integration und die softwareseitige Kooperation mit unter GrafikerInnen so beliebten Programmen wie Photoshop, Lightroom oder Illustrator garantiert. Spark bietet eine Vielfalt von Darstellungs- und Layout-Optionen. Das webbasierte Programm beherrscht mit der Option „Page" multimodales Scrollytelling, mit der Option „Video" können auf der Zeitleiste zum Beispiel animierte Infografiken erstellt werden und mit der Option „Post" können die in Social Media so beliebten Teaserbilder als Text-Bild-Kombinationen hergestellt werden. Für alle Optionen gibt es „Themes" genannte Vorlagen. Die fertigen Produkte lassen sich auch downloaden, sind dann allerdings gebrandet. Der Spark-Brand lässt sich aber durch das Teilen in Social Media entfernen, ein recht innovatives Prinzip der Viralität.

LINK

Fotograf Masaaki Kimura dokumentiert auf seinem Onepager *Life is a yourney in Bohemia*, welche Layout-Optionen Adobe Spark bietet: https://spark.adobe.com/gallery/photography/example/bohemia-of-the-journey/ oder bit.ly/sparksoft.

Projeqt ist ähnlich wie Sway oder Spark von Haus aus eher ein Präsentationsprogramm, das sich aber durchaus auch zur Produktion von Multi-Storys eignet. Von einer New Yorker Start-up-Firma entwickelt und mit einem

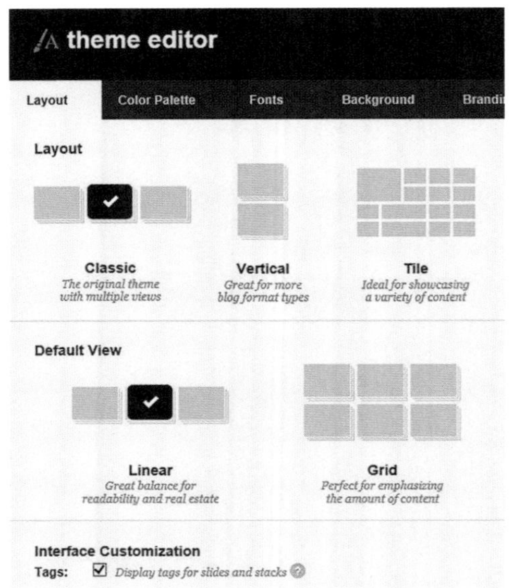

Abb. 59: Der Projeqt-Editor bietet vielfältige Einstellungsmöglichkeiten, um das optische Erscheinungsbild der eigenen Multi-Story anzupassen.

Preis in der Kategorie „Educational Resources" ausgezeichnet, ist das zentrale Merkmal von Projeqt die Einbindung von Echtzeit-Informationen aus dem Web wie RSS-Feeds, *Twitter*-Meldungen, *Facebook*-Postings sowie Videos der unterschiedlichen Webvideo-Plattformen wie *YouTube, Vimeo* & Co. Die Web-Anwendung Projeqt macht ihrem Namen alle Ehre und lässt sich für denkbar unterschiedliche Projekte einsetzen, von der einfachen Webdokumentation von Vortragsskripten über gebaute journalistische Multi-Storys bis hin zur crowdgesourcten Echtzeit-Berichterstattung von (Web-)Ereignissen.

Der Mercedes unter den frei verfügbaren Programmen zur Erstellung von Multi-Storys ist das Programm Pageflow. Es stammt aus der Online-Redaktion des *Westdeutschen Rundfunks (WDR)*, die auch die anschaulichsten Beispiele für mit Pageflow erstellte Reportagen ins Netz gestellt hat (reportage.wdr.de). Das Programm bietet eine große Variabilität an gestalterischen Möglichkeiten, neben der Einbindung von Audio- und Videomaterial beispielsweise auch Vorher-Nachher-Vergleiche und einige typografische Gestaltungsoptionen. Pageflow ist weniger eine Anwendungssoftware als ein serverbasiertes Mini-Content-Management-System. Dieses ist quelloffen und kann kostenlos installiert werden, hat dafür aber einige etwas exotische Ansprüche an die Serverumgebung. So arbeitet es ausschließlich mit dem Web Application Framework Ruby on Rails zusammen. Es gibt aber kommerzielle Angebote über die Webseite (pageflow.io), bei denen der oder die Multimedia-ReporterIn gegen Bezahlung um diese Schwierigkeiten herumkommt.

Das Prinzip des diachronen Erzählens ganz wörtlich genommen hat die webbasierte Applikation line.do. Hier wird nämlich explizit an einem Zeitstrahl entlang erzählt und die einzelnen Postings oder Elemente jeweils anhand eines Datums identifiziert. Die NutzerInnen folgen dem Zeitstrahl dann wieder mittels Scrollen, also echtes Scrollytelling. Wenn überhaupt lässt sich bei Line

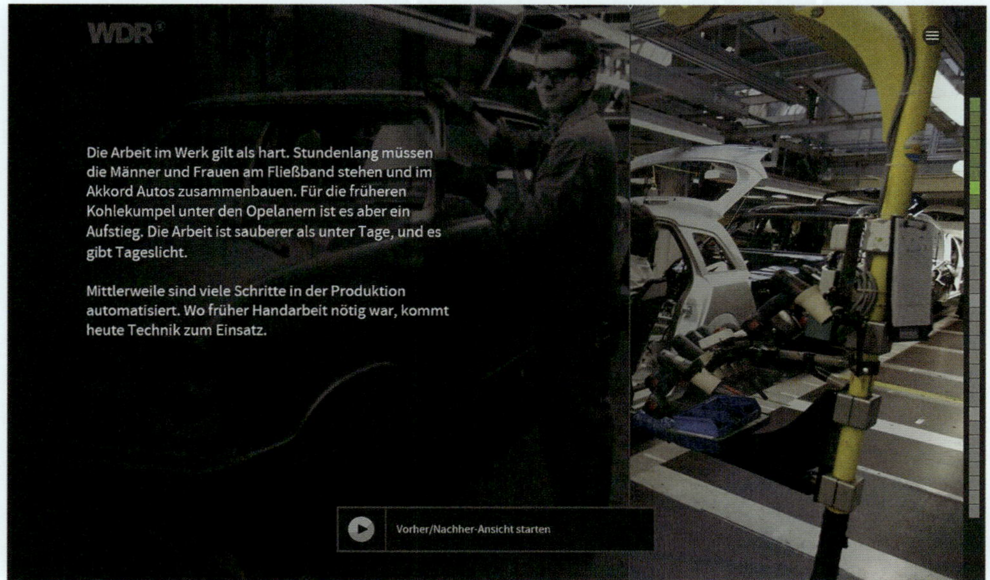

Abb. 60: Eindrucksvolle Pageflow-Story aus der WDR-Online-Redaktion über die Geschichte des Bochumer Opel-Werks, die die Stärken des Senders ausspielt und auf das große Filmarchiv des WDR zurückgreift (hier mit illustrativer Vorher-Nachher-Ansicht am Fließband).

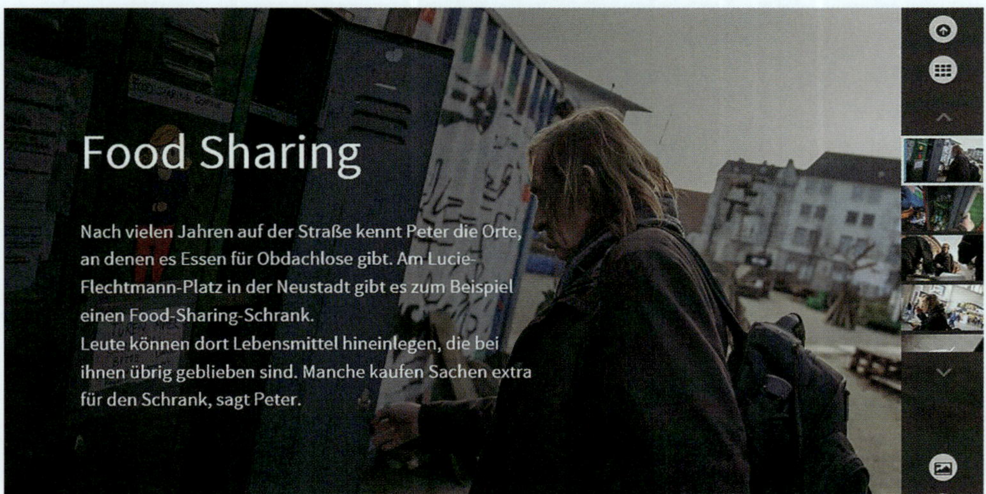

Abb. 61: Für den Grimme-Online-Award nominiert: Pageflow-Story des Bremer Weserkuriers über das Leben auf der Straße.

Abb. 62: Die Biografie der Malerin Frida Kahlo im Web auf einem Zeitstrahl erzählt mit line.do.

von Linearität sprechen, denn die einzelnen Daten und Elemente sind tatsächlich mit einer Linie miteinander verbunden.

Storytile dagegen folgt zwar auch einem Zeitstrahl, aber auf eine besondere Weise, nämlich live. Es handelt sich um eine der immer populärer werdenden Möglichkeiten des Live-Bloggings. Entsprechend gibt es Apps für mobile Endgeräte, um aktuell aufgenommene Inhalte direkt und „live" ins Internet zu stellen. Storytile bietet dabei die Möglichkeit, nicht nur Text, sondern vor allem eben auch Bild- und Videomaterial einzubinden, das mit der digitalen Spiegelreflexkamera oder dem Smartphone vor Ort aufgenommen wurde und direkt und live in den Blog eingebunden werden kann. Diese Aufgabe übernimmt das webbasierte Redaktionssystem Storytile Edit. Das Programm richtet sich explizit an Profis und Redaktionen, entsprechend gibt es ein abgestuftes Preissystem, das bei über 50.000 monatlichen Page Impressions bis zu 1.799 Euro kosten kann.

Auch Prezi ist vornehmlich ein Präsentationstool, das es wahlweise als (kostenlose) Webapplikation oder als (kostenpflichtiges) Stand-alone-Programm gibt. Nur in der Bezahlversion lassen sich Prezi-Präsentationen auch embedden und mit einem eigenen Brand versehen. Anders als Powerpoint & Co. zeigt Prezi aber nicht nur einfach Bildtafeln bzw. Slides hintereinander an, sondern nimmt die RezipientInnen mit auf einen 2- oder 3-dimensionalen Flug über die zu präsentierenden Texte, Grafiken, Bilder und Videos. Eine solche Präsentationstechnik lässt sich natürlich auch gut für (journalistisches) Geschichtenerzählen nutzen. Im Bildungsbereich hat das Tool schon weiträumig Beachtung gefunden. Es gibt aber auch Beispiele für seine journalistische Anwendung: So hat der britische *Independent* den Syrienkonflikt damit multimedial dargestellt, *Al Jazeera* hat Prezi verwendet, um den Familienstammbaum des ehemaligen libyschen Diktators Gaddafi zu visualisieren, der südkoreanische Fernsehsender *SBS* nutzt Prezi sogar, um seine Hintergrundgrafiken zu erzeugen.

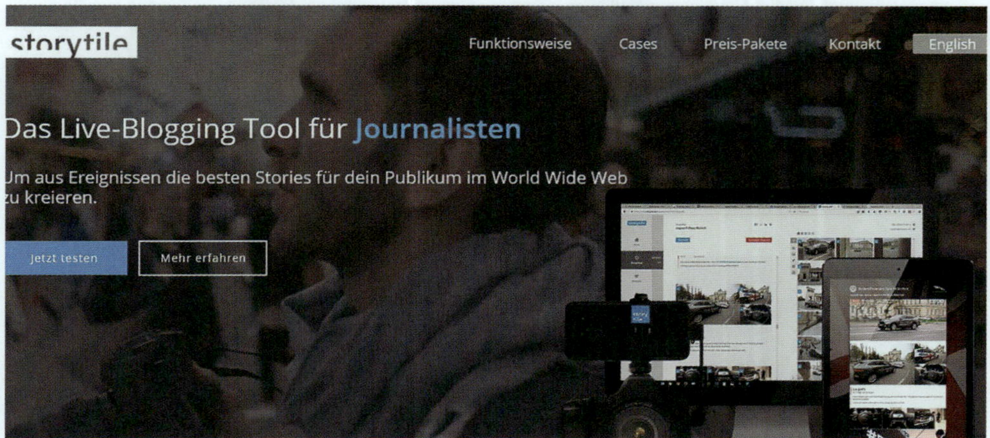

Abb. 63: Der Workflow einer Storytile-Reportage: Nur fünf Sekunden soll der Weg vom Ereignis zur responsiven Oberfläche dauern.

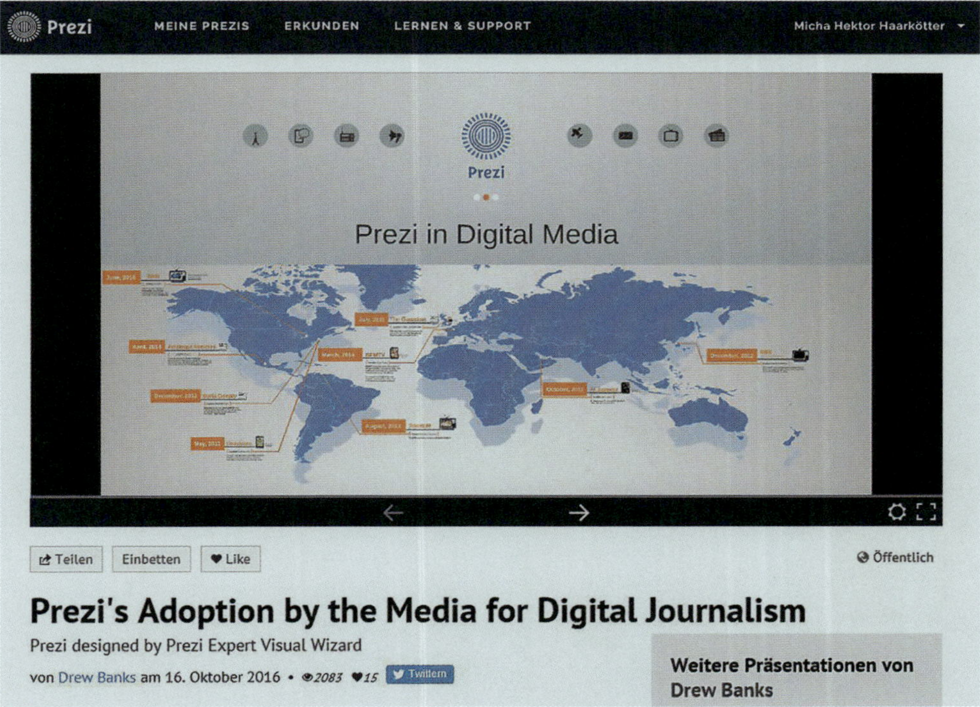

Abb. 64: In dieser Präsentation von Prezi werden die journalistischen Einsatzmöglichkeiten der Software gezeigt.

Synchrone Storytelling-Tools

Synchrone Storytelling-Tools haben die Besonderheit, dass sie alle oder doch die meisten Erzählelemente simultan darbieten. Hierzu zählen insbesondere alle Formen der Präsentation von Daten, wie sie der „Data driven Journalism" oder zu deutsch Datenjournalismus bietet. Um Daten erheben, auswerten und interpretieren zu können, ist in der Regel die Kenntnis professioneller Tabellenkalkulations- oder Statistiksoftware nötig, die auch Möglichkeiten der Visualisierung mitbringen. Jedoch sind diese Visualisierungshilfen gestalterisch oft beschränkt. Hier können Storytelling-Tools aus dem Internet helfen, die Datenpräsentation ansprechender zu gestalten.

Easel.ly (engl. easel = Staffelei) offeriert eine sehr große Zahl an vorgefertigten Patterns und Stylesheets, um bereits vorhandene Daten zu visualisieren. Auch infogr.am hat nur den Zweck, Datenmaterial, das bereits erhoben wurde, grafisch besonders wirkungsvoll darzustellen, und greift dafür auf eine große Bibliothek von vorgefertigten Elementen zurück. Beide Programme sind webbasiert und nahezu selbsterklärend. Die Ausgabe erfolgt in üblichen digitalen Grafikformaten, sodass sich die einmal erstellten Infografiken mühelos in anderen Umgebungen einbinden lassen.

Eine unter Datenjournalisten populäre Sammlung von webbasierten Programmen findet sich unter Google Docs versammelt. Die darin integrierte Tabellenkalkulation bietet beispielsweise auch die Chance zu kollaborativem Arbeiten. Dies machte sich bereits eine internationale investigative Recherchekoalition zunutze, als der sogenannte „Offshore-Leak" aufgedeckt wurde. Bei Google Fusion gibt es die Möglichkeit, die erarbeiteten Daten auch direkt zu visualisieren – beispielsweise durch Mapping, also die Präsentation von Daten auf Landkarten. Hierfür hat Google Maps einen reichen Vorrat an geografischem Material. Google bietet auch selbst ein gutes Beispiel,

Abb. 65: *Deutschland25* mit Google.

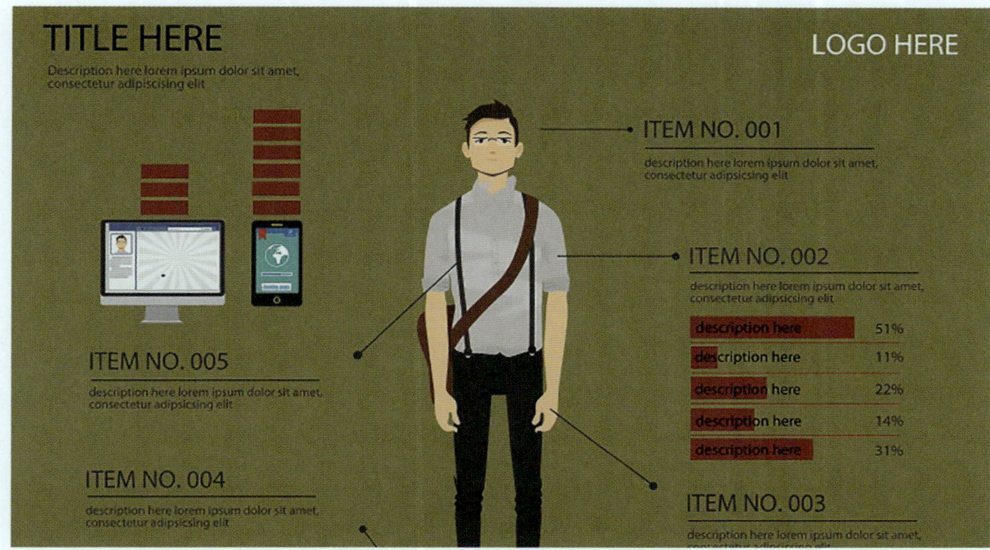

Abb. 66: Easel.ly: Mit Vorlagen zur Infografik.

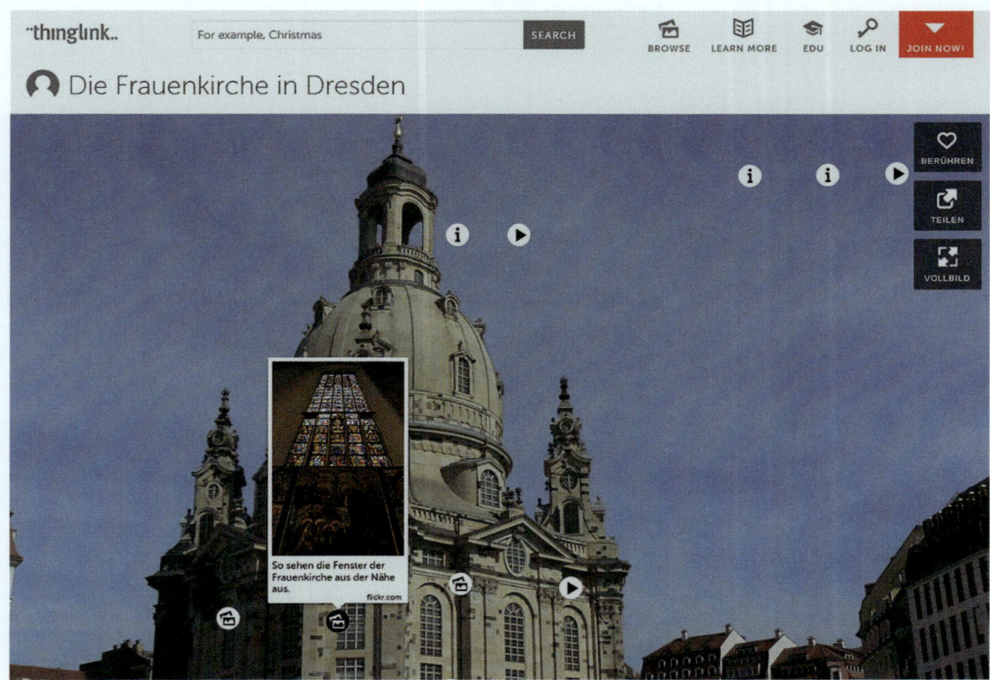

Abb. 67: Mit Thinglink lassen sich Bildbereiche verlinken.

wie sich digitales Storytelling und die Darstellung von Daten auf Karten kombinieren lassen: Zum 25. Jubiläum des Mauerfalls wurden in dem Projekt *#Deutschland25* junge Leute, die erst nach der Grenzöffnung geboren wurden, nach ihren Perspektiven auf Deutschland gefragt. Diese Interviews wurden auf einer interaktiven Karte präsentiert und mit den Wohnorten der Interviewpartner verknüpft.

Nicht so sehr um die Darstellung von Daten, aber doch um die synchrone Anordnung von Erzählelementen geht es der Websoftware Thinglink. Damit lassen sich Bereiche in Fotos markieren und mit einem Hyperlink hinterlegen. Bei Mauskontakt ploppen hier die verschiedenen Erzählelemente auf. Das können Texte ebenso sein wie weitere Fotos, Videobeiträge, Karten oder eben auch Datencharts.

Sonderformen des digitalen Storytellings

Es lassen sich auch solche Tools und Applikationen für das digitale Storytelling nutzen, die eigentlich zu anderen Zwecken entwickelt wurden. Dazu zählt beispielsweise Kuratiersoftware, die schon im vorangegangenen Kapitel vorgestellt wurde.

Mit dem typischen Kuratiertools Storyful lassen sich aber nicht nur bereits vorhandene Materialien „kuratieren“, sondern auch Eigenmaterial integrieren. Auf diese Weise lässt sich in diesen Umgebungen auf relativ einfache Weise auch das Scrollytelling realisieren – insbesondere wenn die eigene (journalistische) Geschichte mit bereits im Internet vorhandenem Material (andere Websites, Postings aus sozialen Netzwerken usw.) kombiniert werden soll. Vorteile sind hier die direkte Einbeziehung von Erster-Hand-Quellen und womöglich eine besonders hohe Aktualität durch den Rückgriff auf Tweets und andere Live-Ressourcen.

Auch die Programmoberflächen der sozialen Netzwerke wie *Twitter* oder *Facebook* lassen sich zum interaktiven und diachronen Erzählen nutzen. Damit sind nicht so sehr die gerade von *Facebook* in Kooperation auch mit deutschen Verlagen annoncierten „Instant Articles“ gemeint, die vorhandene Verlagsangebote direkt in die Oberfläche des Netzwerks einbinden sollen. Gedacht ist vielmehr an ein dialogisches Erzählen, das sich gerade an der bipolaren Struktur von Posting und Kommentar orientiert und – unter Einbeziehung von User-Stimmen – Geschichten neuartig und womöglich kollaborativ und „sozial" erzählt. Genutzt werden solche Formen heute schon im fiktionalen Bereich, zum Beispiel beim transmedialen Erzählen bestimmter Daily Soap-Formate: Die fiktionalen Charaktere der TV-Serie *Köln 50667* etwa haben alle eigene *Facebook*-Accounts, auf denen die Erzählfäden des TV-Geschehens im Internet weitergesponnen werden. Im Kurznachrichtendienst *Twitter* hat sich ein eigenes Genre entwickelt, das *Twitteratur* genannt wird und das Weltliteratur in 140 Zeichen gießt. Was hier mit fiktionalen Stoffen gelingt, kann genauso gut mit faktualen Wirklichkeitserzählungen des Journalismus. online klappen.

Abb. 68: *Die Leiden des jungen Twerther*: die berühmteste Liebesgeschichte der deutschen Literatur in 140 Zeichen-Tweets.

Eine besondere Option des Erzählens von „sozialen Geschichten" bietet das webbasierte Programm Crowdvoice. Es vereint unterschiedliche Dienste unter einem Dach und wendet sich insbesondere an Vertreter aus den neuen sozialen Bewegungen, die ihre Anliegen mithilfe von Augenzeugenberichten, Fotos und validen Daten formulieren und publik machen wollen. Die „Media Feed" genannte Abteilung der Crowdvoice-Website ist ein Kuratierwerkzeug, mit dem Online-Artikel, Postings und andere Quellen optisch ansprechend präsentiert werden können. Die „Infographic" genannte Abteilung visualisiert Datenmaterial jedweder Art. Die Abteilung „Backstory" versammelt Hintergrundberichte der jeweiligen Gruppierung oder NGO. Crowdvoice versteht sich neben dem lateinischen Alphabet auch auf die Darstellung

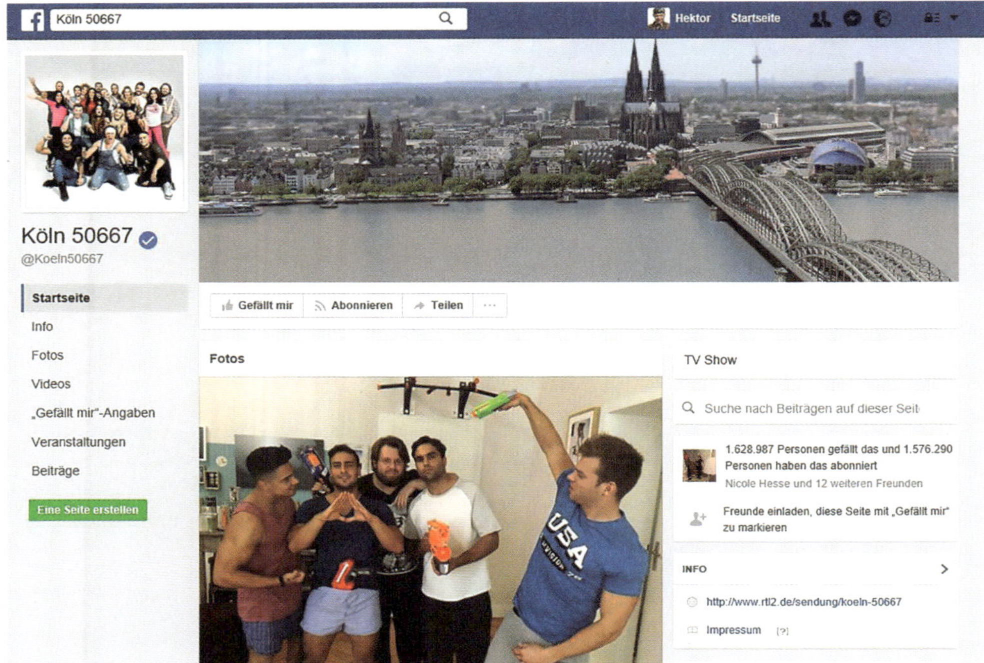

Abb. 69: Die Storys der Daily Soap *Köln 50667* gehen auf Facebook weiter.

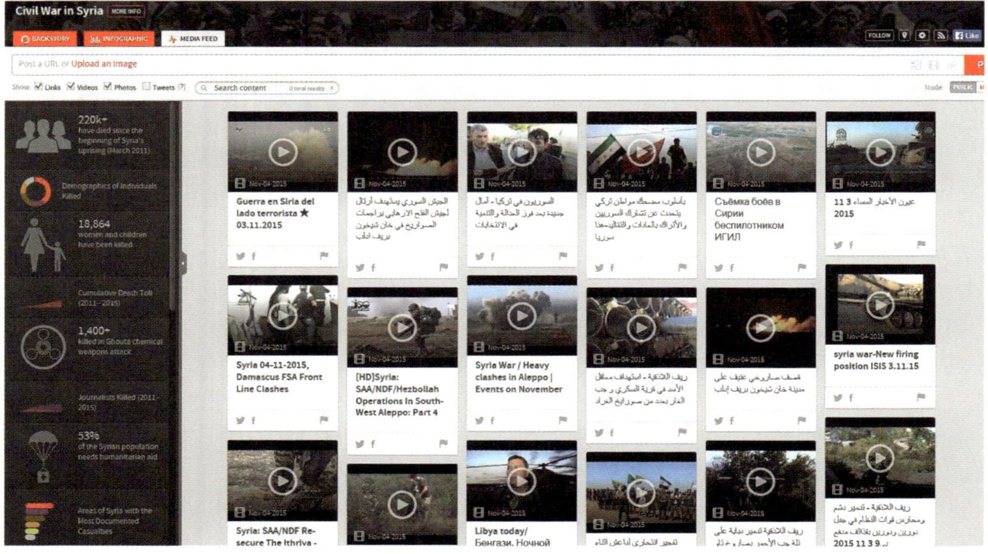

Abb. 70: Multimedia für die neuen sozialen Bewegungen: Crowdvoice.

„The games use simulation to express opinion.“

IAN BOGOST, MEDIENWISSENSCHAFTLER[34]

etwa chinesischer oder arabischer Schriftzeichen. Auf der Plattform finden sich Datensammlungen zum syrischen Bürgerkrieg ebenso wie Berichte über Zwangsumsiedlungen in Indien oder Entführungsopfer in Mexiko.

Comiclife ist eine Stand-alone-Software, die eine Zeitlang auf Apple Powerbooks vorinstalliert war und dadurch große Verbreitung gefunden hat. Sie dient dem Zweck, Geschichten, die bereits in Fotos oder Bildern vorliegen, in Comicstrip-typische Layouts zu verpacken und mit Sprechblasentexten und Kommentaren zu versehen. Auf diese Weise lassen sich recht spielerisch kleine „Graphic Novels" erstellen. Diese sind mittlerweile auch für die „Factual Storys" des Journalismus populär, etwas in den Arbeiten des amerikanischen Zeichners und Dokumentaristen Joe Sacco, der mit dem Zeichenstift durch Tschetschenien und Palästina gereist ist, den historischen Sujets von Keiji Nakazawa, der in einem zweibändigen Werk der Opfer des Atombombenabwurfs von Hiroshima gedenkt, oder für die Darstellung von Rechercheergebnissen der Rechercheplattform *Correct!v*.

Gamification

Die amerikanische Softwareschmiede Persuasive Games hat eine Reihe von Computerspielen herausgebracht, die „Editorial Games" genannt werden, weil sie nicht so sehr dem reinen Zeitvertreib dienen, sondern über die Simulationen von realen Sachverhalten gesellschaftliche Zusammenhänge aufzeigen und Probleme thematisieren wollen. In *Airport Security* geht es um das Verbot, Flüssigkeiten in bestimmten Mengen mit in Flugzeuge zu nehmen, in *Oil God* werden die Dynamik globaler Konflikte und von Naturkatastrophen, die in Verbindung mit dem hohen Ölpreis stehen, thematisiert. Im ersten Fall nehmen die SpielerInnen die Rolle von Sicherheitspersonal ein, das mit ständig sich ändernden Sicherheitsbestimmungen in Flughäfen zurechtkommen muss. Im zweiten Fall können die SpielerInnen bürgerkriegsähnliche Zustände oder Naturkatastrophen provozieren, um den Ölpreis zu beeinflussen.

Der amerikanische Medienwissenschafler Ian Bogost hält diese Simulationen für meinungsbasierte Darstellungsformen und tauft sie „Newsgames". Auch der deutsche Multimediaspezialist und Programmierer Markus Bösch kreiert für deutsche Medien Anwendungen, die zwischen Spiel und Journalismus changieren. Für die *Heute-Show* des *ZDF* hat Bösch mit seiner Firma The Good Evil zum Beispiel den „Metadatensauger" programmiert. In der Form des alten Handyspiels *Snake* nehmen die SpielerInnen im Browserfenster die Rolle von verschiedenen Bundesministern ein und müssen mittels Pfeiltasten Daten in Form von Icons einsammeln.

Die sogenannte „Entgrenzungsdebatte" innerhalb der Journalismusforschung beschäftigt sich vor allem mit der Grenze zwischen Journalismus und Public Relations sowie zwischen Journalismus und fiktionaler Unterhaltung. Mit der „Gamification" sind vielleicht weitere Grenzen abzustecken, nämlich die zwischen Journalismus und Spiel.

Gesellschaftsrelevante Themen, die in der Form von Spielen nähergebracht werden und zur Meinungsbildung beitragen, sind dabei nur eine der Nuancen, die der Begriff „Gamification" mit sich bringt. Man darf den begrifflichen Bogen hier auch nicht zu sehr überspannen. Auch *Monopoly* thematisiert gesellschaftlich relevante Sachverhalte und kann zur Meinungsbildung über Immobilienspekulanten und das unheilvolle Wirken von Banken anregen. Deswegen ist *Monopoly* aber dennoch nicht „Journalism at Play".

Der Journalismus.online bringt aber noch eine andere Nuance des Begriffs „Gamification" ins Spiel. Wer heute multimediale Reportagen ins Netz stellen will, muss sich mit digitalen Werkzeugen auseinandersetzen, die manchmal recht schnell wieder vom Markt verschwinden. Es existieren keine Benutzerhandbücher und meistens auch sonst keine Anleitungen. Der Prozess der Herstellung professioneller journalistischer Beiträge wird damit zu einem fortwährenden „Trial and Error". „Probieren geht über Studieren" wird damit zu einer Herstellungs-Maxime, die das Spielerische am Journalismus auf eine ganz andere Ebene hebt: Die Online-JournalistInnen von heute müssen einfach auch mit den Apps und Programmen herumspielen, um zu den besten Ergebnissen zu kommen. Mag sein, dass sich in der Zukunft des immer noch sehr jungen Journalismus.online Routinen herausbilden, die zu verfestigten Arbeitsabläufen, zu professionellen Ausbildungen und einem klaren Kanon von Werkzeugen führen, um die neuen Darstellungsformen bedienen zu können. Einstweilen heißt es: „Play it again, Sam!"

Und so wie den JournalistInnen geht es auch dem journalistischen Publikum: Jede Scrollytelling-Reportage und jede Datenvisualisierung hat ihre eigenen Bedienelemente und Bedienlogik, zumal sich diese von Endgerät zu Endgerät unterscheiden können. Die LeserInnen sind darum auf gleiche Weise gefordert, mit den neuen Darstellungsmöglichkeiten herumzuspielen, sie spielerisch zu erkunden und zu entdecken. Die Unterhaltungs- und Erholungsfunktion, die journalistische Beiträge immer auch haben, wandert – jedenfalls teilweise – vom Inhalt zur Handhabung und Bedienung von Online-Reportagen und Online-Visualisierungen. JournalistInnen sind aufgefordert, das Newsgame so einfach und handhabbar wie möglich zu gestalten, da Leserverlust droht, wenn die journalistischen Anwendungen zu kompliziert geraten. Bedienkonzepte, die zu komplex sind, wirken auch schnell exklusiv und schrecken weniger computeraffine LeserInnen ab. Wer andererseits sein Publikum ans Spielen bringt und spielerisch in seine journalistischen Anwendungen hineinzieht, der kann eine äußerst treue Leserschaft gewinnen. Es gilt vielleicht jener alte Sinnspruch, den Friedrich Schiller schon vor über 200 Jahren aufgeschrieben hat: „Der Mensch ist nur Mensch, wo er spielt."

D

SELBST BLOGGEN

D1 DIE BLOGOSPHÄRE

Ein Blogger als Staatsfeind?

Im Frühjahr 2015 erhielten Markus Beckedahl und André Meister, die Köpfe hinter dem Blog *netzpolitik.org*, einen Brief vom damaligen Bundesstaatsanwalt Harald Range mit der Ankündigung, dass gegen sie wegen Landesverrats ermittelt wird.

Ein Abgrund von Landesverrat? Einen solchen Vorwurf hatte es seit der legendären *Spiegel*-Affäre in den 1960er-Jahren gegen ein publizistisches Medium nicht mehr gegeben. Der Blog *netzpolitik.org* hatte im Frühjahr 2015 zweimal Ausschnitte aus einem als vertraulich eingestuften Bericht des deutschen Verfassungsschutzes veröffentlicht. Die Verfassungsschützer wollten eine neue Einheit zur Überwachung des Internets aufbauen, um die Verbindungen von ExtremistInnen in sozialen Netzwerken wie *Facebook* zu analysieren. Der damalige Präsident des Bundesamtes für Verfassungsschutz, Hans-Georg Maaßen, erstattete daraufhin Anzeige, die Bundesanwaltschaft übernahm pflichtschuldigst. In der Folge kam es zu einer breiten Solidarisierungswelle mit den Bloggern bis hin zum Bundesjustizminister und sogar zu öffentlichen Demonstrationen zum Schutz der Presse- und Meinungsfreiheit im Internet. Am Ende wurden die Ermittlungen eingestellt, der Generalbundesanwalt wurde in den vorzeitigen Ruhestand befördert.

Der Geheimdienstchef und der Bundesanwalt unterlagen einem schweren Irrtum, was die Stellung von Blogs und BloggerInnen in der Gesellschaft angeht: Die gleichen Papiere waren nämlich auch bereits von der *Süddeutscher Zeitung* und dem *Spiegel* veröffentlicht worden, doch an die traute man sich offensichtlich nicht heran. Beim Blog *netzpolitik.org* wurde das Risiko größerer Gegenwehr wohl als gering eingeschätzt, wenn man ihn mit den Mitteln des Strafrechts schikanierte. Weit gefehlt! Blogs sind inzwischen mitten in der Informationsgesellschaft angekommen. Sie sind ein Teil des Journalismus geworden und spielen eine wichtige Rolle in der Meinungsbildung.

Aber sind Blogger überhaupt Journalisten? Als ich Markus Beckedahl bei unserem Interview danach frage, zögert er kurz und sagt dann: „Ich bin

Abb. 71: Markus Beckedahl, Gründer von netzpolitik.org.

als Aktivist gestartet, habe aber mit der Zeit festgestellt, dass mich vor allem Journalisten immer mehr als Journalist bezeichnen haben. Ich habe mir sehr vieles beigebracht durch Ausprobieren, Abgucken, Lesen und bin über die Jahre zum Journalisten geworden. Nun bezeichne ich mich nicht unbedingt immer als Journalist, weil ich mich immer noch eigentlich als Blogger fühle und auch der Meinung bin, dass gerade in Zeiten, wo Blogger ein schlechtes Image in Deutschland haben, wichtig ist, auch Role Model zu haben, dass es auch anderes geht. Das heißt, wir sagen, wir sind Blogger, die journalistisch arbeiten."

Beckedahl hat auch in dieser Frage Ärger mit den Behörden gehabt, wenn nicht sogar provoziert. Nach der Wahl des neuen Bundestags 2013 wurde ihm die Jahresakkreditierung für den Berliner Reichstag mit dem Argument verweigert, er sei ja kein Journalist, sondern Blogger. Auch die Bundespressekonferenz, die entgegen landläufiger Meinung ein privater Verein der HauptstadtjournalistInnen ist, verwehrte Beckedahl lange die Aufnahme.

Aber auch Beckedahl selbst sieht durchaus Unterschiede: „Blogger schreiben in der Regel über Themen, bei denen eine gewisse Leidenschaft dabei ist." JournalistInnen stünden häufig unter anderen ökonomischen und redaktionellen Bedingungen und müssten auch über Themen schreiben, „wo sie nicht so viel Lust zu haben". Andererseits seien viele Journalisten, die einmal als Blogger gestartet sind, heute gerade für die Innovationen in den traditionellen Verlagen zuständig. „Wir machen Journalismus mit Haltung", bringt Beckedahl die Position von *netzpolitik.org* auf den Punkt.

Netzpolitik.org

Die Büros von *netzpolitik.org* liegen in Berlin-Mitte, standesgerecht im Altbau-Hinterhof. Der Blog wurde 2002 von Markus Beckedahl gegründet und versteht sich als Plattform „für digitale Freiheitsrechte". Fünf RedakteurInnen arbeiten für den Blog als eine Mischung aus Nichtregierungsorganisation und Medium. Die Redaktion finanziert sich über Spenden, Werbung und Einnahmen der angeschlossenen Agentur Newthinking sowie durch Workshops der RedakteurInnen. Markus Beckedahl, der Gründer von *netzpolitik.org*, hat zusammen mit den Bloggern von *Spreeblick* 2007 die Konferenz „Re:Publica"ins Leben gerufen, die als deutsches Blogger-Meeting gilt. *Netzpolitik.org* hat viele Auszeichnungen erhalten, unter anderem den „Freedom Blog Award" von Reporter ohne Grenzen, den „Lead Award" als „bester Weblog des Jahres" und den „Alternativen Medienpreis".

» **Online-Chef:** Markus Beckedahl
» **Sitz:** Berlin
» **Zahl der Online-RedakteurInnen:** 5
» **Social-Media-RedakteurInnen:** 1 (Beckedahl liest alle Kommentare selbst)
» **Unique User** (eigene Angaben): 1,2 Mio.
» **User-Zahl durchschnittlicher Beitrag:** k.a.
» **User-Zahl reichweitenstärkster Beitrag:** 150.000
» **Online-CMS:** Wordpress
» **Stärkste Ressorts:** Netzpolitik, Datenschutz und Geheimdienste
» **LeserInnen-Beteiligung:** offener Kommentarbereich
» **Nutzerdatenanalyse:** Wordpress-Statistik (kein Tracking, transparente Datenschutzregeln mit Einspruchsmöglichkeit)

Geschichte und Typologie der Blogosphäre

Blog

Das Wort „Blog" ist eigentlich die Abkürzung für „Weblog", also Web-Tagebuch. Ein Blog ist ein Typ von Webseite, die meist von einer Person (den „BloggerInnen"), seltener von einer Gruppe (Gruppen-Blog) geführt wird. Die Einträge werden als „Posts" oder „Postings" bezeichnet und sind häufig chronologisch abwärts sortiert. Ein Blog ist heute aber auch eine Technologie, um Webauftritte anzulegen und zu verwalten (Blogsoftware).

Das erste Weblog wurde 1992 mit der Erfindung des WWW von Tim Berners-Lee angelegt. Auf seiner Webseite veröffentlichte Berners-Lee technische Neuigkeiten über seinen W3-Browser. Das erste Newsblog wurde im April 1997 veröffentlicht. Der Software-Entwickler Dave Winer, Erfinder des RSS-Feeds, stellte seine Webseite *Scripting News* ins Netz (scripting.com). Auf diesem Blog reflektiert Winer über eine große Bandbreite an Themen. *Scripting News* gibt es bis heute – es handelt sich somit um den am längsten bestehenden Blog.

Der Begriff „Weblog" wurde vom Programmierer John Barger im Jahr 1997 eingeführt, die Abkürzung „Blog" tauchte erstmals 1999 beim Webdesigner Peter Merholz auf. Weitere Verbreitung fanden Blogs, nachdem Software-Firmen neben der nötigen Blogsoftware auch das Hosting anboten, also Serverkapazität für die Blogwebseiten zur Verfügung stellten. Ein früher solcher Dienst war Xanga, der bereits 1998 in einer Alpha-Version startete. Populärer wurde das Bloggen, als die US-amerikanische Firma Pyra Labs 1999 ihren kostenlosen Bloggingdienst blogger.com startete, der später von Google übernommen wurde.

Über die ursprüngliche Funktion von Weblogs sind sich Forschung und BloggerInnen nicht ganz einig. Während die Informationswissenschaftlerin Susan Herring argumentiert, dass Blogs mehrheitlich die Funktion von Tagebüchern erfüllten und daher der jahrhundertealten Tradition handgeschriebener Tagebücher abstammten (engl. journal-style-blogs), sieht beispielsweise die Blog-Pionierin Rebecca Blood Weblogs vor allem durch ihre Funktion als Informationsfilter definiert (engl. filter-style-blogs). Entsprechend hätten sich Blogs direkt aus den Linklisten der 1990er-Jahre, den sogenannten „Hotlists", entwickelt.

Für Dave Winer zählen Blogs eher zum „Journal-Style". Sie sind ihm zufolge dadurch gekennzeichnet, dass aus ihnen eine unredigierte Stimme (engl. unedited voice) spreche. Mit der Kategorie der Stimme weist er darauf hin, dass Blogeinträge als digitale Weiterentwicklung eher der oralen als der literalen Kommunikation gelten könnten. Sie wären dann weniger eine Form des kreativen Schreibens als aufgezeichnete Unterhaltungen. „Durch Bloggen", schreibt der niederländische Netztheoretiker Geert Lovink, „gehen Neuigkeiten vom Vortrag in die Konversation über. Blogs geben Gerüchte und Klatsch, Unterhaltungen in Cafés, Bars, auf Plätzen und in Korridoren wieder."[35] Für diese These spricht auch, dass die Sprache der Blogs offenbar Lizenzen für einen nicht regelkonformen Gebrauch besitzt, also Rechtschreibfehler, Satzabbrüche, emphatische Ausdrücke und der Einsatz von Emoticons, die in Blogs geduldet oder sogar erwartet werden, nicht so sehr der sanktionierten Ebene der Schriftsprache, als der anarchischeren Ebene der oralen Sprache zugehören.

Die Schattenseite der Blogs als Ausdruck technolibertären Individualismus' ist ihre mögliche Auswertung als Medium des „quantified self". Hierunter versteht man die Erhebung und Analyse diverser umwelt- und personenbezogener Daten zum Beispiel aus dem gesundheitlichen oder sportlichen Bereich mit allen damit zusammenhängenden datenschutzrechtlichen Problemen.

Dave Winers Blogdefinition drückt eine „besonders urwüchsige, heroische Form des westlichen Individualismus" aus (Lovink). Sie steht damit in der Tradition der europäischen Romantik mit all ihren Ansprüchen an Authentizität und „Originalgenie". Jorn Barber mit seinem Blog *Robot Wisdom*, Raphael Carter mit dem *Honeyguide Weblog*, Avram Grumer mit dem *Pigs & Fishes Weblog*, John Wilson mit dem *The Untitled Weblog*, William Humphries mit dem *Whump Web Log*, Laurel Kran mit dem *Windowseat Weblog* sowie Steve Bogart mit *nowthis.com/log* verstanden sich schon Ende der 1990-Jahre als Teil einer Community, deren Gemeinsamkeit in der Art der Webkommunikation bestand. Brad L. Graham fand dafür in seinem Blog *Bradland* den Ausdruck „Blogosphäre".

Dass die Blogosphäre nicht mehr nur eine publizistische Nische besetzte, sondern eine ernstzunehmende mediale Macht darstellte, musste

Warblogs

Es gibt Stimmen, die eher die sogenannten „Warblogs" (engl. war = Krieg) am Anfang der Blogosphäre sehen. Im Jahr 2003 wurden unter Warblogs solche Weblogs verstanden, die sich vornehmlich mit der bevorstehenden Invasion der USA in den Irak beschäftigten. Waren diese ersten Kriegsblogs zuerst noch politisch konservativ und sprachen sich mehrheitlich für den Krieg aus, so fanden sich nach dem US-Einmarsch im Irak Blogs mit Augenzeugenberichten vom Kriegsgeschehen wie der des Irakers Salam Pax oder des Journalisten Kevin Sites, die in etablierten Medien wegen ihres ungeschminkten Blicks viel Beachtung fanden. Daneben tauchten auch Blogs auf, die von Soldaten selbst bestückt wurden, die sogenannten Mil(itary) Blogs. Während der Arabellion in Nordafrika waren es häufig Blogs und Microbloggingsysteme, die zuerst Informationen über das Geschehen vermittelten und über die auch die Oppositionellen selbst miteinander kommunizierten.

Dan Rather, Journalist des CBS-Nachrichtenmagazins *60 Minutes*, bereits im September 2004 erfahren. Rather hatte seinem Fernsehpublikum nicht-authentifizierte Dokumente vorgelegt, die beweisen sollten, dass sich US-Präsident George W. Bush während seiner Zeit bei der Nationalgarde einem Befehl entzogen habe. Nach der Ausstrahlung wurden im Netz und speziell in Blogs begründete Zweifel an der Authentizität der Dokumente laut. In der Folge musste Dan Rather, einer der bekanntesten Nachrichtenmoderatoren der USA, seinen Hut nehmen. Die Affäre wurde auch als „Rathergate" bezeichnet und diente als Beleg dafür, dass kritische BloggerInnen die Gatekeeper-Funktion von professionellen JournalistInnen übernehmen können.

Der Einfluss von Blogs zeigt sich auch im kommerziellen Bereich. Erfolgreiche BloggerInnen im Beauty-, Reise- oder Food-Bereich können ein stattliches Auskommen erzielen, da sie u.a. als „Influencer" heftig umworben werden. Eine ganze Industrie hat sich mittlerweile um diese Szene herum entwickelt, das sogenannte „Influencer-Marketing".

Was sich in westlichen Ländern versilbern lässt – nämlich der Einfluss auf die Leserschaft via Blog – kann in despotischen Staaten heftige Repressionen auslösen: In China landete der Blogger Charles Xues für ein Jahr im Gefängnis, weil er gegenüber seinen über 12 Millionen Followern beim chinesischen Microbloggingdienst *Weibo* die Freiheit des Wortes pflegte. Noch viel härter wurde dem saudi-arabischen Blogger Raif Badawi mitgespielt: Weil er in seinem Blog die saudische Religionspolizei kritisiert hatte, wurde er zu 10 Jahren Haft und zusätzlich 1.000 Peitschenhieben verurteilt.

LINK

Auf dieser Webseite kann man sich für die Freilassung des saudischen Bloggers Raif Badawi einsetzen: http://www.raifbadawi.org/.

In Deutschland starteten die frühesten Blogs Anfang der 2000er-Jahre. Auffällig ist, dass die Blogs, die sich bis heute auf den hohen Platzierungen der deutschen Blogcharts halten, häufig zu den ganz frühen Vertretern der Blogosphäre zählen. Der Berliner Blog *Spreeblick* wurde 2002 gegründet, *Basicthinking* 2003, der *Law Blog* ebenfalls 2003, der *Bildblog* 2004 oder *Indiskretion Ehrensache* 2005. Einige der frühen BloggerInnen haben es verstanden, sich auch außerhalb der Blogosphäre einen Namen zu machen, so Stefan Niggemeyer, der Gründer des *Bildblog*, als Medienjournalist, oder Katrin Bauerfeind von *Ehrensenf* (ein Anagram des Worts Fernsehen) als TV-Moderatorin.

Die Blogosphäre entstand ziemlich genau in der Zeit, in der auch der Ausdruck „Web 2.0“ für eine neue Art der Internetnutzung aufkam.

Web 2.0

Mit Web 2.0 ist eine Webnutzung gemeint, bei der die kollaborativen Elemente stark betont werden. Das Internet soll sich damit von einem „Lean-back“-Medium zu einem „Lean-forward“-Medium verwandeln. Entsprechend ändert sich die Rolle der NutzerInnen von der passiven RezipientIn zum aktiveren „Produser“ oder „Prosument“. Erstmals erwähnt wurde der Ausdruck im Dezember 2003 in einem Artikel von Eric Knorr, dem Chefredakteur des Magazin *Infoworld*.

LESEN

Popularisiert wurde der Terminus „Web 2.0“ durch den Aufsatz *What is Web 2.0* des amerikanischen Computerverlegers Tim O’Reilly.

„One of the most highly touted features of the Web 2.0 era is the rise of blogging.“

TIM O'REILLY, VERLEGER VON COMPUTERLITERATUR

Der Begriff „Web 2.0" ist selbst ein bisschen in die Jahre gekommen, nachdem bereits die Industrie 4.0 ausgerufen wurde. Heute wird eher von Social Media gesprochen, wenn die partizipativen Momente der Internetkommunikation betont werden sollen. Entscheidend ist, dass hier eine Tendenz des Internets beschrieben wird, die dem ursprünglichen Ideal Tim Berners-Lees bei der Erfindung des WWW sehr nahekommt: Das Produzieren von Websites soll genau so einfach sein wie das Konsumieren bzw. Rezipieren. Was die Blogosphäre leistet, ist eine symmetrische Kommunikation, bei der auf jedes Kommunikat mit einem weiteren Kommunikat reagiert werden kann, sei es als Kommentar innerhalb eines Blogs oder mit einem Posting im eigenen Blog, das auf das erste Kommunikat verlinkt. Damit wird die Online-Kommunikation gleichzeitig stark dynamisiert: Herrschten in den Anfangsjahren des WWW statische Webseiten vor, die gelegentlich aktualisiert wurden, ist das Web mit der Blogosphäre in den Zustand der permanenten Beta-Version („permanent beta") geraten. Jeder Online-Text und mit Abstrichen auch jedes Online-Video ist nur eine vorläufige Version, in die jederzeit per Update wieder eingegriffen werden kann. Gerade in der Blogosphäre hat sich etabliert, diese Eingriffe explizit kenntlich zu machen, indem Vorgängerversionen durchgestrichen stehen bleiben. Entsprechend hat sich auch die Websoftware geändert, weg von HTML-Editoren, die spezifische Computerkenntnisse verlangen, hin zu benutzerfreundlichen Content-Management-Systemen oder gar in der Konsequenz zu Microblogging-Systemen wie *Facebook* und *Twitter*, die die Selbstpublikation noch radikaler vereinfachen und darum die Partizipationsmöglichkeiten im Web erhöht haben.

Grundsätzlich lassen sich zwei Typen von Blogs unterscheiden:

» *Software as a service-Typ:* Die Blog-Software wird von einem (kommerziellen) Anbieter betrieben und beliebig vielen NutzerInnen nach Registrierung zur Verfügung gestellt;
» *Server-Typ:* Die Blog-Software wird auf einem eigenen Webspace oder Server betrieben.

Blogdomain

Eine eigene Domain und damit auch eine eigene aussagekräftige URL haben in der Regel nur diejenigen BloggerInnen, die ihren Blog auf eigenem Server betreiben. Wer seinen Blog auf einem Blogdienst wie Blogger.com, Blogg.de, Twoday.net oder Wordpress.com betreibt, hat in der Regel eine Internetadresse als Unterverzeichnis des Betreibers (z.B. www.wordpress.com/meinblog). Die Sichtbarkeit des eigenen Blogs wird stark erhöht (auch gegenüber Suchmaschinen), wenn man eine eigene Domain in der Form www.meinblog.de besitzt.

Gerade die Mitwirkungsmöglichkeiten der Social-Media-Plattformen haben die Blogosphäre eher noch professionalisiert. In dem Maße, in dem private Mitteilungen heute vermehrt bei *Facebook* & Co. kundgetan werden, übernehmen Blogs Funktionen, die der etablierten professionellen Kommunikation nahekommen. Redaktionen, Firmen und auch Industrieunternehmen unterhalten heute Blogs. Wie der Würzburger Journalismusforscher Lutz Frühbrodt in einer Studie für die Otto-Brenner-Stiftung dargestellt hat, sind Blogs heute auch für DAX-Unternehmen ein wichtiges Vehikel für das Content-Marketing.

Entsprechend sind Journal- oder Diary-style-Blogs eher auf dem Rückzug. Die Blogosphäre hat sich mit der Professionalisierung inhaltlich ausdifferenziert und diversifiziert.

Laut einer Umfrage des Datenportals Statista vom Dezember 2016 nutzen 42 Prozent der Deutschen wenigstens ab und zu, wenn nicht sogar regelmäßig Blogs. 3,94 Mio. Deutsche betreiben nach Angaben der Allensbach Computer- und Technikanalyse (ACTA 2016) einen eigenen Blog oder eine eigene Homepage. Blogs sind also nach wie vor ein sehr lebendiges Medium und gleichzeitig die einfachste und günstigste Art, das eigene journalistische Projekt im Netz zu veröffentlichen.

Abb. 72: Typen von Blogs	
Fachblogs	Blogs, die sich einem bestimmten inhaltlichen Thema widmen (insbesondere alle IT- und Computerblogs). **Beispiele:** allfacebook.de, searchengineland.com
Politblogs	Blogs, die sich politischen und gesellschaftlichen Themen widmen. **Beispiele:** abgeordnetenwatch.de, sprengsatz.de, blog-der-republik.de, telepolis.de
Watchblogs	Blogs, die Institutionen (insbesondere Medien) fokussieren. **Beispiele:** bildblog.de, carta.info, uebermedien.de
Foodblogs	Blogs, in denen es um Ernährung und Genuss geht. **Beispiele:** baketotheroots.de, mangoldrausch.de, geschmacksmomente.com
Reiseblogs	Blogs über Reise und Tourismus. **Beispiele:** reisedepeschen.de, travelontoast.de, rapunzel-will-raus.ch
Warblogs	Blogs, die aus Kriegsgebieten berichten (für manche die Wurzel der Blogosphäre). **Beispiele:** blogsofwar.com, afghanlord.org
Fotoblogs	Blogs, auf denen FotografInnen ihre Arbeiten vorstellen. **Beispiele:** blickgewinkelt.de, kwerfeldein.de, fotopresso.com
Podcastblogs	Blogs, die vor allem Audios zu bestimmten Themen zur Verfügung stellen. **Beispiele:** wasmitreisen.de, podcast-helden.de
Beautyblogs	Blogs, die sich mit Mode und Kosmetika beschäftigen (neben Food- und Reiseblogs am meisten im Focus des Influencer-Marketings). **Beispiele:** tensia.de, innenaussen.com
Hausblogs	Blogs, die die Innenperspektive von Unternehmen, (insbesondere von Medienhäusern und Redaktionen) widerspiegeln sollen. **Beispiele:** spiegel.de/thema/spiegelblog, blogs.taz.de/hausblog, blog.tagesschau.de
Corporate Blogs	Blogs, auf denen Unternehmen Content-Marketing betreiben. **Beispiele:** blog.daimler.de, ritter-sport.de/blog, blog.sap.com

D2 DIE EIGENEN INHALTE VERWALTEN

Content-Management-Systeme

Content-Management-Systeme

Content-Management-Systeme (CMS) sind Computerprogramme zur Erstellung, Verwaltung, Publikation und Archivierung von Medieninhalten aller Art. Vor allem im Web Publishing spielen sie eine wesentliche Rolle. Aber auch bei der Erstellung von Inhalten für analoge Ausgabeformen (Print) sind sie aus der digitalen Vorstufe nicht mehr wegzudenken. Zur Unterscheidung spricht man darum auch von WCMS (Web-Content-Management-Systemen). Wo digitale und analoge Ausspielformen gleichzeitig bedient werden, können die unterschiedlichen CMS auch im Enterprise-Content-Management zusammengefasst sein.

Content-Management-Systeme sind aus den Redaktionssystemen hervorgegangen, mit denen die Printpresse und die Nachrichtenagenturen schon seit den 1970er-Jahren ihre publizistischen Inhalte neu organisierten. Sie sind heute als Stand-alone-Programme auf Einzelplatzrechnern oder webbasiert verfügbar. Webbasierte CMS haben den Vorteil, dass man schon in der Umgebung produziert, für die die Inhalte bestimmt sind. Grundsätzlich muss ein CMS folgende Leistungen erbringen:

» *Status:* Die Position des einzelnen Beitrags im Workflow muss jederzeit eindeutig erkennbar sein (neu/in Bearbeitung/veröffentlicht/überarbeitet).
» *Varianten:* Verschiedene Versionen eines Beitrags müssen klar unterscheidbar sein, auch bei mehreren BearbeiterInnen.
» *Statistik:* Die wichtigen Kennzahlen sollten möglichst direkt ablesbar sein.

» *Metainformationen:* Paratextuelle Hinweise (Autor, Titel, Textsorte, Ressort, Thema usw.) sollten über Tags identifizerbar sein.
» *Skalierbarkeit:* Das CMS sollte um neue Funktionen erweiterbar sein und es sollte die Möglichkeit der Einbindung externer Datenquellen bestehen.
» *Archivierung:* Beiträge sollten zeitlich begrenzt publizierbar sein oder nach einem definierten Zeitpunkt ins Archiv überstellt werden (Content-Life-Cycle-Management).
» *Depublikation:* Beiträge müssen gelöscht werden können.

Wichtig ist bei CMS auch die Rollenverteiligung. MitarbeiterInnen haben unterschiedliche Rollen im Arbeitsablauf und darum auch unterschiedliche Schreib- und Leserechte.

Abb. 73: Rechteverwaltung in Cotent-Management-Systemen

AutorIn	darf alle Beiträge lesen und eigene Beiträge editieren
RedakteurIn	darf alle Beiträge lesen, editieren und publizieren
AdministratorIn	darf alles und hat außerdem Systemzugriff (darf also zum Beispiel selbst Rollen vergeben)

Technisch gesehen basieren CMS in der Regel auf einer Datenbank, in der die Inhalte verwaltet werden, und einem Frontend, also der Benutzeroberfläche für die AutorInnen und RedakteurInnen des Systems. Die Datenbank verwendet meist die Datenbanksprache SQL (Structured Query Language) oder deren Weiterentwicklung MYSQL. Dynamische CMS produzieren bei jedem Abruf die angeforderten Dokumente neu, während statische CMS auf bereits fertige Dateien im Dateisystem zugreifen, was Vorteile bei der Abrufgeschwindigkeit haben kann.

Etablierte Medienhäuser greifen häufig auf kommerzielle CMS zurück, weil sie damit auch einen Ansprechpartner haben, der für die nötige Wartung und Skalierbarkeit sorgen kann. In deutschen Verlagen häufig eingesetzte CMS heißen Polopoly, Redfact oder Intered Online.

BloggerInnen oder reine Web-Redaktionen verwenden dagegen häufiger freie Software. Solche Open Source CMS sind Wordpress, Joomla, Typo3 oder Drupal. Unangefochtener Spitzenreiter ist dabei Wordpress:

Nach einer Erhebung des Marktforschers W3Techs wurden im Dezember 2018 über 30% aller Webauftritte, deren CMS ersichtlich ist, mit diesem System gestaltet. Das nächstfolgende System, Joomla, kommt nur auf etwa 3% Marktanteil. Wordpress hat sich damit von einer reinen Bloggersoftware zum beherrschenden Content-Management-System entwickelt. Grund genug, es sich genauer anzusehen.

Wordpress

Wordpress

Allein auf der Plattform wordpress.com (also ohne alle auf eigenen Servern installierten Wordpress-Versionen) werden monatlich über 84 Mio. frische Posts und über 41 Mio. neue Kommentare veröffentlicht. Über 400 Mio. Menschen rufen jeden Monat mehr als 23 Milliarden Wordpress-Seiten auf. Die mit Abstand beliebteste Sprache für Wordpress-Blogs ist Englisch (71%), gefolgt von Spanisch (4,7%), Indonesisch (2,4%) und Portugiesisch (2,3%). 1,2% aller Wordpress-Blogs sind auf Deutsch.

Wordpress startete als reines Weblogsystem bereits um 2001/2002 unter der Bezeichnung B2/Cafelog. Nachdem der ursprüngliche Programmierer, Michel Valdrighi, die Entwicklung eingestellt hatte, übernahm Matthew Mullenweg 2003 die Weiterentwicklung. 2004 erschien die erste stabile Version unter dem Namen Wordpress. Seit Version 1.0.1 sind jeweils die Hauptversionen nach bekannten JazzmusikerInnen benannt. Mit Version 1.5 („Strayhorn") erfolgte eine weitreichende Änderung: Seitdem können in Wordpress auch statische Seiten angelegt werden – also solche, in denen die Beiträge nicht konsequent umgekehrt chronologisch untereinander gereiht sind. Denn auf diese Weise kann das webbasierte Programm als vollständiges CMS dienen, mit dem einzeln aufeinander verweisende HTML-Seiten angelegt werden können. Darüber hinaus lässt sich Wordpress als Multi-User-Umgebung nutzen, das heißt mehrere Webauftritte oder Blogs lassen sich unter einer Adresse verwalten. Unter der Domain wordpress.com bieten die Entwickler mit ihrer Firma Automattic auch selbst eine Multi-User-Umgebung an, mit der sie heute Millionen von Blogs hosten. Mit der Multisite-Option lassen sich auch unterschiedliche Versionen desselben Webauftritts, zum Beispiel in verschiedenen Sprachen, realisieren. Nicht nur private Blogger nutzen die Software und die Dienste von Wordpress: Die *Chicago Sun* und die Walt Disney Company, *The New Yorker* und Mercedes Benz, Sony Music und die *BBC* gestalten ihre Webauftritte damit.

Wordpress-Blog selbst aufsetzen

Es gibt grundsätzlich zwei verschiedene Wege, einen Wordpress-Blog zu starten. Der bequemere Weg ist, auf der Seite wordpress.com einen Blog einzurichten. Das ist in der absoluten Basisversion kostenlos und sehr einfach. Durch die Installation wird man in vier simplen Schritten geführt, und dann kann es eigentlich direkt losgehen.

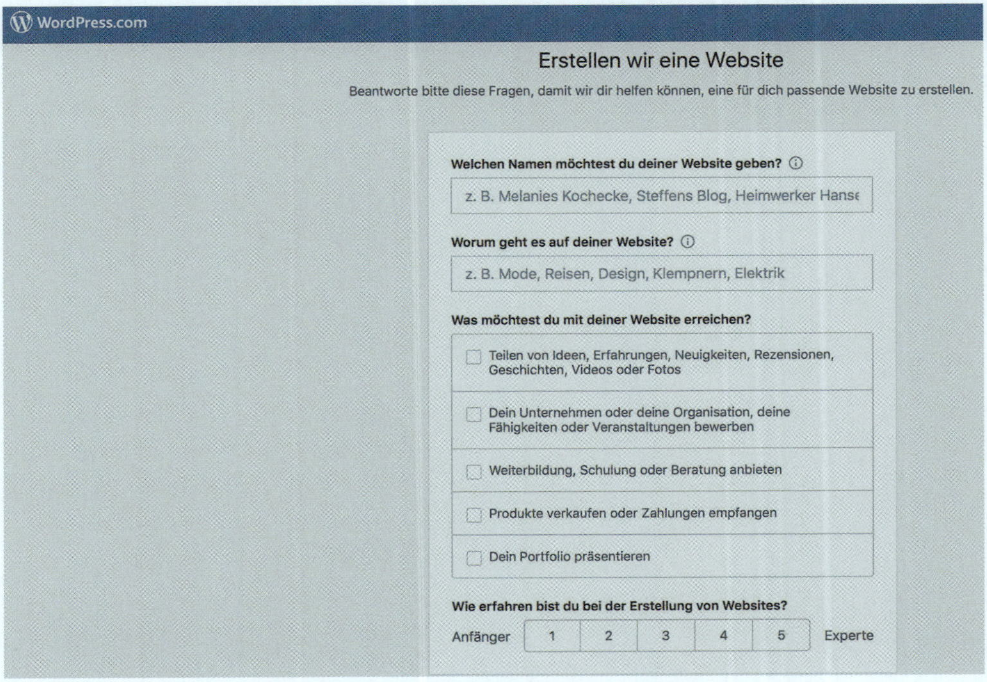

Abb. 74: Auf wordpress.com in vier Schritten einen Blog starten.

Die kostenlose Version ist allerdings in ihrer Funktionalität sehr eingeschränkt. Am gravierendsten ist dabei wohl der Umstand, dass die Internetadresse des Blogs nur eine Subdomain von Wordpress.com ist, das heißt die Form hat: meinblog.wordpress.com. Außerdem kann nicht auf die ganze Vielfalt von Layoutvorlagen und Erweiterungen (Plug-ins) zurückgegriffen werden. Schließlich behält sich Wordpress vor, auf solchen kostenlosen Blogs eigene Werbung zu schalten. Gegen Gebühr lassen sich diese Hindernisse ausräumen.

Abb. 75: Wordpress-Bezahlmodelle

Free	0 €	Subdomain mit eingeschränktem Funktionsumfang
Persönlich	2,99 €/mtl.	individueller Domainname, keine Werbung, E-Mail-Funktion
Premium	8,25 €/mtl.	eigene Designs, selbst Werbung schalten
Business	24,92 €/mtl.	Premium-Vorlagen, Google Analytics-Unterstützung, kein Wordpress-Branding

Es ist etwas komplizierter, aber auch professioneller, einen Wordpress-Blog unter einer eigenen Domain zu hosten. Wordpress ist eine Open-Source-Software und kann auf der Seite wordpress.org in verschiedenen Sprachen, unter anderem in Deutsch, heruntergeladen werden.

LINK

Download-Link für die deutsprachige Version der wordpress-Software: https://de.wordpress.org/latest-de_DE.zip.

Zu den Vorteilen der eigenen Domain gehört – neben der deutlich besseren Sichtbarkeit im Netz, dass die eigenen publizistischen Inhalte auch auf dem eigenen Server liegen, also der direkte Zugriff nahezu jederzeit garantiert ist. Selbst große Internetanbieter haben schon komplette Dienste von einem Tag auf den anderen eingestellt, sind selbst eingestellt worden oder vom Markt verschwunden. Im Falle eines journalistischen Blogs sind die Inhalte aber das Kapital der BetreiberInnen. Bloghoster wie wordpress.com oder blogger.com verdienen an diesen Inhalten. Es handelt sich hier um den Inbegriff von Plattformkapitalismus, bei dem nur der Betreiber der

„One of the fundamental economic characteristics of Web 2.0 is the distribution of production into the hands of the many and the concentration of the economic rewards into the hands of the few.“

NICHOLAS CARR, NETZKRITIKER[36]

Plattform wirtschaftlich profitiert, während bei den eigentlichen Inhalte-ProduzentInnen außer den Spesen nicht viel gewesen ist.

Der Netzkritiker Nicholas Carr nennt diese Wirtschaftsweise in seinem gleichnamigen Blogartikel *Digital Sharecropping*.

Das „Sharecropping" war eine Art und Weise, nach dem amerikanischen Bürgerkrieg die landwirtschaftliche Nutzfläche neu zu bestellen. Großgrundbesitzer stellten landlosen Farmern Flächen zur Verfügung und wurden dafür in Naturalien bezahlt. Das Problem dabei war, dass der Großgrundbesitzer der Landeigentümer blieb und die Konditionen einseitig und willkürlich ändern konnte. Laut Carr verhält es sich in der digitalen Ökonomie ähnlich: Die Produktion digitaler Güter (zum Beispiel journalistische Artikel) ist in die Hände von vielen gelegt, die wirtschaftlichen Chancen sind aber auf wenige konzentriert.

Um einen Blog unter eigener Domain zu starten, braucht man:

» Webspace, also digitalen Speicherplatz auf der Festplatte eines Serverbetreibers (zum Beispiel 1und1, Strato, Allinkl, Jimdo, Wix, Contabo),
» einen FTP-Zugang und ein entsprechendes FTP-Progamm, zum Beispiel Filezilla (für Windows und Macos). Der Zugang lässt sich normalerweise auf der Verwaltungsseite des Webspaces einrichten,
» eine MSQL-Datenbank, die man sich in der Regel ebenfalls auf der Verwaltungsebene des Webspaces selbst einrichten kann (diese Datenbank hat eine Kennung und ein Passwort, die bei der Wordpress-Installation benötigt werden) und
» eine Internetdomain, die man in der Regel bei der Buchung von Webspace direkt mitordern kann.

Checkliste: Domain-Name

Ein guter Name, sprich: eine gute Internet-Domainadresse, kann ausschlaggebend für den Erfolg eines Webauftritts sein. Darum hier einige Tipps für gute Domain-Namen:

- ☐ Die Domain sollte so heißen wie der Blog, das Magazin oder die Marke selbst. Bei gänzlich neuen publizistischen Einheiten sollte man also direkt darauf achten, dem eigenen Auftritt einen Namen zu geben, dessen Domain noch frei ist (kann man unter denic.de prüfen). Bei bereits vorhandenen Markennamen bestehen unter Umständen Markenrechte gegenüber anderen Domaininhabern.
- ☐ Je kürzer eine Domain, desto besser. Sportnews.de ist besser als sportnews-online.de. Schlecht sind Domains, die tief in die Ordnerstruktur des Servers verweisen wie www.spassikofski-online.de/24/texte/meinblog.htm.
- ☐ Bei persönlichen journalistischen Blogs kann der eigene Name ein guter Domainname sein, wenn er zur Marke ausgebaut werden soll oder gar schon als Marke etabliert ist. So hat der Blogger Stefan Niggemeier viele Jahre erfolgreich unter stefan-niggemeier.de gebloggt.
- ☐ Die Top-Level-Domains .de und .com sind wie die Toplagen in Fußgängerzonen. Die Adressen mit Endung .com sind die mit Abstand häufigsten im Internet überhaupt, gefolgt von den

Länderendungen .cn (China) und .de (Deutschland). NutzerInnen haben darum die berechtigte Erwartung, typische Adressen mit diesen Kürzeln zu finden. Stattdessen auf ungebräuchliche Endungen wie .cc oder als unseriös geltende wie .to auszuweichen, ist wenig sinnvoll, wenn man ein größeres Publikum erreichen will. Ausnahmen können sinnvolle Kombinationen sein, etwa wenn ein TV-Sender sich die Endung .tv zulegt (eigentlich die Länderendung der Pazifikinsel Tuvalu) oder wenn eine erfolgreiche Veranstaltungsreihe sich „internetwoche.koeln" nennt.

☐ Es kann sinnvoll sein, auch Varianten des Wunsch-Domainnamens zu registrieren, zum Beispiel um typische Vertipper von LeserInnen mit abzudecken. Der Domaininhaber von medien-rhetorik.de sollte also eventuell auch medienrhetorik.de (ohne Bindestrich) oder medien-rhetorik.com anmelden.

Sind all diese Vorausetzungen erfüllt und ist die Software heruntergeladen, kann es ganz schnell gehen. Ob es wirklich fünf Minuten sind, wie Wordpress im Eigenmarketing behauptet, sei dahingestellt.

Das Softwarepaket muss erst entpackt werden. Im entpackten Ordner gibt es eine Datei namens „wp-config-sample.php". Diese Datei muss man mit einem einfachen Texteditor wie Wordpad oder Textedit öffnen (nicht mit MS-Word!). Dann ändere man in dieser Datei die entsprechenden Einträge wie folgt:

» define(‚DB_NAME', ‚database_name_here');
  Hier ersetze man „database_name_here" mit dem Namen der eben erstellten Datenbank.
» define(‚DB_USER', ‚username_here');
  Hier kommt statt „username_here" die Kennung der Datenbank hin.
» define(‚DB_PASSWORD', ‚password_here');
  Statt „password_here" das Passwort der Datenbank.
» define(‚DB_HOST', ‚localhost');
  Das lässt man normalerweise einfach so stehen.

Anschließend muss noch ein Sicherheitsschlüssel generiert werden. Das geht unter der Internetadresse „https://api.wordpress.org/secret-key/1.1/salt/". Die lange Zeichenkette, die man daraufhin im Browser erhält,

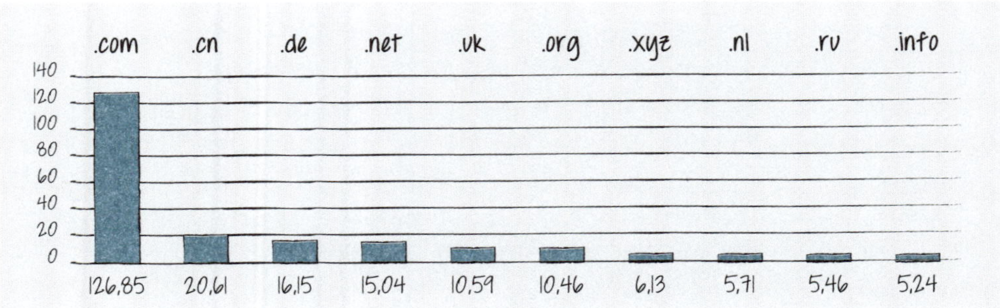

Abb. 76: Anzahl der Top-Level-Domains weltweit 2017 (in Mio.).

kopiert man und setzt sie ebenfalls an die entsprechende Stelle in der immer noch geöffneten config-Datei. Anschließend speichert man die gerade bearbeitete Datei unter dem neuen Namen „wp-config.php". Jetzt lädt man den gesamten Ordnerinhalt des Wordpress-Installationspakets auf den FTP-Server der eigenen Domain. Der Großteil der Installation ist damit erledigt!

Wenn alles gut gegangen ist, lässt sich jetzt bereits im Internetbrowser die Adresse www.meinblog.de/wp-admin/install.php öffnen. Ab jetzt muss man nur noch den Anweisungen im Browser folgen: Also den Namen des Blogs, eine E-Mail-Adresse sowie ein Passwort eingeben und im Regelfall ein Häkchen bei der Abfrage „Ich möchte, dass mein Blog in Suchmaschinen wie Google erscheint" machen. Jetzt noch den Button „Wordpress installieren" klicken, und dann sollte der eigene Blog in wenigen Augenblicken fertig sein.

Viele Hosting-Firmen bieten auch One-Klick-Installationen von Wordpress an. In diesem Fall kann man sich all die Einrichtungsroutinen sparen und beginnt direkt mit der Eingabe des Blognamens.

Den Blog gestalten

Die Bedienung von Wordpress erfolgt komplett webbasiert, das heißt innerhalb des Internetbrowsers. Die Schaltzentrale ist das sogenannte „Dashboard", also das Armaturenbrett.

Über die Menüspalte auf der linken Seite erreicht man die wesentlichen Funktionen des CMS. Hier kann man das Design des Blogs ändern, die

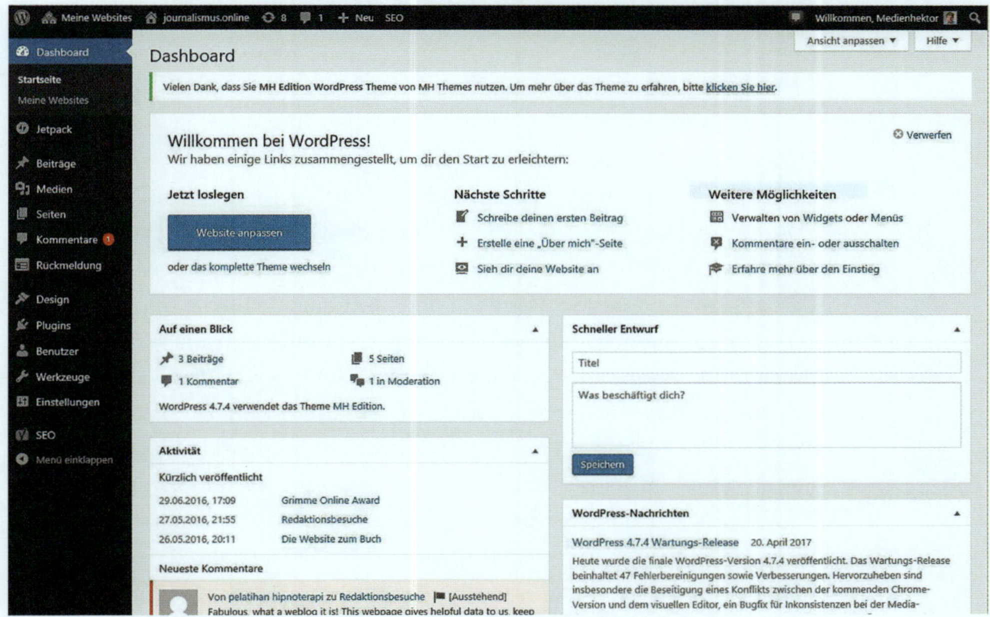

Abb. 77: Das Dashboard, die Schaltzentrale von Wordpress.

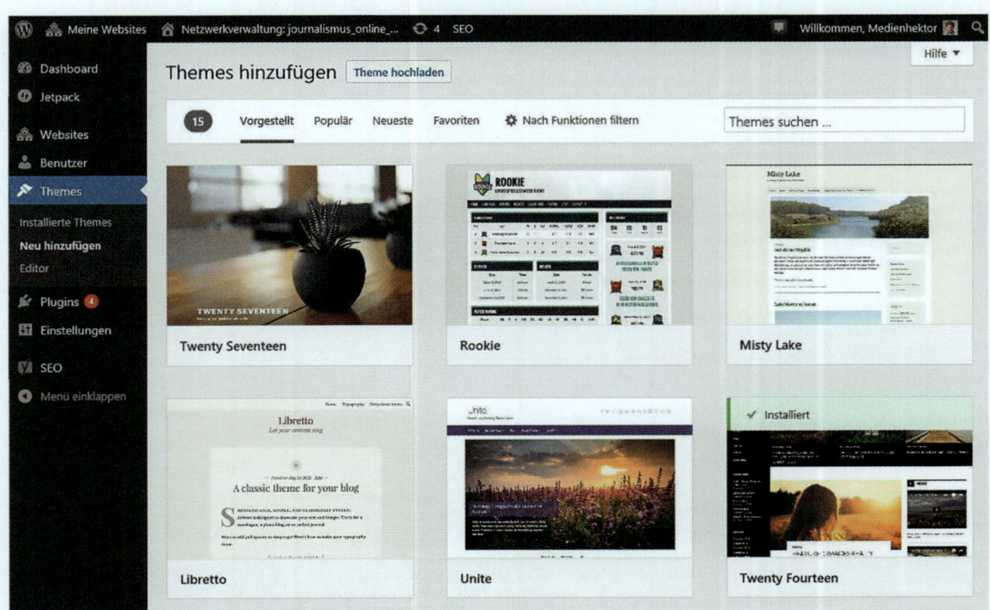

Abb. 78: Die Zahl der Themes bei Wordpress ist unüberschaubar.

verschiedenen Medienhalte (also Fotos, Dokumente, Videos) verwalten, Kommentare freigeben und beantworten und den Funktionsumfang des CMS durch Plug-ins und Widgets, also kleine Zusatzprogramme, erweitern.

Design und Themes

Bei einem neuen Blog wird der erste Schritt sein, unter dem Menüpunkt „Design" ein sogenanntes „Theme", also eine Layoutvorlage, auszuwählen. Die Auswahl an Themes ist wirklich gigantisch. Es gibt puritanische Themes, die den Text und das Schreiben in den Mittelpunkt stellen, es gibt Themes, die sich vor allem dafür eignen, visuelle Inhalte zu transportieren (zum Beispiel für einen Fotoblog), es gibt aber auch sehr aufwendige Themes mit dreispaltigem Magazinlayout, einem Feature-Bereich für herausgehobene Inhalte und einer Vielzahl von Zusatzfunktionen und Gadgets, die im Seiten- und Fußbereich der Seite untergebracht werden können.

Es gibt kostenlose, aber auch kostenpflichtige Themes. Letztere haben den Vorteil, in der Regel etwas exklusiver zu sein, einen größeren Funktionsumfang zu haben und bei Problemen Support zu bieten. Die Wordpress-MacherInnen bieten jedes Jahr ein eigenes Standard-Theme an, dass in der Regel nach der aktuellen Jahreszahl benannt ist (Twenty Eightteen, Twenty Nineteen). Wer gänzlich unerfahren in der Gestaltung von Blogs und Webauftritten ist, sollte erst einmal mit dem aktuellen Standard-Theme starten, das schon einen großen Funktionsumfang und viele Gestaltungsmöglichkeiten bietet. Die Themes lassen sich auch im Nachhinein noch ändern: Jeden Monat wechseln über 2 Mio. BlogbetreiberInnen auf wordpress.com ihr Theme und damit das Aussehen ihres Webauftritts. Man sollte dies aber mit Bedacht tun, denn die optische Gestaltung eines Webauftritts gehört zu den besonders einprägsamen Elementen und erhöht darum die Wiederauffindbarkeit. Das ständige Wechseln der Optik könnte LeserInnen irritieren und dadurch vertreiben.

Erweiterung durch Plug-ins

Zu den Stärken von Wordpress gehört die Erweiterbarkeit des Funktionsumfangs dieser Software durch eine Plug-in-Schnittstelle, durch die jeder Programmierkundige neue Funktionen ergänzen kann. Da Wordpress eine Open-Source-Software ist, gibt es eine große Community, die sich ständig darum kümmert, das CMS aktuell zu halten und um neue Werkzeuge zu ergänzen. Auch hier gibt es Tausende von Auswahlmöglichkeiten:

Abb. 79: Populäre Wordpress-Plug-ins	
Jetpack	ein Plug-in, mit dem der selbstgehostete Blog auf die Funktionen einer Wordpress.com-Installation wie User-Statistiken, Social-Media-Verbindung usw. zugreifen können
Akismet	gleicht Blog-Kommentare mit einer globalen Spam-Datenbank ab
All in One SEO Pack	ergänzt den Blog um Werkzeuge zur Suchmaschinen-Optimierung
Yoast SEO	ergänzt den Blog um Werkzeuge zur Suchmaschinen-Optimierung
NextGEN Gallery	zum Erstellen von Diashows
Contact Form 7	erstellt Kontaktformulare für den Webauftritt
TablePress	für das Einfügen von Tabellen in Online-Artikel
TinyMCE Advanced	erweitert den visuellen Editor, also die in den Blog integrierte „Schreibmaschine", um viele Features
W3 Total Cache	stellt einen Cache für den Blog zur Verfügung und erhöht dadurch die Performance des Webauftritts
Google XML Sitemaps	erstellt eine spezielle XML-Sitemap, die Suchmaschinen hilft, Webseiten besser indizieren zu können
BuddyPress	macht aus dem Blog ein soziales Netzwerk

Mit Plug-ins lässt sich dem Blog ein Veranstaltungskalender hinzufügen oder Google Maps-Kartenansichten, es gibt Plug-ins zur Suchmaschinenoptimierung der eigenen Online-Artikel und Spamfilter, damit der Kommentarbereich des Blogs nicht zugemüllt wird. Aufwendigere Plug-ins können aber den Wordpress-Blog zu einer ausgewachsenen E-Commerce-Plattform, zu einem sozialen Netzwerk oder einem User-Forum machen. Ein bisschen Vorsicht ist bei der Installation von Plug-ins geboten, weil nicht alle Erweiterungen sich miteinander vertragen und den Blog im schlimmsten

Fall auch zum Absturz bringen können. Dies gilt für Multiuser-Umgebungen von Wordpress wie insbesondere für Blogs, die unter wordpress.com laufen: Viele Plug-ins lassen sich hier gar nicht erst installieren. Für den Schadensfall gibt es unter dem Menüpunkt „Werkzeuge" die Möglichkeit, alle Inhalte des eigenen Blogs in einer Datei als Sicherheitskopie zu exportieren, um den Webauftritt wieder herstellen zu können.

Seitenaufbau

In den Seiten-Einstellungen von Wordpress kann man festlegen, ob man eine Blogseite mit umgekehrt chronologischer Sortierung der Einträge oder eine statische Begrüßungsseite für seinen Webauftritt wünscht. Gerade bei einer journalistisch orientierten Newsseite kann es sehr sinnvoll sein, die klassische Blogstruktur zu übernehmen, weil auf diese Weise immer der aktuellste Beitrag oben steht. Bei der Einrichtung des Webauftritts sollte man sich auch gleich eine grundlegende Seitenstruktur überlegen. Neben der Homepage mit den Teasern und Teaserbildern der einzelnen Artikel sollte es auf jeden Fall eine Impressumsseite geben. Da ein journalistischer Webauftritt im Normalfall nicht mehr als privat eingestuft werden kann und man ihn – wenn man ihn professionell betreiben und damit auch Geld verdienen möchte – sogar als gewerblich ansehen muss, gilt die in Deutschland übliche Impressumspflicht. Hier sollte auf jeden Fall eine Adresse und idealerweise auch eine Telefonnummer angegeben sein, um im (juristischen) Streitfall – beispielsweise bei einer Urheberrechtsverletzung – innerhalb von 24 Stunden erreichbar zu sein. Als Reaktion auf die neue Datenschutzgrundverordnung der Europäischen Union (EU-DSGVO) haben viele BloggerInnen eine Datenschutzerklärung für ihren Blog übernommen. Hierzu wäre ebenfalls die Impressumsseite der rechte Ort. Wordpress bietet im Dashboard auch eine eigene Formulierung dieser Erklärung an, die man erst einmal übernehmen kann. Außerdem wollen im Online-Zeitalter auch

Abb. 80: Ein einfaches Seitenschema für einen journalistischen Blog.

die LeserInnen vielleicht direkten Kontakt zu den HerausgeberInnen oder AutorInnen des Auftritts aufnehmen. Hierfür könnte ein Kontaktformular hilfreich sein. Eine einfache Seitenstruktur lässt sich als Flussdiagramm mit geeigneter Software (im einfachsten Fall mit Präsentationsprogrammen wie Powerpoint) oder ganz simpel mit Bleistift auf Papier erstellen.

Kategorien

Alle Kategorien | Häufig genutzt

- [ ] Allgemein
- [ ] Kunst & Charaktere
- [ ] Kunst & Kapital
- [ ] Kunst & Krawall
- [ ] Kunst & Kulisse
- [ ] Kunst & Kwatsch
- [ ] Kunst & Nichtkunst

+ Neue Kategorie erstellen

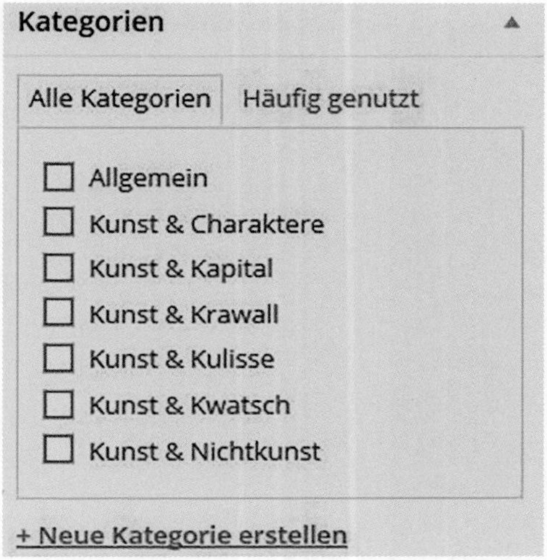

Abb. 81: Der Art Cologne-Blog *Kunstundkoeln* mit frei gewählten Kategorien.

Wenn man seine Artikel nach journalistischen Ressorts gliedern möchte, kann man dies in Wordpress am einfachsten, wenn man die Ressorts den Blogkategorien zuweist. Diese Kategorien sind auf der Artikelseite auswählbar und frei definierbar. Der Blog zur Art Cologne, den ich mit Kölner Journalismus-Studierenden erstellt habe, hat sechs frei gewählte Ressorts von „Kunst & Charaktere" bis „Kunst & Nichtkunst". Für die Blog-LeserInnen ist dies praktisch: Auch sie können diese Kategorien auswählen und sich so zum Beispiel nur Artikel eines bestimmten Ressorts anzeigen lassen.

Blogartikel schreiben

Nachdem nun alle Vorarbeiten geleistet sind, steht nichts mehr der eigentlichen journalistischen Tätigkeit im Wege und die Kreativität kann ihren Lauf nehmen. Einen neuen Online-Artikel beginnt man in Wordpress am einfachsten, in dem man in der oberen Menüzeile auf das +-Symbol und dann auf „Neu: Beitrag" klickt. Der nun erscheinende Editor ist beinahe selbsterklärend und bietet alle Elemente einer einfachen Textverarbeitung.

Links lassen sich mit dem Kettensymbol einfügen. Im Pop-up-Fenster für die Link-Einbettung empfiehlt es sich bei externen Links, das Kästchen vor „Link in einem neuen Tab öffnen" zu aktivieren, da man sonst seine LeserInnen an eine fremde Webseite verliert. Medieninhalte jeder Art, vor allem aber Bilder, kann man über den Button „Dateien hinzufügen" integrieren. In dem hierauf erscheinenden Pop-up-Fenster lassen sich alle bereits hochgeladenen Bilder und andere Medieninhalte auch verwalten und durchsuchen. Neue Fotos und Abbildungen ergänzt man durch Klick

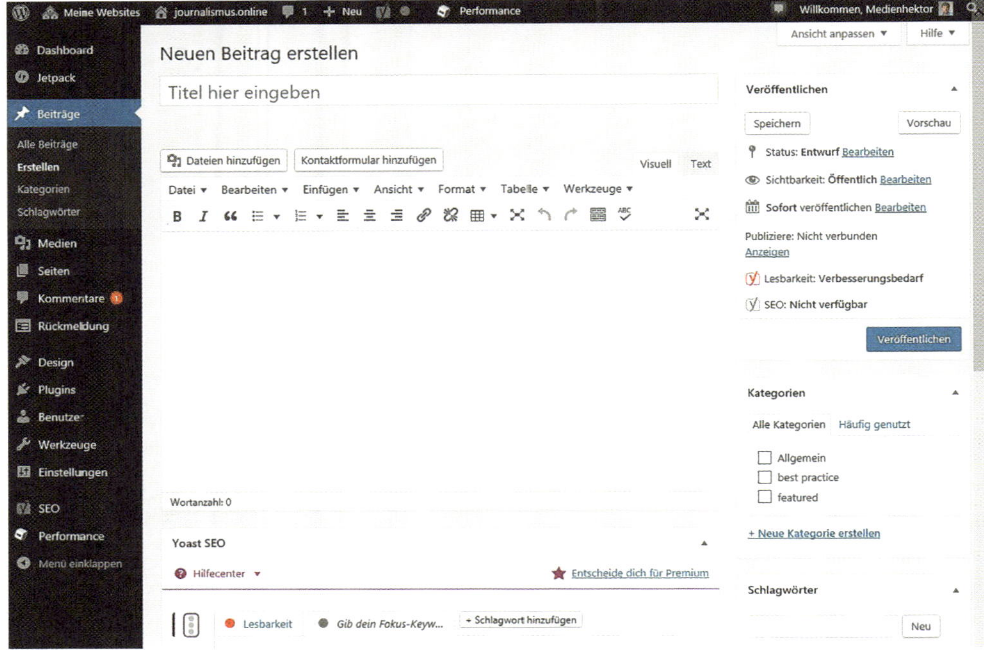

Abb. 82: Der Wordpress-Editor zum Schreiben von Posts und Artikeln.

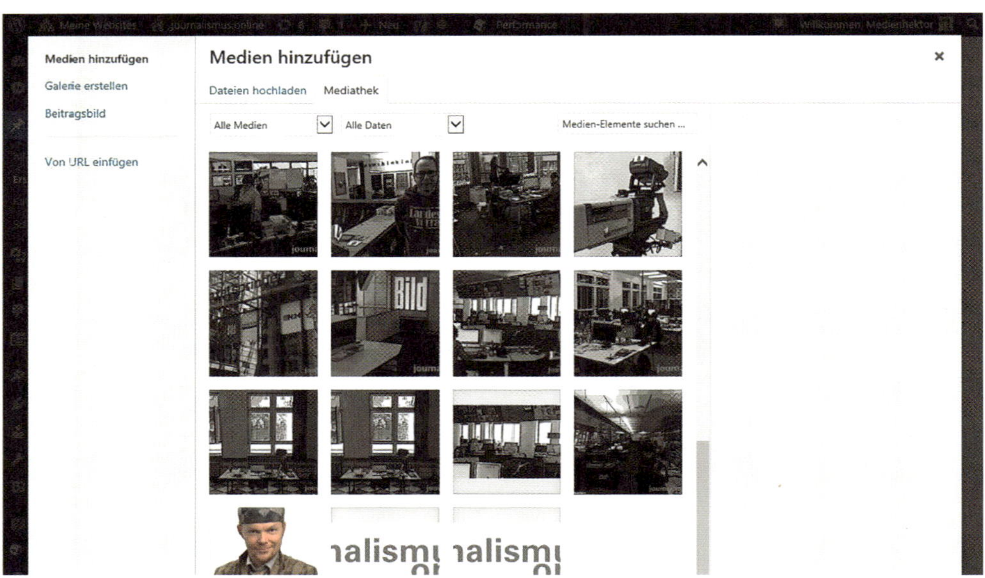

Abb. 83: Fotos im Blogartikel einbinden.

auf den Reiter „Dateien hochladen" oder einfach per Drag'n'drop aus einem Ordnerfenster mit Bilddateien. Auch Audios, PDF-Dateien, Word-Dokumente oder andere Inhalte lassen sich auf diese Weise in einen Wordpress-Artikel integrieren. Auch wenn man beim Schreiben in der rechten Spalte auf „Beitragsbild" klickt, landet man im Medien-Pop-up-Fenster: Jeder Blogbeitrag sollte ein solches, möglichst „sprechendes" Beitragsbild haben, da es gleichzeitig als Teaserbild fungiert.

Videos in Wordpress

Bei der Integration von Videos empfiehlt sich ein kleiner Umweg: Sie sollten nicht direkt in den Medienbereich von Wordpress hochgeladen werden, weil dies zu viel Speicherplatz benötigen würde. Stattdessen ist es sinnvoller, Videos auf eine Video-Plattform wie *YouTube* oder *Vimeo* hochzuladen und dann im Blogartikel einzubetten. Dazu muss man heute nur noch die *YouTube*-URL oder den Einbettungscode direkt an der gewünschten Stelle im Text des Editorfensters kopieren. Wer Einfluss auf die Größe des Videofensters nehmen möchte, sollte den Einbettcode verwenden. Hier kann man Höhe und Breite exakt definieren.

Wer nicht gerne online im Browser arbeitet, kann auch auf Offline-Editoren zurückgreifen. Einen sehr eleganten Editor liefert das Betriebssystem *Windows* gleich frei Haus mit, wenn man die kostenlose Windows Live-Suite, eine Sammlung von Zusatzprogrammen, installiert: Der Live Writer ist ein Offlline-Blog-Editor, mit dem man Online-Artikel im Original-Layout schreiben, gestalten und anschließend auch hochladen und bereitstellen kann.

Blog mit Social Media verknüpfen

Wer das Plug-in Jetpack installiert hat, kann sehr einfach seinen Blog direkt mit seinen diversen Social Media Accounts verknüpfen. Dazu reicht es, unter dem linken Menüpunkt „Einstellungen" auf „Teilen" zu gehen. Hier lassen sich jeweils die Adressen der eigenen Accounts angeben, damit künftig jeder neue Blogpost automatisch über die sozialen Netzwerke angekündigt wird. Außerdem lässt sich hier definieren, für welche Netzwerke ein „Teilen"-Button unter die eigenen Artikel gesetzt werden soll, damit auch die LeserInnen für die virale Verbreitung der eigenen Inhalte sorgen können.

Abb. 84: Der Offline-Editor Windows Live Writer.

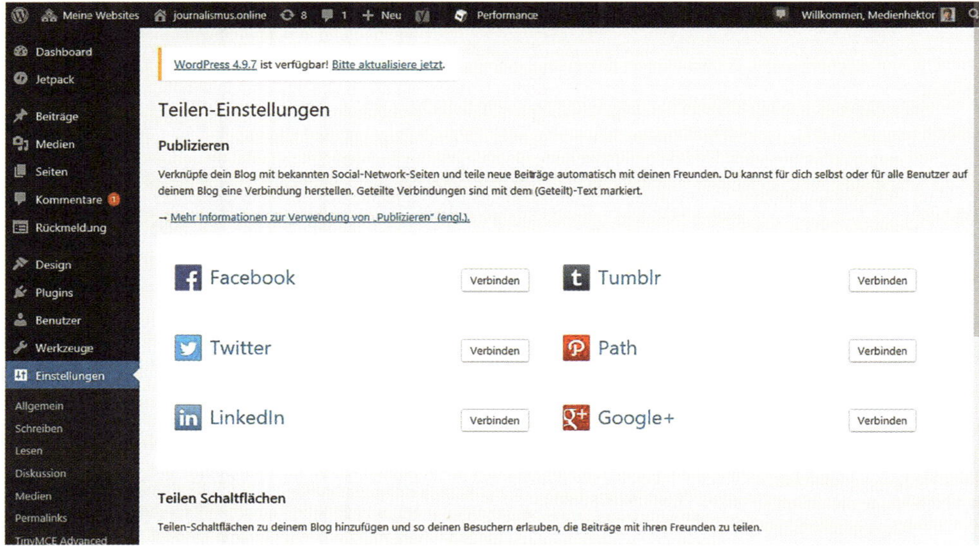

Abb. 85: Die Teilen-Einstellungen in Wordpress.

D3 ANDERE BLOGSYSTEME

Wer sich ganz auf das Texten konzentrieren und mit Programminstallationen, Plug-ins oder Widgets am liebsten gar nichts zu tun haben möchte, für den oder die gibt es auch alternative Blogsoftware.

Medium

Evan Williams ist einer der Mitbegründer des Kurznachrichtendiensts *Twitter*. *Twitter*-Nachrichten waren ursprünglich auf 140 Zeichen Länge beschränkt; seit Ende 2017 dürfen die Tweets maximal 280 Zeichen haben. Offenbar war dies Williams irgendwann zu wenig. Darum gründete er die Web-Publishing-Plattform *Medium* als „Raum im Internet, in dem Nutzer Ideen und Geschichten miteinander teilen, die länger als 140 Zeichen sind. *Medium* bietet Raum für alltägliche Geschichten ebenso wie für Manifeste, die die Welt verändern. Es wird von allen möglichen Menschen genutzt, von professionellen Journalisten bis zu Hobby-Köchen."[37]

Auf Themes und Stylesheets wurde bei *Medium* nahezu vollständig verzichtet. Alle Beiträge erscheinen im gleichen minimalistischen Layout mit wenig Auszeichnungsmöglichkeiten. Dies soll die Konzentration ganz auf den Text und das Texten lenken. Eine Installation auf einem eigenen Server ist weder nötig, noch möglich. *Medium* verzichtet auch auf Werbe-Einblendungen und ist für die NutzerInnen / AutorInnen kostenlos. Lediglich eine Anmeldung wahlweise mit dem *Facebook*- oder Google-Account oder via E-Mail-Registrierung ist nötig.

Medium changiert irgendwo zwischen Longform-Journalism-Magazin und sozialem Netzwerk. Da LeserInnen wie AutorInnen Mitglieder bei *Medium* mit eigenem Account sind, lassen sie sich über die Plattform auch miteinander vernetzen. Auf diese Weise können sich auch Gleichgesinnte finden.

Für professionelle AutorInnen ist *Medium* interessant, weil sich Artikel zu Publikationen bündeln lassen. Der Publishing-Dienst macht damit

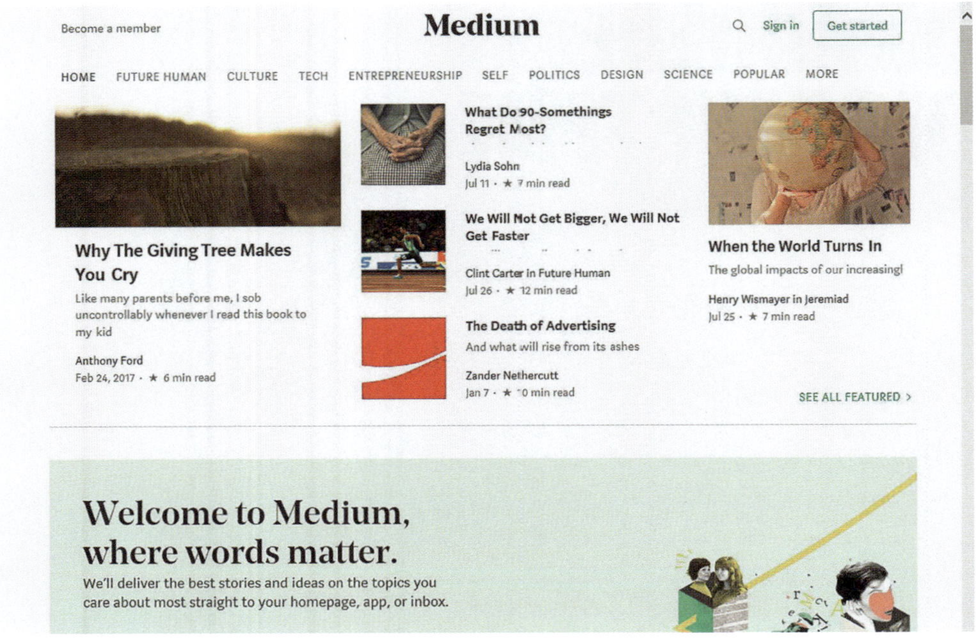

Abb. 86: Die Publishing-Plattform Medium changiert zwischen Magazin und sozialem Netzwerk.

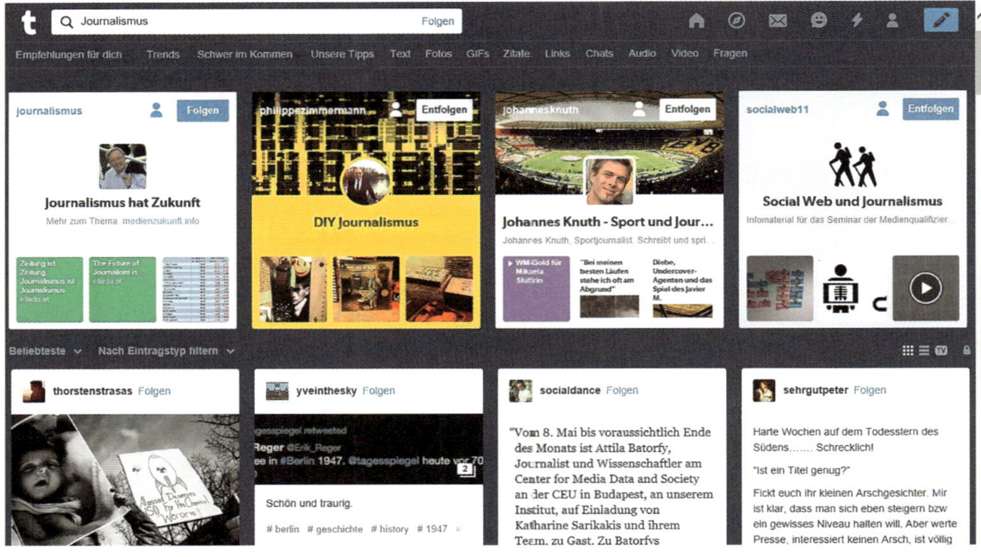

Abb. 87: Tumblr ist ein schlankes Bloggingsystem, das „Reblogging" unterstützt.

die Erstellung kompletter Online-Magazine möglich, die entweder von EinzelautorInnen oder von Redaktionen herausgegeben werden. Andere AutorInnen können mit entsprechend interessanten Artikeln direkt aus *Medium* heraus zur Mitarbeit eingeladen werden. Der *Medium*-Dienst gibt auch selbst exemplarisch einige solche Publikationen heraus, zum Beispiel das Technikmagazin *Backchannel* oder das kulturpolitische Magazin *The Coffeelicious*, das es immerhin auf 450 MitarbeiterInnen bringt.

Der Dienst soll auch noch weiter professionalisiert werden, indem Erlösquellen für professionelle PublizistInnen geschaffen werden. Dabei ist sowohl an „Promoted Storys" gedacht, die von Markenpartnern finanziert werden, als auch an Bezahlmodelle für bestimmte HerausgeberInnen von *Medium*-Magazinen.

Medium ist schon so populär, dass es einige Offline-Editoren gibt, die das Schreiben noch einfacher machen sollen. Texte, die mit den Schreibprogrammen 1AWriter, Ulysses, Byword oder Blogo erstellt wurden, lassen sich direkt im *Medium*-Format speichern und publizieren.

Tumblr

Auch *Tumblr* nimmt BloggerInnen die meiste Arbeit ab. Eine Software-Installation ist auch hier nicht nötig. Anders als bei *Medium* gibt es aber bei *Tumblr*-Blogs mehr Gestaltungsmöglichkeiten in Form von Templates. Die Besonderheit dieser Plattform ist aber eine andere: Die AutorInnen stellen alle ihre Inhalte auf diesem Bloggingdienst automatisch gemeinfrei, sodass andere NutzerInnen fremde Blogeinträge problemlos und straffrei „rebloggen" können. „Copy&Paste-Bloggen" wurde das Verfahren auch genannt. Im eigenen *Tumblr*-Dashboard kann man anderen BloggerInnen folgen und sich ihre neuesten Beiträge anzeigen lassen. Auf diese Weise kann ein dichtes Gewebe von Verweisen entstehen und haben einzelne Blogeinträge die Chance, sich auf dieser Plattform selbst schon viral zu verbreiten, ohne den Umweg über *Facebook* & Co. nehmen zu müssen.

Fast 300 Mio. Blogs soll es auf *Tumblr* geben. Vor allem als Fotoblog-System hat sich der Dienst einen Namen gemacht und ist insbesondere bei sehr jungen NutzerInnen zwischen 13 und 22 Jahren populär. Bei der ungefragten Weiterverwendung von Fotos hat es sich auf *Tumblr* eingebürgert, die UrheberInnen namentlich zu erwähnen und einen Link auf das Original zu setzen. Seit 2013 gehört *Tumblr* zur Firmengruppe von *Yahoo*.

LINK

Überraschend großer Beliebtheit erfreut sich der *Tumblr*-Blog *Kim Jong Un looking at things*, der ausschließlich inszenierte Fotos des nordkoreanischen Diktators zeigt: http://kimjongunlookingatthings.tumblr.com/.

SOCIAL JOURNALISM

E1 WIE SOZIAL SIND SOCIAL MEDIA?

„Vice" heißt Laster

Das englische Wort „Vice" steht für Laster und moralische Fehltritte. In der deutschen *Vice*-Redaktion in Berlin sieht es aber geleckt und sauber und ungefähr so aus, wie sich Otto und Ottilie NormalverbraucherIn eine Internetfirma vorstellen: Im großzügigen Loft arbeiten vorwiegend junge Leute, einige mit Kopfhörern bestückt, um dem geräuschvollen Treiben im geschäftigen Newsroom zu entgehen. 160 MitarbeiterInnen hat allein die deutsche Dependance des amerikanischen Magazins. Von Lastern auf den ersten Blick keine Spur.

Online-Chefredakteurin Barbara Dabrowska hat selbst als Praktikantin vor 10 Jahren bei *Vice* angefangen und ihren Weg gemacht. Sie empfängt mich zum Interview in einem verglasten Sitzungsraum. Es ist das einzige meiner Interviews, bei dem die ganze Zeit eine PR-Kollegin mit am Tisch sitzt. Vielleicht, weil *Vice* ein amerikanisches Unternehmen ist.

Bei *Vice*, so bestätigt die Chefredakteurin meinen Eindruck, arbeiten vorwiegend Leute, „die jung sind, die nicht so diese typischen, in Anführungszeichen, spießigen Journalisten sind, die man so kennt, sondern die irgendwie junge Menschen sind, wo man weiß: Okay, man kann sich damit identifizieren und die betrachten das Ganze aus dem Blickwinkel, der für mich als junger Zuschauer auch relevant ist. Wo ich als junger Zuschauer nicht das Gefühl habe, das ist irgendein abgehobener Politikjournalist, der mit meinem Leben überhaupt nichts zu tun hat, sondern es ist jemand, der zwar auch smart ist und kritische Fragen stellt, aber mit dem ich mich identifizieren kann."

Zentrale Schaltstelle für die Kontaktaufnahme mit der jüngeren Leserschaft ist nicht so sehr die Homepage, sondern es sind vielmehr die sozialen Medien. Barbara Dabrowska: „Unsere *Facebook*-Seite ist das Hauptkontakt-Tool. Dort passieren die meisten Interaktionen und dort werden auch die meisten Artikel gefunden. Es wird relativ viel kommentiert und man kann auch bei *Vice* nur über die *Facebook*-Funktion kommentieren."

Da die Homepage keine übergeordnete Rolle bei *Vice* mehr spielt, ist sie auch aufgebrochen. Zu unterschiedlichen Themenbereichen gibt es eigene Websektoren, die sogenannten „Verticals", die als Subdomains zu vice.com realisiert sind. Jedes „Vertical" wird von einer eigenen kleinen Redaktion bespielt: Bei „Motherboard" geht es um technische Themen, bei „Viceboard" geht es um Musik, bei „Thump" um elektronische Musik, „i-D" beschäftigt sich mit Mode, „Creators" mit Kunst, „Broadly" mit sogenannten Frauenthemen, „Munchis" mit Essen und „Vice Sports" sagt schon, um was es geht. Wichtig bei der Themenfindung ist, dass Geschichten „viral" gehen können, also in den sozialen Netzwerken eine epidemische Verbreitung finden. Denn die virale Verbreitung einer Story online ist exponentiell höher als deren lineare Verbreitung. Der einsame Gipfel der Online-Streuung ist, wenn eine Geschichte ein Internet-Hype wird, denn damit schafft sie teilweise Millionen oder in raren Fällen Milliarden Klicks und Shares. Hier sind vielleicht am ehesten die Laster zu finden, die *Vice* im Namen führt: Denn Themen von *Vice* sind mit Vorliebe Sexualität, gesellschaftliche Randgruppen und Anormalitäten jeder Art. Aber so ganz neu kommt einem das im Journalismus auch nicht vor.

Vice

Die Berliner *Vice*-Redaktion ist der deutsche Ableger eines amerikanischen Magazins, das ursprünglich in den 1990er-Jahren im kanadischen Montreal als Stadt- und Kulturmagazin gestartet ist. Mit der Konzentration auf szenige Themen gewann es Reichweite und Anzeigenkunden aus dem Streatwearbereich und zog schließlich nach New York um, von wo aus ein heute weltumspannendes Medienimperium entstanden ist, das auf einen Börsenwert von 1,4 Milliarden Dollar taxiert wird.

Basis des Geschäftsmodells ist immer noch ein gedrucktes Monatsmagazin, das kostenlos in Szeneläden ausliegt. Daneben hat *Vice* aber vor allem online und mit Webvideos Furore gemacht. Einige Formate haben ihren Weg sogar vom Web ins klassische Fernsehen gefunden, so zum Beispiel die *Vice Reports*, die regelmäßig auf *RTL2* laufen, oder die Reportagen unter dem Titel *Wild Germany*, die von *ZDF Neo* ausgestrahlt wurden. Erfolgsrezept ist eine sehr jugendaffine Sprache mit Themen und Storys, die „viral" gehen können, das heißt, vor allem über soziale Medien reißend die Runde machen. Für VertreterInnen klassischer Medien bewegt *Vice* sich damit am Rande der Seriosität: „Die Welt von *Vice* ist eine der Drogen, der Körperflüssigkeiten, der Inszenierung von Gewalt und Absurditäten", mokiert sich beispielsweise die *FAZ*.[38]

» **Online-Chefredakteurin:** Barbara Dabrowska
» **Sitz:** Berlin
» **Zahl der Online-RedakteurInnen:** 30 (+ Produktion 30)
» **Beschäftigte in Berlin insgesamt:** 160
» **AuslandskorrespondentInnen:** keine (aber 25 regionalisierte Länderausgaben)
» **Social-Media-RedakteurInnen:** 3
» **Unique User** (September 2018, AGOF): 3,74 Mio.
» **User-Zahl durchschnittlicher Beitrag:** k.A.
» **User-Zahl reichweitenstärkster Beitrag:** k.A.
» **Online-CMS:** k.A.
» **Stärkste Ressorts:** Jugendkultur, Gesellschaft
» **LeserInnen-Beteiligung:** kein eigener Kommentarbereich auf der Seite, Kommentare über *Facebook*
» **Nutzerdaten-Analyse:** Google Analytics

Das Soziale der Medien

Medien sind immer „sozial". Insofern sie dem gesellschaftlichen Austausch von Kommunikaten und Informationen dienen, spielen sie stets eine gesellschaftliche Rolle. Alle Medien sind also „soziale Medien". Und der Journalismus als Triebfeder und „Agendasetter" gesellschaftlicher Diskussionen ist dann der Inbegriff von Social Media. Was heute „Social Media" genannt wird, hat dennoch vielleicht eine andere und neue Qualität, und das einerseits in einem weiteren und andererseits in einem engeren Sinn. Man müsste also eigentlich von den „neuen sozialen Medien" sprechen.

Tendenziell stehen all diese Kategorien in einer Beziehung zueinander, die der Mediensoziologe Jan Schmidt in Form eines Dreiecks dargestellt hat. In diesem Dreieck stehen die unterschiedlichen Erscheinungsformen des Social Webs wie Wikis, Blogs, Social-Sharing-Plattformen wie *Flickr* oder im engeren Sinne die Social-Network-Dienste in Relation zu den Dimensionen Information, Kollaboration und Beziehungspflege und lassen sich innerhalb dieses Dreiecks danach verorten, welche dieser Dimensionen besonders ausgeprägt sind.

Social Media

Der Social-Media-Experte Hajo Hippner versteht darunter „webbasierte Anwendungen, die für Menschen den Informationsaustausch, den Beziehungsaufbau und die Kommunikation in einem sozialen Kontext unterstützen".[39]
Die Online-Forscher Ebersbach, Glaser und Heigl gehen, darauf aufbauend, noch einen Schritt weiter. Für sie bestehen Social Media aus „webbasierten Anwendungen, die für Menschen den Informationsaustausch, den Beziehungsaufbau und deren Pflege, die Kommunikation und die kollaborative Zusammenarbeit in einem gesellschaftlichen oder gemeinschaftlichen Kontext unterstützen, sowie den Daten, die dabei entstehen und den Beziehungen zwischen Menschen, die diese Anwendungen nutzen".[40]

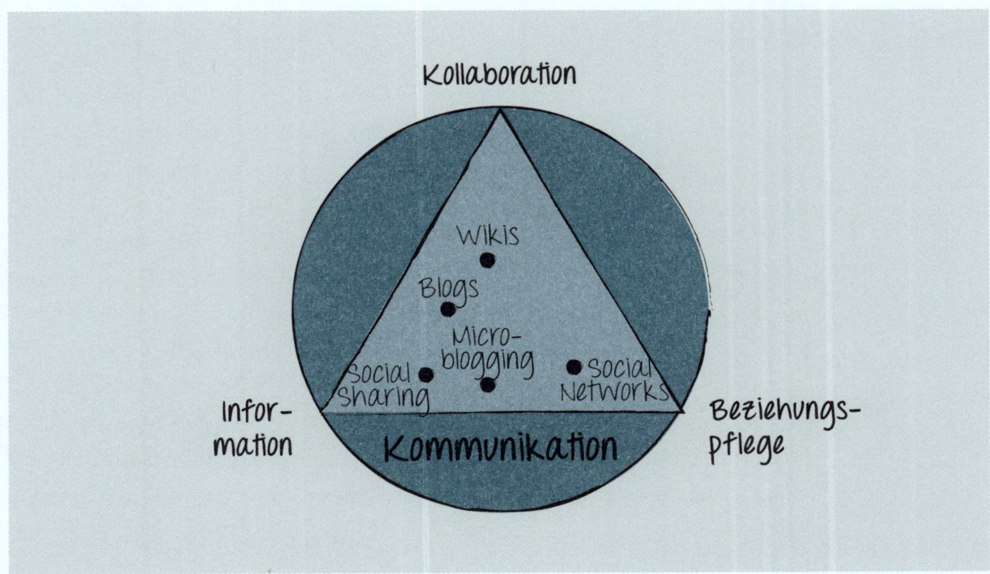

Abb. 88: Das Dreiecksmodell des Social Webs.

Einen weiteren Fokus hat der Begriff Social Media, weil es hier nicht nur – wie im Journalismus – um die Zurverfügungstellung von gesellschaftlich relevanten Informationen geht (was freilich auch erfolgen kann), sondern um Interaktion zwischen den KommunikationsteilnehmerInnen selbst, die sich über Social Media vernetzen. Journalistische Kommunikation war letztlich relativ eindimensional: Einer (eine Redaktion, ein Rundfunksender) sendet, viele lesen, hören oder gucken. Dies war das klassische Modell der Massenkommunikation.

Die Online-Kommunikation dagegen ist multidirektional und multidimensional: Kommuniziert wird in verschiedene Richtungen mit allen Formen von Feedbackschleifen und die Zielgruppengröße ist beinahe beliebig skalierbar. Von der One-to-one-Kommunikation im direkten persönlichen Austausch über die One-to-many-Kommunikation etwa bei Webinaren oder Multicastings bis zur Many-to-many-Kommunikation in den Kommentarspalten von Postings, in denen alle sich mit allen austauschen können. Der Ort, wo all diese verschiedenen Formen der Kommunikation zugleich stattfinden, sind die sozialen Netzwerke bzw. Social Media. Selbst der in der Kommunikations- und Medienwissenschaft gar nicht recht vorgesehene Fall der Many-to-one-Kommunikation kommt in den Social Media vor: Viele posten, aber nur wenige lesen die Posts oder bekommen sie überhaupt mit. Im schlimmsten Fall wird eine Many-to-zero-Kommunikation daraus.

Die Plattform *Facebook* etwa hat mittlerweile über 2 Milliarden Mitglieder, die – jedenfalls theoretisch – in direkten Kontakt miteinander treten könnten. Man muss kein Freund und keine Freundin von – gerade in der IT-Branche weitverbreiteten – Superlativen sein, um diese Zahl für in der Kommunikationsgeschichte einmalig zu halten. Ein solcher Erfolg einer Plattform wäre nicht möglich, wenn nicht mit dem Angebot ein menschliches Bedürfnis befriedigt würde. Der Soziologe Ralf Dahrendorf beschrieb den Menschen schon in den 1950er-Jahren als „Homo sociologicus", also ein soziales Wesen, das auf Kontakte und Interaktionen mit anderen Personen angewiesen ist. Die Bindungen, die Menschen dabei eingehen, sind von sehr unterschiedlicher Intensität: Sie gründen einmal auf Verwandtschaft, sind also quasi mit der Geburt festgelegt. Daneben gibt es aber Beziehungen, die individuell aufgebaut werden, wie zum Beispiel Freundschaften oder Partnerschaften. Noch loser ist der Bindungsgrad bei Bekanntschaften, die beispielsweise auf gleichen Interessen oder dem gleichen Arbeitsplatz beruhen und häufig keine weitergehenden privaten

„Social Media is about sociology not technology."

BRIAN SOLIS, AUTOR UND BLOGGER[41]

Kontakte einschließen. All diese Beziehungs- und Kontakttypen finden sich auch in den Social Media wieder. Aber es kommt noch ein neuer Beziehungstyp hinzu. Dieser Typ ist mit dem Begriff „Freundschaft", den beispielsweise *Facebook* für seine Netzwerkverbindungen gewählt hat, sehr ungenau beschrieben. Die Sozialpsychologin Sherry Turkle, die am Massachussetts Institute of Technology (MIT) in Boston die „Initiative on Technology and Self" leitet, spricht von „Verloren unter 100 Freunden". Am ehesten müsste man bei solchen Algorithmus-induzierten Bekanntschaftsverhältnissen von „Medien-Beziehungen" reden.

Die Soziologin Bernadette Kneidinger hat in ihrer Studie *Facebook & Co.* diese Medienbeziehungen auf zwei Ansätze zurückgeführt, nämlich einerseits „Social Needs" und andererseits „Social Compensation". Der Ansatz der Social Needs, also der sozialen Bedürfnisse, geht davon aus, dass Menschen deshalb Beziehungen eingehen, um ihren Bedarf an Intimität, Selbstwertschätzung und Geselligkeit bedienen zu können. Untersuchungen haben gezeigt, dass Menschen, die ein geringes Selbstvertrauen aufweisen, auch eher weniger Freunde haben und einsamer sind. Eine lange „Freundes"-Liste auf *Facebook* kann im Sinne des französischen Soziologen Pierre Bordieu „soziales Kapital" darstellen und die Wertigkeit des Selbst in der (Online-)Gesellschaft symbolisieren.

Der Ansatz der „Social Compensation", also der sozialen Kompensation, geht davon aus, dass gerade Konflikte mit oder ein geringes Näheverhältnis zur eigenen Familie ein Grund für außerfamiliäre Freundschaftsanbahnungen sein kann. Statt der „Intimate Ties", also der intimen Verbindungen oder Knoten, knüpft man in sozialen Medien nur „Routine Ties", also gewohnheitsmäßige Verbindungen oder Knoten, die nicht so verbindlich sind.

Soziales Kapital in Social Media

Mit Sozialkapital werden, nach einer Definition der SoziologInnen Axel Franzen und Sonja Pointner, „jene Ressourcen bezeichnet, die ein Akteur nicht selbst besitzt, sondern über die ein Individuum lediglich aufgrund seiner sozialen Kontakte zu anderen Akteuren verfügen kann".[42] Das ist eine recht manifeste Definition. Der Soziologe Nan Lin hebt etwas abstrakter auf den Gewinn ab, den man aus sozialen Beziehungen ergattern kann und schreibt: „Sozialkapital ist ein elastisches Konstrukt, das genutzt wird, um den Gewinn zu beschreiben, den jemand aus den Beziehungen zu jemand anderem ziehen kann."[43] Ein anderer Soziologe, Robert D. Putnam, hat Sozialkapital in festeres bindendes („bonding") und eher loseres überbrückendes („bridging") unterschieden. Jenes Sozialkapital, das bei sozialen Online-Netzwerken herausspringe, zähle vorrangig zum überbrückenden Sozialkapital und Online-Netzwerke würden deren Entstehung sogar noch fördern.

Eine wichtige Funktion haben Social Media noch für das Surfverhalten der NutzerInnen. In Zeiten des Information Overload ist es für den Einzelnen immer schwieriger, sich in der Informationsfülle des Internets überhaupt zurecht zu finden. Social Media stellen konzentriert Informationen über das Nutzungsverhalten anderer, uns vertrauter Personen aus unserer Community zur Verfügung, an denen wir uns orientieren können. „Social Navigation" wird dieses Phänomen auch genannt.

LESEN

Der Begriff „Social Navigation" geht zurück auf Paul Dourish vom Rank Xerox Research Centre, der bereits 1994 in seinem Aufsatz *Developing a Reflective Model of Collaborative Systems* vom „social computing" sprach, das er definierte als „Bewegung von einem Eintrag zum nächsten, die künstlich hervorgerufen wird durch die Aktivität eines anderen Gruppenmitglieds".

Manchmal wird man den Eindruck nicht los, die sozialen Netzwerke seien selbst ein grandioses soziologisches oder medienwissenschaftliches Experiment, um bestimmte Theorien oder Hypothesen dieser Fachrichtungen einer gigantischen Öffentlichkeit plastisch vor Augen zu führen. Die „15 minutes of fame", die der Medienphilosoph Marshall McLuhan den NutzerInnen elektronischer Medien zugestand und die der Künstler

Andy Warhol als Zitat selbst berühmt gemacht hat, scheinen sich gerade in den privaten Inszenierungen auf den diversen Social-Media-Plattformen zu bewahrheiten. Hierzu hat der amerikanische Soziologe Erving Goffmann eine Theorie entwickelt. Er untersucht, wie Menschen im Alltag zu DarstellerInnen ihrer selbst werden. Wesentlich ist dabei die „Eindrucksmanipulation": Menschen wollen sich selbst in einem möglichst vorteilhaften Licht zeigen und inszenieren sich darum im Alltag wie SchauspielerInnen, die eine Rolle spielen. Die perfekte Bühne für diese Inszenierung sind die sozialen Netzwerke: Hier werden Images aufgebaut, Rollenklischees gepflegt und Performances durchgespielt. Dabei treffen die LaiendarstellerInnen des Alltags auch auf professionelle Performer, für die Social Media nicht *die*, sondern nur eine weitere Bühne ist, um ihr Publikum zu vergrößern. Zu diesen professionellen Performern gehören auch die JournalistInnen.

Von Social Media zu Social Journalism

In einem weiten Sinne wird heute jeder Journalismus, der sich in oder rund um Social Media abspielt, als „Social Journalism" bezeichnet. Zugleich sind die sozialen Medien aber ein Kampfplatz für oder eventuell auch gegen den Journalismus. Dies hat mit der „Desintermediation" zu tun. Dieser Begriff kommt eigentlich aus den Wirtschaftswissenschaften und bezeichnet im Allgemeinen den Wegfall einzelner Stufen der Wertschöpfungskette. Im Speziellen beschreibt Desintermediation aber den Bedeutungsverlust von Intermediären, also von Vermittlern zwischen den verschiedenen AkteurInnen in einem System. Für wirtschaftliches Handeln gerade auch im Online-Zeitalter ist dieses Konzept unmittelbar plausibel. KundInnen kaufen heute direkt in den Online-Shops von Herstellern ein oder lassen sich Angebote über Auktions- und Handelsplattformen wie Ebay machen, statt in die Einzelhandelsgeschäfte der verwaisten Innenstädte zu gehen. Einen mittelbaren Einfluss gibt es auch hier schon auf die Publizistik, da auch der Kleinanzeigenmarkt vom Anzeigenteil der Tageszeitungen zu Internetplattformen wie Scout24 oder Craigslist abgewandert ist.

Aber auch unmittelbar ist der Journalismus von der Desintermediation betroffen. Er ist ja als Informationsbroker selbst ein Intermediär, also eine

Vermittlungsinstanz zwischen Playern und Ereignissen auf der einen und LeserInnen und ZuschauerInnen auf der anderen Seite. Im Online-Zeitalter wird in manchen Fällen aber der Journalismus für diese Vermittlungsfunktion anscheinend nicht mehr benötigt:

» Firmen nehmen über das Internet selbst Kontakt mit KundInnen auf und sind nicht mehr auf Produktbesprechungen und andere Vermittlungesleistungen von JournalistInnen angewiesen.
» Öffentliche Stellen geben keine Pressemitteilungen mehr heraus, sondern kommunizieren mit den BürgerInnen direkt über *Twitter, Facebook* & Co.
» Die diversen Formen des Self-Publishing wie Books-on-Demand usw. ermöglichen eine Alltags-Publizistik jenseits professioneller Verlage.
» Auch die Wissenschaft publiziert heute schon Forschungsergebnisse jenseits der etablierten Kreise von Verlagen, Wissenschaftsjournalen und des Wissenschaftsjournalismus.
» NutzerInnen kommunizieren selbsttätig miteinander, tauschen sich aus und etablieren so einen gesellschaftlichen Diskurs jenseits des Journalismus.

Die Auswirkungen dieser Entwicklung auf den Journalismus reichen über den ökonomischen Faktor weit hinaus und laufen letztlich auf eine Neubewertung und Umorientierung der sozialen Funktion von Journalismus hinaus.

Einen engeren Fokus hat der Begriff „Social Journalism", weil die publizistischen Möglichkeiten von Social Media häufig von Redaktionen gar nicht voll ausgeschöpft werden. Für den Journalismus haben soziale Medien mehrere Funktionen:

» *Reichweitenmaximierung:* Heute werden Online-Artikel nicht mehr nur über die Homepage eines redaktionellen Mediums oder über einen News-Aggregator beziehungsweise die News-Suche gefunden, sondern über Social-Media-Plattformen.
» *Eigenmarketing:* Häufig handelt es sich bei den journalistischen Postings nur um Zweitverwertung oder das An-Teasern einer Meldung. Der eigentliche Lektüreakt soll dann auf der News-Webseite erfolgen. Social Media sind in diesem Fall also nur eine Plattform für das redaktionelle Marketing. Mindestens 25 Prozent der LeserInnen sollen mittlerweile von *Facebook* aus auf die Artikelseiten der online-journalistischen Medien stoßen.

» *Publikationsforum:* Nur in seltenen Fällen werden bislang Storys ausschließlich oder zur Erstveröffentlichung für Social Media geschrieben. „Social first!" kommt doch eher selten vor.

Nur bei der letzteren Form würde es sich aber im engeren Sinne um „Social Journalism" handeln. Einer Social-Media-Veröffentlichung beispielsweise im Sinne einer „*Facebook*-first"-Strategie stehen aber nicht nur Verwertungsüberlegungen entgegen, da von *Facebook*-Veröffentlichungen ökonomisch auch nur das Unternehmen *Facebook* profitiert. Andere Gegenanzeigen sind urheberrechtliche Fragen gerade in Anbetracht der weitgehenden Rechteüberlassung gemäß den Nutzungs- und Geschäftsbedingungen der meisten Plattformen, die Ausübung der unmittelbaren Sachherrschaft über das eigene geistige Eigentum – etwa weil die Plattformbetreiber sich die Entscheidung anmaßen, wer welche Inhalte zu sehen bekommt und wer nicht – und schließlich Probleme der Archivierung, wenn die eigenen Inhalte weitgehend und ausschließlich auf den Servern von in der Regel US-amerikanischen Betreibern liegen.

Dahinter steht auch eine Streitfrage, die eng mit dem Verhältnis journalistischer Medien mit den Betreibern von Social-Media-Plattformen zu tun hat: Sind soziale Netzwerke Infrastrukturanbieter oder Inhalteanbieter? Lauscht man der Argumentation der Betreiber, dann sind *Facebook,* Google+ & Co. nur Infrastrukturanbieter: Sie stellen die technischen Bedingungen zur Verfügung, damit Kommunikate ausgetauscht werden können. Dazu passt allerdings gar nicht, wie diese Betreiber die Inhalte selbst überwachen, und zum Beispiel Inhalte wegen zu viel Nacktheit oder gar Accounts wegen missliebiger Postings sperren. Es würde schließlich befremden, wenn die Telekom wegen einiger missliebiger Wörter ein Telefonat einfach unterbrechen würde. Wer Infrastrukturanbieter ist, den geht eigentlich auch nur die Infrastruktur, nicht aber die Inhalte etwas an. *Facebook* aber hat beispielsweise im September 2016 ein Posting der norwegischen Zeitung *Aftenposten* gelöscht, weil darin Nick Uts berühmtes Foto des nackten Mädchens Kim Phuc, des sogenannten „Napalm-Mädchens" aus dem Vietnamkrieg, zu sehen war. Aber nicht nur dies: Als daraufhin viele JournalistInnen sich solidarisierten und das Foto mit einem kritischen Kommentar ebenfalls auf *Facebook* posteten, wurden auch diese Postings gelöscht. *Aftenposten*-Chefredakeur Espen Hansen wirft *Facebook*-Chef Mark Zuckerberg, den er als „mächtigsten

FREDAG 9. september 2016 Uke 36 • Nr. 253 • 157. årgang • Løssalg kr 40 (Levert hjem fra kr 12. Bestill på ap.no/abo)

Facebook krever at Aftenposten fjerner dette historiske bildet fra vår Facebook-side. Her er Aftenpostens svar:

Dear Mark Zuckerberg

Aftenposten

Jeg skriver til deg for å fortelle hvorfor Aftenposten ikke vil etterkomme Facebooks krav om å fjerne eller redigere dette viktige dokumentarbildet.

Espen Egil Hansen, sjefredaktør

Lik dette · Kommenter · Del

NYHETER • DEL 1 • SIDE 2-5 • KULTUR • DEL 2 • SIDE 2-3

Abb. 89: Aftenposten-Chefredakteur wirft Facebook-Chef Zensur und Machtmissbrauch vor.

Redakteur der Welt" bezeichnet, daraufhin nicht nur Zensur, sondern auch Machtmissbrauch vor. Auch dass im Sommer 2018 *Facebook*-Postings mit Gemälden von Peter Paul Rubens, die ein Antwerpener Museum anlässlich des Barockjahrs in Flandern online gestellt hatte, wegen zu viel Nacktheit zensiert hat, stieß weltweit auf Verwunderung und Protest.

Allein die Eingriffsoptionen, die die Social-Media-Konzerne sich vorbehalten, deuten darauf hin, dass es sich in Wahrheit um Inhalteanbieter handelt. Das sogenannte Netzwerk-Durchsetzungs-Gesetz, das die Bundesregierung kurz vor Ende der Legislaturperiode im Sommer 2017 eilends durch den Bundestag gebracht hat und das den Plattformbetreibern eine Verantwortung für die Löschung von Hasskommentaren und Fake-News zuspricht, deutet darauf hin, dass auch der deutsche Gesetzgeber es so sieht. Entsprechend lassen sich die Netzwerkbetreiber in ihren selten gelesenen Nutzungsbedingungen auch weitgehend die Rechte an den von den NutzerInnen eingestellten Materialien einräumen. Der deutsche Online-Journalist Richard Gutjahr geht im *Meedia*-Interview sogar noch einen Schritt weiter, wenn er feststellt, „dass *Facebook*, Google, Amazon und Apple uns etablierten Medien komplett die Butter vom Brot genommen haben. Bei diesen Tech-Unternehmen handelt es sich mittlerweile um Fernsehsender, um Verlage, die uns immer mehr unsere klassischen Felder abnehmen. Ein *Facebook* stellt ja nicht nur die Plattformen für Inhalte, sondern hat auch das komplette Marketing an sich gerissen. Das heißt: Irgendwann mal wird man sich die Frage stellen müssen, wozu brauche ich eigentlich noch einen Verlag oder einen Sender, wenn die gesamte Distribution, die Selektion, das gesamte Marketing, vielleicht auch eines Tages die Inhalte plötzlich direkt von Apple, Google oder *Facebook* kommen."[44]

Die sozialen Netzwerke können in ihrem Geschäftsgebaren also offenbar ziemlich unsozial sein. Diese Problemlage sollten wir uns aus einer anderen Perspektive noch etwas näher ansehen.

Unsoziale Medien?

Social-Media-Plattformen kommen dem Ideal ziemlich nahe, das Tim Berners-Lee bei der Erfindung des WWW hatte. Er wollte ja ein Medium schaffen, bei dem Publizieren genau so einfach ist wie Rezipieren. *Facebook* & Co. machen es tatsächlich spielend leicht, eigene Inhalte ins Netz zu stellen und die Inhalte anderer zu verlinken, zu teilen und zu kommentieren. Zum Ideal einfacher Publizierbarkeit gehört auch die techno-libertäre Utopie der freien Rede, die nach dem Netzaktivisten Sascha Lobo quasi automatisch zu „Demokratie und Selbstbefreiung" führen würde.[45] Doch aus zwei Gründen hat sich diese Utopie nicht erfüllt oder gar in ihr Gegenteil verkehrt: Zum einen hat spätestens der Snowden-Skandal offenbart, dass hinter der Utopie von Offenheit und Pluralität die Dystopie von Überwachen und Strafen steht. Das führte etwa Sascha Lobo zu der Diagnose: „Das Internet ist kaputt"[46], und ließ den Netzkritiker Andrew Keen von einem „digitalen Debakel"[47] sprechen.

Zum anderen ist es mit der Partizipation der NutzerInnen im Netz längst nicht so weit her, wie es die UtopistInnen prognostiziert oder sich gewünscht hatten. Social-Media-ManagerInnen sehen immer wieder die 90–9–1-Regel bestätigt.

Die 90–9–1-Regel

Die 90–9–1-Regel besagt, dass die große Mehrheit, nämlich ca. 90% der NutzerInnen von Online-Communitys keine eigenen Inhalte produzieren, sondern nur passiv mitlesen. 9% schreiben wenigstens gelegentlich Kommentare zu den Inhalten anderer. Und nur 1% stellt wirklich eigene Inhalte ins Netz.

Diese Formel geht ursprünglich auf den Usability-Forscher Jakob Nielsen zurück, der die drei Gruppen in seinem Aufsatz *The 90–9–1 Rule for Participation Inequality in Social Media and Online Communities* als „Lurker", „Intermittent Contributors" und als „Heavy Contributors" bezeichnete.

LESEN

Die NutzerInnen, die es dann zum anderen doch über sich bringen, selbst zu Diskussionen beizutragen, tun dies zudem nicht (immer) in der gewünschten Art und Weise. In Management-Handbüchern ist schon von „(Un)Social Media" die Rede, Unternehmenskommunikatoren fragen, „wie sozial sind Social Media", und auch Elternratgeber konstatieren besorgt, dass es in den vorgeblich sozialen Netzwerken häufig „sehr unsozial zugehen" könne.[48] Trolle und Hasskommentare machen vielen Redaktionen zu schaffen. Eigene empirische Untersuchungen haben ergeben, dass nur gut ein Drittel der Kommentare zu Postings auf journalistischen *Facebook*-Seiten sich inhaltlich auf das Thema des ursprünglichen Postings beziehen. Im Umkehrschluss heißt dies, dass zwei Drittel aller Kommentare am Thema vorbei, unsachlich, sexistisch oder in anderer Form diskriminierend, häufig beleidigend oder fanatisch sind.[49] Das „You" macht es dem Yournalismus manchmal wahrlich schwer!

Trolle

Trolle sind InternetnutzerInnen, die in Internetforen, in den Kommentarspalten von Webseiten oder in sozialen Netzwerken wie *Facebook* mit stark emotionalisierenden oder provozierenden Äußerungen die Diskussionen dominieren und manchmal auch zerstören. Das Phänomen geht schon auf die frühe Usenet-Kultur zurück. Dabei muss der Troll die von ihm gepostete Meinung gar nicht teilen. Oft gibt er einfach den „Advocatus Diaboli" und postet eine divergierende oder Mindermeinung, weil es sonst keiner tut. Damit kann der Troll manchmal sogar eine positive Wirkung ausüben.

2013 haben PsychologInnen der University of Manitoba in Winnipeg (Kanada) die Persönlichkeit von Trollen untersucht. Bei einer Befragung von 418 Personen, die regelmäßig eine Seite aufriefen, die einen offenen Kommentarbereich hatten, konnten 5,6 Prozent der KommentatorInnen als Trolle identifiziert werden. Sie durchliefen anschließend weitere Persönlichkeitstests. Dabei attestierten die ForscherInnen den Trollen vor allem Merkmale der sogenannten „Dunklen Tetrade", dazu gehören neben Sadismus auch der Narzissmus, der Machiavellismus und die Psychopathie.

Was tun gegen Trolle? Hier gilt die Leitregel: „Don't feed the troll" – „Gib dem Affen keinen Zucker!" Ob als NutzerIn oder als ModeratorIn, man sollte immer sachlich bleiben und sich nicht auf die negative Tonlage der Trolle einlassen. Wo Trolle freilich destruktiv werden und Diskussion oder gar das Forum sprengen, müssen sie nach einem Hinweis auf die Netiquette oder die Foren-Regeln gebannt werden.

Die britische Tageszeitung *The Guardian* hat alle Leserkommentare seit 1999 ausgewertet. Dabei kam heraus, dass die zehn am häufigsten beleidigten oder mit Hasskommentaren übersäten AutorInnen des *Guardian* entweder Frauen oder Farbige waren. Die Journalistin Jessica Valenti, die dort regelmäßig Kommentare schreibt, ist die Autorin, die mit Abstand die meisten Beleidigungen, Drohungen und Verunglimpfungen auf sich gezogen hat. Sie wurde mit Vergewaltigung, Mord und Bombenanschlägen bedroht, musste für Wochen ihre Wohnung verlassen, ihre Handynummer ändern und immer wieder die Polizei verständigen. Auffällig ist, dass Hasskomentare sich bei den Themen Feminismus und Mode häufen, weswegen Valenti zu dem Ergebnis kommt: „Wo Frauen sich äußern, erzeugt das Hass."[50]

Die deutsch-kurdische Autorin und Journalistin Mely Kiyak schreibt auf *Zeit Online* die Kolumne *Kiyaks Deutschstunde* und wird dafür, wie sie sich ausdrückt, „in geradezu barocker Opulenz mit Ablehnung beschenkt".[51] Zusammen mit anderen „Y-namigen" JournalistInnen, unter anderem Deniz Yücel, der zwischenzeitlich in der Türkei inhaftiert wurde, oder die mit dem Günter-Wallraff-Preis für Journalismuskritik ausgezeichnete Ebru Tasdemir von der *Taz*, tritt sie in einer „antirassistischen Leseshow" namens „Hate Poetry" auf den Theater- und Kabarettbühnen dieses Landes auf und trägt dort in satirischer Absicht die schlimmsten Hasskommentare vor, denen JournalistInnen mit ausländischen Wurzeln heute in Deutschland begegnen.

Viele Redaktionen haben darum ihre Online-Kommentarbereiche geschlossen oder nutzen Diskursplattformen wie *Disqus*, auf der alle KommentatorInnen sich vorab namentlich anmelden müssen, da gerade die scheinbare Anonymität im Internet zu extremen Kommentaren zu verleiten scheint. *T-Online* als eines der meistgenutzten Onlineportale in Deutschland schließt mittlerweile bei „heiklen Themen" den Kommentarbereich und schreibt dazu in einem eigenen Diskussions-Thread: „Wie alle anderen Nachrichtenseiten haben auch wir massive Probleme mit den sogenannten

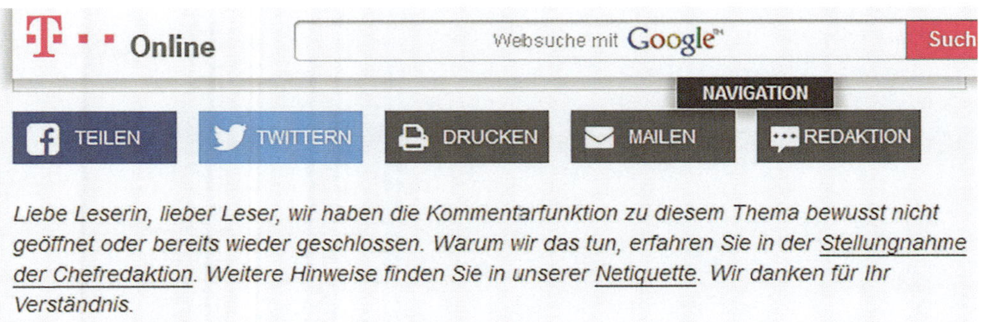

Abb. 90: Das Portal T-Online schließt inzwischen bei heiklen Themen den Kommentarbereich.

‚Trollen' oder ‚Hatern'. Sie kennen weder Anstand noch Regeln, beleidigen auf das Schlimmste und verbreiten unter dem Schutz der Anonymität des Internets extremistische, menschenverachtende und gewaltverherrlichende Kommentare. Das können wir nicht dulden, aber bei über sechs Millionen Kommentaren pro Jahr auch nicht ganz verhindern. Deshalb waren wir leider gezwungen, die Kommentarfunktion einzuschränken und nur für eine begrenzte Zahl an Themen zuzulassen." Auch *SZ Online* geht ähnlich vor. Der ehemalige Online-Chef Stefan Plöchinger sagte mir im Inteview rundheraus: „Es ist nicht gut, wenn immer alles kommentiert werden darf. Das trägt auch nicht zur Diskussionskultur bei." Nach einer Erhebung unter 119 Vollredaktionen, die die Fachzeitschrift *Journalist* im Frühjahr 2016 durchgeführt hat, haben mehr als ein Drittel ihre Kommentarbereiche eingeschränkt oder geschlossen.

Mathias Müller von Blumencron, der Ex-Online-Chef der *FAZ*, hat etwas andere Erfahrungen gemacht. „Was immer hilft, ist, wenn sich der Autor eines besonders kontroversen Kommentars selber einmischt in die Leserkommentare, das hat eine sehr interessante Wirkung. Plötzlich ist da jemand mit dem man ringen kann, der auch erklären kann und der mal Kontra gibt. Plötzlich ist da ein Mensch und nicht nur irgendetwas namens Journalist, der irgendwas geschrieben hat und das hat eine sehr stark disziplinierende Wirkung." Es wäre also einen Versuch wert, Partizipation wirklich in wechselseitige Kommunikation zu verwandeln und aus dem Journalismus einen Dialog zu machen, eben „Yournalismus". Doch empirische Untersuchungen zeigen, dass nur in den seltensten Fällen die kommentierenden LeserInnen auch wirklich Antwort erhalten. *Spiegel Online*-Redakteur Hasnain Kazim hat die Probe aufs Exempel gemacht und den Hatern und Trollen geantwortet und sie in Online-Diskussionen verwickelt. Ein „Best of" hat er als Buch unter dem Titel *Post von Karlheinz. Wütende Mails von richtigen Deutschen – und was ich ihnen antworte* veröffentlicht.

Hasskommentare

T-Online hat einige der schlimmeren (aber bewusst nicht die „schlimmsten") Online-Kommentare öffentlich gemacht:

» „Wenn Nazis eins richtig machen, dann ist es Typen wie ihnen was auf das Maul zu hauen, hoffentlich bald!!!!!!!!!!!!!!!!!!!!!!!!!!!!!" (an einen Redakteur)
» „Die Terroristen hätten alle von dem Satire-Blatt erschießen sollen."
» „Geht dir jetzt einer ab du hinteranatolischer Eselvicker?" (an einen Redakteur)
» „Für Schweine wie den ist eine Kugel zwischen die Augen gerade gut genug."
» „Alle Menschen haben eine Öffnung am Körper, durch die Fäkalien ausscheiden. Bei den meisten ist das die hintere Öffnung, bei dir DEIN MUND." (an einen Redakteur)
» „Dann verpiss Dich aus meinem Land Du Stück Scheisse!"
» „KREPIERE DU DEPP! KREPIERE!"

Mario Ist der Artikel tatsächlich das freie Werk eines WELT - Autors, oder einfach nur per Copy & Paste aus einer Werbebroschüre des Zentralrats der Muslime übernommen?

Gefällt mir · Antworten · 250 · Gestern um 13:53

WELT So machen wir das eigentlich immer: Der Zentralrat schreit uns die Themen bei der Muezzin-Konferenz aus dem Minarett im 18. Stock entgegen, wir hören andächtig zu und tippen den Ruf sorgfältig ab. Danach kommen die Anweisungen aus dem Kanzleramt und dazwischen gibt es Schnaps.

Gefällt mir · Antworten · 935 · Gestern um 13:58

Abb. 91: Die Social-Media-Redaktion der Welt punktet mit ironischen Antworten auf Nutzerkommentare.

Eine andere Möglichkeit hat die Online-Redaktion der *Welt* gefunden: Sie antwortet auf hetzerische Kommentare und *Twitter*-Posts mit Spott und Hohn. Und das so erfolgreich, dass schon mehrere *Facebook*-Themenseiten die Kommentare der *Welt* sammeln.

Community Management

Wer eine eigene Community aufbauen will – egal ob auf der eigenen Webseite oder in den Social Media –, der wird nicht darum herumkommen, sie zu managen. Für diese Tätigkeit hat sich schon ein eigenes neues Berufsbild gebildet: das der Community ManagerIn.

Wer Mitglieder hat statt LeserInnen oder KundInnen, kann ein völlig anderes Verhältnis zu ihnen aufbauen (siehe Kap. A4). Doch viele Redaktionen scheitern dabei, auf ihren eigenen Webseiten eine Online-Community zu etablieren. Dies hat häufig zwei Gründe: Man kann auf keine Community aufbauen oder es fehlt am Community Management.

Ersteres ist – wie Stefan Primbs, der Social-Media-Beauftragte des *Bayerischen Rundfunks*, es genannt hat – das „Dilemma des leeren Wirtshauses".[52] Niemand geht gerne in ein Wirtshaus, in dem er selbst der erste Gast ist. Dies gilt auch für Foren, Chats oder Online-Aktionen. Wer ein Wirtshaus neu eröffnet, wird darum eine Eröffnungsparty machen und dazu viele bekannte Leute einladen, die wieder andere Leute mitbringen. Er wird auch am Thresen Leute anstellen, die in der Szene bekannt sind und weitere Gäste anlocken. Online sollte man es genauso machen. Hier zeigt sich die Bedeutung der sogenannten „Influencer". Diese haben schon eine Fan-Community im Schlepptau, wenn sie sich in anderen und neuen Netzwerken zeigen.

Die Community ManagerInnen werden manchmal auch einfach Social-Media-RedakteurInnen oder Social-Media-ManagerInnen genannt: Das Berufsbild entsteht ja gerade erst und entwickelt sich noch. Sie pflegen die Online-Community, halten Diskussionen am Laufen, binden die NutzerInnen ein. Die Aufgabe kann und wird im redaktionellen Alltag auch häufig von mehreren Leuten ausgeführt. Dann ist es allerdings wichtig, dass es klare Community-Richtlinien und auch eine Hauspolitik gibt, wie man mit seinen Mitgliedern und ihren Kommentaren umgeht.

> „Wer nicht in Moderation investieren will, soll keine Foren anbieten oder zumindest nicht über deren Qualität jammern.“
>
> WOLFGANG BLAU, PRESIDENT VON CONDÉ NAST INTERNATIONAL[53]

Community ManagerIn

- Veröffentlichung der Inhalte in den vorgesehenen sozialen Netzwerken. Ob die ManagerInnen selbst schreiben oder die Inhalte zugeliefert werden, hängt von der Redaktion ab und ist in den Community-Richtlinien geregelt.
- Umsetzung und Überwachung / Evaluation der Umsetzung von Community-Regeln in Abstimmung mit den anderen Abteilungen der Redaktion oder Firma.
- Moderation der Kommentare und der Nutzerbeiträge gemäß den Richtlinien und der Netiquette.
- Nutzer-Ansprache und Nutzer-Dialog.

Für das Management und die Moderation von Nutzer-Kommentaren gibt es auch gesetzliche Vorschriften. Denn unter bestimmten Umständen kann der Betreiber einer Community beziehungsweise der Inhaber einer Webseite oder eines *Facebook*-Auftritts auch haftbar für die Inhalte sein, die NutzerInnen etwa in den Kommentarspalten schreiben oder hochladen. Näheres regelt §10 des Telemediengesetzes (TMG). Dort heißt es:

Speicherung von Informationen (§ 10 TMG)

Diensteanbieter sind für fremde Informationen, die sie für einen Nutzer speichern, nicht verantwortlich, sofern

1. sie keine Kenntnis von der rechtswidrigen Handlung oder der Information haben und ihnen im Falle von Schadensersatzansprüchen auch keine Tatsachen oder Umstände bekannt sind, aus denen die rechtswidrige Handlung oder die Information offensichtlich wird, oder
2. sie unverzüglich tätig geworden sind, um die Information zu entfernen oder den Zugang zu ihr zu sperren, sobald sie diese Kenntnis erlangt haben.

Die Überschrift „Speicherung von Informationen" ist vielleicht ein bisschen missverständlich, aber jedes Stückchen Text oder jedes Bild im Netz ist ja irgendwo auf einer Festplatte oder auf einem Server gespeichert und für den Gesetzgeber ist derjenige Adressat, dem die Festplatte oder der Server gehört. Nun heißt es ausdrücklich, für fremde Inhalte sei man nicht verantwortlich. „Fremd" sind Inhalte aber nur, wenn man sie sich nicht zu eigen macht. Dies geschieht aber zum Beispiel, wenn man sich bei einem *Facebook*-Gewinnspiel vorbehält, von den NutzerInnen hochgeladene Bilder weiterzuverwenden. Außerdem sagt der Unterpunkt 1, dass man sehr wohl verantwortlich ist, wenn der Inhalt offensichtlich rechtswidrig ist. Dies würde zum Beispiel für offene Aufrufe zu Straftaten gelten. Nicht nötig ist, jeden Nutzerkommentar von JuristInnen prüfen zu lassen. Verantwortlich ist man auch, wenn man explizit auf die Rechtswidrigkeit hingewiesen wird, also wenn zum Beispiel der Rechteinhaber eines Fotos sich meldet, das jemand anderes unberechtigt hochgeladen hat. Im Alltag läuft das auf ein recht aufwendiges Monitoring der Kommentarspalten hinaus. Die Tageszeitung *Welt* hat dieses Verfahren automatisiert. Sie hat ein System der Firma Ferret Go installiert, das auf der Basis von 8,5 Mio. analysierten Nutzerkommentaren beleidigende und andere verbotene Äußerungen herausfiltern können soll. Kleine Redaktionen können sich solche Maßnahmen allerdings finanziell nicht leisten. Die *Fuldaer Zeitung* schloss Anfang des Jahres 2016 ihren Kommentarbereich und begründet dies folgendermaßen: „Die Moderation der Kommentare nimmt inzwischen mehrere Stunden Arbeitszeit täglich in Anspruch. Dabei müssen wir uns –

neben vielen sachlichen und lesenswerten Leserkommentaren – allerdings zunehmend persönliche Beschimpfungen und Beleidigungen sowie aggressive Beiträge einiger weniger Nutzer durchlesen. Kommentare, die Sie als Leser niemals zu lesen bekommen, wir aber Tag für Tag für Sie ‚konsumieren' und löschen. Das nimmt viel Zeit in Anspruch – und kostet zudem eine Menge an Nerven. Diese Zeit und Energie möchten wir lieber dafür nutzen, Ihnen mehr interessante Inhalte auf unserem Portal anbieten zu können."[54]

Die Stiftung Warentest hat einmal ausgerechnet, was strafbewehrte Äußerungen in Social Media nach typischen deutschen Gerichtsurteilen kosten können. Das reicht von 1.380,- Euro Strafe für die Äußerung „Dieses Pack gehört gesteinigt und an die Wand gestellt. Allen voran diese erbärmliche Drecksau von OB Jung, diese Voll-Assi" bis zu 5.000,- Euro Strafe für die Äußerung „Sogesehen haben die Juden am Holocaust des 2. Weltkrieges auch selber schuld. Vor allem die im Warschauer Ghetto." Als die Stiftung diesen Strafenkatalog auf *Facebook* veröffentlichte, entfachte sie selbst einen enormen Sturm an Kommentaren. Ihre souveräne Art des Community Managements allein dieses Threads brachte ihr eine Nominierung für den Grimme Online Award ein.

Abb. 92: Die Stiftung Warentest geht souverän und sachlich mit idiotischen Nutzerkommentaren um.

E2 JOURNALISTISCH RELEVANTE NETZWERKE

Facebook

Vom Studentennetzwerk zum Jeden-Tag-Medium

In Deutschland meinen wir vor allem *Facebook*, wenn wir von Social Media reden. Das Netzwerk hat hierzulande 30 Millionen aktive NutzerInnen. Aktiv bedeutet dabei, dass sie wenigstens einmal im Monat auf der Plattform tätig werden. *Facebook* führt damit alle Statistiken der Social-Media-Nutzung mit weitem Abstand an, von einer „*Facebook*-Dämmerung" ist nichts zu spüren.

Ursprünglich sprach man von „Social Software". Der Begriff „Social Media" fiel zum ersten Mal im Jahr 2002 im Rahmen einer Fachtagung des „Social Software Summit", den der Internetexperte Clay Shirky in New York veranstaltete. Gemeint waren damit ursprünglich Blogs und Wikis. Das erste Wiki als Software für die Wissensverwaltung ist immerhin schon 1994 von Ward Cunningham unter dem Namen WikiWikiWeb vorgestellt worden.

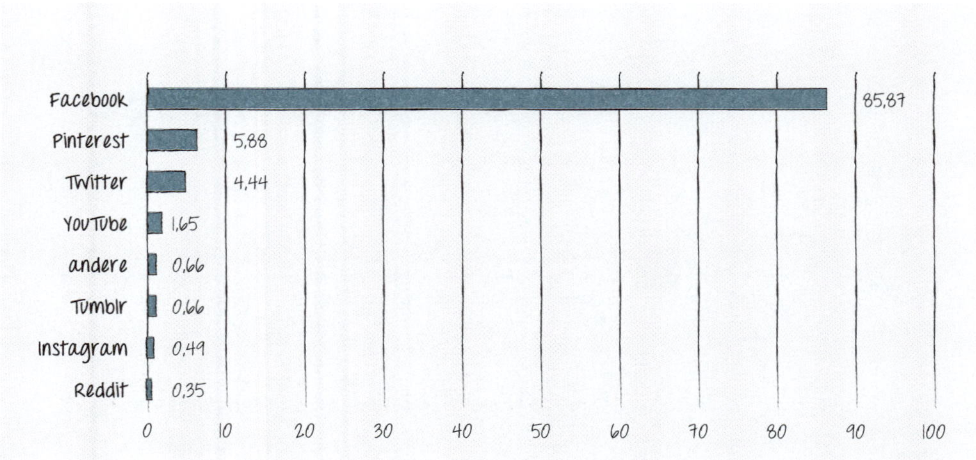

Abb. 93: Marktanteile von Social-Media-Diensten nach Seitenabrufen in Prozent, weltweit im Juni 2017.

Mit der Foto-Community *Flickr* (von engl. to flick = etwas durchblättern) ist 2002 die erste Plattform gegründet worden, auf der NutzerInnen ihre eigenen Inhalte hochladen und mit anderen teilen konnten. Wegen des Teilen-Aspekts spricht man auch von einer Sharing-Plattform. Daraus hat sich ein globales Geschäftsfeld entwickelt, die „Sharing-Economy". 2003 entstand *Myspace* und damit das erste Netzwerk, in dem die NutzerInnen eigene Profile einrichten und Texte, Fotos, Musik und Videos hochladen und teilen konnten. 2004 programmierte der damals 19-jährige Informatik-Student Mark Zuckerberg an der Harvard-University *Facebook*.

„Facebooks" sind an amerikanischen Hochschulen Jahrbücher, in denen Studentenjahrgänge mit den entsprechenden Fotos abgebildet sind. Zuckerberg und einige andere Studenten (mit denen Zuckerberg später langwierige Rechtsstreitigkeiten haben sollte) wollten ursprünglich nur die Online-Version eines solchen „Facebooks" herstellen. Daraus entwickelte sich – ursprünglich ausschließlich an Universitäten und nur von Studierenden nutzbar – das soziale Netzwerk, wie wir es heute kennen.

Facebook

Mark Zuckerberg ist nicht Mitglied Nr. 1 bei *Facebook*, sondern „nur" Mitglied Nr. 4. Jeder *Facebook*-Account hat eine eindeutige ID und ist auch unter dieser ID aufrufbar. Die *Facebook*-Seite von Mark Zuckerberg ist entsprechend unter *facebook.com/4* zu erreichen. Hinter den folgenden Nummern stehen Mitgründer des Netzwerks an der Harvard-University, aber auch einige der frühen NutzerInnen des Netzwerks wie Zuckerbergs Mitbewohner Arie Hasit, der heute Rabbiner in Jerusalem ist. Die Nummern 1–3 sind nicht vergeben oder in der Zwischenzeit gelöscht worden.

Auf *Facebook* gibt es unterschiedliche Formen der Partizipation. Für die Anmeldung in diesem Netzwerk ist ein persönlicher Account nötig, für den man Vor- und Nachnamen, eine E-Mail-Adresse, sein Geburtsdatum und sein Geschlecht angeben muss. *Facebook* fordert von seinen NutzerInnen die Angabe der echten Vor- und Zunamen („Klarnamenpflicht"). Allerdings ist es nicht mit einer Sanktion verbunden, wenn man stattdessen ein Pseudonym angibt. Weit verbreitet ist auch, Namensbestandteile abzukürzen. Die Angaben werden normalerweise von *Facebook* nicht überprüft.

Die Mitglieder sind untereinander als „Freunde" vernetzt. „Freund" eines *Facebook*-Mitglieds kann man nur durch eine Freundschaftsanfrage werden, die die andere Person akzeptieren muss. Der Vorgang wird auf denglisch auch als „Adden" bezeichnet. Man kann „Freunde" auch wieder aus der eigenen Freundesliste löschen, dies wird krude, aber folgerichtig als „Deaden" bezeichnet. Die Kommunikation mit den „Freunden" auf *Facebook* findet auf verschiedenen Ebenen statt:

» *Status:* Die normalen Postings heißen bei *Facebook* etwas eigentümlich „Statusmeldungen" oder nur „Status". Hier können (kurze) Texte geschrieben, Fotos oder Videos hochgeladen und Links auf Webseiten gegeben werden. In dem Posting wird in der Regel jeweils eine Vorschau der verlinkten Inhalte gezeigt.

» *Profil:* Die Profil-Seite ist die persönliche *Facebook*-Seite und damit die Visitenkarte der Mitglieder. Hier wird ein Profilfoto, im Kopf der Seite ein selbstgewähltes Headerbild, der Name und je nach Privatsphäre-Einstellungen der Arbeitgeber, Lieblingsmusiken und -filme, die eigene Freundesliste usw. angezeigt. Inhalt der Profil-Seite ist die Chronik, sie besteht aus den veröffentlichten Postings des Mitglieds.

» *Newsfeed:* Ruft man *Facebook* im Browser oder in der App auf, erscheint nicht die Chronik, sondern der Newsfeed. Hier erscheinen die frischen Postings der eigenen „Freunde" oder der *Facebook*-Seiten, die man abonniert hat.

» *Seiten:* Firmen, Medienmarken oder prominente Persönlichkeiten haben kein persönliches Profil, sondern eine *Facebook*-„Seite". Hier muss keine Freundschaftsanfrage gestellt werden, sondern Seiten können einfach von jedem abonniert werden, indem man den „Gefällt mir"-Button klickt. Die Abonnenten oder Follower einer *Facebook*-Seite werden auch als „Fans" bezeichnet, dies ist aber kein offizieller Ausdruck. Die Notwendigkeit, aus einem Profil eine Seite zu machen, kann recht schnell auftreten, denn *Facebook* begrenzt die Zahl der eigenen Freundesliste auf 5.000 Mitglieder. Fußballer Christiano Ronaldo hat zum Beispiel mehr als 120 Mio. Fans auf *Facebook*. Folgende Seitentypen werden unterschieden: lokales Unternehmen oder Ort (Unternehmen, Organisation, Marke oder Produkt), Künst erIn, Band oder öffentliche Person und schließlich guter Zweck oder Gemeinschaft.

» *Gruppen: Facebook*-Mitglieder mit gleichen Interessen können auch eine „Gruppe" eröffnen. Dort können alle Gruppenmitglieder posten und Inhalte hochladen. Gruppen können öffentlich oder geschlossen sein. Über den Status und die Mitglieder einer Gruppe entscheidet derjenige, der die Gruppe initiiert hat.

Die News und der Newsfeed

Zentrale Stelle für Information in *Facebook* ist der Newsfeed der einzelnen Mitglieder. Indem die NutzerInnen journalistische Quellen und deren je eigene *Facebook*-Auftritte abonniert haben, landen auch die Statusmeldungen dieser Medien und damit im Idealfall die neuesten Nachrichten im Newsfeed der LeserInnen. Auf diese Weise kann *Facebook* zu einer persönlichen Online-Zeitung werden. Häufig kann man von Leuten, die eine aktuelle Story weitererzählen, als Quellenangabe hören: „Habe ich bei *Facebook* gelesen."

Anders als *Twitter* gibt *Facebook* seinen Mitgliedern nicht alle Postings zu lesen, die die FreundInnen der eigenen Freundesliste verfassen. Stattdessen wird nach einem geheimen Algorithmus eine Auswahl an Postings getroffen, die angeblich mit den Präferenzen der NutzerInnen übereinstimmen soll. Als Geschäftsmodell muss man diese Praxis „tüchtig" nennen: Erst reduziert man künstlich die weitergeleiteten Postings und dann bietet *Facebook* an, durch Geldzahlung die Reichweite wieder zu erhöhen. Dass *Facebook* ein kostenloser Dienst sei, kann man schon aus diesem Grund nicht behaupten. Der *Facebook*-Newsfeed-Algorithmus, der manchmal auch „Edge Rank" genannt wird, errechnet diese Vorlieben aus einer Reihe von Kategorien. Die wichtigsten sind Affinität, Gewichtung und Zeit:

» *Affinität:* Hier ist die Beziehung zwischen dem Sender und dem Adressaten entscheidend, also wann der Adressat die Seite „geliked" hat, wie oft er mit dem Sender interagiert, wie oft er also Signale gesendet hat, dass er an den Inhalten des Senders interessiert ist.

» *Gewichtung:* Hier sind die Interaktionen wie Liken, Kommentieren oder Teilen entscheidend.

» *Zeit:* Hier ist das Timing des Postings wichtig. Es geht dabei um den Zeitabstand zwischen der Veröffentlichung und dem letzten Login der AdressatInnen. Je weniger Zeit seitdem verstrichen ist, desto größer ist die Wahrscheinlichkeit, dass er oder sie das Posting zu Gesicht bekommt. Waren die AdressatInnen aber länger nicht mehr online, kann es auch ein älteres Posting noch zu ihnen schaffen.

Weitere Faktoren des *Facebook*-Newsfeed-Algorithmus sind negatives Feedback, Nutzerbewertungen, Beitragsart, Verbindungsgeschwindigkeit, Anzeigedauer, Content-Qualität, Content-Viralität, Nutzerinteressen und viele mehr. Angeblich kommen nur etwa 20 Prozent aller möglichen Postings im Newsfeed der Mitglieder an.

Wer also selbst seine (journalistischen) Inhalte auf *Facebook* postet, sollte einige Tipps beherzigen, um die Wahrscheinlichkeit zu erhöhen, dass die eigenen Inhalte auch LeserInnen finden. Die wichtigste Faustregel ist, dass man einen überzeugenden Inhalt haben sollte. Die ExpertInnen im Bereich Content-Marketing haben dafür in ihrem unverwüstlichen Denglish die Formel „Content ist King" gefunden. Journalistisch sollte man wenn schon denglish, dann lieber formulieren: „Die Story ist King". Wer Unverwechselbares, gar Exklusives zu berichten hat, der wird dafür auch LeserInnen finden. Darüber hinaus gibt es noch ein paar weitere Faustregeln:

Checkliste: Facebook-Postings

- ☐ Länge: *Facebook*-Postings haben eine Umfangsbegrenzung, doch diese ist enorm. Eine Statusmeldung darf maximal 63.206 Zeichen lang sein. Wenn ein durchschnittlicher Roman etwa 500.000 Zeichen hat, könnte man ihn also ungefähr in 9 Postings erzählen. Allerdings macht es wenig Sinn, auf *Facebook* Romane zu erzählen. Im Newsfeed werden außerdem Postings nach spätestens 4.000 Zeichen gekürzt und sind nur nach Klick auf „Mehr anzeigen" sichtbar.
- ☐ Kürze: Schlechte Nachrichten für Langatmige – je kürzer ein Posting, desto besser. Die Web-AnalytikerInnen von *Blitzlocal* haben 120 Milliarden *Facebook*-Aufrufe analysiert und festgestellt, dass längere Postings sehr schlecht abschneiden. Gemessen wurde, bei welcher Länge ein Posting die meisten Interaktionen erzielen konnte. Dabei kam heraus, dass die ideale Länge zwischen 100 und 119 Zeichen liegt, also noch kürzer als ein Tweet bei *Twitter* ist, der ursprünglich 140 Zeichen haben durfte.
- ☐ Links statt Bilder: Wenn man einen Link auf eine Artikelseite im eigenen Webauftritt postet, ergänzt *Facebook* ein Beitragsbild sowie den Teasertext, sofern er im Metatext der Webseite eingetragen ist. Das ist besser, als nur ein Beitragsbild hochzuladen und einen eigenen Text als Statusmeldung zu verfassen.

☐ Beim Posten von Links sollte der Text der Statusmeldung nicht mit dem Teasertext übereinstimmen, der unter dem Beitragsfoto steht.

Im nebenstehenden Beispiel sind der erste Satz des *Tagesspiegel*-Teasers und der erste Satz des Postings identisch, was für die LeserInnen sehr langweilig aussehen muss und nicht für den Artikel spricht (siehe Abb. 94). Besser macht es der *Deutschlandfunk* im zweiten Beispiel: Der Inhalt des Teasers wird im Text der Statusmeldung gut auf den Punkt gebracht. Wer hier weiterklickt, darf auch einen pointierten Artikel erwarten (siehe Abb. 95).

Manche Postings aus sozialen Netzwerken finden eine nahezu unbeschreiblich große Verbreitung in der Online-Welt. Man nennt diese massenhafte Streuung einzelner Nachrichten auch „virale Verbreitung", weil sie sich wie ein „Virus" verbreiten. Die entsprechenden Maßnahmen, um eine solche epidemische Verbreitung herbeizuführen, werden manchmal auch als „Seeding" (engl. to seed = säen) bezeichnet. Die meisten Beispiele, die in Fachbüchern oder auf entsprechenden Internetseiten virale Verbreitung demonstrieren sollen, sind aus den Bereichen Marketing und Werbung. Auch Fake-News – wie die massenhaften Falschmeldungen über angebliche Untaten von Ausländern, die von rechtspopulistischen und -extremistischen AktivistInnen gestreut werden – verbreiten sich auf diese Weise. Für eine virale Verbreitung müssen zwei Voraussetzungen erfüllt sein: Erstens müssen solche Postings, um für diese digitale Form von Mund-zu-Mund-Propaganda überhaupt in Betracht zu kommen,

Abb. 94 und 95: Teasertext im Posting besser nicht wiederholen: Tagesspiegel vs. Deutschlandfunk.

selbst „mundgerecht" sein, das heißt sie müssen sehr populär formuliert sein und einen großen Personenkreis adressieren. Zweitens fällt bei den meisten dieser Beispiele auf, dass sie sich der Methoden des Storytellings bedienen, also dass sie eine Geschichte erzählen und damit eine typische Erscheinungsform des Journalismus adaptieren.

Für die virale Verbreitung stehen auf *Facebook* drei Instrumente zur Verfügung, die gleichzeitig die normalen Werkzeuge für die Kommunikation der NutzerInnen untereinander darstellen: Der „Gefällt mir"-Button, die Möglichkeit der Kommentierung eines Postings (oder eines anderen Kommentars) und schließlich das Teilen („Sharing") eines Beitrags. Das Teilen ist die effektivste Form, denn dadurch wird ein Ursprungs-Posting in die Chronik anderer NutzerInnen übernommen und kann in den Newsfeeds der mit diesen befreundeten Mitgliedern auftauchen, die mit der Ursprungsseite vielleicht selbst gar nicht in Verbindung stehen. Um eine virale Verbreitung anzustoßen, kann es sinnvoll sein, in den Text des eigenen Postings einen „Call-to-Action" zu integrieren.

Call-to-Action (CTA)

Interaktionen jeder Art heben den „Edge Rank" eines Postings und damit seine Sichtbarkeit und Reichweite. Deswegen kann es sinnvoll sein, die LeserInnen explizit zu einer Interaktion aufzurufen. Aber Achtung: Das kann auch schnell anbiedernd und peinlich aussehen und in journalistischen Kontexten wird dadurch möglicherweise eine Verwechselungsgefahr mit rein werblichen oder Marketing-Postings provoziert. Auch Fragesätze am Ende eines Postings können zu Interaktion animieren – insbesondere dazu, im Kommentarteil eine Antwort zu geben.

Facebook-Videos

Durch die hohe Bandbreite, die Internetverbindungen heute selbst bei mobiler Nutzung haben, sind Videoabrufe und auch Videostreaming (also der Abruf in Echtzeit) kein großes Problem mehr. Deswegen sind Online-Videos ungemein populär geworden (siehe Kap. F). Seiten, die Videos integriert haben, werden deutlich häufiger abgerufen als solche ohne. Profiteur war bis vor kurzem hauptsächlich die Video-Plattform *YouTube*, die selbst in Form eines sozialen Netzwerks organisiert ist. Seit Frühjahr 2015 erlaubt

Abb. 96: Facebook-Video von Spiegel Online, das nicht nur untertitelt ist, sondern auch aufwendige Zwischentitel enthält.

nun auch *Facebook*, Videos direkt in die eigene Chronik hochzuladen und fordert damit den Platzhirsch massiv heraus. In *Facebook* hochgeladene Videos werden seitdem im Newsstream priorisiert, das heißt ein Posting mit einem Video hat deutlich höhere Chancen, bei den andere Mitgliedern zu landen. Anders als bei *YouTube* laufen *Facebook*-Videos im Newsstream auch automatisch ab, wenn man an die entsprechende Position scrollt. Allerdings sind sie erst einmal ohne Ton zu sehen: In 95 Prozent der Fälle wird der Ton nämlich nicht aktiviert – und dass obwohl viele Videos ohne Ton nicht verständlich sind. Schon hat sich eine eigene Ästhetik für diese Art von *Facebook*-Stummfilmen etabliert, vor allem durch Untertitelung. Für englischsprachige Videos bietet *Facebook* mittlerweile eine automatische Erzeugung von Untertiteln an. Für deutschsprachige Videos ist *Facebook* in der Lage, SRT-Dateien zu interpretieren. Dies ist ein eigenes Dateiformat für Untertitel, das auch die Information abspeichert, an welcher Position im Timecode eines Videos der entsprechende Untertitel auftauchen soll.

Als die Verantwortlichen der SeaWorld-Abenteuerparks im März 2016 beschlossen, keine Killer-Wale mehr zu züchten, war Orca-Mama Takara schon trächtig. Nach 18-monatiger Schwangerschaft wurde schließlich in San Antonio Kyara geboren.

Dann im Juli der Krankheits-Schock: Das Kalb musste schon vor mehreren Tagen von Mutter Takara getrennt werden. Grund: Kyara konnte sich nicht mehr selbstständig ernähren, musste von den Pflegern mehrfach am Tag per Hand gefüttert werden.

GESPONSERT

Abb. 97: Instant Article von Bild Online mit Werbung einer Online-Partnervermittlung.

Bei Nutzung der mobilen App gibt es noch das Problem, dass das Abspielen von Videos im Autoplay-Modus Bandbreite, Online-Guthaben und Akkuleistung beeinträchtigen. In den Einstellungen der App beziehungsweise im Internet-Browser lässt sich die Funktion aber deaktivieren.

Instant Articles

Mit der Funktion „Instant Articles" hat *Facebook* insbesondere Medienunternehmen eine Möglichkeit angeboten, nicht nur Links auf Artikelseiten des eigenen Webauftritts, sondern direkt in den mobilen *Facebook*-Apps den kompletten Artikel zu posten. Dafür dürfen diese Artikel Werbung enthalten. Hat das Medienunternehmen die Werbekunden selbst akquiriert, darf es die Einnahmen zu 100% behalten. Wenn *Facebook* die Anzeigenkunden vermitteln soll, gehen 70% der Erlöse an die Medienunternehmen. Im Gegenzug hat *Facebook* die Ladezeiten für solche „Instant Articles" drastisch reduziert, sodass sie bis zu zehnmal schneller auf dem Display der NutzerInnen erscheinen sollen. Denn gerade bei mobiler Nutzung sind die Ladezeiten manchmal problematisch und allein in Deutschland greifen von den 30 Mio. *Facebook*-NutzerInnen 23 Mio. über mobile Endgeräte auf das Netzwerk zu.

Zu den ersten Partnern dieses Programms zählten in Deutschland *Bild Online* und *Spiegel Online*. International waren die *New York Times, National Geographic, NBC News*, *Buzzfeed* und der britische *Guardian* mit von der Partie. Weltweit sollen sich 9.000 Publisher an dem Programm beteiligen.

Gerade Medienhäuser sehen bei den Instant Articles aber auch Schwierigkeiten. Zum einen gibt es keine Möglichkeit, im Rahmen dieses Programms auch Paid-Content-Angebote zu lancieren. Online-Redaktionen, die auf der eigenen Seite ein Bezahlmodell ausprobieren, haben wenig

Instant Article

War das Instant-Article-Programm ursprünglich nur für professionelle Medienhäuser, so kann sich heute jeder Seitenbetreiber die Technologie zunutze machen. Dies funktioniert über die Instant-Articles-API, also die *Facebook*-eigene Programmierschnittstelle.
Im ersten Schritt müssen die dafür vorgesehenen Texte im „Instant Article Markup" formatiert werden. Dahinter verbirgt sich einfaches HTML5 mit einigen *Facebook*-spezifischen Klassen und einer definierten Struktur. Für wen das schon böhmische Dörfer sind: Es gibt ein offizielles Wordpress-Plug-in, das nahezu alles automatisch umwandelt. Sobald die Inhalte mittels API an *Facebook* übermittelt werden, liegen sie in der „Instant Articles Library" bereit. Von hier aus müssen die Inhalte dann manuell veröffentlicht werden. Die Bibliothek finden AdministratorInnen in den „Publishing Tools" der *Facebook*-Seite.

Veranlassung, auf *Facebook* ihre Artikel zu verschenken. Hinzu kommen Datenschutzprobleme, da die Nutzerdaten der Instant-Article-LeserInnen bei der Plattform landen und nicht bei den Redaktionen. Datenschutz ist ohnehin eine der großen Schwachstellen dieses sozialen Netzwerks.

Der Online-Newsroom von *Facebook* mit vielen Informationen zum Unternehmen: https://de.newsroom.fb.com/. LINK

Datenschutzprobleme

Der Wiener Jura-Student Max Schrems forderte im Jahr 2011 von der irischen *Facebook*-Niederlassung, die stellvertretend für die gesamte Europäische Union zuständig ist, die Herausgabe der Daten, die das Netzwerk eigentlich von ihm gespeichert hätte. Zur Antwort bekam er mehr als 1.200 Seiten inklusive von ihm längst gelöschter Daten und stapelweise Metadaten, die alle automatisch von *Facebook* gespeichert wurden. Schrems gründete die Initiative „Europe versus Facebook", kämpfte sich durch das irische und europäische Datenschutzrecht und klagte in Irland für jeden Verstoß gegen europäische Datenschutzbestimmungen. Die 23. Klage zielte auf das sogenannte „Safe-Harbour-Abkommen", wonach Daten aus Europa auch außerhalb der EU, zum Beispiel in Amerika, weiterverarbeitet werden durften, wenn dort bestimmte Grundsätze eingehalten wurden. Der Europäische Gerichtshof urteilte schließlich, diese Praxis sei seit den Snowden-Enthüllungen nicht mehr zulässig und Firmen wie *Facebook* dürften Daten aus Europa nicht ohne weiteres zur Weiterverarbeitung in die USA transferieren.

Die juristischen Auseinandersetzungen legten offen, in welch hohem Maß Online-Dienste wie *Facebook* die Daten ihrer Mitglieder erheben, speichern und weiterverarbeiten. Dies steht nicht immer im Einklang mit europäischem oder deutschem Datenschutzrecht. *Facebook* geht dabei besonders ungestüm vor.

Die Stiftung Warentest hat die verschiedenen sozialen Netzwerke hinsichtlich ihrer Datenschutzbestimmungen getestet. Dabei belegte *Facebook* zusammen mit Linkedin und *Myspace* aufgrund „erheblicher Mängel" die hintersten Plätze. Das Netzwerk schränkt die Rechte seiner Mitglieder unangemessen ein, während es sich selbst weitreichende Rechte vor allem bei der Weitergabe der Daten an Dritte einräumt. Zum Beispiel heißt es in den Nutzungsbedingungen: „Du gibst uns eine nicht-exklusive, übertragbare, unterlizenzierbare, unentgeltliche, weltweite Lizenz für die Nutzung jeglicher IP-Inhalte, die du auf oder im Zusammenhang mit *Facebook* postest." Mit IP-Inhalten ist das geistige Eigentum in Gestalt von Texten, Bildern oder Videos gemeint. Für Profi-FotografInnen eine kaum annehmbare Klausel, würden sie doch die Frucht ihrer Arbeit zur beliebigen Weitergabe an *Facebook* verschenken. Andere soziale Netzwerke wie StudiVZ und SchülerVZ zeigten, dass ein deutlich besserer Umgang mit Nutzerdaten durchaus möglich ist. Sie haben sich Softwarequalität und Datensicherheit vom TÜV Süd zertifizieren lassen.

Ein anderes Beispiel für den laxen Umgang mit den Rechten seiner Mitglieder zeigte *Facebook* im Januar 2012. Da nahm das Netzwerk an einem Psychologie-Experiment teil, in das insgesamt 689.000 Nutzer ohne ihr Wissen involviert waren. Bei diesem Experiment wurde der *Facebook*-Newsfeed so manipuliert, dass die NutzerInnen ein verzerrtes Bild der Stimmung ihrer FreundInnen vorgesetzt bekamen. Als im Juni 2014 die Ergebnisse der Studie öffentlich wurden, folgte eine Welle der Empörung in den Medien. Wenn an Universitäten oder Forschungseinrichtungen Experimente dieser Art durchgeführt werden, muss normalerweise eine Ethik-Kommission zustimmen. Im Fall der Privatfirma *Facebook* war dies nicht der Fall. Die Studie war durch die Nutzungsbestimmungen des Netzwerks gedeckt.

Digitale Arbeit

Der kritische Kommunikationswissenschaftler Dallas Smythe hatte schon in den 1970er-Jahren die These aufgestellt, dass das Publikum bei werbefinanzierten Zeitungen oder Fernsehsendern eine Arbeit leistet, wenn es seine Aufmerksamkeit diesen Medien widmet. Er nannte dies „audience labour", also Publikums-Arbeit, und entsprechend „audience commodity", also die Publikums-Ware. Heute macht sich vor allem der aus Österreich stammende und in London lehrende Kommunikationswissenschaftler Christian Fuchs für diese These stark und hat sie auf das Internet und Social Media übertragen. Und wenn man sich vergegenwärtigt, welche ungeheuren Vermögen die Betreiber von Suchmaschinen und Social-Media-Plattformen angehäuft haben, erscheint plausibel, dass hinter den angeblich „sozialen" Netzwerken vor allem starke Kapitalinteressen bestehen und zwischen Betreibern und UserInnen durchaus ein Ausbeutungsverhältnis herrschen kann.

Facebook hat auch bereits NutzerInnen ohne Hinweis auf die rechtlichen Folgen aufgefordert, per Gesichtserkennung isolierte Porträts aus Gruppenfotos mit Namen zu versehen. Dies ist ohne Zustimmung der Abgebildeten allerdings gar nicht erlaubt. Nach Einschätzung von DatenschützerInnen ist es zudem „bedenklich, dass *Facebook* für diese Funktion im Hintergrund eine Datenbank zur Gesichtserkennung mit Millionen von Nutzern aufbaut".[55]

Facebook erhebt und speichert nicht nur die Daten von NutzerInnen, die sich aktuell auf der *Facebook*-Seite aufhalten. Es reicht schon, auf einer beliebigen Webseite einen *Facebook*-Button zum Liken oder Sharen installiert zu haben, damit *Facebook* die NutzerInnen „tracken" und ihre Daten erheben kann.

Kritische JournalistInnen, aber auch JournalistInnen, die eine kritische und datenschutzsensible Leserschaft haben, sollten ein paar Tipps beherzigen, um nicht in die Datenschutzfalle von *Facebook* zu geraten:

Checkliste: Datenschutz bei Facebook

- ☐ Journalistische Fotos sollten nur mit digitalem Wasserzeichen und keinesfalls in Druckauflösung in *Facebook* hochgeladen werden. Fotoagenturen sind hier oft sehr sensibel und laden nur briefmarkengroße Versionen ihrer wertvollen Bilder hoch.

- ☐ Persönliche Daten können auf der Profilseite privat gehalten werden. Dies lässt sich unter „benutzerdefinierte Einstellungen" regeln.
- ☐ Fotos im eigenen Profil müssen nicht für alle FreundInnen zugänglich sein. Man kann bestimmte Fotos auch nur bestimmten Freundeslisten zugänglich machen (*Facebook* hat diese Fotos allerdings trotzdem).
- ☐ Man sollte anderen Mitgliedern nicht erlauben, an die eigene Pinnwand zu schreiben, sonst ist man unter Umständen für deren Inhalte haftbar.
- ☐ Für das Problem des User-Trackings bei *Facebook*-Button auf fremden Webseiten hat die Computerzeitschrift *C't* eine einfache Lösung programmiert, die sich beispielsweise in Wordpress-Blogs sehr einfach als Plug-in integrieren lässt (Stichwort: 2-Klick-Lösung).

Twitter

„Just setting up my twttr." Das war der erste Tweet, der über den Kurznachrichtendienst *Twitter* gesendet wurde. Er stammt von *Twitter*-Mitbegründer Jack Dorsey und wurde am 21. März 2006 abgeschickt. Gegründet wurde die Plattform von ihm zusammen mit Noah Glass, Biz Stone und Evan Williams. Williams hatte vorher schon den Dienst blogger.com aus der Taufe gehoben, den er 2003 an Google verkauft hatte, und stand später auch an der Wiege des Bloggingdienstes *medium.com*. Williams war bis 2010 auch Geschäftsführer von *Twitter*, bevor er von Dick Costolo abgelöst wurde.

AbonnentInnen eines *Twitter*-Accounts werden als Follower bezeichnet. Anders als bei *Facebook* muss keine Anfrage gestartet und diese akzeptiert werden, um einem Account bei *Twitter* zu folgen.

Besonders erfolgreich sind die Operatoren, die *Twitter* eingeführt hat: Accounts sind mit dem @-Zeichen gekennzeichnet, es dient zum Adressieren, aber auch zum Markieren anderer *Twitter*-Accounts in Tweets. Mit dem Hashtag, d.h. dem #-Zeichen, werden Schlüsselwörter innerhalb eines Tweets gekennzeichnet. Es dient dazu, zusammengehörige Tweets, die auf diese Weise getaggt sind, recherchierbar zu machen. Mit dem Hashtag lassen sich auch Tweets von solchen *Twitter*-NutzerInnen finden, denen man aktuell nicht folgt. Die beiden Operatoren sind so erfolgreich,

Twitter

Twitter ist ein Kurznachrichten- oder Mikroblogging-Dienst, mit dem telegrammartige Kurznachrichten in der Länge von ursprünglich maximal 140 Zeichen (heute 280) über Computernetzwerke verbreitet werden können. Das Wort „Twitter" kommt aus dem Englischen und bedeutet "Gezwitscher". Eine einzelne Nachricht wird entsprechend als "Tweet" bezeichnet. Die sich automatisch aktualisierende Liste mit den neu eintreffenden Tweets heißt bei *Twitter* „Timeline". Die Tweets erscheinen in der Timeline in chronologischer Reihenfolge, direkt, ungefiltert, öffentlich und in Echtzeit. Das ist ein erheblicher Unterschied zu anderen sozialen Netzwerken wie *Facebook*. Es gilt im übertragenen Sinne das Prinzip: What you see is what you get. Die Beschränkung der Tweetlänge auf 140 Unicode-Zeichen war ein Markenzeichen von *Twitter* und hat in seiner Reduktion auf die Kernbotschaft zur Schaffung einer ganz eigenen Ausdrucksweise geführt. Immer mal wieder wurde diese Beschränkung infrage gestellt. Ursprünglich ließen sich Tweets auch als SMS verschicken, daher kam die rigide Längenvorgabe. Im Frühjahr 2016 wurde die maximale Tweetlänge insofern relativiert, als seitdem Links, angehängte Bilder oder Videos nicht mehr zur Endlänge hinzugezählt werden. Auch angehängte Nutzernamen mit dem @-Zeichen werden nicht mehr mitgerechnet. Aufgehoben wurde die Längenbeschränkung für Direktnachrichten, also Botschaften, die *Twitter*-NutzerInnen direkt und nichtöffentlich an andere *Twitter*-NutzerInnen schreiben. Seit Ende 2017 dürfen Tweets sogar 280 Zeichen lang sein – für die Fans sinnvoller Selbstbegrenzung ein Sakrileg! Die Autoren Alexander Aciman und Emmett Rensin haben aus der Not eine Tugend gemacht und die großen Werke der Weltliteratur in Form von Tweets mit 140 Zeichen nacherzählt. Sie nennen das „Twitteratur".

dass sie sich mittlerweile auch in anderen Diensten etabliert haben. In der Google-Suche dienen sie auch als Suchoperatoren, man kann also nach entsprechend gekennzeichneten Tweets oder *Facebook*-Postings auch mit der Suchmaschine suchen. Durch die Analyse von Hashtags kann auch auf die politischen Präferenzen und das Wahlklima geschlossen werden. Hierfür haben sich eigene Dienste wie *Wahlgetwitter* oder *Parteigezwitscher* gebildet.

Mit Hashtags können auch gesellschaftliche Debatten entfacht werden. Nachdem die junge Reporterin Laura Himmelreich im Magazin *Stern* über sexistische Anmache durch einen FDP-Politiker geschrieben hatte, hat sich 2013 unter #aufschrei eine Welle mit Tweets über sexistische Alltagserfahrungen gebildet. Mit dem Hashtag #ichbinhier hat sich eine *Facebook*-Gruppe gebildet, die sich zum Ziel gesetzt hat, die Diskussionskultur in dem sozialen Netzwerk zu verbessern, indem die Mitglieder konsequent rassistischen und diskriminierenden Postings und Kommentaren widersprechen. Beide Hashtags wurden unabhängig voneinander mit dem Grimme Online Award ausgezeichnet. Die Journalistin Laura Himmelreich wurde durch #aufschrei sehr bekannt und ist mittlerweile die Chefredakteurin aller deutschsprachigen Ausgaben von *Vice*.

Die Art der Nutzung von *Twitter* und den anderen sozialen Netzwerken ist sehr von dem Land abhängig, in dem man sich aufhält. In Deutschland hat sich *Twitter* vor allem als Medium für Professionals etabliert, manchmal nennt man sie auch die „digitale Avantgarde“: Hier kommunizieren PolitikerInnen, JournalistInnen, Nerds, Geschäftsleute, Medienunternehmen und andere professionelle KommunikatorInnen. In anderen Ländern sieht das ganz anders aus. In der Türkei zum Beispiel dient *Twitter* eher der privaten Kommunikation. Entsprechend hat der türkische Autokrat Recep Erdoğan im Jahr 2014 den Zugang zu dem Dienst landesweit sperren lassen, weil kritische Tweets eine zu große Verbreitung erfuhren. Und die Person des öffentlichen Lebens, die in Deutschland die meisten Follower hat, ist vielleicht nicht ganz zufällig der deutsch-türkische Fußballspieler Mesut Özil. In den USA wiederum ist *Twitter* der Dienst der Schönen und Mächtigen. Hollywood-SchauspielerInnen und Popstars verbreiten sich und ihre Ansichten gerne über den Kurznachrichtendienst. Präsident Barak Obama war unter dem *Twitter*-Namen @potus (= President of the United States) aktiv. Präsident Trump ist unter seinem Account @realDonaldTrump auf *Twitter* unterwegs und hat mit seinen unberechenbaren Tweets ein ums andere Mal das Weiße Haus in Verlegenheit und die Weltöffentlichkeit zum Staunen gebracht.

Der Accountname des US-Präsidenten Trump weist darauf hin, dass es gerade bei *Twitter* durchaus Probleme mit der Authentizität der Accounts gibt. Für die Anmeldung bei dem Dienst reicht eine E-Mail-Adresse und ein frei zu wählender Nutzername. Eine Klarnamenpflicht wie bei *Facebook* besteht bei *Twitter* nicht. Nutzernamen, die mit einem blauen Häkchen

Abb. 98: Der Twitter-Account von US-Präsident Trump.

Authentifizierung

Sowohl bei *Twitter* als auch bei *Facebook* können NutzerInnen selbst beantragen, dass ihr Account authentifiziert wird und das „blaue Häkchen" bekommt. Allerdings ist das nicht einfach. Beide Plattformen überprüfen, ob es sich dabei um häufig gesuchte NutzerInnen aus den Bereichen Musik, Film, Mode, Politik, Religion, Journalismus, Medien, Werbung, Business und anderen wichtigen Interessengebieten handelt. Bei *Facebook* gibt es dafür eine eigene Seite namens "Verifizierungsbanner beantragen". Ob man überhaupt bis zu dieser Seite vorstößt, liegt aber auch an der Anzahl der *Facebook*-FreundInnen und der Interaktionen mit ihnen. Dann muss man sich tatsächlich mit amtlichen Dokumenten wie Reisepass oder Führerschein ausweisen. Ein anderer Weg führt über die *Facebook*-Mentions-App, die man im Appstore für iPhones oder Android-Smartphones herunterladen kann. Öffentliche Persönlichkeiten werden von *Facebook* selbsttätig authentifiziert. Bei *Twitter* hilft die Zahl der Follower nicht weiter. Hier wird tatsächlich persönlich überprüft, ob man prominent genug ist, um authentifiziert werden zu müssen. Im *Twitter*-Support-Bereich gibt es ein Formular, mit dem man diese Prüfung beantragen kann.

versehen sind, gelten aber als authentifiziert. Bei ihnen können also andere NutzerInnen davon ausgehen, dass die entsprechenden Personen der Zeitgeschichte tatsächlich dahinterstehen.
Auch wenn der Kurznachrichtendienst *Twitter* immer mal wieder totgesagt wurde und als typischer Übernahmekandidat für andere Internetfirmen gilt, ist seine journalistische Relevanz nicht zu unterschätzen. Von vielen Ereignissen hat die Welt zuerst über *Twitter* erfahren: von der Notwasserung des US-Airways-Flug 1549 auf dem Hudson-River in New York, von der Erstürmung der Residenz von Osama Bin Laden in Pakistan oder von der Wahl Christian Wulfs zum Bundespräsidenten haben zuerst *Twitter*-NutzerInnen berichtet. Zwei Drittel der Regierenden und hohen DiplomatInnen dieser Erde sollen angeblich *Twitter* nutzen. Eine Studie der Website *twiplomacy.com* hat ermittelt, dass die Regierungen von 153 der 193 UN-Mitglieder eigene offizielle *Twitter*-Accounts haben. Deren Kommunikation untereinander sowie mit der Öffentlichkeit wird auch als „Twiplomacy", ein Kofferwort aus *Twitter* und dem englischen "Diplomacy", bezeichnet.

Mit digitalen Tools wie Tweetdeck lässt *Twitter* sich auch wie ein Nachrichtenticker nutzen. Tweetdeck ist eine alternative Nutzeroberfläche, mit der sich mehrere Timelines parallel verfolgen lassen. Auf diese Weise kann man sich einzelne *Twitter*-Kanäle zum Beispiel von journalistischen Medien und deren „Breaking News" gleichzeitig anzeigen lassen.

Neben der Möglichkeit, anderen relevanten Quellen zu folgen und *Twitter* somit als Recherchewerkzeug einzusetzen, kann man den Dienst natürlich auch journalistisch für aktive Kommunikation nutzen. Allerdings ist journalistisches Storytelling in 140 bzw. 280 Zeichen vermutlich etwas schwierig. Eher wird die Plattform für Kommunikation mit den LeserInnen sowie für Cross-Promotion der Artikelseiten auf der eigenen Homepage eingesetzt werden. Auch wenn *Twitter* von vielen NutzerInnen als Forum für private und persönliche Mitteilungen verwendet wird, sollte im redaktionellen Einsatz mit subjektiven Perspektivierungen vorsichtig umgegangen werden.

Neben dem Twittern guter Geschichten ist auch auf dieser sozialen Plattform die Viralität wichtig: Tweets verbreiten sich erst dann, wenn sie von vielen anderen NutzerInnen „ge-retweetet" werden. Dabei wird dem Ursprungstweet ein "RT" vorangestellt. Auch wenn die Zahl der *Twitter*-NutzerInnen in Deutschland bei weitem nicht an die der *Facebook*-Mitglieder heranreicht, können einige Tweets eine enorme

Verbreitung erreichen. Dies liegt auch daran, dass viele Medienleute in dem Netzwerk unterwegs sind und Tweets darum gerne auch in etablierten Medien als Indikator von Trends und Stimmungen zitiert werden. Gerade die Kürze der Mitteilungen erhöht dabei ihre Zitierfähigkeit; entsprechend seltener werden *Facebook*-Postings in normaler journalistischer Berichterstattung zitiert.

Es ist auch die Rede davon, *Twitter* habe den JournalistInnen das „Ich" wiedergegeben. Auffällig ist jedenfalls, dass viele persönliche Accounts von JournalistInnen auf *Twitter* deutlich erfolgreicher sind als die ihrer Redaktionen oder Ressorts. Die Authentizität, die diese Kommunikation hat, ist offenbar wertvoll und wird mit Interaktion belohnt.

Es gibt im Netz viele Seiten mit Tipps und Tricks für den perfekten Tweet. Für den journalistischen Einsatz fehlt dabei praktisch immer der wichtigste Hinweis: Der beste Tweet ist der, der eine sehr gute journalistische Geschichte erzählt oder auf eine ebensolche hinweist. Wer wirklich etwas mitzuteilen hat, der sollte dies auch auf *Twitter* tun. Darüber hinaus sollte man auf folgende Punkte achten:

Checkliste: Journalistisch twittern

- ☐ Die 140 bzw. 280 Zeichen nicht ausnutzen: Ein Tweet ist schon kurz genug, und doch sollte man sich nach Möglichkeit noch kürzer fassen. Denn wer retweetet, der will vielleicht etwas hinzufügen. Dass mit den @-Zeichen angehängte Namen nicht mehr dazuzählen, hat die Notwendigkeit ein bisschen entschärft.
- ☐ Andere *Twitter*-NutzerInnen mit ihrem *Twitter*-Namen ansprechen, weil sie dann über den Tweet benachrichtigt werden. Also „wie @regsprecher meint ..." statt „wie Stefan Seibert meint ...".
- ☐ Namen mit @-Zeichen nicht an den Anfang von Tweets stellen, sonst sind die Mitteilungen nicht öffentlich, sondern nur von den eigenen Followern und denen des oder der Angesprochenen zu lesen.
- ☐ Nicht nur Links oder Teaser posten, sondern Inhalte.
- ☐ Hashtags sparsam und sinnvoll einsetzen. Betonung auf „sinnvoll". Wenig sinnig ist es, so gut wie jedes deutsche oder englische Hauptwort mit dem #-Zeichen zu versehen, da nur selten überhaupt jemand danach suchen wird. Allerdings kann das Hashtag

auch als Stilmittel eingesetzt werden, wie in #ichmeinjanur oder #schönentagweiterhin. Bei Veranstaltungen ist es sinnvoll, wenn der Veranstalter ein Hashtag vorgibt, um das Event identifizierbar zu machen. So twitterten die BesucherInnen des Kölner Forums für Journalismuskritik 2018 unter dem Hashtag #kfj18.

- ☐ Nicht chatten! Die Grenzen zwischen einer öffentlichen Debatte und einer privaten Auseinandersetzung sind manchmal fließend. Ein Chat interessiert aber nur zwei Personen, nicht die Öffentlichkeit. Es ist auch zu bedenken, dass bei direkten Antwort-Tweets die eigenen Follower womöglich den Ursprungs-Tweet gar nicht kennen und darum nicht nachvollziehen können, um was es geht.
- ☐ Die Zahl der Retweets sollte die Zahl der originären Tweets auf keinen Fall übersteigen. Wer sollte jemandem folgen, der selbst offenbar wenig zu sagen hat?
- ☐ Regelmäßig tweeten: Nur ein aktiver Account, der regelmäßig bespielt wird, findet auch seine Follower. Aktive Redaktionen haben damit kein Problem, da sie mit ihren Tweets Links auf ihre aktuellen Artikelseiten verbreiten können. Überlegenswert ist, hin und wieder auch originäre Mitteilungen an die *Twitter*-Community zu senden, denn das wertet den Kanal auf. Bei vielen Tweets sollten diese auf den ganzen Tag verteilt werden. Gerade nachrichtliche Tweets werden gerne zu typischen Bürozeiten rezipiert.

Eines ist bei der redaktionellen Nutzung von *Twitter* noch zu bedenken: Die Halbwerts-Zeit von Tweets ist viermal geringer als die von *Facebook*-Postings. Nach einer empirischen Untersuchung Benjamin Reys vom Online-Dienstleister Wisemetrics hat ein Tweet nur eine Halbwertszeit von 24 Minuten, verglichen mit 90 Minuten bei *Facebook*-Postings. Innerhalb dieser Zeitspanne sind also die Hälfte aller Interaktionen bereits geschehen. Das kann ein Grund dafür sein, Tweets durchaus auch mehrmals zu posten, um ihre Sichtbarkeit zu erhöhen. Mit analytics.twitter.com stellt die Plattform ein Werkzeug bereit, um den eigenen Account zu analysieren. Auf diese Weise erfährt man, welche Inhalte den meisten Zuspruch erfahren haben.

Instagram

Instagram ist hauptsächlich durch seine Smartphone-App bekannt und populär geworden. Eigentlich ist sie dafür gedacht, Handyfotos und kurze Videos von maximal 15 Sekunden Länge zu publizieren und zu teilen. Der Dienst hat sich durch seine große Popularität zu einem eigenständigen sozialen Netzwerk gemausert, das vor allem bei jüngeren NutzerInnen zum Teil beliebter als *Facebook* und *Twitter* ist. Die höchsten Nutzerzahlen hat *Instagram* nach einer Forsa-Erhebung im Auftrag von Sevenone Media unter den 14- bis 29-Jährigen mit besonderen Ausschlägen bei den Unter-18-Jährigen. Das Netzwerk wird darum manchmal auch als die „Küken-Community" bezeichnet. Dass diese „Küken" von größeren Plattformen wie *Facebook* zu *„Insta"* abwandern, tut dem Netzwerkbetreiber nicht sehr weh: *Facebook* hat *Instagram* im Jahr 2012 für rund 1 Milliarde Dollar gekauft. Noch ein paar beeindruckende Zahlen: Mehr als 40 Milliarden Fotos sollen mittlerweile auf *Instagram* verfügbar sein, bis zu 80 Millionen Fotos werden in dem Netzwerk täglich geteilt.

Die App hat einige gerade unter Jugendlichen sehr beliebte Filterfunktionen, mit denen sich Fotos bearbeiten und verfremden lassen. Videos lassen sich mit der Funktion Hyperlapse auf verblüffende Weise mit Zeitraffereffekten versehen. Ästhetisch rangieren *Instagram*-Fotos irgendwo zwischen Polaroid und Lomografie – ein Eindruck, der durch das durchgehend quadratische Bildformat noch verstärkt wird. Gerade die Spontaneität der *Instagram*-Fotos geben ihnen ein Image von Authentizität und machen manche *Instagram*-Accounts zu Fototagebüchern ihrer BesitzerInnen.

Bilder können auf *Instagram* entweder öffentlich oder nur einem bestimmten Abonnentenkreis sichtbar gemacht werden. Die AbonnentInnen entsprechen dann den Followern bei *Twitter*. Auf dem Startbildschirm werden entsprechend die aktuellsten Bilder der *Instagram*-Accounts, die man selbst abonniert hat, angezeigt.

Auch auf *Instagram* hat das #-Zeichen als Hashtag eine besondere Bedeutung. Damit lassen sich nämlich themenspezifische Bildübersichten anzeigen. Es ist auf *Instagram* ein eigener Sport geworden, möglichst kreative und möglichst viele Hashtags aneinanderzureihen. Im professionellen Bereich wird man hier vermutlich eher Mäßigung üben.

Auch wenn journalistische Geschichten sich vor allem diskursiv – und das bedeutet mit Text – erzählen lassen, gibt es doch für *Instagram* einige

Abb. 99: N-TV ist auf Instagram aktiv und bei vielen Ereignissen live dabei.

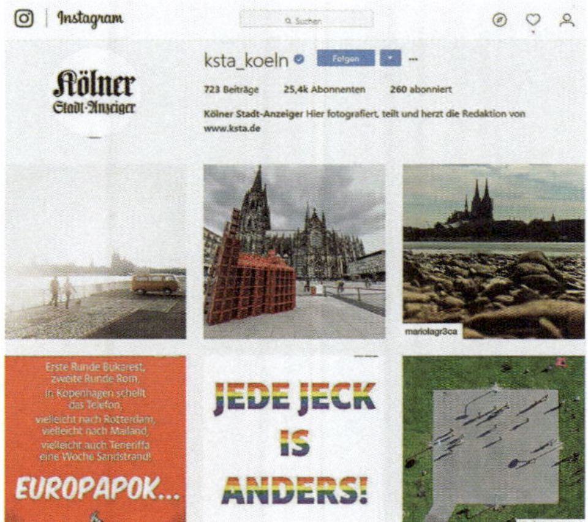

Abb. 100: Der Kölner Stadtanzeiger postet erfolgreich Kölnbilder auf Instagram.

journalistische Einsatzmöglichkeiten. Dies gilt natürlich insbesondere für Redaktionen, die sowieso viel mit Fotos und Videos arbeiten, oder für solche, die insbesondere eine sehr junge Zielgruppe ansprechen wollen. Fernsehsender wie *N-TV* oder *ZDF* und auch die *Bildzeitung* sind entsprechend auf *Instagram* besonders aktiv.

Fotos müssen auf *Instagram* auch nicht ohne Text auskommen. Bis zu 2.200 Zeichen sind erlaubt und das reicht für eine ausführlichere Meldung. Allerdings werden im Benutzerfeed nur die ersten drei Zeilen angezeigt, und das in der Regel auf einem Smartphone-Bildschirm – da bleibt nicht viel vom Text übrig.

Für die aktuelle Berichterstattung lassen sich Fotos und Videos auch zu „*Instagram*-Storys" zusammenstellen. Das sind Slideshows, die 24 Stunden sichtbar bleiben. Wer das yournalistische, also partizipative Moment auf *Instagram* betonen möchte, kann das Netzwerk auch für Community-Aktionen wie Fotoaufrufe nutzen. Für Redaktionen mit eigener Homepage ist zudem interessant, dass *Instagram*-Inhalte sich auch auf anderen Seiten einbinden (engl. „embedden") lassen. Zu beachten sind dabei natürlich immer urheberrechtliche Fragen: Anders als *Twitter* und *Facebook* weist *Instagram* in seinen Geschäftsbedingungen darauf hin, dass die Urheber alle Rechte an ihren Aufnahmen behalten. Auch bei der Embedding-Option betont *Instagram*, dass man die eigenen Fotos zum Beispiel in seinem Blog einbinden kann, nicht aber, dass jeder dies dürfe.

Journalistisch recht erfolgreich ist auf *Instagram* der *Kölner Stadtanzeiger* (Instagram-Account: @ksta_koeln). Die Regionalzeitung bedient über diesen Kanal visuell gekonnt das „kölsche Jeföhl", in dem mit Stadtansichten aus dem hauseigenen Fotoarchiv die besondere Verbundenheit der Kölner mit ihrer Stadt angesprochen wird. Unter dem Hashtag #verdamplangher, zugleich der Titel einer der Hymnen der Kölner Band BAP, werden historische Aufnahmen hochgeladen. Mit dem Hashtag #365Koeln sind auch die NutzerInnen aufgefordert, ihre Köln-Schnappschüsse zu markieren. Der Aufwand hält sich für die Redaktion in Grenzen, denn die Fotos sind ja ohnehin da. Die Digitalredakteurin Anna Lampert meint dazu: „Unsere große Community ist zum Gefühlsbarometer für die Stimmung in der Stadt geworden und stößt uns durch ihre Bilder immer wieder auf neue, gute Themen, die eine Recherche lohnen."[56]

Umgekehrt hat sich eine Art von *Instagram*-Journalismus gebildet, der aus wenig mehr besteht als daraus zu erzählen, was Promis und Halb-Promis auf der Plattform an Bildern und Messages eingestellt haben. Meldungen der Art: „14 Jahre nach Trennung. Heidi Klum posiert mit Lenis Papa auf Instagram" (*Express*), „Bauer sucht Frau: Auf Instagram löst Anna die Kleiderfrage" (*Stern*) oder „Instagram: Kate Beckinsale macht Yoga mit Ziege" (*Brigitte*) sind wenig mehr als „Copy&Paste"-Journalismus der trübseligen Art. Dies vor allem, weil zumeist über die Postings jener Instagram-Accounts berichtet wird, die ohnehin zu den reichweitenstärksten gehören, sodass anzunehmen ist, dass alle an diesen Themen Interessierten selbst schon Follower dieser InstagramerInnen sind. Instagram-Journalismus ist Instant-Journalismus, der weitgehend auf Recherche verzichtet und dem Berufsbild eher abträglich ist.

Messenger

Neben *Instagram* hat sich die App *Snapchat* gerade unter jüngeren Leuten zu einer sehr beliebten Anwendung entwickelt. Es handelt sich bei *Snapchat* um einen Instant-Messaging-Dienst für mobile Geräte, bei dem Fotos (engl. snaps = Schnappschüsse) an „FreundInnen" geschickt werden können, die nur wenige Sekunden sichtbar sind. Typisch sind außerdem Schriftzüge, Emojis und verspielte Animationen. „Storys" sind Abfolgen von Snaps, die zusammen eine Geschichte erzählen. Die „Storys" bleiben 24 Stunden sichtbar.

Für den Journalismus interessant ist die Funktion „Discover", mit der *Snapchat* um einen Kanal explizit für redaktionelle Inhalte erweitert wurde. Mit einfachen Wischbewegungen am Smartphone können die NutzerInnen

Abb. 101: Snapchat Discover ist extra für journalistische Angebote entwickelt worden.

durch die Inhalte navigieren, die aus kürzeren oder längeren Texten, Videos oder Musik bestehen können. Auch bei „Discover" werden die Beiträge nach 24 Stunden automatisch gelöscht und durch neue ersetzt. Mit *CNN, National Geographic*, aber auch *Comedy Central* sind einige bekannte Medienmarken von Anfang an bei diesem Angebot dabei gewesen. Für den professionellen Einsatz bietet sich die Funktion auch deswegen an, weil *Snapchat* erlaubt, dass anteilig auch Werbeanzeigen unter den Inhalten sein dürfen, die redaktionelle Arbeit sich also auch monetarisieren lässt. Zur Einführung betonen die MacherInnen im Hausblog, dass es bei diesem Angebot um die journalistische Grundtugend geht, nämlich das Geschichtenerzählen: „Discover ist neu, aber vertraut. Deshalb stehen die Storys im Mittelpunkt – es gibt einen Anfang, eine Mitte und ein Ende, sodass Editoren alles in eine Struktur bringen können. Jede Edition wird nach 24 Stunden aufgefrischt – denn was heute die Nachrichten sind, ist morgen Geschichte." Das klingt wohl nicht ganz zufällig nach einer der sehr alten Journalistenweisheiten: „Nichts ist so alt wie die Zeitung von gestern." – im Onlinezeitalter gilt dies insbesondere und *Snapchat* macht daraus ein System.

In Deutschland experimentieren seit dem Frühjahr 2017 *Vice, Sky Sport*, das Nachrichtenmagazin *Der Spiegel* und die *Bildzeitung* mit *Snapchat Discover*. Jeden Tag erscheint von diesen Medienhäusern eine Ausgabe mit mindestens zehn Snaps, kurzen Video-Animationen zu aktuellen Themen, hinter denen sich Texte oder weitere Videos verbergen können. *Vice* war bereits 2015 dabei, als die englischsprachige „Discover"-Version eingeführt wurde.

Joshua Benton vom Nieman Journalism Lab hält die „Discover"-Funktion von *Snapchat* für ein Format, das erstmals vollumfänglich auf die

Bedürfnisse mobiler NutzerInnen zugeschnitten ist: „Die Chance, an Nachrichten wenig interessierte Menschen mit einer Schlagzeile oder Geschichte zu erreichen, ist dadurch viel höher, als sie zum Download einer eigenständigen App zu bewegen."[57]

Auch *WhatsApp* ist ein Instant-Messaging-Dienst. Eigentlich macht er nichts anderes, als sehr kostengünstig den SMS-Service ins Internet zu holen. Der große Erfolg von *WhatsApp* erklärt sich vor allem aus der Funktion, Gruppen anzulegen, deren Mitglieder alle parallel miteinander kommunizieren können. Auch die Audiofunktion – also die Möglichkeit, seinen Kontakten Sprachnachrichten zukommen zu lassen – ist sehr populär. Seit 2014 gehört *WhatsApp* zu *Facebook*. Dem Netzwerkbetreiber war die Neuerwerbung immerhin 19 Milliarden Dollar wert. Weltweit hat *WhatsApp* im Januar 2017 mehr als 1,2 Milliarden NutzerInnen. In der Altersgruppe der 14- bis 19-Jährigen geben 89 Prozent an, den Kurznachrichten-Messenger regelmäßig zu benutzen. Das größte Manko am alten SMS-Dienst war die Längenbegrenzung auf 160 Zeichen. *WhatsApp* hat damit Schluss gemacht: 2^{16} Zeichen lassen sich mit dem Dienst formulieren, das sind 65.536 Anschläge, also noch mehr als bei *Facebook*.

Die journalistische Nutzung von *WhatsApp* liegt vor allem in der schnellen Zustellung aktueller Nachrichten. Die *Süddeutschen Zeitung* bietet schon seit einer Weile mit *SZ Espresso* einen Dienst an, der morgens und abends die Nachrichtenlage in Steno darstellt und auf die ausführlichen Artikel der eigenen Homepage verlinkt. Auch „Breaking News" werden mit diesem Dienst übermittelt. Zur Bundestagswahl 2017 bot die *SZ* über den Messenger im Übrigen einen eigenen Themendienst an. Auch andere Zeitungen wie die *Mittelbayerische*, die *Augsburger Allgemeine* oder die *Aachener Zeitung* bieten den schnellen Nachrichtenüberblick per Kurznachricht. Die *Heilbronner Stimme* hat *WhatsApp* für ein historisches Experiment genutzt: Zum Jahrestagung der Bombadierung Heilbronns am 4. Dezember 2014 hat die Redaktion die damaligen Ereignisse („Operation Sawfish") in Echtzeit per Pushnachrichten noch einmal nacherzählt: 4.800 Zeichen in 30 Nachrichten mit Text, zwei Videos, sieben Bildern und zwei Info-Grafiken.

Die *Deutsche Welle* nutzt Messenger ausgiebig für ihr weltweites Publikum. Neben *WhatsApp* werden auch über *Telegram* Nachrichten aus Bonn im Kurznachrichtenstil in alle Welt gesendet. Das hat seinen Grund nicht nur in der leichteren Kommunikation mit den UserInnen und der

Einbindung von User-generated Content, sondern auch in der Umgehung von Zensur. Denn die journalistischen Angebote der „Welle" haben auch eine Kriseninterventionsfunktion und nicht in allen Krisenländern lassen Nachrichten sich so einfach über die konventionellen Kanäle verbreiten.

Tipps

Einige externe Programme können dabei helfen, die eigenen Accounts und Postings bei *Twitter* zu verwalten:

» *Tweetdeck*: Der *Twitter*-Client kann nicht nur diverse Nachrichtenkanäle parallel anzeigen, sondern eignet sich auch dazu, mehrere eigene Accounts gleichzeitig zu verwalten.
» *Hootsuite* ist ein Social Media Management Dashboard, mit der verschiedene Social Media Accounts aus unterschiedlichen Netzwerken gleichzeitig verwaltet werden können.
» Auch *Buffer* ist eine webbasierte Anwendung, die dazu dient, mehrere Accounts in verschiedenen sozialen Netzwerken gleichzeitig zu bespielen und zu verwalten.

Daneben nutzt die Deutsche Welle für ihr Nachrichtenangebot auch die Chatbots des *Facebook*-Messengers. Damit macht sie sich eine der neuesten Nachrichtentechnologien zu eigen. Chatbots, also automatisierte Nachrichtenkanäle, die im Zweifel auch natürlichsprachlich auf die Fragen der UserInnen antworten können, sollen noch benutzerfreundlicher sein als das mobile Internet. Einer der ersten „News-Bots" auf dem Markt war *Quartz*. Das Programm macht Vorgaben für das Frage-Antwort-Spiel. Das schränkt zwar die Kreativität ein, senkt dafür aber das Frustrationspotenzial. Die Nachrichtenhäppchen, die *Quartz* von sich gibt, wirken so, als kämen sie von einer guten FreundIn, gespickt mit animierten GIFs und Emojis. Auch der amerikanische Nachrichtensender *CNN* hat seinen eigenen Bot, den *CNN*-Newsbot. Er verzichtet weitgehend auf bunte Bildchen und andere Spielereien. Hier steht die trockene Nachricht im Vordergrund, die die UserInnen aus den „Top Stories" oder aus den verschiedenen Ressorts auswählen können. Der *CNN*-Newsbot ist mehr eine Nachrichten-Suchmaschine als ein Frage-Antwort-Automat. Eine deutsche Entwicklung namens *Resi*, die von einem ehemaligen Social-Media-Redakteur der Tageszeitung *Welt* stammte, musste leider zwischenzeitlich ihren Dienst wieder einstellen.

BEWEGTES NETZ: VIDEO & AUDIO

F1 GUTEN ABEND ...

Hugh-Greene-Weg

„Guten Abend meine Damen und Herren, hier ist das erste deutsche Fernsehen mit der *Tagesschau.*" So begrüßen schon seit über 60 Jahren allabendlich die SprecherInnen pünktlich um 20:00 Uhr die FernsehzuschauerInnen. Die Hauptnachrichtensendung der ARD ist ein Beleg dafür, dass die Medien und insbesondere das Fernsehen die Agenda der Gesellschaft bestimmen: Bis heute führt die Sendung an vielen Fernsehabenden das Einschaltquotenranking an. Die universitäre Abkürzung „c.t." stand und steht für viele Menschen nicht für das lateinische „cum tempore" und damit für die akademische Viertelstunde, sondern für „cum Tagesschau" und meinte, dass man zwischen 20:00 und 20:15 Uhr nicht anrufen und dass vor Viertel nach Acht am besten auch keine andere Sendung oder Veranstaltung beginnen sollte. Wenn überhaupt eines der schon wieder klassischen elektronischen Medienangebote seinen Weg in die digitale Welt geschafft hat, dann ist es die *Tagesschau*. Die Webseite und vor allem auch die *Tagesschau*-App für mobile Geräte sind ein Erfolgsschlager und gleichzeitig Kulminationspunkt für heftige Kontroversen zu der Frage, wohin sich der Online-Journalismus entwickelt.

Die Redaktion von *ARD Aktuell*, die die *Tagesschau* und auch die entsprechenden Webangebote produziert, ist auf dem Gelände des *NDR* in Hamburg-Lokstedt angesiedelt. Die Adresse, Hugh-Greene-Weg 1, erinnert an den *BBC*-Verbindungsmann, der in der unmittelbaren Nachkriegszeit nach britischem Vorbild den *NWDR* (aus dem später *NDR* und *WDR* hervorgingen) als öffentlich-rechtlichen Rundfunksender aufbauen half. Die Redaktion ist in einem eher schmucklosen 1980er-Jahre-Bürogebäude gegenüber vom *NDR*-Konferenzzentrum untergebracht. Fünfzig RedakteurInnen erstellen hier die verschiedenen Online-Angebote von *ARD Aktuell*, insbesondere die Webseite der *Tagesschau* und die mobile App.

Zum Zeitpunkt meines Interviews war Christiane Krogmann Leiterin von *Tagesschau Online*. Vorher war sie normale Fernsehredakteurin bei der *Tagesschau*. Sie empfängt mich zum Interview im kleinen Sitzungsraum mit zwei Flatscreens, auf denen aber nicht die Online-Seite, sondern das

Fernsehprogramm läuft. Der Blick in die Ferne ist auch das, was bei *Tagesschau Online* besonders gut funktioniert: Beliebtestes Ressort bei den Online-NutzerInnen ist die Außenpolitik. „Ich glaube einfach, dass die Kompetenz der ARD mit seinem großen Korrespondenten-Netz im Ausland eine gute ist." Etwas, was *Tagesschau Online* von anderen journalistischen Portalen im Netz unterscheidet, ist die Konzentration auf reine Nachrichten. „Alle anderen Online-Auftritte von für uns relevanten Wettbewerbern haben immer diverse Ressorts und sehr viele Teilbereiche", so Krogmann. „Wir haben diese nicht. Wir müssen mit der rein politischen Nachricht die User erreichen." Doch so ganz solitär möchte man im Journalismus.online wohl doch nicht dastehen: Als Nachfolgerin von Christiane Krogmann ist im Sommer 2018 Juliane Leopold von *Buzzfeed* nach Hamburg geholt worden.

Was *Tagesschau Online* auch auszeichnet und mittlerweile von einigen anderen journalistischen Webangeboten unterscheidet, ist der offene Kommentarbereich. „Es ist für uns wichtig, die direkte Reaktion zu bekommen, auch für unsere Berichterstattung. Wir haben uns darum im Moment noch entschieden, dass wir alles geöffnet lassen, was uns wirklich sehr viele Ressourcen kostet." Kommentiert und diskutiert werden kann sowohl im Kommentarbereich unter *meta.tagesschau.de* als auch auf der *Facebook*-Seite der *Tagesschau*. Und zu diskutieren gibt es viel, nicht nur unter den NutzerInnen, sondern vor allem auch bei den online-journalistischen Mitbewerbern von *ARD Aktuell*.

Tagesschau Online

Die Webseite der *Tagesschau* gibt es seit 1996 und sie zählt heute zu den reichweitenstarken News-Webseiten im deutschsprachigen Internet. Ungefähr 50 Prozent der Zugriffe erfolgt bereits über mobile Geräte, mit steigernder Tendenz. Die *ARD* (= Arbeitsgemeinschaft der öffentlich-rechtlichen Rundfunkanstalten) setzt sich aus neun verschiedenen Landesrundfunkanstalten zusammen, die bestimmte Dienste wie die aktuelle Nachrichtenredaktion oder das Hauptstadtstudio zentralisiert haben. Dennoch gibt es ständig hohen Abstimmungsbedarf zwischen den einzelnen Sendern. Das gilt auch für die Online-Redaktion, denn alle Einzelsender haben wiederum ihre eigenen Online-Abteilungen, die ebenfalls Zulieferungen etwa von KorrespondentInnen oder Regionalstudios benötigen.

- **Online-Chefin:** Juliane Leopold
- **Sitz:** Hamburg
- **Zahl der Online-RedakteurInnen:** 50 (davon die Hälfte frei)
- **AuslandskorrespondentInnen:** (greift auf das ARD-Netz zu)
- **Social-Media-RedakteurInnen:** 5
- **Visits** (Oktober 2018, Infoline): 81,8 Mio.
- **Unique User:** k.A.
- **User-Zahl durchschnittlicher Beitrag:** 4-stelliger Bereich
- **User-Zahl reichweitenstärkster Beitrag:** 9 Mio. (Reschke-Kommentar zur sog. Flüchtlingskrise)
- **Online-CMS:** Sophora
- **Stärkste Ressorts:** Ausland
- **LeserInnen-Beteiligung:** offener Kommentarbereich (meta.tagesschau.de) und *Facebook*
- **Nutzerdatenanalyse:** hauseigene Medienforschung

Erfolgsgarant Online-Videos

Das Fernsehen ist tot? Mitnichten, es war nie lebendiger. Seitdem die Online-Nutzung von der Medienforschung mitgemessen wird, sind zwar die Online-Zeiten der BundesbürgerInnen kontinuierlich gestiegen, aber dies nicht auf Kosten des Fernsehkonsums. Im Gegenteil: Nie wurde mehr ferngesehen als heute. Seit im Jahr 2000 die Internetnutzung in der Langzeitstudie Massenkommunikation der ARD/ZDF-Medienforschung miterhoben wird, ist die Dauer der Fernsehnutzung trotz der naturgemäß starken Zunahme der Internetnutzung nicht gesunken, sondern im Gegenteil stark gestiegen – nämlich von 185 Minuten täglichen (!) TV-Konsums auf 208 Minuten. Nach einer Forsa-Erhebung im Auftrag der ProSiebenSat.1-Medienforschung beträgt die tägliche Dauer der Fernsehnutzung der Bundesbürger im Durchschnitt sogar 270 Minuten gefolgt von Radio mit 112 und dem Internet mit 58 Minuten.

Noch ein Beleg für die herausragende Stellung des Fernsehens in der Mediengesellschaft: Unter den Top 10 der meistverkauften Zeitschriften in Deutschland sind laut IVW acht Programmis, also Magazine, die hauptsächlich das aktuelle Fernsehprogramm journalistisch und visuell aufbereiten.

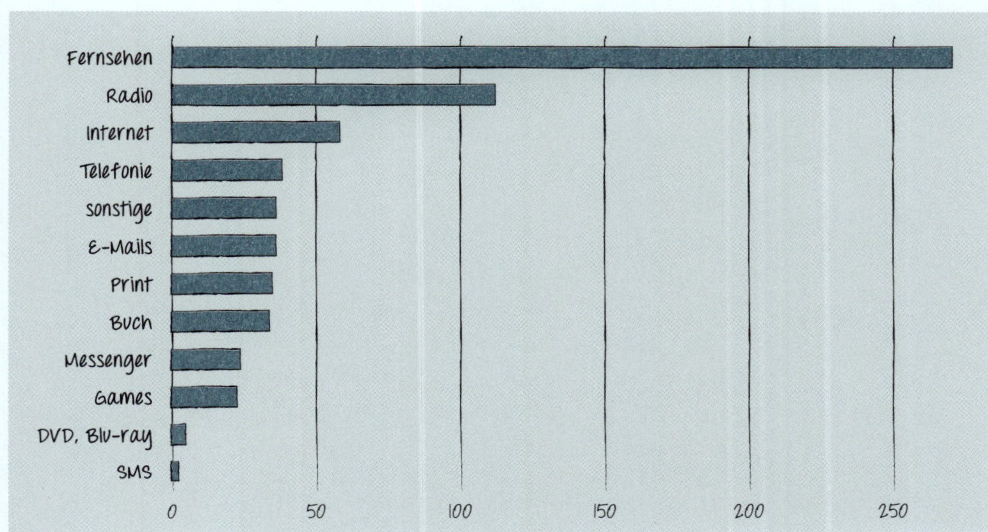

Abb. 102: Mediennutzung in Deutschland, März 2016.

Das Internet darf aber nicht als Konkurrenz zum Fernsehen gesehen werden. Die Kommunikationswissenschaftler Gerhard Vowe und Philipp Henn schreiben zwar: „Insbesondere junge Menschen bevorzugen inzwischen in fast allen für sie relevanten Lebensbereichen das Internet.“[58] Doch gerade beim Fernsehen zeigt sich besonders gut, was Medienkonvergenz bedeutet: Im Internetfernsehen verschmelzen die Kanäle ineinander.

Internetfernsehen

Internetfernsehen, Internet-TV oder Web-TV meint die Übertragung von Fernsehprogramm über das Internet. Dabei werden entweder Streams als laufendes Programm oder Einzelvideos aus Archiven über das Internet übertragen. Da Web-TV das Internet als Transportweg nutzt und die Bandbreiten bei den NutzerInnen unterschiedlich sind, liegt die Übertragungsqualität außerhalb des Einflusses der Anbieter und kann nur eine Übertragungsqualität nach dem „Best-Effort-Prinzip“ garantiert werden. Vom Web-TV abgegrenzt werden muss das IP-TV: Dabei wird das Internet Protokoll nur als Übertragungscode innerhalb geschlossener Netze genutzt und es werden keine Bewegtbildangebote im World Wide Web gemacht.

Web-TV gibt es in unterschiedlichen Erscheinungsformen:

» Live-Streams von etablierten Fernsehsendern, die das Internet für ihr normales Programm als zusätzlichen Kanal nutzen, z.B. *ZDF* (zdf.de/live-tv) oder *Das Erste* (daserste.de/live/index.html);
» Live-Streams von etablierten Sendern, die sonst nur eingeschränkte Verbreitung (etwa Spartenprogramme oder Kabelsender) haben, z.B. *dctp.tv*;
» Mediatheken etablierter Sender, z.B. *Arte7+*;
» TV-Aggregatoren, z.B. *youtv.de* oder *sendungverpasst.de*;
» Server-Streams, die TV-Programme gebündelt anbieten, z.B. *zattoo.com* oder *magine.com*;
» TV-Programme oder Videos, die ausschließlich für die Bereitstellung im Internet produziert werden, z.B. *rocketbeans.tv* oder *giga.de*.

Bewegtbildangebote machen Webseiten und soziale Netzwerke heute besonders beliebt. Nach einer Befragung der Gesellschaft für Konsumforschung (GfK) haben im Jahr 2016 bereits 72 Prozent der Befragten Online-Videos angesehen. *Welt Online* ist im Frühjahr 2017 noch vor *Spiegel Online* auf Platz 3 der deutschsprachigen News-Seiten im Netz geklettert, nachdem die *Welt* mit dem Nachrichtensender *N24* fusionierte und seitdem viele Online-Artikel mit den entsprechenden Videos bestückt werden. Auch Mathias Müller von Blumencron, der ehemalige *FAZ*-Online-Chef, bestätigt im Interview: „Bewegtbild ist bei uns sehr wichtig geworden. Wir haben innerhalb kürzester Zeit die Abrufe vervierfacht, verfünffacht." *Bild Online* setzt ebenso inzwischen stark auf Video und unterhält eine Bewegtbild-Redaktion, die rund 40 MitarbeiterInnen umfasst. Diese produzieren unter anderem eine tägliche News-Sendung am Morgen, Live-Streams bei aktuellen Nachrichtenlagen, aber auch politische Talkrunden.

Die Beliebtheit von Online-Videos hat geradezu einen „Video-Krieg" zwischen den beiden beliebten Plattformen *YouTube* und *Facebook* ausgelöst. Schon immer ließen sich *YouTube*-Videos in *Facebook*-Postings einbinden. Doch seit Ende 2013 lassen sich Videos auch in *Facebook* direkt hochladen und werden automatisch in der Timeline abgespielt. Spätestens seit 2015 werden Inhalte mit Bewegtbildern im Newsfeed-Algorithmus von *Facebook* priorisiert, also sehr viel häufiger anderen NutzerInnen gezeigt, außerdem lassen sich in *Facebook* hochgeladene Videos auch in andere Webseiten einbinden: Eine klare Kampfansage an *YouTube* um die Hoheit

Abb. 103: Die technische Schaltzentrale von RTL und N-TV.

im Online-Video-Bereich. Mittlerweile werden auf *Facebook* täglich vier Milliarden Videos angesehen. Zu dem durchschlagenden Erfolg von Online-Videos hat sicherlich stark beigetragen, dass auch auf Smartphones unterwegs Videos in guter Qualität abgerufen werden können.

Video- und TV-Angebote sind vielleicht für das Internet deswegen so gut geeignet, weil Fernsehen selbst ein Hybridmedium ist. Hybridmedium meint hierbei, dass das Fernsehen die Eigenschaften der vorher dominierenden Massenmedien Presse, Radio und Film steigert und miteinander kombiniert. Gerade dies hat es mit dem Internet gemein. Es kommt aber dem Rezeptionsbedürfnis des Publikums insofern entgegen, als es gerade nicht unbedingt partizipativ und interaktiv, sondern eher für den passiven Konsum gemacht ist. Es ist also eher ein „Lean-back"- als ein „Lean-forward"-Medium. Die Partizipationsmöglichkeiten, die das Internet dem Videosignal hinzufügt, sind Optionen und kein Muss: Ein rein auf Information und Unterhaltung fokussiertes Publikum kann und wird sie darum eher außer Acht lassen. Hans Demmel, Geschäftsführer des

N-TV

Zu den besonders erfolgreichen News-Seiten im Netz gehört die des Fernsehsenders *N-TV*. Insbesondere die *N-TV*-Smartphone-App mit knapp 90 Mio. Visits monatlich ist führend auf dem Markt. Zum Erfolg trägt sicherlich der Umstand bei, dass viele Artikelseiten mit den hauseigenen Videos aufwarten können und App und Webseite zudem den Live-Stream des *N-TV*-Programms bieten. „Wir sehen unsere digitalen Angebote als strategische Absicherung und als Zukunftsoption", erklärt Hans Demmel, der Geschäftsführer des Nachrichtensenders, der seit 2006 vollständig zu RTL gehört und gemeinsam mit dem Muttersender im schicken neuen Quartier der alten Kölner Messehallen untergebracht ist. „Bewegtbild spielt bei uns eine zentrale Rolle", führt Demmel weiter aus. „*N-TV* steht ja für Bewegtbild, wir haben da ein bisschen mehr Erfahrung als andere und inhaltlich stellen wir fest, wie hoch Bewegtbild gerade auch mobil genutzt wird." Auch bei der Refinanzierung des Angebots, das an eine 45-köpfige Redaktion in Berlin outgesourct ist, spielt Video eine große Rolle: „Wir sehen ja, dass die Werbeeinnahmen im Page-Bereich bei vielen Verlagshäusern und bei vielen Online-Angeboten rückläufig sind, das ist bei uns nicht so."

» **Geschäftsführer:** Hans Demmel
» **Sitz:** Köln / Berlin
» **Zahl der Online-RedakteurInnen:** 45
» **AuslandskorrespondentInnen:** (greift auf das RTL-Info-Network zu)
» **Social-Media-RedakteurInnen:** 2
» **Unique User** (Juni 2018, AGOF): 13,59Mio.
» **User-Zahl durchschnittlicher Beitrag:** ca. 10.000
» **User-Zahl reichweitenstärkster Beitrag:** 500.000
» **Online-CMS:** Eigenentwicklung
» **Stärkste Ressorts:** Inlandsnachrichten und Wirtschaft, selten Buntes
» **LeserInnen-Beteiligung:** kein Kommentarbereich auf der Seite, offener Kommentarbereich auf *Facebook*
» **Nutzerdaten-Analyse:** k.A.

TV-Nachrichtensenders *N-TV*, der auch im Netz äußerst erfolgreich ist (siehe Info-Kasten), bestätigt im Interview: „Zu den wenigen Dingen, an die ich im Leben glaube, gehört die Faulheit der Menschen. Lineares Fernsehen ist dafür einfach schlichtweg ein geeignetes Medium."

Die Vorlieben der Web-TV-NutzerInnern scheinen dies zu bestätigen. Am beliebtesten sind nach einer Umfrage des TNS Emnid Instituts Musikvideos (44%), dicht gefolgt von Nachrichten (41%). Häufig angesehen oder heruntergeladen werden außerdem Spielfilme (34%) und Amateurvideos (28%). Männer sowie NutzerInnen ab 50 Jahren sehen sich im Internet besonders gern Nachrichten an. Spielfilme stehen bei den über 50-Jährigen genauso hoch im Kurs wie bei den unter 30-Jährigen.

Wo im Netz viele NutzerInnen sind, dort wird auch Geld verdient – und das weckt Begehrlichkeiten. Videowerbung lässt sich online deutlich besser und teurer vermarkten als klassische Bannerwerbung. Der Fernsehsender *ProSiebenSat.1* will im Jahr 2018 mehr als die Hälfte seiner Erlöse nicht mehr mit klassischem Fernsehen, sondern mit digitalen Angeboten machen.

F2 VIDEO-PLATTFORMEN & MEDIATHEKEN

Video-Plattformen

Schon 1997 und damit nur wenige Jahre nach dem Durchbruch des WWW ging die erste Video-Plattform an den Start: *shareyourworld.com* bot den NutzerInnen bereits die Möglichkeit, Videoclips in verschiedenen Formaten hochzuladen. 2001 musste dieses Portal aus Kostengründen und wegen damals noch zu niedriger Übertragungsraten eingestellt werden.

Video-Plattformen

Eine Video-Plattform ist ein Online-Dienst, mit dem NutzerInnen Videoclips einem Netz-Publikum zur Verfügung stellen können. Im Normalfall werden die Videos von den ErstellerInnen auf die Server des Portalbetreibers hochgeladen und können dann per Streaming direkt angesehen werden. Das Herunterladen von Videos ist meist nur über technische Umwege möglich. Vermehrt bieten Video-Plattformen heute auch die Möglichkeit des Live-Streaming an.

Die Bereitstellung von Videos in guter Qualität an viele NutzerInnen gleichzeitig erfordert hohen technischen Aufwand und eine hohe Internet-Bandbreite. Technisch lösen die Portalbetreiber dies meist damit, dass sie je nach Internetanbindung der NutzerInnen die Videoclips in reduzierter Qualität anbieten und Clientsoftware wie Flash nutzen, um die Pufferung der Bewegtbilder per Stream zu steuern. Auf diese Weise kann ein Clip schon abgespielt werden, bevor er vollständig auf den Computer der NutzerInnen heruntergeladen wurde. Bereits abgespielte Teile von Videos werden wieder aus dem Cache entfernt, um die Speicheranforderungen zu reduzieren. Häufig liegt darum zu keinem Zeitpunkt der vollständige Videoclip auf dem Rechner der AnwenderInnen vor. Das kann ein auch juristisch wichtiger Umstand sein.

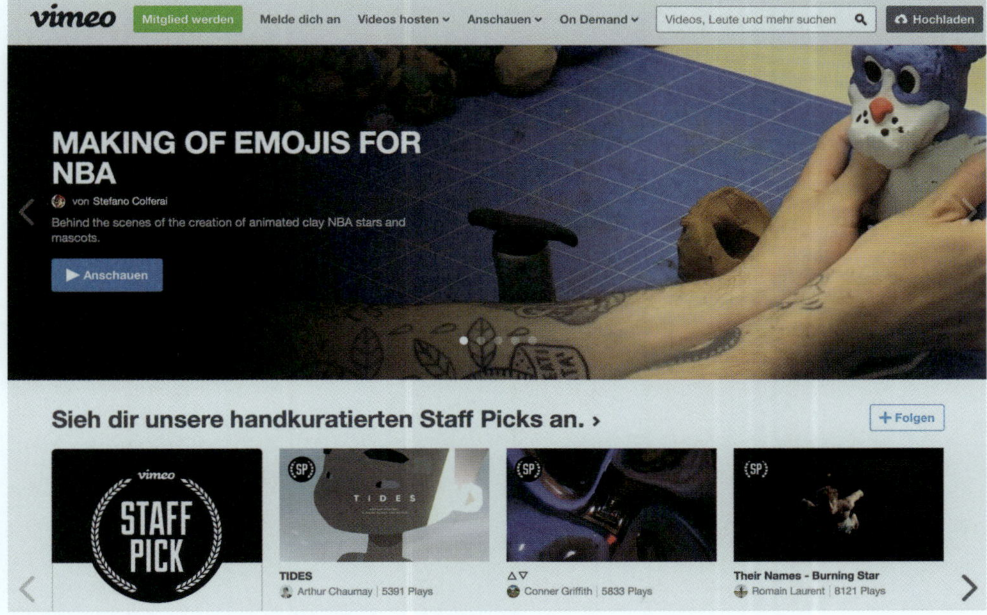

Abb. 104: Die Online-Video-Plattform Vimeo.

Denn neben selbst produzierten Inhalten werden häufig auch urheberrechtlich geschützte Videos Dritter hochgeladen, zum Beispiel Ausschnitte aus Kinofilmen, Musikvideos oder dem Fernsehprogramm. Für die NutzerInnen sind Urheberrechtsverstöße häufig nur schwer erkennbar, zumal viele RechteinhaberInnen inzwischen auch selbst Material auf Video-Plattformen zur Verfügung stellen. So lädt die *ARD* zum Beispiel die aktuellen Ausgaben der *Tagesschau* auf *YouTube* hoch. Die Betreiber von Video-Plattformen haben immer wieder mit Urheberrechts- und Schadenersatzklagen zu kämpfen. Der US-amerikanische Kabelnetzbetreiber Viacom reichte beispielsweise im Jahr 2007 Klage gegen *YouTube* ein und forderte eine Milliarde Dollar Schadenersatz. In Deutschland wurde vor allem die Auseinandersetzung *YouTubes* mit dem Musikrechteverwerter GEMA bekannt, die dazu führte, dass jahrelang mit Musik unterlegte Videos in Deutschland über *YouTube* nicht empfangen werden konnten.

Die meisten Video-Plattformen sind in der Form sozialer Netzwerke organisiert und stellen darum typische Anwendungen des Web 2.0 dar. Die bereitgestellten Videoclips können also kommentiert, geteilt und geliket werden. Viele Plattformen bieten auch an, Videos in eigenen Webseiten einzubetten, was ihre weitere Verbreitung fördert. Manche AnbieterInnen von Webvideos auf solchen Plattformen scharen auf diese Weise eine große Community von ZuschauerInnen oder FollowerInnen um sich, was zu eigenen Geschäftsmodellen führen kann. Die beiden Medienwissenschaftler Jean Burgess und Joshua Green sprechen bei Video-Plattformen wie *YouTube* schon von einer neuen „Participatory Culture", in der sich eine neue „Cultural Citizenship" manifestiere. Im Zusammenhang mit Online-Medien wird ja häufig von Partizipation gesprochen, aber was heißt das eigentlich im medialen Zusammenhang? Man darf jedenfalls nicht Teilhabe am Medienbetrieb mit politischer Partizipation verwechseln: Dass jemand Videos auf *YouTube* hochladen kann, macht ihn noch nicht zu einem politisch aktiven Staatsbürger. Der Politologe Samuel H. Barnes unterscheidet in seiner *Political Actions*-Studie verschiedene gesellschaftliche Partizipationsformen:

» *konventionelle* Partizipation, also beispielsweise die Mitwirkung in einer politischen Partei;
» *unkonventionelle* Beteiligungsformen, also problemspezifisches und zeitlich befristetes Engagement wie in einer Bürgerinitiative;
» *kommunikative* Partizipation, also die Beteiligung (einer meist jungen Zielgruppe) an öffentlichen Diskussionen zum Beispiel in schulischem oder universitärem Zusammenhang.

Letzteres, also das kommunikative Engagement, deckt sich am ehesten mit dem im Medien- und Social-Media-Diskurs gebräuchlichen Partizipationsbegriff: Standpunkte austauschen, die Standpunkte anderer kommentieren und ein Forum des Meinungsaustauschs herstellen. Mit der Möglichkeit zu partizipieren muss aber auch die Bereitschaft korrespondieren, partizipieren zu wollen. Gerade die „Lean-back"-Haltung vieler NutzerInnen steht dem entgegen. Evgeny Morozov hat dafür den Begriff des „Slacktivism" geprägt (engl. slacker = Faulenzer). Es handelt sich dabei um einen „feel-good online activism, that has zero political or social impact".[59] Wer nämlich "nur" medial partizipiert, hat in der wirklichen Welt noch nichts zur gesellschaftlichen Veränderung beigetragen.

Neben den reinen Portalanbietern, die als Start-ups mit ihren Plattformen ins Netz gegangen sind, tummeln sich zunehmend auch etablierte Fernsehsender mit eigenen Online-Video-Plattformen im Netz, um die ökonomischen Effekte der zum Teil enormen Reichweiten von Online-Videos nicht nur anderen zu überlassen.

Abb. 105: Video-Plattformen und ihre Betreiber				
Plattform	Start	Betreiber	Sitz	Sonstiges
Clipfish	2006	RTL	DE	aus DSDS hervorgegangen
Dailymotion	2005	Vivendi	FR	
MyVideo	2006	ProSiebenSat.1	DE	vor allem Kinotrailer
Twitch	2011	Amazon	USA	Videospiele
Vimeo	2004	InterActiveCorp	USA	ältestes noch existierendes Portal
Vevo	2009	Universal / Sony / Abu Dhabi Media / Google	USA	Musikvideos
YouTube	2005	Google	USA	Marktführer

YouTube und die „YouTuber"

Erfolg einer Plattform

Am 23.04.2005 lädt der damals 26-jährige Informatiker Jawed Karim ein Video mit dem Titel *Me at the zoo* ins Internet hoch. Die Plattform, auf die er seinen kleinen Aufsager vor einem Elefantenkäfig einstellt, hat er selbst kurz zuvor mit seinen beiden Kollegen Chad Hurley und Steve Chen gegründet. Sie nennt sich *YouTube*. „Tube" ist das amerikanische Wort für „Röhre" oder „Glotze", *YouTube* bedeutet also so viel wie „Du in der Glotze" oder „Du sendest selbst". Die Video-Plattform ist vom Fleck weg ein großer Erfolg. Schon im Folgejahr wird *YouTube* für umgerechnet 1,31 Milliarden Euro von Google aufgekauft.

Videos im HTML5-format

Ursprünglich waren die Videoclips auf *YouTube* im Flash-Format gespeichert. Das hatte zur Konsequenz, dass im Internetbrowser zum Ansehen eine entsprechende Flash-Erweiterung installiert sein musste. Flash gilt aber

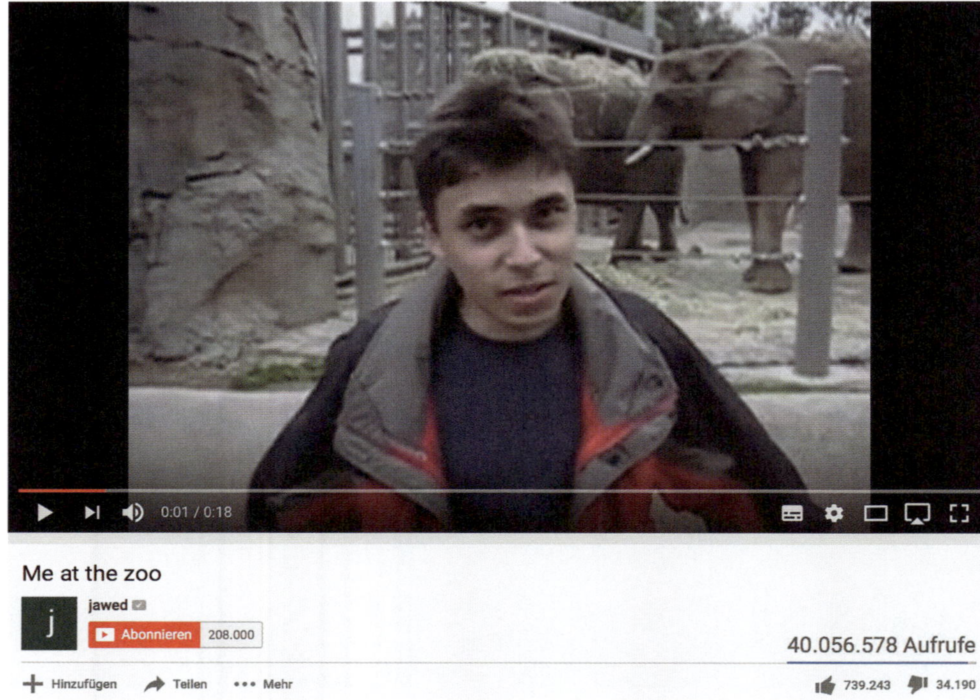

Abb. 106: Videoclip Nr. 1: YouTube-Gründer Jawed Karim in *Me at the zoo.*

YouTube

Die Zahlen, die mit *YouTube* verbunden sind, beeindrucken: In jeder Minute werden bis zu 400 Stunden Videomaterial auf der Plattform hochgeladen. Täglich werden Videos mit einer Gesamtdauer von einer Milliarde Stunden auf *YouTube* abgespielt. *YouTube* steht in insgesamt 76 verschiedenen Sprachen zu Verfügung und erreicht damit 95% aller Internetnutzer. Das Musikvideo „Despasito" von Luis Fonsi ist bis heute mit knapp fünf Milliarden Abrufen das am häufigsten angesehene Video auf *YouTube*. Der am besten verdienende *YouTuber* ist der US-amerikanische Gamer PewDiePie, der nach *Forbes*-Angaben jährlich 15 Mio. Dollar verdienen soll. Die Comedians Roman Atwood und Lilly Singh sollen laut derselben Quelle beide ca. 8 Mio. Dollar im Jahr verdienen. Auf *YouTube* sollen 10% des gesamten Datenverkehrs im Internet entfallen.

unter anderem als anfällig für Hackerangriffe und viele mobile Betriebssysteme verweigern darum die Zusammenarbeit mit diesem Format. Seit Mitte 2014 sind darum alle *YouTube*-Videos im HTML5-Format verfügbar und können über dessen Video- und Audio-Tag auch ohne Plug-in angesehen werden.

Wer selbst Videos auf *YouTube* hochladen möchte, muss einen *YouTube*-Kanal gründen. Das ist der persönliche Bereich innerhalb der Plattform, der sich individuell gestalten lässt. So lässt sich das Titelbild und der Kanaltitel ändern oder einzelne Module wie zum Beispiels Playlists hinzufügen oder wieder löschen. Um selbst einen *YouTube*-Kanal zu gründen, muss man einen Google-Account besitzen.

Videos können in den Formaten Avi, Mpeg, Quicktime oder WMV hochgeladen werden. Ursprünglich durften die Videoclips nur eine Länge von maximal 15 Minuten haben, diese Beschränkung lässt sich aber mittels einer telefonischen Kontobestätigung aufheben. Eine andere Begrenzung gilt dafür nach wie vor: Die Dateigröße des Videofiles ist auf 20 Gigabyte beschränkt. Es ist auch möglich, Videos in HD (High Definition) hochzuladen. Diese werden in der Auflösung 1.280×720 Pixel wiedergegeben, also 720p. Heute werden auch Auflösungen bis 1.080 Pixel und sogar 4K unterstützt, letztere ist viermal so groß wie HD-Videos und hat eine Auflösung von 4.096×2.304 Pixel. *YouTube* unterstützt auch die 360°-Video-Technologie, mit der die NutzerInnen sich immersiv selbst im Raum bewegen können, indem sie mit Maus oder den Positionspfeilen der Tastatur durch Rotation selbst ihre Perspektive bestimmen.

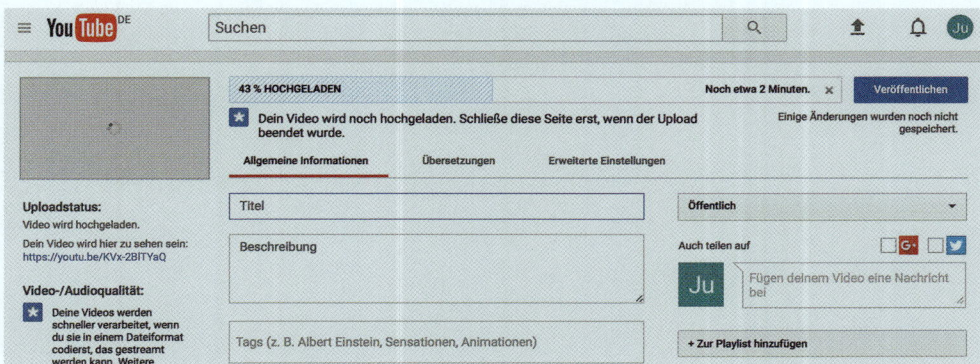

Abb. 107: Der Upload-Bereich von YouTube, das sogenannte „Creator Studio", lässt viele Optionen zu.

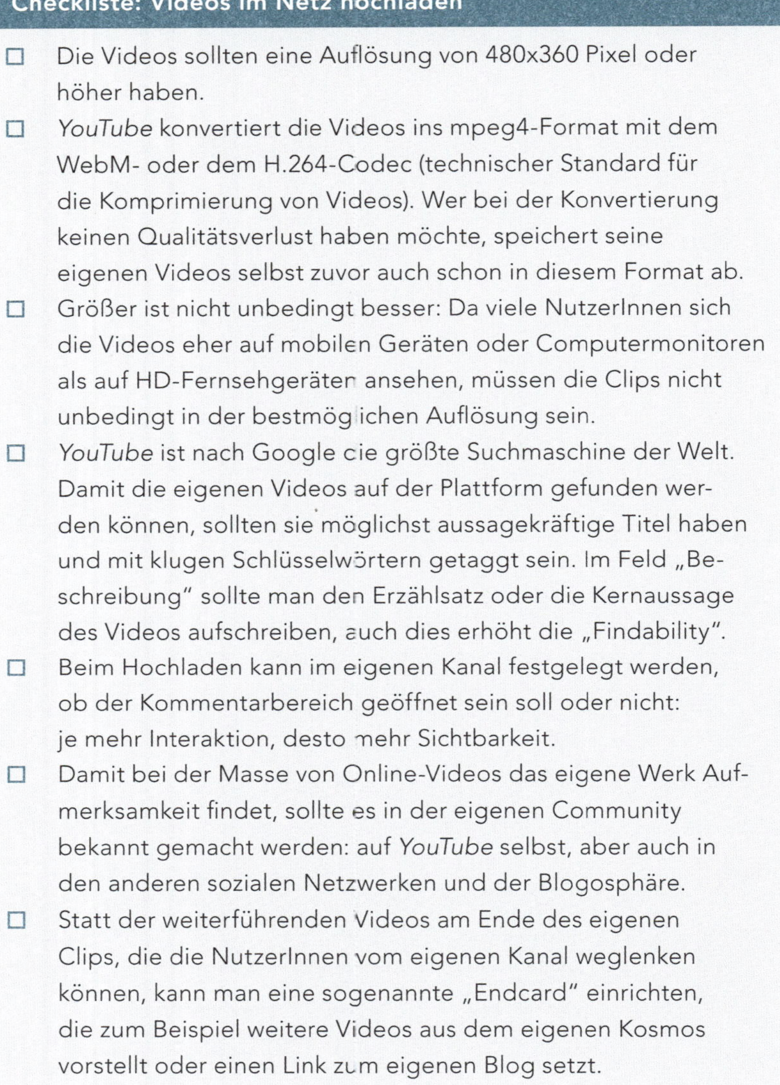

Checkliste: Videos im Netz hochladen

- ☐ Die Videos sollten eine Auflösung von 480x360 Pixel oder höher haben.
- ☐ *YouTube* konvertiert die Videos ins mpeg4-Format mit dem WebM- oder dem H.264-Codec (technischer Standard für die Komprimierung von Videos). Wer bei der Konvertierung keinen Qualitätsverlust haben möchte, speichert seine eigenen Videos selbst zuvor auch schon in diesem Format ab.
- ☐ Größer ist nicht unbedingt besser: Da viele NutzerInnen sich die Videos eher auf mobilen Geräten oder Computermonitoren als auf HD-Fernsehgeräten ansehen, müssen die Clips nicht unbedingt in der bestmöglichen Auflösung sein.
- ☐ *YouTube* ist nach Google die größte Suchmaschine der Welt. Damit die eigenen Videos auf der Plattform gefunden werden können, sollten sie möglichst aussagekräftige Titel haben und mit klugen Schlüsselwörtern getaggt sein. Im Feld „Beschreibung" sollte man den Erzählsatz oder die Kernaussage des Videos aufschreiben, auch dies erhöht die „Findability".
- ☐ Beim Hochladen kann im eigenen Kanal festgelegt werden, ob der Kommentarbereich geöffnet sein soll oder nicht: je mehr Interaktion, desto mehr Sichtbarkeit.
- ☐ Damit bei der Masse von Online-Videos das eigene Werk Aufmerksamkeit findet, sollte es in der eigenen Community bekannt gemacht werden: auf *YouTube* selbst, aber auch in den anderen sozialen Netzwerken und der Blogosphäre.
- ☐ Statt der weiterführenden Videos am Ende des eigenen Clips, die die NutzerInnen vom eigenen Kanal weglenken können, kann man eine sogenannte „Endcard" einrichten, die zum Beispiel weitere Videos aus dem eigenen Kosmos vorstellt oder einen Link zum eigenen Blog setzt.

YouTuber und Influencer

YouTube ist es insbesondere gelungen, ein effektives ökonomisches System zu etablieren, bei dem nicht nur die Plattformbetreiber, sondern auch die ProduzentInnen am wirtschaftlichen Erfolg beteiligt werden.

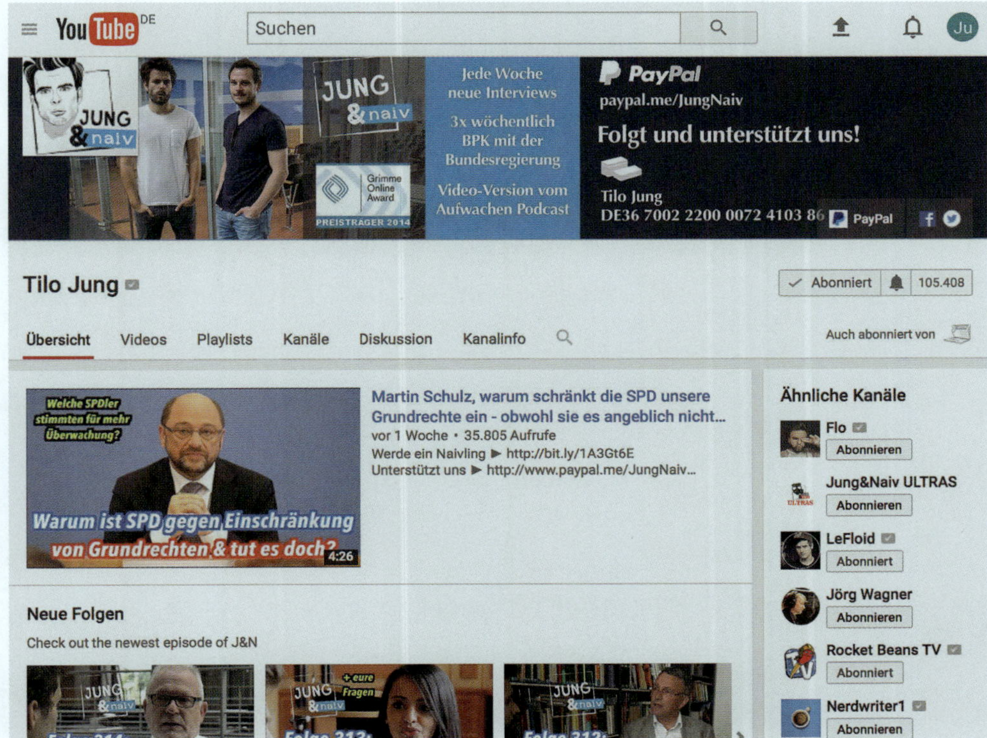

Abb. 108: Der Videokanal *Jung & Naiv* von Tilo Jung, der auf YouTube „Politik für Desinteressierte" anbietet.

Die Monetarisierung von *YouTube*-Videos erfolgt heute durch sehr verschiedene werbliche Maßnahmen im oder im Umfeld der Videoclips.

Die *YouTuberInnen*, die von *YouTube* selbst „Videokünstler" oder „Creators" genannt werden, werden an den Werbeerlösen der Plattform im Rahmen des *YouTube*-Partnerprogramms in Höhe von 55% beteiligt, das heißt, wenn der Werbepartner pro Klick 10 Cent bezahlen muss, erhalten die ProduzentInnen ungefähr 5 Cent davon. Denn bezahlt werden muss die Werbung erst, wenn die NutzerInnen auch wirklich daraufklicken. Da Werbung bei Google nach dem Bietprinzip geschaltet wird, schwanken die Einnahmen pro Werbeelement real. Als Faustregel sagt man, dass ein durchschnittlicher Verdienst von rund 1 Euro pro 1.000 Videoaufrufen realistisch sei. Denn von den 1.000 ZuschauerInnen klicken im Durchschnitt nur ungefähr 2%, also 20 ZuschauerInnen, die Werbe-Einblendungen auch an. Rechnung: 20 x 0,05 = 1,- Euro.

Auf diese Weise kann man relativ einfach ausrechnen, was bekannte deutsche *YouTuberInnen* auf der Plattform verdienen. Die Nutzerstatistiken bekannter *YouTube*-Channels lassen sich mit Webdiensten wie Socialblade.com ermitteln.

Abb. 109: Werbeformen und Monetarisierung auf YouTube

Typ	Beschreibung	Monetarisierung
Prerolls	vorgeschaltete Werbung	55%
Overlays	Werbe-Einblendungen im laufenden Video	55%
Display-anzeigen	Werbe-Einblendungen neben dem laufenden Video	55%
Infokarten	interaktive Elemente innerhalb des Videos, die zum Beispiel Links oder Call-to-Action enthalten	55%
Product-Placement	kommerzielle Güter, die innerhalb des Clips real präsentiert werden	100%
Merchan-dising	eigene Artikel, die den Kanal als Marke vermarkten	100% (abzgl. Pro-duktionskosten)

Abb. 110: Einnahmen bekannter YouTuberInnen

YouTuber	Views	Einnahmen
Bibis Beauty Palace	47 Mio.	€ 47.000
Gronkh	35 Mio.	€ 35.000
Dagi Bee	18 Mio.	€ 18.000
Die Lochis	17 Mio.	€ 17.000
LeFloid	17 Mio.	€ 17.000
Sami Slimani	2,5 Mio.	€ 2.500

Diese Zahlen wirken nur auf den ersten Blick groß und sind in Wahrheit ernüchternd, weil sie zeigen, dass selbst mit einem Millionenpublikum auf *YouTube* nur schwer ein Auskommen zu finden ist. Wer es auf *YouTube* auf Hunderttausende ZuschauerInnen bringt, verdient damit trotzdem nur einige Hundert Euro, von denen er oder sie natürlich auch noch die Produktionskosten stemmen muss. Schätzungen gehen darum davon aus, dass nur 1% der aktiven *YouTuberInnen* tatsächlich von den Einnahmen durch die Videoproduktion leben kann.

LINK

Das *YouTube*-Wiki bietet auf knapp 1.500 Seiten eine Übersicht über die großen und kleinen *YouTuberInnen*, interessante Infos rund um die Plattform und Fun Facts für die Kenner: http://de.youtube.wikia.com/wiki/YouTube_Wiki.

Abb. 111: YouTube-Rubriken

Let's-Play-Videos	anderen beim Computerspielen zusehen
Tutorials und DIY (Do-It-Yourself)	Anleitungen und Service
Sport und Action	Outdoor-/Indoor-Aktivitäten jeder Art (häufig mit Actioncam gefilmt)
Musik	Musikdarbietungen und Videos über Musiker
News und Information	lebensweltliche und gesellschaftliche Information
Fashion und Beauty	Mode- und Schminktipps
Vlogs (Follow-me-around)	tagebuchartige und bekenntnishafte Aufzeichnungen
Let's eat	vor der Kamera exotische Lebensmittel herstellen oder verspeisen
Unboxing	Päckchen auspacken
Fail	anderen beim Scheitern zusehen

Abb. 112: Influencer-Marketing: Webdienste wie Reachhero vermitteln YouTuberInnen an Markenhersteller.

Abb. 113: Bibis Beauty Palace platziert gleich einen ganzen Stapel Produkte in ihrem Video.

Um Zuschauerzahlen im Millionenbereich zu erzielen, konzentrieren sich die erfolgreichen *YouTuberInnen* auf Themenbereiche, die beim vorwiegend sehr jungen Zielpublikum besonders gut ankommen. Es haben sich darum einige Typen von Kanälen herausgebildet, die als besonders populäre Erscheinungen von *YouTube*-Videos gelten können (siehe Abb. 111).

Eine andere beliebte Möglichkeit, mit *YouTube*-Videos das Einkommen zu verbessern, sind Produktplatzierungen innerhalb der Videoclips. Für die Markenhersteller ist das eine interessante Werbeform, weil ziemlich zielgruppengenau die interessante Käuferklientel angesprochen werden kann. Außerdem profitieren sie von der hohen Glaubwürdigkeit der *YouTuberInnen*, die deswegen auch „InfluencerInnen" genannt werden und die hohen Einfluss auf ihre Fans und AbonnentInnen haben. Für die *YouTuberInnen* ist Product Placement interessant, weil die daraus generierten Einnahmen nicht mit der Plattform geteilt werden müssen. Hier hat sich bereits ein eigenes Influencer-Marketing entwickelt. Webdienste wie Tubevertise, Reachhero oder Hitchon vermitteln die VideoproduzentInnen an Markenartikler und Handelsketten. Das reicht vom Computerspiele-Hersteller bis zur Supermarktkette. Die Marketingplattform brandnew.io wirbt damit, 43.000 InfluencerInnen aus 60 Ländern vermitteln zu können. Journalistisch betrachtet bringen Produktplatzierungen allerdings die Unabhängigkeit und damit die Glaubwürdigkeit der Information in Gefahr.

Auch rechtlich sind Produktplatzierungen in *YouTube*-Videos problematisch, wenn sie einen klaren werblichen Charakter haben und dennoch nicht als Werbung gekennzeichnet sind. Letzteres ist in Deutschland nämlich Pflicht. Werden kommerzielle Produkte im Video nur passiv gezeigt, zum Beispiel als Teil der Deko, sollte am Anfang und Ende des Videos eine Einblendung mit dem Text „Unterstützt durch Produktplatzierungen" stehen. Wird in dem Video auch aktiv werblich auf das Produkt hingewiesen, sollte das gesamte Video den Hinweis „Dauerwerbesendung" enthalten.

Tipp

Die Landesmedienanstalten informieren in einem Leitfaden, wie man in seinen *YouTube*-Videos Kooperationen mit Unternehmen richtig kennzeichnet. Der Flyer kann online abgerufen werden unter: http://www.die-medienanstalten.de/fileadmin/Download/Publikationen/FAQ-Flyer_Werbung_Social_Media.pdf.

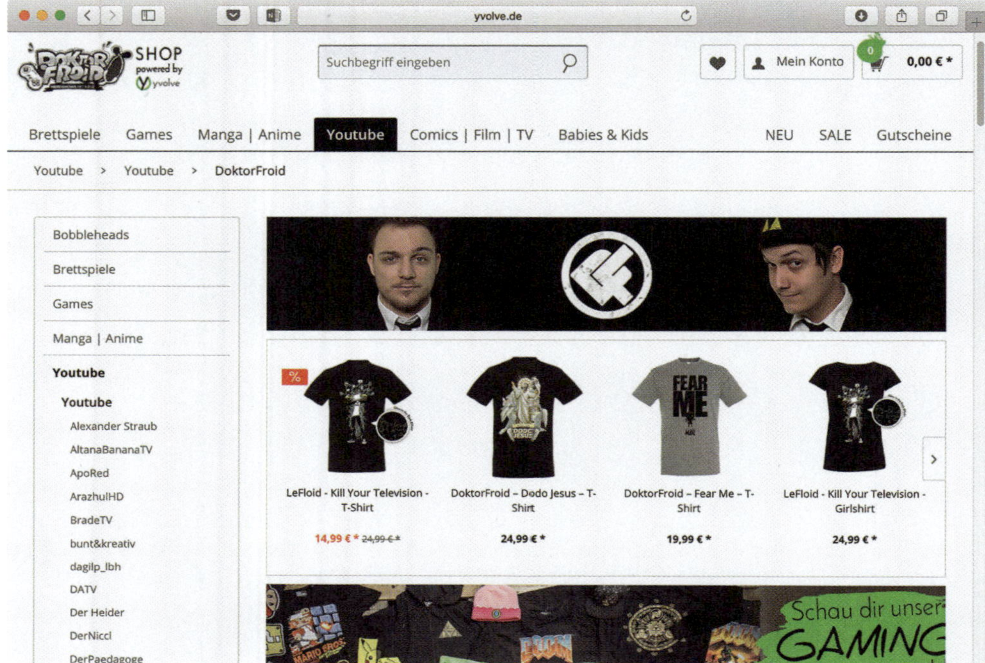

Abb. 114: Fanshop mit Merchandising-Artikeln von YouTuber Dr. Froid.

Eine andere Möglichkeit, seinen *YouTube*-Auftritt zu monetarisieren, ist Merchandising. Viele *YouTuberInnen* bieten unter ihrem eigenen Namen oder dem Namen ihres Kanals Produkte wie Baseballcaps, Hoodies, T-Shirts oder Schminksachen an. Auch hier ist der Vorteil, dass die Einnahmen nicht mit dem Plattformbetreiber geteilt werden müssen. Anbieter wie Spreadshirt, Shirtinator, Shirtcity oder Yvolve übernehmen die Produktion und den Versand der Produkte. Diese werden „on demand" hergestellt, das bedeutet, die *YouTuberInnen* müssen nicht für Hunderte von T-Shirts oder Baseball-Caps in Vorleistung gehen, sondern jedes Stück wird erst bei einer Bestellung produziert. Einige Dienste bieten sogar an, sich einen eigenen Shop mit seinen Produkten anzulegen, um noch professioneller aufzutreten.

Multi-Channel-Netzwerke

YouTuberinnen haben auch die Option, einem sogenannten Multi-Channel-Netzwerk (MCN) beizutreten. Dies sind Zusammenschlüsse, die viele

YouTube-Kanäle vereinen und sie gemeinsam vermarkten. Da die MCN selbstständig mit Werbepartnern verhandeln, können sie grundsätzlich höhere Preise für Webeeinblendungen erzielen. Häufig bieten sie den Creators weitergehende Hilfestellungen zu Aufnahmetechnik, Studioressourcen oder zur Gewinnung von AbonnentInnen sowie Beratung bei Finanzfragen an.

Bekannte MCN in Deutschland sind Mediakraft (Y-Titty, iBlali), Campus99 (Die Lochis, Mr. Moneypenny), Studio71 (Gronkh, LeFloid) oder Tubeone Networks (ApeCrime, Dagi Bee). Die MCN haben stark zu einer Professionalisierung, aber auch zur Kommerzialisierung der *YouTuber*-Szene beigetragen. Dass heute ein einzelner Videoenthusiast im schulpflichtigen Alter mit Videos aus seinem Kinderzimmer vorm Ikea-Regal auf *YouTube* erfolgreich werden kann, ist wohl eher ein Mythos oder auch ein *YouTube*-Marketing-Gag. Das ursprüngliche Geschäftsmodell der MCN, sehr große Reichweiten zu aggregieren und dann zu vermarkten, hat sich verändert. Heute treten die Netzwerke vermehrt als Künstleragenturen auf, machen selbst Influencer-Marketing oder produzieren eigene Inhalte statt nur die Inhalte anderer zu vermarkten.

Journalistische Angebote auf YouTube

Es handelt sich bei diesen genuinen *YouTuber*-Formaten, wie Roman Marek in seiner Doktorarbeit zu *YouTube* feststellt, häufig um Medienpraktiken, die zwischen Zerstörung, Intervention, Automatismus, Wiederholung und Nachahmung oszillieren und vor allem in Medienrecycling münden. Was heißt das? *YouTuberInnen* bieten häufig wenig Eigenleistung in Form eigener Recherche oder eigenem Augenschein und sie setzen ihre vermeintlichen Erkenntnisse auch nur selten in einem kreativen Prozess in originelle Bilder um. Stattdessen werden oft monologische Präsentationsformen bemüht, die aus längst vorhandenem Medienmaterial – etwa der Aufzeichnung eines Game-Streams oder des klassischen TV-Programms – das Angebot recyceln.

Dennoch finden sich auf *YouTube* auch dezidiert journalistische Angebote. Dabei sind diejenigen Formate, die auf etablierten journalistischen Marken beruhen, von denen zu unterscheiden, die originär für *YouTube* produziert werden. Betrachten wir zunächst die *YouTube*-Angebote klassischer Medien näher: Die *Tagesschau* stellt auf der Plattform regelmäßig die vollständigen Ausgaben der 20:00-Uhr-Nachrichtensendung sowie der *Tagesthemen* ein. Zusätzlich werden zu aktuellen Themen

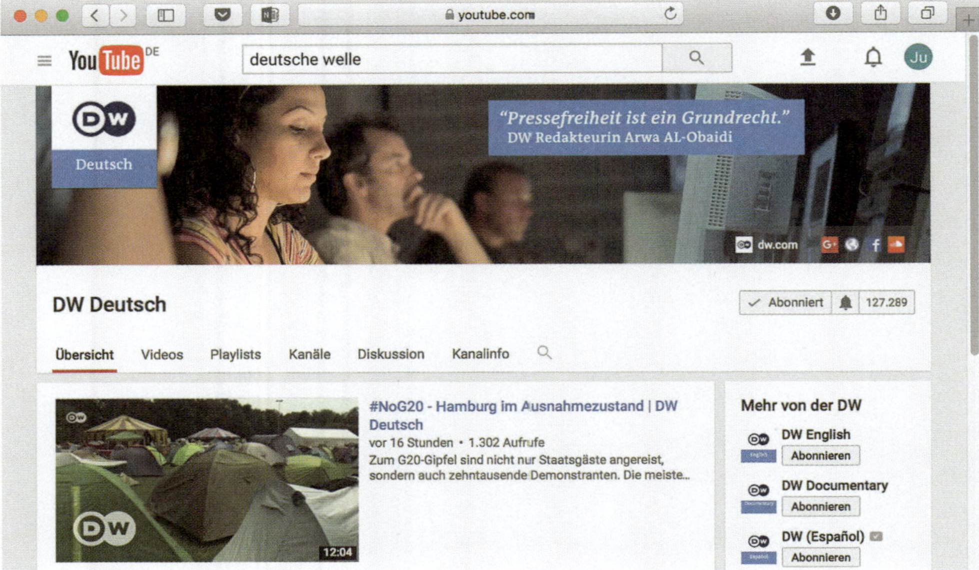

Abb. 115: Der YouTube-Kanal der Deutschen Welle mit Live-Stream.

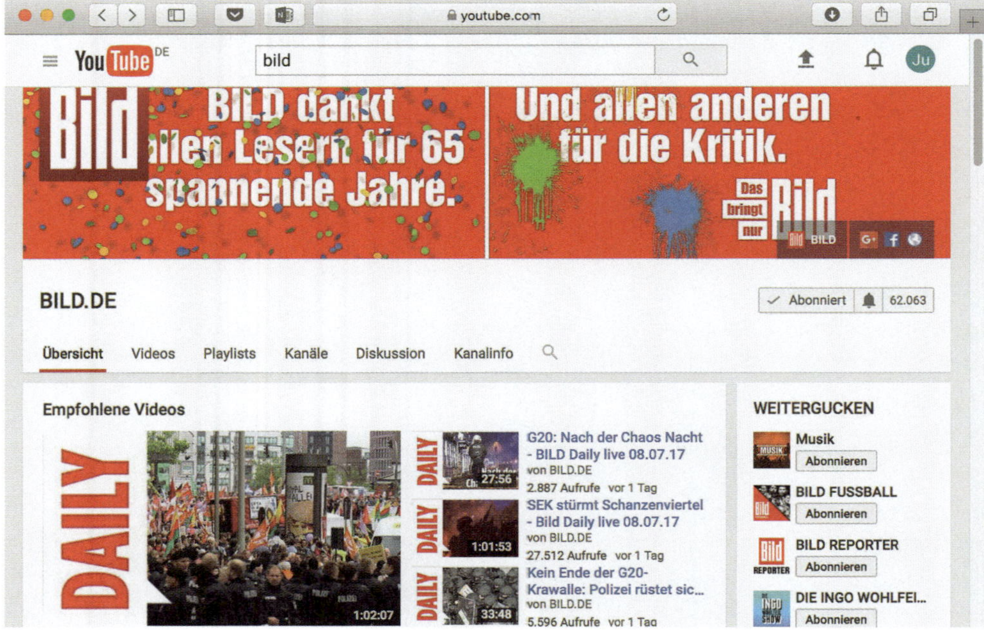

Abb. 116: Der Bild-Kanal bietet mit *Bild Daily* ein eigenes News-Video-Format.

auch Einzelvideos hochgeladen. Der Nachrichtensender *N24* veröffentlicht Einzelvideos zu aktuellen Themen auf *YouTube* – und das in sehr hoher Zahl. *Euronews* stellt darüber hinaus bei *YouTube* sogar den Live-Stream seines Nachrichtenkanals zur Verfügung. Auch die *Deutsche Welle (DW)* bietet neben Einzelvideos den Live-Stream ihres deutschsprachigen Programms an. Und sie betreibt als Auslandssender *YouTube*-Kanäle etwa in Englisch, Spanisch oder Russisch.

Das Nachrichtenmagazin *Der Spiegel* ist mit seiner Tochterfirma *Spiegel TV* auf *YouTube* sehr aktiv. *Bild Online* lädt nicht nur eine große Zahl von Videos zu aktuellen Themen vor allem aus dem Boulevardbereich hoch, sondern hat mit *Bild Daily* auch ein eigenes Videoformat kreiert, das viel mit online-spezifischen Darstellungsformen wie Skype-Interviews umgeht und das auf *YouTube* anzusehen ist. Die großen privaten Fernsehsender sind recht zurückhaltend, was das Einstellen von Videos aus dem eigenen Programm bei *YouTube* angeht. Als privatwirtschaftliche Unternehmen erwirtschaften sie ihre Umsätze durch die Ausstrahlung von Werbung im eigenen Programm. Eine zusätzliche Verbreitung über *YouTube* bietet hier keinen Mehrwert. Darum belassen sie es meistens dabei, kurze Ausschnitte oder Trailer des eigenen Unterhaltungsprogramms auf der Plattform zu Cross-Marketing-Zwecken (siehe den folgenden Abschnitt zu Mediatheken) zu zeigen.

Es gibt aber auch von genuinen *YouTubern* Formate und Kanäle, die sich mit gesellschaftlich relevanten Themen auseinandersetzen und darum im weitesten Sinne als journalistisch angesehen werden können. Am bekanntesten ist in diesem Bereich der *YouTuber* „LeFloid" geworden. Auf seinem Kanal äußert er sich in monologischer Form zu einer weiten Spanne von Themen, die von Gaming bis Politik reicht und tendenziell eher komödiantisch anmutet. Immerhin hat er eine solche Reichweite, dass er als erster YouTuber überhaupt Bundeskanzlerin Angela Merkel interviewen durfte. Das Video von dem Interview wurde immerhin mehr als 5 Millionen Mal abgerufen.

Tilo Jung hat sich mit seinem *YouTube*-Kanal *Jung & Naiv* einen Namen gemacht: Er führt mit Hauptstadt-PolitikerInnen Interviews im Kinderreporter-Stil, indem er bewusst naive Fragen stellt und seine Gegenüber konsequent duzt. Furore macht Tilo Jung auch mit seinen Berichten aus der Bundespressekonferenz, in der er schon so manchen Regierungssprecher mit seinen hartnäckigen Fragen zur Verzweiflung gebracht hat.

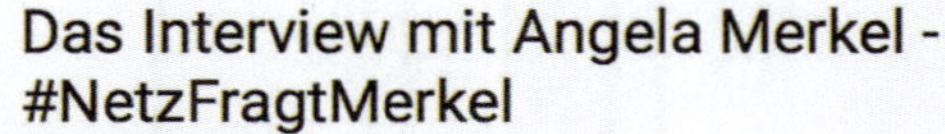

Abb. 117: YouTuber LeFloid interviewt Bundeskanzlerin Angela Merkel.

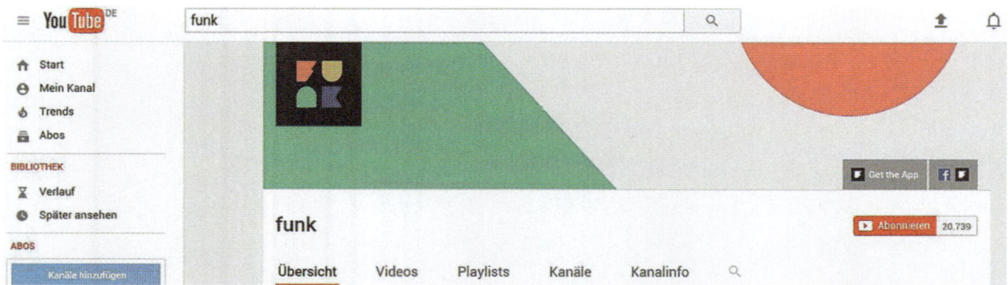

Abb. 118: Funk, das öffentlich-rechtliche Angebot für die Generation YouTube.

Ein anderer *YouTuber,* der mit journalistischen Themen reüssiert, ist Rayk Anders. Er startete auf verschiedenen Plattformen mit seinem Projekt *Armes Deutschland,* bei dem er aktuelle politische Ereignisse kommentierte. Seit 2016 bespielte Anders das Format *Headlinez,* das als Ausweis gelebter Medienkonvergenz sowohl im *YouTube*-Kanal von *Rocket Beans TV* als auch beim *Südwestrundfunk* (*SWR*) zu sehen war. Inzwischen ist *Headlinez* fester Bestandteil von *Funk*, dem öffentlich-rechtlichen Internet-Angebot für Jugendliche und junge Erwachsene zwischen 14 und 29 Jahren unter Federführung des *SWR*.

Funk wurde in gemeinsamer Trägerschaft von *ARD* und *ZDF* ins Leben gerufen, um der wachsenden Drift gerade des jungen Publikums hin zu Internetplattformen mit einem eigenen Angeboten zu begegnen. Die Sender lassen sich dieses Engagement 45 Mio. Euro im Jahr kosten. Dafür gibt es neben *Headlinez* noch Formate wie *Auf Klo, Fickt euch!* oder *Problemzone.* Zu den eher journalistischen Formaten von *Funk* zählen der Wissenschaftskanal *Schönschlau,* der Videoblog *Was mit Fabian,* der sich komödiantisch mit aktuellen politischen Themen auseinandersetzt, oder die Mediensatiren von *Walulis.* Die Videos werden auf den Social-Media-Plattformen *YouTube, Facebook, Twitter, Instagram* und *Snapchat* verbreitet. Das Besondere ist, dass die MacherInnen der einzelnen Formate in aller Regel die redaktionelle Hoheit über ihre Inhalte behalten. In die Kritik geriet *Funk* insbesondere von Seiten privatwirtschaftlich organisierter Medienbetriebe, die die Notwendigkeit eines spezifischen Jugendangebots der öffentlich-rechtlichen Sender infrage stellen. Auch inhaltlich wird Kritik geübt, vor allem am manchmal postpubertären Umgangston mancher Formate. „Mehr Geschmacklosigkeit als Informationsgehalt" titelte *Welt/N24* über das Format *WorldWideWohnzimmer,* in dem die beiden Moderatoren Dennis und Benni sich über die sekundären Geschlechtsmerkmale der TV-Moderatorin Barbara Schöneberger lustig machten.[60] *Funk* hat dieses Video daraufhin gelöscht.

Auch im Special-Interest-Bereich gibt es *YouTube*-Kanäle, die durchaus journalistische Ansprüche erfüllen. Dominik Porschen stellt in *Die Filmfabrik* die neuesten Kinofilme vor. Christoph Krachten, der auch einer der Mitgründer von *Mediakraft* ist, klärt im *Clixoom*-Kanal die naturwissenschaftlichen Fragen seiner ZuschauerInnen. Borja Schwember zählt mit seinem Kanal *Dr. Allwissend* zu den besonders erfolgreichen *YouTubern* und zeigt, wie Bildungsfernsehen als Webvideo aussehen könnte.

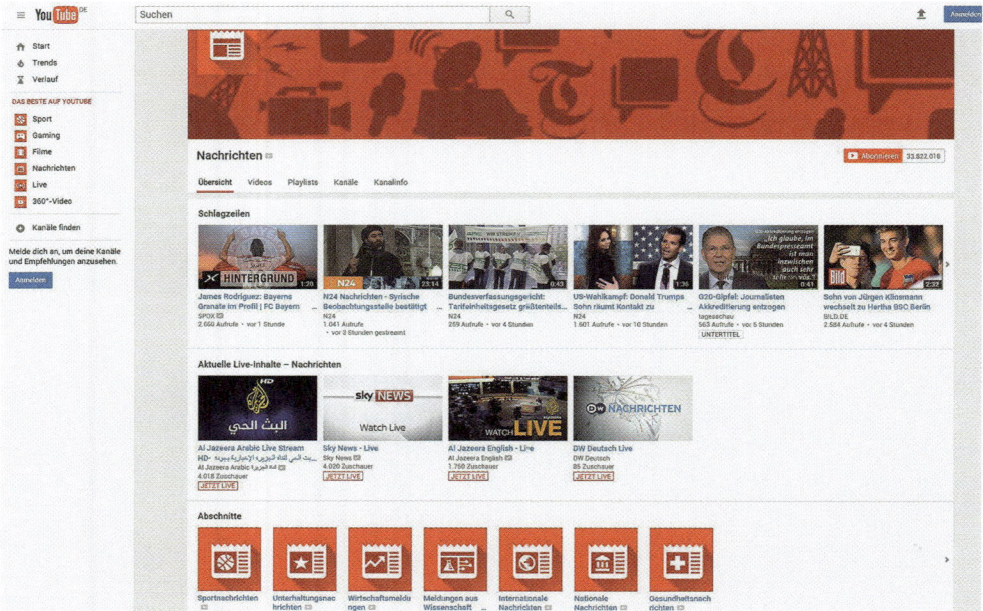

Abb. 119: Der Nachrichtenkanal von YouTube mit seinen diversen Ressorts.

YouTube bietet auch selbst im Rahmen seines Programms *Original Channels* einen Nachrichtenkanal an, auf dem es aktuelle Videos und Live-Übertragungen zu den Ereignissen des Tages aus gängigen Nachrichtenquellen zusammenfasst. Unterkanäle zu diesem News-Video-Bereich gibt es zu Sport, Unterhaltung, Wirtschaft, Wissenschaft und Internationalem – also beinahe das Ressortspektrum einer Tageszeitung. Im englischsprachigen Bereich der Video-Plattform wird mit *Newswire* ein Kanal geboten, der ausschließlich News-Videos aus verifizierten Quellen anbietet, um des Fake-News-Phänomens Herr zu werden. Zu den Medienpartnern, die für die Qualität der dortigen Videos einstehen sollen, zählen Eyewitness Media Hub, Bellingcat, Reported.ly, Meedan, Emergent, Sam Desk und Verification Junkie, also Dienste, die sich mit der Verifikation und dem Fact-Checking von Nachrichtenquellen bereits einen Namen gemacht haben.

YouTubes Grenzen

Das Einstellen von „User-generated Content" – also des von den NutzerInnen selbst hergestelltem Materials – ist in aller Regel unproblematisch – wenn nicht die Rechte Dritter betroffen sind, zum Beispiel das Recht am eigenen Bild. Anders sieht es mit urheberrechtlich geschütztem Material aus, etwa Aufzeichnungen aus dem regulären Fernsehprogramm, das ungefragt bei *YouTube* hochgeladen wird. Denn das ist keine zulässige private Nutzung, sondern „öffentliche Zugänglichmachung", die nur vornehmen darf, wer die entsprechenden Rechte hierfür hat. Das gilt auch dann, wenn man – wie bei der Nutzung von Web 2.0-Diensten und Tauschbörsen eigentlich immer – keinerlei eigene kommerzielle Interessen verfolgt. Es macht auch keinen Unterschied, ob die fremden Inhalte ohnehin frei online zugänglich sind oder ob der Rechteinhaber (Anbieter oder Urheber) selbst kommerziell oder nicht-kommerziell tätig ist: Ein Zuschauer, der eine *ARD*-Doku auf *YouTube* hochgeladen hatte und daraufhin vom Auftragsproduzenten verklagt wurde, argumentierte, er habe seinen Rundfunkbeitrag bezahlt und sei „dadurch Miteigentümer" des Films. Das Landgericht Leipzig wollte dem allerdings nicht folgen.

Neben der Verletzung von Urheberrechten gibt es auch aus anderen Gründen bei *YouTube* immer wieder Löschanfragen staatlicher Organe. Im Jahr 2017 hat *YouTube* über 35.000 solcher Löschanfragen erhalten. So gibt es eine Vielzahl landes- bzw. kulturspezifischer Rechtsvorschriften in einzelnen Staaten, die keine weltweite Gültigkeit beanspruchen können. Beispielsweise ist in Deutschland die Zurschaustellung von Kennzeichen verfassungswidriger Organisationen verboten (§ 86a StGB). *YouTube* lehnt es ab, solche Videos prinzipiell zu löschen, da nach geltendem amerikanischen Recht zum Beispiel das öffentliche Zeigen von Hakenkreuzen legal ist. In solchen Fällen sind diese Videos nur in den entsprechenden Länderversionen der Plattform nicht mehr zugänglich, andernorts jedoch schon.

Ein extremes Beispiel ist der Film *Innocence of Muslims*, den ein „Sam Bacile" im Juli 2012 auf *YouTube* hochlud. Nachdem eine arabisch synchronisierte Version auftauchte, kam es zu massiven gewalttätigen Protesten vor allem in Kairo und in der libyschen Stadt Bengasi, wo sogar der US-amerikanische Botschafter Christopher Stevens ums Leben kam. *YouTube* sperrte daraufhin das Video für arabische Länder, nicht aber im Rest der Welt. *YouTube* ist nicht in allen Ländern dieser Welt erreichbar. In China wurde der Zugang zu der Video-Plattform schon im Jahr 2008 mit wenigen Ausnahmen komplett gesperrt, angeblich um die Verbreitung pornografischen Materials zu verhindern. Außerdem wolle man sicherstellen, dass keine Videos abrufbar seien, die Staatsgeheimnisse verraten und damit die Stabilität der Gesellschaft gefährden könnten. Video-Portale dürfen

Checkliste: YouTube-Ethik

Nach den *YouTube* -Richtlinien sind Inhalte mit folgenden Akzenten auf der Plattform nicht erwünscht und können gelöscht werden. Ein *YouTube*-eigenes „Enforcement Team" überwacht die Einhaltung der Richtlinien:

- ☐ Nacktheit oder pornografische Inhalte
- ☐ schädliche oder gefährliche Inhalte
- ☐ gewalttätige oder grausame Inhalte
- ☐ Beiträge mit ungeklärtem Urheberrecht oder Urheberrechtsverletzungen
- ☐ hasserfüllte Inhalte oder Aufstachelung zur Gewalt
- ☐ bedrängendes Verhalten, Nachstellung („Stalking"), Drohungen, Belästigungen, Einschüchterungen, Eingriffe in die Privatsphäre oder Offenlegung personenbezogener Daten anderer

darum in China nur von staatlich kontrollierten Unternehmen betrieben werden. In Pakistan wurde der Zugang zu *YouTube* wiederholt gesperrt. Hier war die Begründung die angebliche Vielzahl von „non-islamic objectionable videos". Auch in Marokko, Thailand, dem Iran und Libyen war der Zugriff auf *YouTube* zeitweise unmöglich. Neben solchen staatlichen Eingriffen gab es auch immer wieder Hackerangriffe auf einzelne Kanäle. Im Jahr 2011 wurde der amerikanische Kanal der Kinderserie *Sesamstraße* manipuliert. Auf dem Kanal wurden statt Ernies und Berts Witzeleien unflätige Kommentare und pornografische Inhalte gepostet.

TV-Lizenz

Im Frühjahr 2017 hat Erik Range Post von der Landesmedienanstalt (LfM) NRW erhalten. Range ist unter seinem Pseudonym „Gronkh" einer der erfolgreichsten Creators in Deutschland. Mit seinen *Let's play*-Videos erreicht er auf *YouTube* und der auf Computerspiele spezialisierten Plattform *Twitch* ein Millionenpublikum. Doch genau das ist das Problem: Laut der aktuellen deutschen Gesetzeslage muss Gronkh nach Ansicht der LfM NRW eine Rundfunklizenz beantragen. Rundfunk ist nämlich ein linearer Informationsdienst, der sich an die Allgemeinheit richtet, Angebote entlang eines Sendeplans, den die NutzerInnen nicht beeinflussen können, sendet und dabei mehr als 500 Menschen gleichzeitig erreicht. Gronkh sieht das naturgemäß anders: Sein Stream laufe gar nicht regelmäßig, er sei eine Privatperson und kein Unternehmen und außerdem müsse, wenn überhaupt, die Plattform eine Rundfunklizenz beantragen und nicht er als Produzent. Sonst bräuchte schließlich auch jede TV-Produktionsfirma eine TV-Lizenz. Es geht, wie so häufig, um Geld: Denn nicht nur kostet eine solche Rundfunklizenz etwas. Gronkh müsste als Rundfunkanstalt beispielsweise auch einen Jugendschutzbeauftragten bestellen. Viele *YouTuber* halten die Rundfunkdefinition für nicht mehr zeitgemäß und schlagen vor, ähnlich wie beim Internet-Radio eine „qualifizierte Anzeigepflicht" einzuführen, für die lediglich eine Art Impressum und eine Kontaktperson angegeben werden müssten. Auch die Landesmedienanstalten sehen im übrigen Reformbedarf: „Die Medienanstalten haben immer wieder darauf hingewiesen, dass der Rundfunkbegriff der weiteren Entwicklung des Medienmarktes angepasst werden sollte."[61]

Mediatheken

Ursprünglich meinte der Begriff Mediathek einen Ort, an dem Bildungs- und Informationsmaterialien jeder Art gesammelt und zur Verfügung gestellt wurden, vor allem in Bildungseinrichtungen oder Arbeitsämtern. In öffentlichen Bibliotheken wurden seit den 1980er-Jahren jene Abteilungen so bezeichnet, in denen man neben Büchern auch Videokassetten, CDs oder Videospiele ausleihen konnte. Seit im Jahr 2007 die *ARD* ihre Mediathek im Internet vorstellte, wandelte sich die Bedeutung des Begriffs. Seitdem wird darunter auch ein Internetportal verstanden, in dem Mediendateien, vornehmlich Videos, zum zeitversetzten Abruf zur Verfügung gestellt werden und gleichzeitig in einem Archiv durchsucht werden können. Für den Zugriff mittels Streaming-Media-Technik hat sich auch der Ausdruck „Video-on-Demand" (Abrufvideo) etabliert.

Die Mediengruppe *RTL* stellt das Fernsehprogramm ihrer verschiedenen Kanäle gebündelt auf *tvnow.de* zur Verfügung. Um dort unbegrenzten

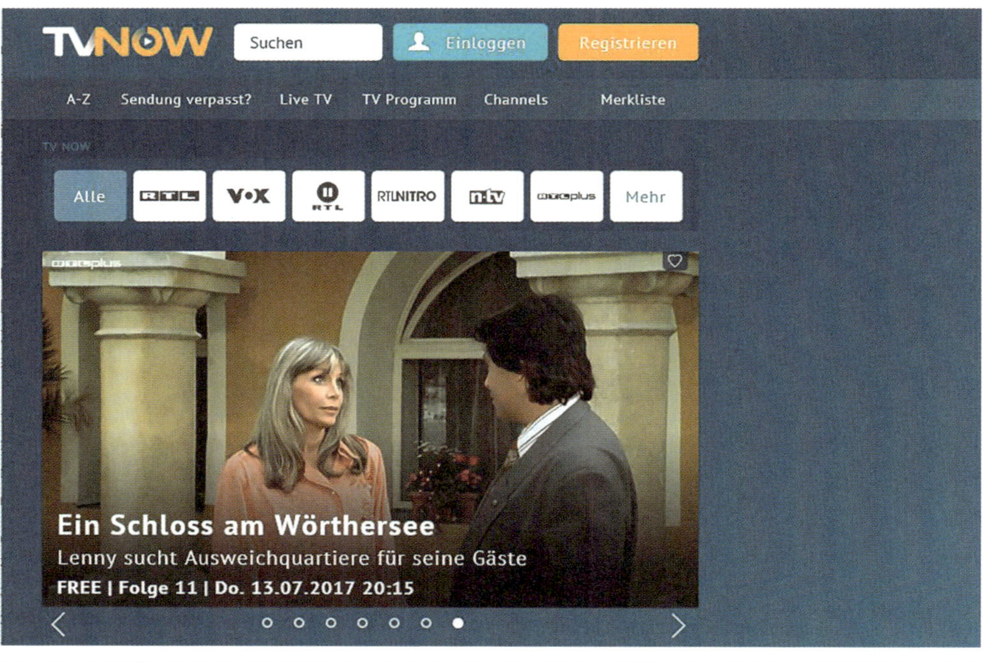

Abb. 120 und 121: Die Mediatheken von RTL und ProSiebenSat.1.

Zugriff auf das Archiv inklusive Live-Streaming zu erhalten, muss man ein Abonnement für zurzeit 2,99 Euro im Monat abschließen.

ProSiebenSat.1 bietet einen Großteil des Programms seiner verschiedenen Kanäle unter *7tv.de* an. Das Archiv ermöglicht einen umfänglichen Zugriff auch auf ältere Sendungen. Einen Live-Stream gibt es aber nur mobil über eigene Apps der einzelnen Sender, und dies kostet dann ebenfalls 2,99 Euro pro Monat.

Besonders erfolgreich sind die öffentlich-rechtlichen Sender mit ihren Mediatheken. Die des *ZDF* ist direkt unter *zdf.de* erreichbar, die der *ARD* unter *ardmediathek.de*. Die einzelnen Landesrundfunkanstalten innerhalb der *ARD* unterhalten aber zum Teil auch noch eigene Mediatheken. Die Sender verfolgen hier immer häufiger eine „Online first"-Strategie: Der *Südwestrundfunk* (*SWR*) hat 2015 angekündigt, alle Vor- und Hauptabendsendungen bereits einen Tag vor Ausstrahlung online zu stellen. Das *Neo Magazin Royale* von Jan Böhmermann wird ebenfalls schon vor der TV-Ausstrahlung in der Mediathek zur Verfügung gestellt. Da die Sendung auf *ZDF Neo* nur einen Nischensendeplatz hat und im *ZDF*-Hauptprogramm sehr spät abends gezeigt wird, lässt sich eine interessante Beobachtung machen: Durch konsequentes „online first" sind die Klickzahlen des Magazins in der Mediathek höher als die Zuschauerzahlen im normalen Fernsehprogramm, „ein Paradebeispiel für reibungslose Konvergenz von linearen Inhalten, die gleichzeitig als Online-Bewegtbildinhalt verwendet werden", meint Jona Kirchen vom Internetdienst *broadmark.de*.[62]

Im Durchschnitt erzielen die öffentlich-rechtlichen Mediatheken grundsätzlich eine höhere Reichweite als die der privaten TV-Stationen. In der ARD/ZDF-Onlinestudie heißt es dazu: „Unter den Fernsehanbietern wird Streaming auf den Internetangeboten der Öffentlich-Rechtlichen stärker genutzt als auf den Angeboten der Privaten. Während 31 Prozent der Bevölkerung (21,5 Mio. Personen) Sendungen auf den Online-Angeboten der *ARD* zumindest selten verfolgen und 32 Prozent Sendungen auf den Online-Angeboten des *ZDF* nutzen (22,4 Mio.), fällt die Streaming-Reichweite von *RTL* und *Sat.1* geringer aus. *ProSieben* kann sich etwas absetzen, bleibt aber mit einer Reichweite von 21 Prozent (14,5 Mio.) hinter den Dritten Programmen der *ARD* mit 25 Prozent (17,4 Mio.) zurück."[63]

Warum dies so ist, darüber will die genannte Studie nicht spekulieren. Man kann aber mutmaßen, dass gerade die nachhaltigen informationsorientierten Streaming-Angebote im Archiv einen „Long Tail" entwickeln,

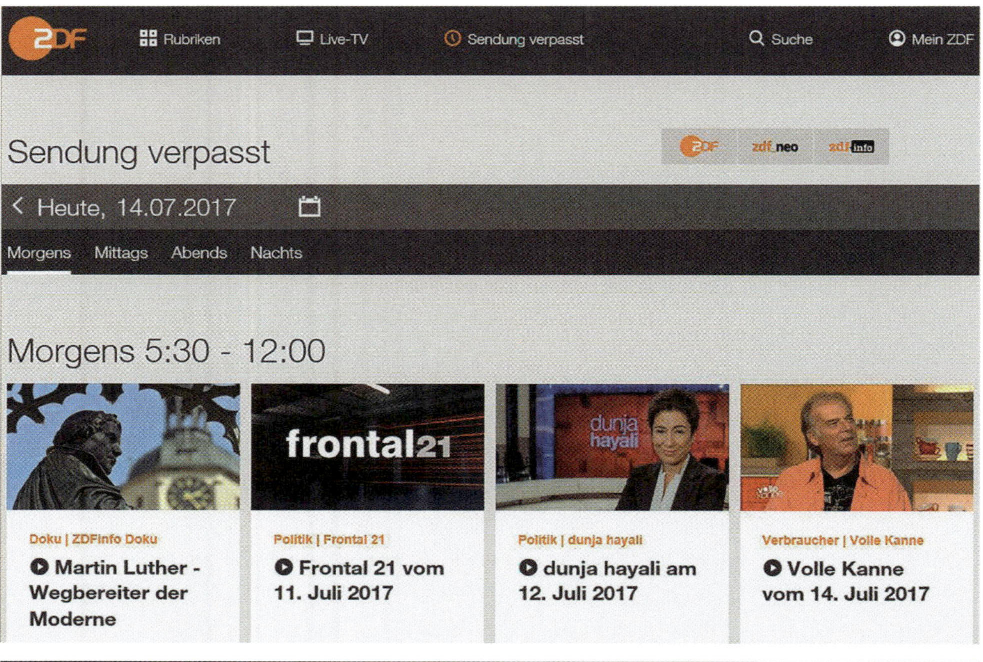

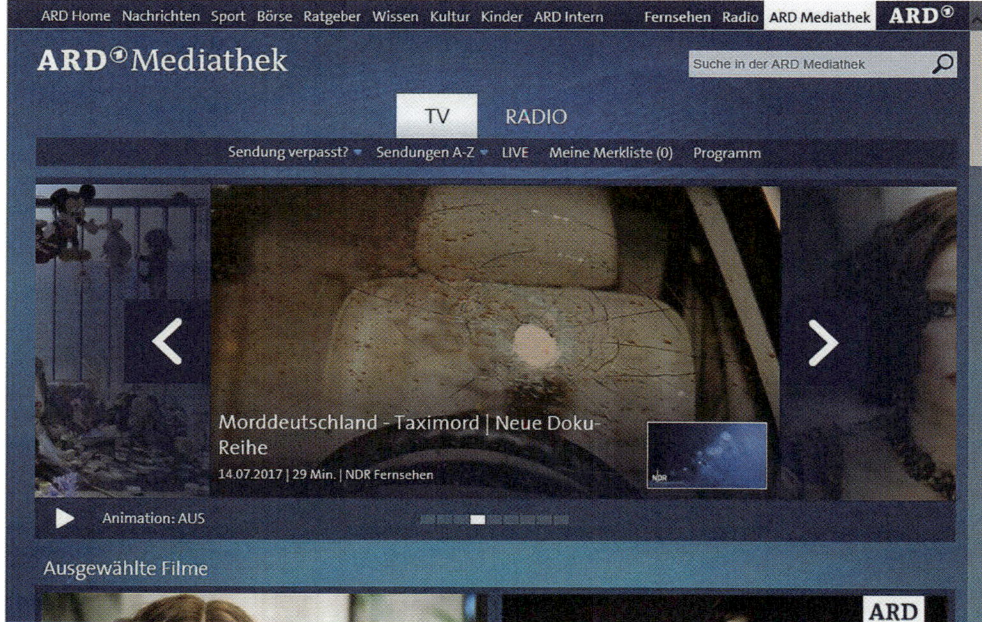

Abb. 122 und 123: Die Mediatheken von ZDF und ARD im Internet.

der sie auch für eine zeitversetzte Rezeption interessant macht, während die unterhaltungsorientierten Programme der Privaten doch eher für den spontanen und aktuellen Konsum geeignet sind, aber nicht unbedingt im Rückblick rezipiert werden wollen. Hinzu kommt, dass gerade die Privaten viele lizensierte Unterhaltungsprogramme Dritter oder aus dem Ausland senden, für die sie nicht die Rechte zur Bereitstellung im Internet besitzen.

Dem Erfolg der öffentlich-rechtlichen Mediatheken auf der einen Seite steht die häufig nur sehr begrenzte Dauer der Abrufbarkeit ihrer Programme im Internet auf der anderen Seite gegenüber. In der Regel müssen die öffentlich-rechtlichen Sender die Online-Inhalte aus der aktuellen Berichterstattung nach sieben Tagen wieder löschen. Dieser Vorgang wird, recht paradox, „depublizieren" genannt.

Das Depublizieren geht zurück auf eine Beschwerde, die der Verband Privater Rundfunk und Telemedien (VPRT) schon 2003 bei der EU-Kommission eingelegt hat, weil er die deutsche Rundfunkgebühr als unzulässige staatliche Beihilfe ansah. Die öffentliche Finanzierung sei wettbewerbsverzerrend und benachteilige Privatunternehmen insbesondere im Internet, da es im Online-Bereich ohnehin schon schwer sei, Angebote zu monetarisieren. Als die *ARD* 2007 ihre neue Online-Strategie vorstellte, die einen deutlich Ausbau der Online-Aktivitäten vorsah, schloss sich auch der BDZV der Kritik an, gerade auch weil die deutschen Zeitungsverleger selbst ins Geschäft des Online-Fernsehens einsteigen wollten.

Das Bundesverfassungsgericht bestätigte allerdings, dass sich der Auftrag des öffentlich-rechtlichen Rundfunks auch auf neue digitale Angebote erstrecke und eine „Entwicklungsgarantie" enthalte. Der öffentlich-rechtliche Rundfunk solle gerade auch im Internet die Angebotsvielfalt und die Verlässlichkeit von Informationen sicherstellen – ihm wurde geradezu ein „genuiner Online-Auftrag" zugesprochen.[64] Um aber einem möglichen Verfahren vor dem Europäischen Gerichtshof entgegenzukommen, wurde im 12. Rundfunksänderungsstaatsvertrag (12. RÄStV) die Aufgabe des öffentlich-rechtlichen Rundfunks präzisiert und teilweise eingeschränkt. Er solle zwar seine Funktion in vollem Umfang auch auf den Online-Bereich übertragen dürfen. Gleichzeitig wurde aber eine wichtige Einschränkung gemacht:

„Nicht anders als bisher für die öffentlich-rechtlichen Rundfunkprogramme gefordert, müssen sich auch die öffentlich-rechtlichen Telemedien auf der Grundlage ihres staatsvertraglichen Auftrags von kommerziellen

Angeboten unterscheiden, die nicht nur von privaten Rundfunkveranstaltern, sondern auch einer Vielzahl weiterer Marktakteure über das Internet zur Verfügung gestellt werden."[65]

Um diese Pluralität der Angebote im Internet sicherzustellen, wurde eine kleine, aber feine Änderung an der Definition des Rundfunkbegriffs vorgenommen. Im gleichen 12. RÄStV heißt es nun nämlich in §2: „Rundfunk ist ein linearer Informations- und Kommunikationsdienst; er ist die für die Allgemeinheit und zum zeitgleichen Empfang bestimmte Veranstaltung und Verbreitung von Angeboten in Bewegtbild oder Ton entlang eines Sendeplans unter Benutzung elektromagnetischer Schwingungen."

Die neu eingefügten Kriterien der „Linearität" und des „zeitgleichen Empfangs" soll die Rundfunkangebote von anderen Abrufangeboten unterscheiden. Außerdem sind die eigenständige Publikation von User-generated Content oder die Gründung von Online-Communitys den Öffentlich-Rechtlichen damit verwehrt. Explizit untersagt sind öffentlich-rechtlichen Sendern seitdem „nichtsendungsbezogene presseähnliche Angebote" und „flächendeckende lokale Berichterstattung". Ebenfalls nicht gestattet sind etwa Tauschbörsen, Kleinanzeigenbereiche oder Routenplaner.

Drei-Stufen-Test

Die Bundesländer haben den öffentlich-rechtlichen Rundfunkanstalten in Deutschland einen sogenannten „Drei-Stufen-Test" vorgeschrieben, mit dem die Übereinstimmung von Angebot und Auftrag in jedem Einzelfall überprüft werden soll. Die Überprüfung erfolgt durch die Rundfunkräte der Sender und gilt als das aufwendigste Verfahren weltweit. Vorbild für den Drei-Stufen-Test ist der britische Public-Value-Test, mit dem die Online-Angebote der *BBC* reduziert werden sollten. Dieses betrifft aber nur Großprojekte. Die Rundfunkräte prüfen in drei Schritten

1. inwieweit das Angebot den demokratischen, sozialen und kulturellen Bedürfnissen der Gesellschaft entspricht,
2. in welchem Umfang durch das Angebot in qualitativer Hinsicht zum publizistischen Wettbewerb beigetragen wird und
3. welcher finanzielle Aufwand für das Angebot erforderlich ist.

„Websites must live forever" – das Ideal eines unbegrenzten und stetig wachsenden Wissens- und Informationsspeichers im Internet wird durch diese gesetzlichen Regelungen ad absurdum geführt. "

JÖRG SADROZINSKI, EX-TAGESSCHAU-REDAKTEUR, ÜBER DAS „DEPUBLIZIEREN"[67]

Aus dem Kriterium des „zeitgleichen Empfangs" ergäbe sich eigentlich ein vollständiges Verbot von Abrufangeboten wie einer Mediathek. Hier hat die Politik sich zu dem Kompromiss durchgerungen, Verweildauern zu definieren. Daher kommt es, dass die öffentlich-rechtlichen Sender programmbegleitende Angebote üblicherweise nur sieben Tage lang im Internet zur Verfügung stellen dürfen, Fußballberichterstattung über die erste und zweite Bundesliga sogar nur 24 Stunden. Nur Beiträge mit zeit- und kulturgeschichtlichen Inhalten dürfen unbegrenzt im Internet verfügbar gemacht werden.

Im Zuge der Änderung des Rundfunkstaatsvertrages wurden bis zu 80 Prozent der bis dahin verfügbaren Online-Inhalte der öffentlich-rechtlichen Sender aus dem Internet gelöscht. Insgesamt sollen bis zu einer Million Online-Dokumente entfernt worden sein. Die Kritik an dem Verfahren hält seitdem von beiden Seiten aus an. Sehen die VertreterInnen der öffentlich-rechtlichen Sender hier einen „Morgenthau-Plan" für ihre

Online-Angebote und reklamieren gar „Zensur", so sprechen die privaten Verleger nach wie vor von „elektronischer Presse", die ihren eigenen Angeboten das Leben schwer mache.[66] Die NutzerInnen als RundfunkbeitragszahlerInnen wiederum ärgern sich, weil Ihnen aus ihrer Sicht mit dem Rundfunkbeitrag bereits bezahlte Inhalte vorenthalten würden.

Eine nachvollziehbare Kritik an den Mediatheken äußert die Arbeitsgemeinschaft Dokumentarfilm (AG Dok), der Zusammenschluss der dokumentarischen FilmemacherInnen und Kameraleute. DokumentarfilmerInnen seien nämlich auf zusätzliche Erlöse angewiesen, da die Sender nur für 60 Prozent der Produktionskosten aufkommen würden. Durch die kostenlose Bereitstellung ihrer Filme in den öffentlich-rechtlichen Mediatheken würden andere Erlösmöglichkeiten aber ausgetrocknet und das gefährde die dokumentarische Filmarbeit insgesamt, wie die AG Dok in ihrer Broschüre *7 Tage oder ewig* formuliert.

Auch wenn die Sender keine Zahlen zu Abrufen und Reichweiten ihrer Mediatheken veröffentlichen, scheinen die Zugriffszahlen so gut nicht zu sein. Die Abteilung Videoforschung der Arbeitsgemeinschaft Fernsehforschung (AGF) hat 2016 erstmals eine „Audiovisuelle Gesamtreichweite" veröffentlicht, also eine Art von Gesamt-Einschaltquote, egal ob die ZuschauerInnen die Sendungen im normalen Programm, zeitversetzt oder über Mediatheken gesehen haben. Dabei kam heraus, dass die Abrufe über Mediatheken im Vergleich zum konventionellen Fernsehkonsum eher vernachlässigbar sind.

F3 ONLINE-VIDEOS SELBST MACHEN

Eine Video-Plattform für Debatten

Im Jahr 2011 rollte ein verheerender Tsunami über die Pazifikküste Japans und zerstörte unter anderem das Atomkraftwerk Fukushima. Der Hamburger Filmemacher Stephan Lamby war weit weg vom Geschehen, fragte sich aber, wie er trotzdem einen Dokumentarfilm über das Ereignis machen könnte. Also hat er mit AnwohnerInnen der betroffenen Regionen Kontakt aufgenommen und nach selbstgedrehtem Videomaterial gefragt. Teilweise war Material bereits auf *YouTube* veröffentlicht, anderes bekam er als Rohmaterial geschickt. Schließlich hat er mit Betroffenen via Skype Interviews geführt. Auf diese Weise entstand in kürzester Zeit der preisgekrönte Film *My Tsunami – die Katastrophe via Skype*.

Mit den Erfahrungen aus dieser Produktion hat Stephan Lamby im Netz seine eigene Video-Plattform *Dbate* geschaffen. Hier erscheinen Videotagebücher, Skype-Interviews und Filme, die aus User-generated Content hergestellt sind. Der Name der Plattform soll ausdrücken, dass nicht nur gesellschaftlich diskutierenswerte Themen präsentiert werden, sondern dass auch wirklich eine Debatte mit den NutzerInnen geführt wird.

Beim Interview in den Räumen seiner Hamburger Produktionsfirma mit Blick auf den Hafen sagt Lamby: „Viele Kollegen im Fernsehbereich missverstehen den Online-Bereich als Mediathek, also als weiteren Ausspielbereich für Produkte. Das ist in Ordnung, aber wird den Chancen im Online-Bereich nicht gerecht, weil das Prozesshafte, die Transparenz, der Austausch mit den Usern, das Spannende ist und nicht eine weitere Abspielfläche." Für Stephan Lamby ist es dringend notwendig, mit kritischem Fernsehjournalismus ins Internet zu gehen, weil vor allem der Online-Journalismus noch zukunftsfähig ist: „Warten Sie mal vier, fünf oder sechs Jahre, dann wird es einen Strömungsabriss geben, weil viele der nachwachsenden Zuschauer gar nicht mehr gelernt haben, richtig Fernsehen zu schauen, sondern sich nur noch online bewegen und einen

Zugang zu kritischem und professionell produziertem Journalismus gar nicht mehr kennen. Nicht der Reichweitenverlust, sondern der Bedeutungsverlust von Fernsehen, von etablierten Medien macht mir Sorgen."

Dbate

Dbate ist mehr als nur eine Plattform, die Videos aufnimmt, Inhalte zu neuen Formen verarbeitet und wieder an andere Plattformen abgibt. Um lebensfähig zu sein, hat Gründer Stephan Lamby sich ein eigenes Geschäftsmodell ausgedacht: „Als Produktionsfirma, die seit über 20 Jahren im Fernsehen arbeitet, verstehen wir uns auf Rechte und Lizenzen. Die journalistischen Produktionen, die wir für *Dbate* herstellen, lizensieren wir auch an andere Plattformen und bekommen dafür Erlöse."

Von einzelnen Videotagebüchern werden auch Fernsehfassungen hergestellt und an etablierte Fernsehsender verkauft. Auf diese Weise nähert man sich fast klassischen Fernsehbudgets an.

Videotagebücher und Skype-Interviews kann im Prinzip heute jeder machen. Aber für das spezifische Geschäftsmodell, das hinter *Dbate* steht, braucht es Erfahrung, langjährige Kenntnisse in TV-Dramaturgie sowie die Kontakte und Möglichkeiten, die entsprechenden Produktionen auch zu verkaufen und zu lizensieren.

» **Geschäftsführer:** Stephan Lamby
» **Sitz:** Hamburg
» **Zahl der Online-RedakteurInnen:** 5
» **AuslandskorrespondentInnen:** keine, aber Interviews via *Skype*
» **Social-Media-RedakteurInnen:** 2
» **Unique User:** k.A.
» **User-Zahl durchschnittlicher Beitrag:** k.A.
» **User-Zahl reichweitenstärkster Beitrag:** 140.000
» **Online-CMS:** Wordpress
» **Stärkste Ressorts:** Politik, Gesellschaft
» **LeserInnen-Beteiligung:** eigener Kommentarbereich via *Disqus, Facebook* und *Twitter*
» **Nutzerdaten-Analyse:** Google Analytics

Abb. 124: Die Video-Plattform Dbate aus Hamburg.

Selbst drehen

Dbate probiert neue Darstellungsformen aus und arbeitet mit Videomaterial, das von AmateurInnen hergestellt worden ist, egal ob mit dem Smartphone oder dem Camcorder gedreht, egal ob verwackelt oder mit dem Stativ. Das lenkt den Blick auf den wesentlichen Punkt, der Webvideos von Fernsehbeiträgen unterscheidet: Webvideos kann jeder!

Aufgrund des günstigen Preises und der hohen Qualität selbst von Konsumprodukten kann heute jeder gute Videos drehen. Jedenfalls ist es keine Frage der Technik mehr. Die beste Kamera ist immer die, die man dabei hat. Grundsätzlich lassen sich heute auch mit handelsüblichen Smartphones sehr gute Videoaufnahmen machen, immerhin bieten viele Geräte eine Kameraauflösung in HD- oder gar 4k-Qualität (siehe Kap. G3). Daneben haben sich digitale Spiegelreflexkameras zu beliebten Alternativen entwickelt. Mit ihren in der Regel hervorragenden Objektiven und ihrer hohen Auflösung werden heute sogar Spielfilme und Fernsehserien gedreht.

Auf zwei Zubehörteile sollten alle FilmemacherInnen auch für Webvideos aber achten: ein Stativ und ein externes Mikrofon. Entgegen einem weitverbreiteten Irrtum entsteht ein bewegender Film nicht dadurch, dass die Kamera bewegt wird. Die Bewegung soll *im* Bild geschehen, nicht *durch* das Bild. Wenn Profi-Kameraleute eine „Moving Camera" führen, dann machen sie in der Regel wohldurchdachte und vordefinierte Bewegungen, häufig mit technischer Unterstützung wie Schienen oder einem Dolly, also einem Kamerawagen. Idealerweise gehört darum eine Kamera auf ein Stativ. Für den Anfang reicht hier ein handelsübliches Fotostativ oder sogar ein Ein-Bein-Stativ, Hauptsache, die Kamera kommt in die Ruheposition. Professionelle Kamerastative mit austarierten Kameraköpfen, Wasserwaage und vielen Scharnieren und Gelenken können dagegen viele Tausend Euro kosten.

Auch ein externes Mikrofon ist unabdingbar für eine ordentliche Filmaufnahme. Schließlich machen wir Tonfilm. Selbst da, wo gar nicht gesprochen wird, liegt unter jedem Filmbild eine Geräuschspur, die sogenannte „Atmo" (für „Atmosphäre"). Umso wichtiger ist der Ton, sobald im Film gesprochen wird. InterviewpartnerInnen, deren Worte man mehr erraten muss als hören kann, ruinieren jedes Online-Video und sind nicht zu gebrauchen. Auch bei externen Mikrofonen gibt es eine enorme Preisspanne, aber selbst ein sehr günstiges Mikro ist besser als die eingebauten Mikrofone der Smartphones oder Rekorder. Ansonsten gilt nicht die Regel „Ran an den Speck", sondern „Ran an die Geräuschquelle", das heißt, das Mikrofon gehört dorthin, wo das Geräusch entsteht. Bei Aufsagern und Interviews ist das normalerweise der Mund der SprecherInnen. Lieber ein Mikro im Bild, als ein Bild ohne guten Ton!

Eine unabdingbare Voraussetzung für das Filmen ist außerdem Licht. Früher hießen Kinos ja sogar Lichtspieltheater. Im Freien bei Sonne ist Licht normalerweise völlig ausreichend vorhanden. Bei Innendrehs in Wohnungen oder gar abends sieht das aber schon ganz anders aus. Hier ist der erste Trick: Jede erdenkliche Lichtquelle anzünden. Je teurer und professioneller eine Kamera, desto lichtempfindlicher sind normalerweise deren Optiken. Beim Filmen mit Hobbyequipment oder Smartphones muss dennoch besonders darauf geachtet werden, eine gute Lichtquelle zu haben. Wer professionell und regelmäßig zum Beispiel einen Kanal auf *YouTube* bespielen will, der wird um die Anschaffung von Videoscheinwerfern nicht herumkommen. Hier weiß das Fotogeschäft des Vertrauens Rat. Hilfreich sind auch Aufsteckscheinwerfer, die beispielsweise in den Blitzschuh einer

Spiegelreflexkamera passen. Wenn diese mit LED funktionieren, brauchen sie auch wenig Strom und halten entsprechend lange durch.

Equipment, das ansonsten noch unabdingbar ist, ist ein ausreichend geladener Akku, ein Akkuladegerät beziehungsweise das Ladekabel sowie eine ausreichend große Speicherkarte, auf die alles passt, was man aufnehmen möchte.

Checkliste: Skype-Interviews

Der Fernost-Experte Robert Kelly war gerade via Skype in einer *BBC*-Nachrichtensendung zugeschaltet, als erst seine vierjährige Tochter und dann auch noch der acht Monate alte Sohn im Laufwagen ins Arbeitszimmer stürmten. Kelly und der Moderator reagierten „very british", das Video wurde ein regelrechtes Internet-Meme. Wer Interviews per Skype führen und solche Zwischenfälle verhindern möchte, sollte einige Punkte beachten:

- ☐ Die Kamera sollte ungefähr in Augenhöhe sein. Vor allem beim Einsatz von Laptops und deren eingebauten Kameras werden die InterviewpartnerInnen häufig ungünstig aufgenommen, weil sie relativ steil nach unten schauen. Laptops darum am besten etwas erhöht positionieren.
- ☐ Gerade Skype-Interviews werden meist drinnen, im Arbeits- oder Wohnzimmer, geführt. Auch hier gilt: Jede erdenkliche Lichtquelle nutzen, die Schreibtischlampe am besten auf die InterviewpartnerInnen richten und auch dem Hintergrund Licht spendieren.
- ☐ Apropos, auch der Hintergrund spielt eine Rolle. Vor dem Interview also einmal nach hinten schauen und kontrollieren. Robert Kelly sitzt beim seinem *BBC*-Interview vor einer Weltkarte, das ist adäquat. Ein unaufgeräumtes Küchenregal ist es eher nicht.
- ☐ Stör- und Geräuschquellen nach Möglichkeit ausschließen und ausstellen.

Professor Robert Kelly lässt sich beim *BBC*-Interview via Skype von seinen Kindern nicht aus der Ruhe bringen: https://youtu.be/Mh4f9AYRCZY. LINK

Wie man einen guten Film dreht – dazu gibt es dickleibige Lehrbücher und vielsemestrige Studiengänge, die an dieser Stelle nicht annähernd nacherzählt werden können. Es gilt aber dennoch festzuhalten, dass die Sehgewohnheiten von ZuschauerInnen und InternetnutzerInnen sehr stark von solchen Filmen geprägt sind, die von Leuten gedreht wurden, die selbst besagte Lehrbücher intensiv gelesen und entsprechende Studiengänge mit Bestnoten absolviert haben. Soll heißen, jedes Online-Video wird heute mit Oscar-prämierten Kinostreifen verglichen. Auch EinsteigerInnen und AmateurInnen sollten sich darum bemühen, so professionell wie möglich zu arbeiten. Es ist darum schon viel getan, wenn sie für den Anfang die „5-Shot-Regel" beherzigen.

5-Shot-Regel

Die „5-Shot-Regel" besagt, dass jede Einstellung eines geplanten Films in den fünf möglichen Kameraeinstellungen gedreht werden sollte, also Panorama, Totale, Halbtotale, Nahe und Close-Up.
Wer so dreht, hat hinterher beim Videoschnitt die größte künstlerische Freiheit, sein Video so zu montieren, dass er die beste Wirkung entfalten kann. Drei Einstellungsgrößen sollten es auf jeden Fall sein (Nahe, Halbtotale, Totale).

Ein regelrechter Glaubenskrieg ist um die Frage entbrannt, ob Online-Videos im Querformat (also dem heute im Fernsehen üblichen 16:9-Seitenverhältnis) oder im Hochformat gefilmt werden sollen, was dann auch als „Vertikalvideo" bezeichnet wird. Vom „Vertical Video Syndrome" ist die Rede, sogar eine Webseite mit der sprechenden URL saynotoverticalvideos.com ist entstanden. Nun ist es einerseits richtig, dass das Querformat eher dem menschlichen Sehsinn entgegenkommt. Andererseits folgt das Vertikalvideo einigen aufnahmeseitigen wie rezeptiven Besonderheiten: Videos, die vornehmlich vom Smartphone fürs Smartphone gedreht werden, können und sollten möglichst hochkant gefilmt werden. Das Smartphone ist heute eben nicht nur Aufnahmegerät, sondern auch Abspielstation. Benötigt werden also eine Bildsprache und eine Erzählweise, die auch für kleine Bildschirme angemessen sind. Das gilt zumal für Videos, die hauptsächlich bei *Facebook* gepostet werden sollen, die mobile *Facebook*-App ist gar nicht responsiv, das heißt, sie kennt gar kein Querformat.

Checkliste: Videos mit Drohnen

Mit Kameradrohnen lassen sich beeindruckende Videoaufnahmen machen. Die mittlerweile preisgünstigen unbemannten Fluggeräte haben aber zu Regelungsbedarf geführt. Seit April 2017 gilt darum eine neue „Verordnung zur Regelung des Betriebs von unbemannten Fluggeräten". Hier die wichtigsten Punkte:

- ☐ Alle Flugmodelle, die mehr als 0,25 kg wiegen, müssen gekennzeichnet sein: Auf einer Plakette müssen Name und Adresse des Eigentümers stehen.
- ☐ Für Flugmodelle ab 2 kg ist ein Kenntnisnachweis erforderlich. Kenntnisse in Navigation, den einschlägigen luftrechtlichen Grundlagen und der örtlichen Luftraumordnung sind nachzuweisen. Für HobbypilotInnen gilt ein Mindestalter von 14 Jahren.
- ☐ Für den Betrieb von Flugmodellen und unbemannten Luftfahrtsystemen über 5 kg und für den Betrieb bei Nacht ist eine Erlaubnis erforderlich. Diese wird von den Landesluftfahrtbehörden erteilt.
- ☐ Drohnen unter 5 kg Gewicht dürfen nur auf Sicht geflogen werden.
- ☐ Nicht geflogen werden dürfen Drohnen über 100 m Flughöhe, über sensiblen Bereichen wie polizeilichen Einsatzorten oder Menschenansammlungen und in Kontrollzonen von Flugplätzen.

Dramaturgie und Authentizität

Ein gutes Video zu machen, heißt, eine gute Geschichte zu erzählen zu haben. Eine Geschichte erzählt laut dem französischen Literaturwissenschaftler Gerard Genette vom Konflikt oder Problem mindestens zweier Personen in einem zeitlichen Verlauf. Wer ProtagonistInnen und AntagonistInnen vor die Kamera bringt, ihren Konflikt erzählt und womöglich Lösungswege aufzeigt, hat definitiv eine gute Geschichte und kann nur noch wenig verkehrt machen. Alle technischen und dramaturgischen Mittel, die eingesetzt werden, können die Aussage nur noch unterstreichen oder verstärken.

Die Dramaturgie folgt darum immer der Geschichte. Ob man diese von vorne nach hinten erzählt oder umgekehrt, ist eine kreative und letztlich künstlerische Frage – auch bei journalistischen Sujets. Für den

Videoschnitt gilt vor allem ein altes journalistisches Leitmotto: „Kill your darlings". Einen guten Film macht man dann, wenn man wirklich nur ein „Best of" seiner gedrehten Einstellungen verwendet. Das gilt im Netz zumal, da die Sehdauer deutlich kürzer ist als beim normalen Fernsehen. Ein typisches Webvideo ist im Durchschnitt drei bis sechs Minuten lang. Stephan Lamby zeigt allerdings auf *Dbate*, dass NutzerInnen durchaus auch bereit sind, sich deutlich längere Webdokumentationen anzusehen.

Die künstlerische Freiheit ist bei Online-Videos besonders groß, vielleicht auch weil es hier noch keine fest etablierten Sehgewohnheiten gibt. Viele alte dramaturgische Regeln gelten beim Online-Video nur noch bedingt. Gerade auf *YouTube* hat sich eine artifizielle neue Bildsprache herausgebildet, die mit einigen alten Gesetzen der Film- und Filmschnitt-Kunst gebrochen hat. Dazu zählen insbesondere die „Jump Cuts", also Schnitte, die ohne Zwischenschnitt und unter Verzicht auf „Continuity" ein und dieselbe Perspektive brechen. Der Bildwechsel wird dann als Sprung (engl. jump) wahrgenommen. Über die technische Ebene hinaus besagen Jump Cuts, dass der zeitliche Verlauf einer Story gebrochen werden kann und die VideomacherInnen im Netz sich größere Freiheiten in der temporalen Gestaltung zubilligen. Es existieren unterschiedliche Typen von Jump Cuts:

Jump Cuts

- Unterschiede im Bewegungs- oder Bildanschluss am Schnittübergang, zum Beispiel, wenn die Körperhaltung einer Person plötzlich eine ganz andere ist.
- Missachtung der räumlichen Anschlüsse, wenn eine Person sich plötzlich an einer anderen Stelle im Raum befindet.
- Der Zusammenschnitt von unterschiedlichen Einstellungsgrößen bei identischer Kameraposition.

In Webvideos wird sehr viel mehr mit grafischen Elementen gespielt als im normalen Fernsehprogramm. Das beginnt mit *Snapchat*-artigen Cartoons und geht bis zu einer sehr professionellen und artifiziellen Gestaltung von Vorspännen, „Bauchbinden" (das sind zum Beispiel Namens-Einblendungen) und Infografiken.

Auch unkonventionelle Kamerabewegungen („Wackelkamera"), abgebrochene O-Töne von ModeratorInnen oder InterviewpartnerInnen,

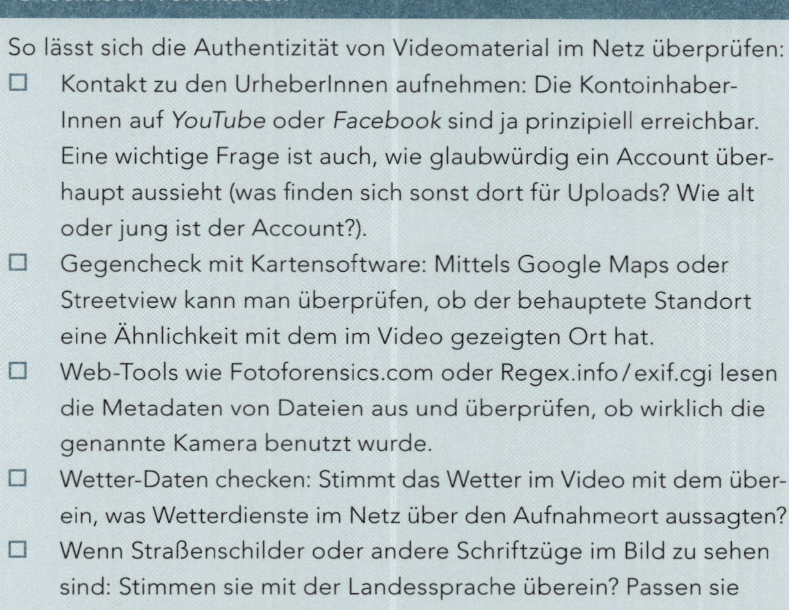

Checkliste: Verifikation

So lässt sich die Authentizität von Videomaterial im Netz überprüfen:

- ☐ Kontakt zu den UrheberInnen aufnehmen: Die KontoinhaberInnen auf *YouTube* oder *Facebook* sind ja prinzipiell erreichbar. Eine wichtige Frage ist auch, wie glaubwürdig ein Account überhaupt aussieht (was finden sich sonst dort für Uploads? Wie alt oder jung ist der Account?).
- ☐ Gegencheck mit Kartensoftware: Mittels Google Maps oder Streetview kann man überprüfen, ob der behauptete Standort eine Ähnlichkeit mit dem im Video gezeigten Ort hat.
- ☐ Web-Tools wie Fotoforensics.com oder Regex.info / exif.cgi lesen die Metadaten von Dateien aus und überprüfen, ob wirklich die genannte Kamera benutzt wurde.
- ☐ Wetter-Daten checken: Stimmt das Wetter im Video mit dem überein, was Wetterdienste im Netz über den Aufnahmeort aussagten?
- ☐ Wenn Straßenschilder oder andere Schriftzüge im Bild zu sehen sind: Stimmen sie mit der Landessprache überein? Passen sie zum behaupteten Ort?

wilde Schwenks oder Reiß-Zooms sind Gestaltungsmöglichkeiten, für die Online-Videos eher eine Lizenz und vielleicht auch ihren besonderen Charme haben. Dieser Charme beruht dann gerade auf dem Amateurhaften, das für die besondere Authentizität des Webvideos steht. Es handelt sich hier freilich um ein in postmoderner Attitüde ausgeführtes Zitat einer Machart von Videos aus den Anfangstagen von *YouTube*. Denn die allermeisten Webvideos, die bei *YouTube* & Co. heute zu sehen sind, werden sehr professionell von gut ausgebildeten Teams hergestellt – das Amateurvideo im Kinderzimmer vorm Ikea-Regal ist, wie gesagt, Geschichte.

Die Authentizität von Webvideos stellt andererseits journalistisch ein Problem dar. Auf dem Höhepunkt des Bürgerkriegs in Syrien bekam beispielsweise die *Heute*-Redaktion des *ZDF* etwa 1.000 Videos zugespielt, die angeblich authentisch aus dem Kriegsgebiet stammen sollten. Die meisten TV-Nachrichtenredaktionen unterhalten darum eigene Abteilungen zur Verifikation solchen Materials, um sich nicht dem Vorwurf der „Fake News" auszusetzen (siehe die Checkliste oben). Die preisgekrönte

Rechercheplattform *bellingcat.com* überprüft Videos und Fotos aus Krisengebieten wie Syrien oder der Ukraine und konnte auf diese Weise bereits den Einsatz von Streubomben oder chemischen Kampfstoffen durch das syrische Regime nachweisen.

Live-Streaming

1962 wurden zum ersten Mal Fernsehbilder live via Satellit von Amerika nach Europa übertragen. Der technische Aufwand dafür war enorm, die Kosten entsprechend hoch. Heute ist es fast spielend einfach, Videobilder auch live zu „streamen". Mobile Apps machen es möglich, Videobilder vom Smartphone aus mit nur geringer Verzögerung ins Internet zu stellen und so weltweit verfügbar zu machen. Laut einer Umfrage des Branchenverbands Bitcom sehen 76 Prozent aller Deutschen ab 14 Jahre zumindest gelegentlich Videos per Stream, was einer Zahl von rund 42 Millionen Bundesbürgern entspricht. Man unterscheidet grundsätzlich zwei Arten von Streaming:

» On-Demand-Streaming: Hierbei werden Daten von einem Server über das Netz an den Client übertragen und die Wiedergabe erfolgt bereits während der Übertragung. Für eine lückenlose Wiedergabe ist eine Zwischenpufferung nötig. Dafür können die NutzerInnen aber auch vor- und zurückspulen.
» Das eigentliche Live-Streaming: Hierbei erfolgt die Bereitstellung und der Empfang eines Ereignisses in Echtzeit.

Periscope war einer der ersten Dienste, die das Streaming ermöglichten. Die App, die heute zu *Twitter* gehört, wurde von *Bild*-Reporter Paul Ronzheimer genutzt, um live den Flüchtlingstreck zu begleiten, der sich im Sommer 2015 über die sogenannte „Balkanroute" auf den Weg Richtung Mitteleuropa machte. In den USA wurden in mehreren Fällen Verbrechen, etwa Vergewaltigungen, live mit der App übertragen, was zu heftigen Diskussionen führte. *Streamup, Younow* oder *Hang W/* sind andere Apps, die die Möglichkeit zur Live-Übertragung von Videobildern via Smartphone bieten.

Ustream wendet sich dagegen eher an Profis und Sender und lässt sich seine Dienste entsprechend bezahlen. In den USA arbeitet *Ustream*, das heute zu IBM gehört, mit *CBS News* zusammen. Es wurde genutzt, um Wahlkampfauftritte von US-amerikanischen PolitikerInnen wie Hillary Clinton oder Barack Obama zu übertragen und diente Sony als Live Game Streaming Service für seine Playstation.

Seit auch *Facebook* und *YouTube* Live-Streamings erlauben, ist es für die Anbieter neuer Apps schwer geworden, in diesem Feld noch Fuß zu fassen.

Checkliste: Live-Streaming

- ☐ Die Zuverlässigkeit der Netzwerkverbindung prüfen: Wird die Netzverbindung unterbrochen, bricht auch der Stream ab.
- ☐ Die insgesamt gestreamte Bitrate darf die verfügbare Ausgangsbandbreite nicht übersteigen. Am besten vorher einen Geschwindigkeitstest durchführen.
- ☐ Den Encoder (also das Streaming-Programm) zwei Stunden im Voraus konfigurieren und mindestens 15 Minuten vor dem geplanten Beginn des Streams starten.
- ☐ Überprüfen, ob die Veranstaltung über Kanal- und Wiedergabeseiten abrufbar ist.
- ☐ Überprüfen, ob die Veranstaltung über Mobilgeräte abrufbar ist (falls vorgesehen).

F4 PODCASTS

Wenn Radio die Welle macht

Das Gebäude, in dem die Zentrale der *Deutschen Welle* (*DW*) in Bonn residiert, hat selbst ein Stück bundesrepublikanischer Politikgeschichte geschrieben. Der Schürmann-Bau in unmittelbarer Nähe zum ehemaligen deutschen Bundestag im Ex-Regierungsviertel war ursprünglich als Abgeordnetenhaus gedacht gewesen, doch der Rohbau soff beim Rheinhochwasser 1993 ab und vor der Instandsetzung zogen die Abgeordneten nach Berlin um. Die *Deutsche Welle* wiederum, der Auslandssender der Bundesrepublik Deutschland, musste ihr Quartier in Köln wegen Asbestverseuchung räumen und zog 2003 nach Bonn um. Kein schlechter Tausch, denn kein Funkhaus in Deutschland hat wohl eine schönere Lage direkt an den Rheinauen.

Die *DW* ist eine ganz eigene Konstruktion. Als Anstalt öffentlichen Rechts gehört sie offiziell zur *ARD*, wird aber nicht aus den Rundfunkgebühren finanziert, sondern direkt aus dem Bundeshaushalt. Das ist juristisch eigentlich gar nicht möglich, weil der Bund keinen Rundfunk betreiben darf. Allerdings sendete die *DW* früher hauptsächlich Radioprogramm über Kurzwelle ins Ausland und war im Inland nahezu gar nicht zu empfangen.

Früher! Denn heute hat sich die *DW* von einem Auslandsradiosender, der 30 unterschiedliche Sprachredaktionen beherbergt, zu einem Internetsender transformiert. Die Kurzwellensender wurden nahezu alle abgeschaltet, ihr Programm und ihre Informationen verbreitet der Sender heute online. Verica Spasovska, die Leiterin der Online-Redaktion, sitzt darum am Scharnier einer Rundfunkanstalt, die nicht mehr funkt, sondern über eine Webseite in dreißig verschiedenen Sprachen kommuniziert: „Wir haben im Laufe der Zeit festgestellt, dass die Nutzung durch das Internet einen immer größeren Anteil an der Gesamtnutzung bekommen hat, so dass wir irgendwann dazu übergegangen sind und unsere Radiosendungen erstmal reduziert und dann eingestellt haben, weil wir auf dem anderen Weg einfach erfolgreicher an unsere Nutzer kommen." Mit dem

Abb. 125: Verica Spasovska, Online-Chefin der Deutschen Welle.

Internet hat die *DW* reiche Erfahrung. Denn es scheint so zu sein, dass die Welle das erste etablierte Medium in Deutschland mit einer eignen journalistischen Webseite war. Jedenfalls kann man das in einer Hausmitteilung aus dem September 1994 nachlesen, also noch einen Monat vor dem Start von *Spiegel Online*.

Deutsche Welle

Aufgabe der *DW* ist es laut Deutsche-Welle-Gesetz, Deutschland als europäisch gewachsene Kulturnation und freiheitlich verfassten demokratischen Rechtsstaat verständlich zu machen. Sie soll deutschen und anderen Sichtweisen zu wesentlichen Themen vor allem der Politik, Kultur und Wirtschaft sowohl in Europa wie in anderen Kontinenten ein Forum geben mit dem Ziel, das Verständnis und den Austausch der Kulturen und Völker zu fördern. Insbesondere soll die Welle auch die deutsche Sprache fördern.

Zu diesem Zweck unterhält die *DW*, die erstmals 1953 auf Sendung ging, weltweit fünf Fernsehprogramme in deutscher, englischer, spanischer und arabischer Sprache. Außerdem gibt es nach wie vor Radioangebote, die aber heute vorwiegend ausländischen Sendern als Zulieferungen in der Landessprache zur Verfügung gestellt werden. Alle anderen Informationsangebote der Welle gibt es online, entweder über die in 30 Sprachen verfügbare Webseite oder über die mobile App. Schon 2004 definierte der Gesetzgeber die *DW* als trimedial, sodass der Online-Auftritt *dw.com* gleichberechtigt neben *DW-TV* und *DW-Radio* steht. Neben dem online-journalistischen Informationsangebot ist die *DW* auch recht innovativ im Netz unterwegs, mit Apps für Flüchtlinge, Videokanälen für GamerInnen oder mit der Entwicklung der Plattform news.bridge, die Werkzeuge für die automatische Übertragung, Übersetzung, Voiceover und Zusammenfassungen von Video- und Audio-Inhalten in vielen Sprache bieten soll.

- » **Online-Chefin:** Verica Spasovska
- » **Sitz:** Bonn und Berlin
- » **Zahl der Online-RedakteurInnen:** 547 feste und 633 freie MitarbeiterInnen (30 Sprachredaktionen, die jeweils eigene Online-Angebote pflegen)
- » **AuslandskorrespondentInnen:** keine
- » **Social-Media-RedakteurInnen:** 6–8 (dt. u. engl.)
- » **Unique User** (Juli 2018): 22 Mio.
- » **User-Zahl durchschnittlicher Beitrag:** dt. 5.000, engl. 7.000
- » **User-Zahl reichweitenstärkster Beitrag:** 160.000
- » **Online-CMS:** eigene Entwicklung
- » **Stärkste Ressorts:** Deutschlandthemen
- » **LeserInnen-Beteiligung:** eigener Kommentarbereich via *Disqus, Facebook* und *Twitter*
- » **Nutzerdaten-Analyse:** Google Analytics, Chartbeat, Adjust, Fabric

Warum Audio im Netz funktioniert

Die *Deutsche Welle* macht es vor: Totgesagte leben länger. Das gilt auch für manche Medien. Audio als das andere „lineare" Bewegtmedium neben

Video schien in Zeiten des hybriden und multimedialen Internets und zumal nach dem „Visual Turn", durch den jeder noch so nichtige Inhalt im Netz mit (bewegten) Bildern garniert werden musste, reichlich „out". Doch die Reichweite von über das Internet verbreiteten Radioprogrammen sowie die Abrufzahlen insbesondere von Podcasts sind enorm. 28% der deutschen Online-NutzerInnen hören laut einer GfK-Studie zumindest gelegentlich Radioprogramme live über das Internet. Vor allem die Gruppe der 18- bis 35-Jährigen hört intensiv Podcasts über das Internet. 78% dieser Gruppe hören Podcasts, mehr als die Hälfte davon wöchentlich, wie eine Konsumentenbefragung der Datenplattform Statista herausgefunden hat.

Podcast

Das Wort „Podcast" setzt sich zusammen aus dem Akronym „Pod" (engl. play on demand") und der zweiten Silbe von „Broadcast" (Rundfunk). Seltener werden auch die Ausdrücke „Netcast", „Hörstück" oder „Hördatei" benutzt. Anders als beim Streaming werden beim Podcast Dateien auf den Rechnern der NutzerInnen hinterlassen. Es handelt sich bei Podcasts um Medienbeiträge, die häufig Radioshows sind und sich um spezifische Themen drehen.

Der *MTV*-Moderator Adam Curry, der auch die Webseite *mtv.com* mit aus der Taufe gehoben hat, soll der erste gewesen sein, der die damals auch als „Audioblogging" bezeichneten Podcasts ins Internet gestellt hat. Zum Erfolg der Podcasts soll beigetragen haben, dass Apple in seinem iTunes-Store eine eigene Rubrik für diese Spielform eingerichtet und später auch standardmäßig eine Podcast-App auf seinen iPhones vorinstalliert hat.

Das Angebot von auch journalistisch ausgerichteten Podcasts ist enorm. Allein die öffentlich-rechtlichen Rundfunkanstalten stellen aktuell über 800 verschiedene Podcasts zur Verfügung. Kein Wunder, standen sie doch auch am Anfang der Entwicklung. Schon 1995 bot das damals neue gegründete *Info-Radio Berlin-Brandenburg* zusammen mit der TU Berlin den Streaming-Dienst *Info-Radio-on-Demand* an. Auch der damalige *SWF* war auf ähnliche Weise aktiv. Mitte 1995 lagen so bereits 190.000 Stunden Wort- und Musikbeiträge online vor. Viele öffentlich-rechtliche „Radioperlen" sind heute online zu hören: Der *WDR* stellt jeden Tag ein 15-minütiges historisches Mini-Feature seiner Reihe *Zeitzeichen* online. *Radio Bremen* lässt jeden Montagmorgen den Literatur- und Medienwissenschaftler Jochen Hörisch zur Lage der Mediennation zu Wort kommen. *Bayern2* stellt mit *Eins zu Eins* beinahe täglich ein Gespräch unter vier Augen ins Netz, in dem vom Eisbachsurfer bis zum Schimpansenforscher schon die kuriosesten Gäste zu hören waren.

Den Hype der Podcasts gerade bei jüngeren NutzerInnen haben vielleicht Jan Böhmermann und Olli Schulz ausgelöst, die mit ihrer Radiosendung *Sanft & Sorgfältig* für den Sender *Radio Eins* des *RBB* regelmäßig den ersten Platz in den iTunes-Podcastcharts belegten und später mit diesem Format unter dem Titel *Fest & Flauschig* komplett ins Internet zum Streamingdienst *Spotify* umzogen. Ebenfalls sehr erfolgreich sind Ines Anioli und Leila Lowfire, die sich in einem Special-Interest-Podcast unter dem Titel *Sexvergnügen* über erotische Sujets austauschen. Der *Soziopod* ist ein Podcast zu philosophischen und soziologischen Themen, den der Erziehungswissenschaftler Nils Köbel und der Medienwissenschaftler Patrick Breitenbach seit 2011 verantworten. Dies war der erste Podcast, der (im Jahr 2013) mit dem Grimme Online Award ausgezeichnet wurde. In den USA erreicht das Angebot von *The Young Turks*, das ausschließlich über das Internet zu empfangen ist, mit politischen, aber auch Unterhaltungsthemen mehr als 150 Mio. Menschen. Ein interessantes Podcast-Format hat der Internet-Aktivist Sascha Lobo auf *Spiegel Online* entwickelt: Dort veröffentlicht er jede Woche die Kolumne *Mensch Maschine*. Die Redaktion wählt interessante Wortbeiträge aus dem Kommentarbereich aus und Sascha Lobo antwortet den KommentatorInnen in seinem *Debatten-Podcast*. Auf diese Weise wird Radio interaktiv und der „Yournalismus" wirklich zu einem Dialog mit den UserInnen. Auch andere Medien wie die *Zeit*, die *FAZ*, die *Süddeutschen Zeitung* oder die *Taz* verpacken ihre Recherchen und Geschichten mittlerweile in hörbare Stücke. Der Boom kommt vielleicht auch daher, weil die Möglichkeiten, digitale Audiobeiträge unterwegs zu hören, sehr viel besser geworden sind.

Zu Podcasts gibt es häufig ergänzende Texte im Netz, die als Sendungsnotizen oder „Shownotes" bezeichnet werden. Neben einer kurzen inhaltlichen Zusammenfassung werden oft auch Links zu den besprochenen Themen oder Bilder angeboten. Unter *shownot.es* existiert auch schon eine kollaborative Plattform, auf der die HörerInnen selbst Notizen zu solchen Podcasts erstellen können, bei denen die Redaktionen keine weiterführenden Informationen mitgeliefert haben.

Neben den Podcasts gibt es auch native Online-Radiosender – die meisten mit einem dezidierten Musikprogramm. Aber auch hier haben sich journalistische Angebote etabliert: So haben zum Beispiel MitarbeiterInnen des zuvor eingestellten terrestrischen Radiosenders *Radio Multikulti* von *RBB* im Internet das Radio *Multicult 2.0* gegründet.

Checkliste: Podcasts

- ☐ NutzerInnen sind selektiv und konzentrieren sich auf Einzelfolgen und bevorzugen dabei Podcasts mit einer Länge von bis zu 30 Minuten.
- ☐ Musik unterliegt auch in Podcasts dem Urheberrecht, auch wenn sie nur zur Untermalung dienen. Besser also lizenzfreie oder creative-commons-lizensierte Musik verwenden, die auch als „Podsafe Music" bezeichnet wird.
- ☐ Wer seinen Podcast über einen Streaming- oder Clouddienst wie *soundcloud.com, podcast.de, podster.de* oder *yasssu.com* anbietet, kann sehr einfach seine Aufnahmen in einem Player in die eigene Webseite oder in den eigenen Weblog einbetten.
- ☐ Auch wenn Satzabbrüche und Versprecher den Reiz des Authentischen verströmen, schätzen HörerInnen doch klare Aussagesätze. Eine Tonnachbearbeitung kann hier die schlimmsten Schnitzer eliminieren helfen.
- ☐ Wer sich mit Soundbearbeitung gar nicht auskennt, kann mit Webdiensten wie auphonic.com die Klangqualität seiner Audiodateien stark verbessern.
- ☐ Die Rezeption von Höreindrücken unterliegt anderen Regeln als die Lektüre oder das Schauen von Video. Weil das gesprochene Wort flüchtig ist, hat sprachliche Redundanz bei Podcasts eine größere Bedeutung als in anderen Kanälen. Wer also Angela Merkel meint, sollte nicht von der „Uckermarkerin" reden.
- ☐ Reden ist Silber, Geräusche sind Gold: Ein auditiver Eindruck entsteht nicht nur durch das gesprochene Wort, sondern noch viel mehr durch „sprechende" Geräusche, die das Gesagte illustrieren

MOBILER JOURNALISMUS

G1 JOURNALISMUS AUF UND AUS DEM HANDY

Lokal, hyperlokal, lokalissimo

Wenn in Köln irgendein Großereignis stattfindet – eine Demonstration oder ein Parteitag – dann ist auch Andi Goral in der Nähe. Mit digitaler Spiegelreflexkamera und mit Smartphone steht er am Rande und dokumentiert das Geschehen, um es gleich darauf auf seiner lokalen Nachrichtenwebseite *Report-K* zu veröffentlichen. Von den Ratssitzungen des Kölner Stadtrats berichtet Goral per Live-Stream: Mobilfunk macht's möglich.

Zum Interview empfängt Goral mich im zum Garten ausgebauten Hinterhof des Ladenlokals, in dem sich seine Redaktion befindet. Er wohnt auch im gleichen Haus – ob das gut für die Work-Life-Balance ist, lässt er dahingestellt. *Report-K* berichtet tagesaktuell vor allem über Köln, auf der Webseite befinden sich aber auch landes- und bundespolitische Nachrichten. Angefangen hat Goral mit dem Projekt schon im Jahr 2004. „Da kam der erste Schwung Content-Management-Systeme auf den Markt", erklärt er, „und man konnte erstmals in Eigenregie redaktionelle Arbeit machen und Artikel und Bilder automatisiert in vorgegebene Layouts fließen lassen." Vorher war Goral Art Director beim Handelsblatt-Verlag in Düsseldorf. „Für mich war klar, dass das eigentlich die Zukunft des Nachrichtenjournalismus ist, gerade auch auf lokaler Ebene. Da ich mich immer ein bisschen gefragt habe, warum so eine große Stadt wie Köln eigentlich nicht mehr tagesaktuelle Medien hat, war das der Grund, warum wir das damals gegründet haben."

Goral sieht auch einige Trumpfkarten in dieser schnellen und mobilen Art des Lokaljournalismus. „Wo informieren sich auch große überregionale Medien zuerst? Bei lokalen Medien", erklärt er. Denn alle Ereignisse, die überhaupt stattfinden, finden irgendwo „vor Ort" statt. LokalreporterInnen haben darum häufig die Nase vorn, und Lokaljournalismus hat eigentlich gerade auch im Netz einen enormen Vorteil gegenüber bundespolitischer oder internationaler Berichterstattung. Denn nationale und

Weltnachrichten sind im Internet an jeder Ecke (kostenlos) zu bekommen. Lokale Nachrichten sind aber häufig exklusive Geschichten. Eine Stärke des Journalismus, findet darum auch Journalismusforscher Martin Welker, liege in seiner „Lokal-Kompetenz". Als 2009 das Kölner Stadtarchiv beim U-Bahn-Bau einstürzte, hat die belgische Tageszeitung *Het Laatste Nieuws* die komplette Berichterstattung von Andi Gorals *Report-K* übernommen.

Hyperlokaler Journalismus

Hyperlokaler Journalismus meint einen Online-Journalismus, der über Ereignisse aus dem unmittelbaren Lebensumfeld, beispielsweise auf Stadtteils-, Quartiers- oder Gemeindeebene berichtet. Häufig handelt es sich dabei um verlagsunabhängige journalistische Angebote oder auch solche von Laien-BloggerInnen. Eine der ersten hyperlokalen Webauftritte soll 2005 die Seite *Chi-Town Daily News Online* des früheren *Chicago Tribune*-Reporters Geoff Dougherty gewesen sein. Das Angebot wurde von der Knight Foundation finanziert, die Seiten wurden überwiegend von freiwilligen NachbarschaftsreporterInnen befüllt. Im Jahr 2007 startete die *Chicago Tribune* selbst das Portal *triblocal*, das sechs Landkreise im Großraum Chicago mit nutzergenerierten Inhalten versorgte.
Medienberaterin Katja Riefler, die sich in Deutschland als eine der ersten mit hyperlokalem Journalismus beschäftigt hat, definiert den Begriff „hyperlokal" mit „geografischer Mikro-Ebene". Der Kommunikationswissenschaftler Martin Welker bezeichnet den entsprechenden Journalismus als einen, der „die Vorteile neuer, internetbasierter Angebote mit der Solidität und Verlässlichkeit der alten lokalen und regionalen papiergebundenen Zeitung" verbindet.[68] Gleichzeitig werde die örtliche Community über das jeweilige Angebot vernetzt und tausche sich interaktiv aus.

In Deutschland haben sich mittlerweile einige lokale und hyperlokale Blogs und online-journalistische Angebote etabliert. *Regensburg Digital* von Stefan Eigner hat sich seit 2008 als kritische Distanz in Niederbayern etabliert, die *Tegernseer Stimme* als ebensolche in Oberbayern, die *Prenzlauerberg Nachrichten* arbeiten eng mit den Berliner *Krautreportern* zusammen. Die Stärke dieser Lokalblogs beruht häufig auch auf der Schwäche

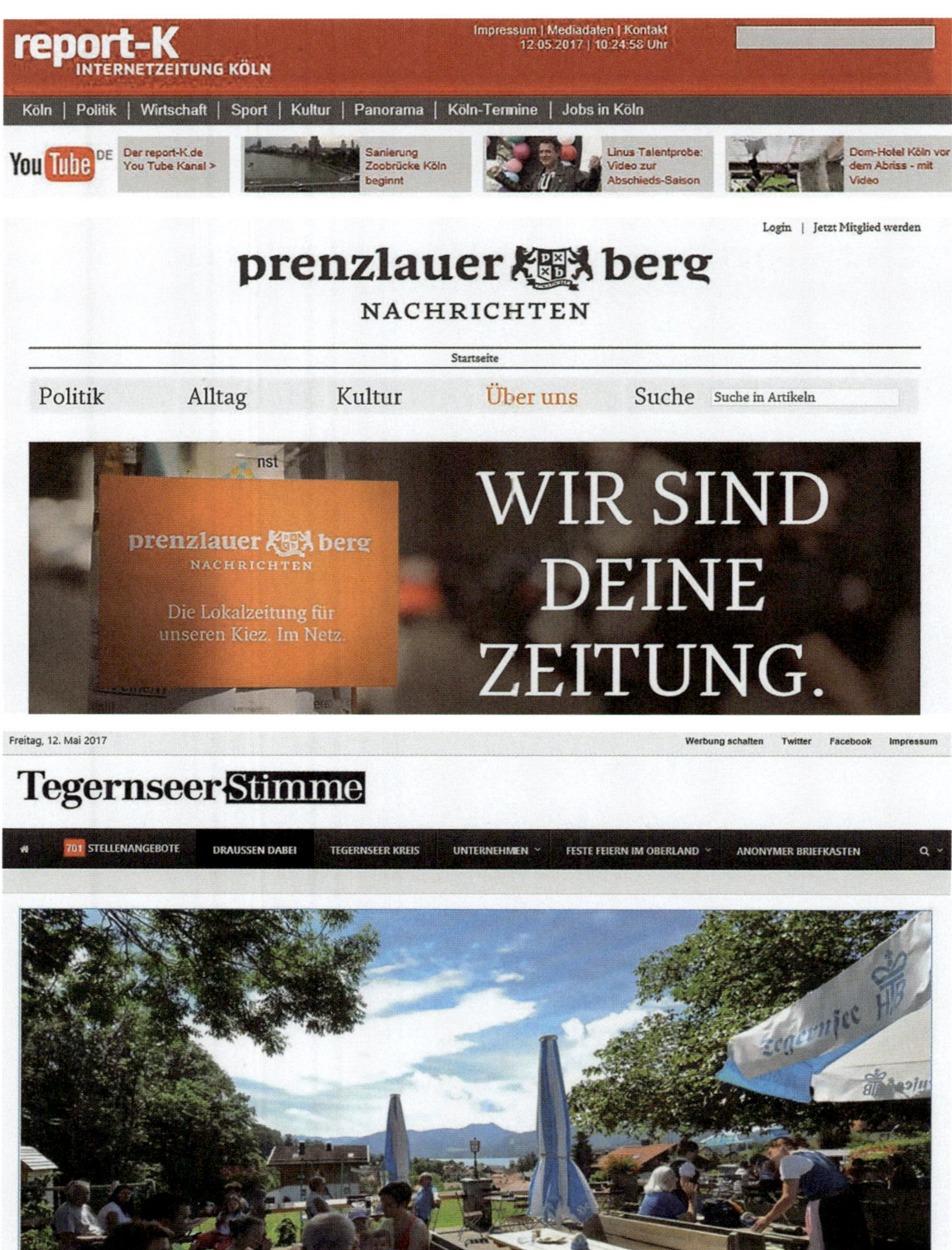

Abb. 126 bis 128: Drei erfolgreiche hyperlokale Blogs.

des etablierten Lokaljournalismus der Printpresse, der unter seiner Distanzlosigkeit zur örtlichen Wirtschaft leidet und der wegen seiner Beliebigkeit vom bekannten Online-Journalisten Hardy Prothmann, dem Macher des *Rhein-Neckar-Blogs*, als „Bratwurstjournalismus" etikettiert wurde. Viele lokale und hyperlokale Blogs haben sich in Deutschland zur Plattform *istlokal.de* zusammengeschlossen.

Andi Goral könnte seine Form von Lokaljournalismus im Netz nicht ohne die Hilfe seines günstigen und transportablen mobilen Equipments betreiben. Der lokale Reporter ist seiner Meinung nach heute immer auch ein mobiler Reporter. Mobil hergestellter Journalismus und mobil rezipierter Journalismus sind zwei Seiten derselben Medaille. Und sie treffen sich auf der Straße, wenn man so will.

Report-K

Die Redaktion von *Report-K* befindet sich in einem kleinen Ladenlokal im szenigen Kölner Stadtteil Ehrenfeld. Der Kaffee aus der Privatrösterei direkt nebenan ist Pflicht in Kölner Szeneläden und auch Andi Goral geht schnell mal rüber, um zwei Cappuccini mit perfekten Herzen im Schaum zu holen. Ursprünglich waren die Räumlichkeiten von *Report-K* mal eine Pferdemetzgerei, dann viele Jahre eine Kneipe mit dem Namen „Erster kleiner Geißbock". Heute ist es, wie Andi Goral selbst findet, „ein schnödes Design- und Redaktionsbüro". Aber die Veränderung ist typisch für das Viertel, oder wie man in Köln sagt: Veedel. „Wo früher kleine Handwerksbetriebe und Läden waren, sind heute die Kreativen eingezogen."

Auch der Journalismus von *Report-K* bezieht sich stark auf die Kölner Veedelskultur. Doch davon allein könnte das vierköpfige hauptberufliche Team nicht leben. Nebenbei stellt die Redaktion noch Kundenmagazine her und vertreibt E-Paper wie die *Karnevalzeitung*. Immerhin ist der Lokalblog so erfolgreich, dass er mittlerweile einen Ableger gegründet hat – ausgerechnet in Düsseldorf, unter dem Namen *Report-D*.

» **Online-Chef:** Andi Goral
» **Sitz:** Köln
» **Zahl der Online-RedakteurInnen:** 4 (+ 3 „Freie")
» **AuslandskorrespondentInnen:** –

- **Social-Media-RedakteurInnen:** (wird im laufenden Betrieb mitgemacht)
- **Unique User** (Oktober 2018, AGOF): 75.000
- **User-Zahl durchschnittlicher Beitrag:** 1.000
- **User-Zahl reichweitenstärkster Beitrag:** 7.000
- **Online-CMS:** EZ Publish (Open-Source-System der norwegischen Firma EZ Systems)
- **Stärkste Ressorts:** Köln, Blaulicht und Politik
- **LeserInnen-Beteiligung:** *Facebook*-Kommentare (kein offener Kommentarbereich auf der Seite)
- **Nutzerdatenanalyse:** Google Analytics

Mobiler Journalismus versus Mobile Reporting

Zugriffe auf News über mobile Endgeräte haben extrem zugenommen und die Art und Weise, wie wir Nachrichten rezipieren, stark verändert. Aus ZeitungsleserInnen in Zügen, Straßenbahnen und Cafés sind Smartphone-NutzerInnen geworden, die vom fahlen, gar nicht romantischen blauen Licht der mobilen Moderne angeleuchtet werden. Was Mark Weiser schon Anfang der 1990er-Jahre als „Ubiquitous Computing" prognostizierte, ist durch die Smartphones Wirklichkeit geworden: Computer überall, und damit auch Nachrichten überall.

Bei acht von zehn führenden Nachrichtenportalen in Deutschland ist im März 2017 der Zugriff über mobile Endgeräte für mehr als die Hälfte des Datenverkehrs verantwortlich. Am höchsten ist dabei der Anteil mobiler Aufrufe mit 72% bei *N-TV*. Auch *DerWesten (WAZ)*, *Focus Online* und *Stern Online* haben 60% und mehr Zugriffe von mobilen Geräten aus. Andi Goral von *Report-K* bestätigt ebenfalls, dass die mobilen Zugriffe auf seine Kölner News-Seite enorm zugenommen haben: „Was wir wirklich sagen können, ist, dass die Hälfte unserer Leser über Mobile kommt und nicht mehr über den stationären PC, wie wir es früher hatten." Nur die *SZ Online* hat nach der Statistik auf Basis der IVW-Zahlen knapp weniger als 50% mobile Zugriffe. Stefan Plöchinger, der Ex-Online-Chef der *Süddeutschen Zeitung*,

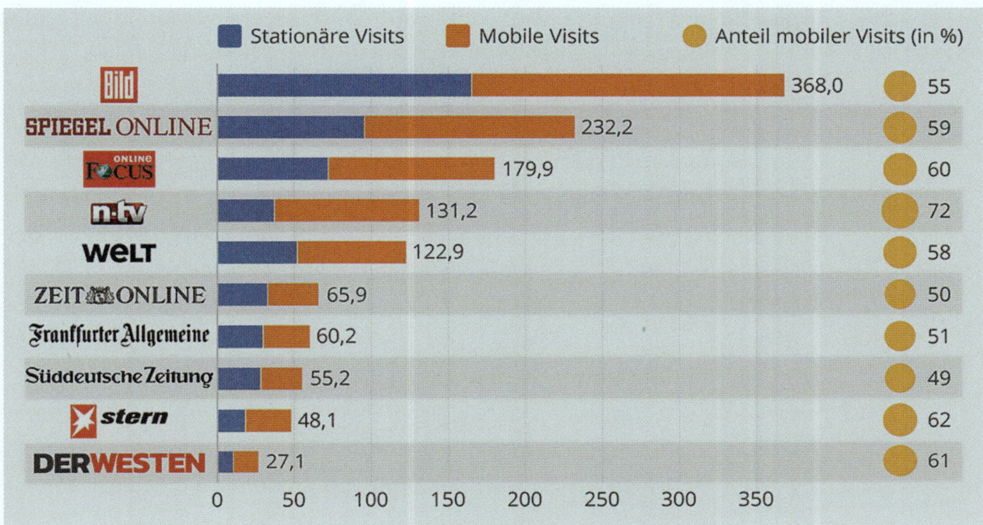

Abb. 129: Nutzung der Top-10-Nachrichtenportale in Deutschland inkl. mobiler Zugriffe.

erklärt im Interview: „Es ist klar, dass wir immer noch ein Büromedium sind. Menschen kommen zu ihrer Arbeitsstelle und schauen auf unsere Seite. Sie schauen auch während der Arbeit immer wieder auf die Seite." Aber auch Plöchinger nimmt wahr, dass mobile Nutzung den Online-Journalismus noch einmal verändert hat: „Früher gab es auch mal Ruhephasen in der Nutzung. Heute ist im Grunde die Seite aufgrund des Smartphone- und auch ein bisschen des Tablet-Booms ein Rund-um-die-Uhr-Betrieb geworden." Für eine Woche schaltete die *New York Times* im Juni 2015 ihre Webseite gleich ganz ab: Die RedakteurInnen des Blattes sollten ihre Zeitung einmal so erfahren wie ihre LeserInnen, nämlich ausschließlich mobil.

Mittels Geolokation hinterlassen NutzerInnen bei Google, Apple, *Facebook* & Co. nun nicht mehr nur Datenspuren, sondern auch Ortsmarken in der wirklichen Welt. Das Internet und seine News-Angebote sind überall verfügbar und die Smartphone-BesitzerInnen sind überall ans Netz angeschlossen und auffindbar.

Ein Merkmal der globalen Kommunikation ist, dass ReporterInnen ihr Equipment nun im Westentaschenformat immer dabeihaben. Videofähigkeiten in HD- und 4k-Qualität, Tonaufzeichnungen in 48-Bit-Auflösung, Fotomöglichkeiten in Druckqualität und die Gelegenheit zum jederzeitigen

Upload auf die eigene Nachrichtenseite sind nahezu mit einem einzigen Endgerät machbar, während noch vor kurzer Zeit dafür kiloschweres Equipment zu Kosten im fünfstelligen Eurobereich nötig gewesen wäre. Medienkonvergenz im Mobilzeitalter meint nicht mehr nur die Verschmelzung von Ausspielkanälen in das eine Universalmedium Computer, sondern die Miniaturisierung aller Funktionen von Kollege Computer in ein einziges Gerät im Pocketformat: das Smartphone. Dem mobilen Journalismus in Form der dauerhaften Verfügbarkeit journalistischer Information an jedem Ort steht mit dem Mobile Reporting die ubiquitäre Verfügbarkeit journalistischer Aufzeichnungs-, Produktions- und Transmissionsmöglichkeiten gegenüber. In den folgenden beiden Abschnitten soll diesen beiden Umständen Rechnung getragen werden: Einer Revue von News-Apps und deren Bedeutung für die Nachrichtenübertragung folgt ein Überblick über die modernen Formen journalistischer Sinnproduktion mittels Smartphone.

G2 NEWS-APPS

Mobil wird das neue Normal

„Mobil wird das neue Normal“, sagt Wolfgang Vichtl, der Leiter von *BR24*. Er hat leicht reden, denn der Redakteur des *Bayerischen Rundfunks* hat eine sehr erfolgreiche mobile App mit Nachrichten aus Bayern für Bayern gelauncht. Zu Vichtl aufs Fernsehgelände des *BR* in München-Freimann komme ich besonders gerne zu Besuch, denn hier habe ich vor vielen Jahren selbst meine TV-Journalisten-Karriere begonnen. Vieles ist hier noch so wie vor Jahrzehnten, vor allem die Kantine an dem kleinen Weiher, die den Charme eines klassischen bayerischen Biergartens hat (in dem Jahr, als ich dort begann, war gerade der Ausschank harter Getränke untersagt worden – was tief blicken ließ). Um in die Online-Redaktion und zum kleinen Entwicklerteam von *BR24*-App zu kommen, muss ich durch ein Foyer, in dem zentnerschweres historisches TV-Equipment ausgestellt ist. Elegant ist anders, elegant ist heute App.

„Jeder sein eigener Chefredakteur und seine eigene Chefredakteurin“, ist das Motto der App des *Bayerischen Rundfunks*. Alle Beiträge des Angebots werden ausführlich getaggt, also mit Schlagwörtern versehen. Anhand dieser Schlagwörter können die NutzerInnen sich ein eigenes Menü zusammenstellen. Diese Schlagwörter lassen sich dann herunterbrechen auf einzelne Regionen Bayerns. „Wir haben mehr Bayern-Korrespondenten als die *DPA*“, erzählt Vichtl stolz. Die LeserInnen als ChefredakteurInnen definieren sich auf diese Weise ihren eigenen ganz persönlichen Newsstream, der tatsächlich einzigartig und individuell ist. „Das ist wie eine Doppelhaushälfte: Links ist die Bayernkarte, wo Sie, wenn Sie mit dem Finger drüberstreichen, relativ schnell in die Regionen kommen.

Abb. 130: BR24: Öffentlich-rechtliche Mobil-App für iOS und Android.

Und rechts sind die gelernten Ressorts wie Sport, Deutschland und Welt, Bayern überregional, Kultur und Wirtschaft."

Mehr als 30 Prozent der Inhalte der *BR24*-App sind Videos. Nicht nur, weil ein Fernsehsender hier naturgemäß besonders gut ausgestattet ist, sondern auch, weil man sich aus rechtlichen Gründen von ähnlichen Apps der Zeitungsverleger und Medienhäuser unterscheiden muss und nicht zu „zeitungsähnlich" sein darf. Dennoch hat sich der *Bayerische Rundfunk* eine Klage des Verlegerverband BDZV eingehandelt und musste die App umbauen.

BR24

Das Team, das die Inhalte der *BR24*-App aufbereitet, ist ein kleines Nachrichtenteam. Ein Redakteur bildet die Nahtstelle zu den sogenannten Regio-Onlinern in den Studios Würzburg, Nürnberg, Regensburg, Oberbayern und Schwaben. Zwei Redakteure schreiben die Beiträge oder arbeiten die Zulieferungen aus den Fachredaktionen um. Zwei Planstellen für Hintergrundrecherchen sind angedacht, aber noch nicht realisiert. Drei KollegInnen der TV-Nachrichtensendung *Rundschau* arbeiten die Videos webgerecht um. Die Inhalte selbst sollen aber aus den Fachredaktionen und den Regionalstudios kommen. Der *Bayerische Rundfunk* ist insgesamt in einem Transformationsprozess, bei dem er sich vom 3-Säulen-Modell der unterschiedlichen Ausspielkanäle (Radio, TV, Online) zu trimedialen Fachressorts entwickelt, die alle Kanäle gleichzeitig bedienen sollen.

» **Online-Chef:** Wolfgang Vichtl
» **Sitz:** München Zahl der Online-RedakteurInnen: 3 + 3 Videoteam
» **AuslandskorrespondentInnen:** –
» **Social-Media-RedakteurInnen:** 2
» **Unique User:** k.A.
» **User-Zahl durchschnittlicher Beitrag:** 50.000
» **User-Zahl reichweitenstärkster Beitrag:** 150.000
» **Online-CMS** (für BR24): Newsroom (die BR-Online-Redaktion nutzt Sophora)
» **Stärkste Ressorts:** Bayern
» **LeserInnen-Beteiligung:** –
» **Nutzerdatenanalyse:** proprietäres Monitoring innerhalb der App

Die Smartphone-Revolution

Schon seit Ende der 1990er-Jahre gab es internetfähige Handys, die auch Bürofunktionen beherrschten. Aber erst mit der Produkteinführung des iPhones als ersten echten Smartphone durch Apple im Juni 2007 sollte sich mobiles Internet auch im Massenmarkt durchsetzen. Apple hatte sich schon seit Anfang der 2000er-Jahre auf Produkte des „Digital Lifestyle" wie den tragbaren Musikplayer iPod spezialisiert und dadurch auch eine Expertise in Handheld-Geräten und der Vermarktung digitaler Produkte wie MP3-Tracks im iTunes Store gewonnen. Für die Durchdringung des Massenmarkts sorgte wohl vor allem das innovative und nutzerfreundliche Bedienkonzept mittels Multi-Touch-Bildschirm. Im Jahr 2008 kam mit Android ein alternatives Betriebssystem für Smartphones mit Touchbedienung auf den Markt, das Google in der Open Handset Alliance mit 33 anderen Mitgliedern entwickelte. Es basiert auf dem Open-Source-Betriebssystem Linux und wird kostenlos an Hardwarehersteller abgegeben, was für seine schnelle Verbreitung sorgte. Im ersten Quartal 2010 wurden in den USA erstmals mehr Android- als iPhone-Smartphones verkauft. Ende 2017 hatten Android-Geräte einen weltweiten Marktanteil von 86 Prozent. Microsoft bot mit Windows Mobile beziehungsweise Windows Phone ebenfalls ein Betriebssystem für Smartphones an, dessen Verbreitung aber hinter den Erwartungen des Herstellers zurückblieb.

Abb. 131 bis 133: Apples iPhone verändert die Art, wie wir kommunizieren.

Mit den neuen Nutzungsmöglichkeiten verändert sich auch das Nutzungsverhalten und damit die Art und Weise, wie wir überhaupt mit Internetinhalten und journalistischen Produkten umgehen. „Smombie", ein Kofferwort aus „Smartphone " und „Zombie", wurde 2015 zum Jugendwort des Jahres gewählt. Gemeint sind NutzerInnen, die so hypnotisiert auf ihr Smartphone starren, dass sie von der wirklichen Umwelt nichts mehr mitbekommen. In den britischen Cultural Studies hat sich der Begriff „Domestication" etabliert, um die symbolischen Aspekte von Medien und Kommunikationstechniken zu analysieren. Im Englischen heißt „Domestication" – worauf Günter Burkart in seinem Buch *Handymania* hinweist – nicht nur Zähmung, sondern auch Kultivierung oder Verhäuslichung. So wie Wildtiere zu Haustieren „domestiziert" würden, könnten nach dieser Theorie auch technische Geräte „domestiziert" und zu einem Aspekt der „moral economy of the home" gemacht werden. Sie würden zu einem wichtigen Teil des Lebensstils, der nicht nur aus Konsum bestehe, sondern auch eine Werthaltung repräsentiere (deswegen „moral economy").

Dazu passen die Ergebnisse einer Studie der Universität Bonn, für die die Daten von 60.000 Smartphone-NutzerInnen ausgewertet wurden: Zweieinhalb Stunden täglich beschäftigten sich die ProbandInnen mit ihrem Smartphone, Jugendliche sogar drei Stunden. 88-mal griffen sie im Schnitt danach und entsperrten es 53-mal, um eine App zu starten. Zieht man acht Stunden tägliche Schlafenszeit ab, gucken SmartphonenutzerInnen im Durchschnitt alle 18 Minuten auf ihr mobiles Gerät. RaucherInnen halten meist länger durch, bis sie an die nächste Zigarette denken müssen. Unter den geöffneten Anwendungen seien besonders häufig Apps wie *Facebook, WhatsApp* und Pokerspiele genutzt worden.

News für mobile Geräte

Im Jahr 2017 zählte der BDZV in Deutschland 333 Tageszeitungen, 22 Wochenzeitungen und 6 Sonntagszeitungen. Gemeinsam erreichten die Zeitungen 1.496 redaktionelle Ausgaben. Im Internet stellten sie 692 redaktionelle Online-Angebote. Für Smartphones und Tablet-PCs wurden mehr als 450 Apps entwickelt, von denen zwei Drittel kostenpflichtig sind. Daneben sind die meisten redaktionellen Webseiten heute responsiv, also für Mobilgeräte optimiert.

Responsives Webdesign

Das Design einer Webseite ist dann responsiv, wenn es auf die unterschiedlichen Größen und Orientierungen von Computerbildschirmen reagiert. Das betrifft insbesondere die Darstellung von Elementen wie Navigation, Menü, Seitenspalten und Texten, aber auch die Berücksichtigung unterschiedlicher Eingabeformen wie Computermaus oder Touchscreen. Wichtige Voraussetzung für responsives Webdesign sind die sogenannten „Media Queries", ein Konzept von CSS3, das es erlaubt, je nach den Eigenschaften des Ausgabemediums unterschiedliche Designs zu definieren. Suchmaschinen wie Google priorisieren heute Webseiten, die responsiv gestaltet sind, das heißt, wenn eine Webseite auf die unterschiedlichen, vor allem mobile Ausgabemedien Rücksicht nimmt, landet sie in der Suchergebnisliste weiter oben.

Hinzu kommen die Newsseiten von Fernsehsendern und Radiostationen privater und öffentlich-rechtlicher Art sowie journalistische Angebote, die nicht von etablierten Medien stammen, zum Beispiel mobil optimierte hyperlokale journalistische Webseiten oder Apps. Außerdem die Portale der großen Internetprovider mit News-Angeboten, allen voran *T-Online,* und schließlich die News-Aggregatoren vor allem der US-amerikanischen Internetfirmen mit deutschsprachigen Angeboten.

LINK

Der BDZV bietet auf seiner Webseite einen Überblick aller deutschen Zeitungsredaktionen, die eigene mobile Apps entwickelt haben: http://www.bdzv.de/maerkte-und-daten/digitales/apps/.

Auf dem Smartphone liegen nach einer Erhebung der Kommunikationswissenschaftlerin Cornelia Wolf Apps aus dem Bereich „Nachrichten/Aktuelles" hinter Kommunikations- und Servicediensten unter den beliebtesten Anwendungen auf Platz 3. Auf Tablet-Computern werden aktuelle Informationen sogar am häufigsten genutzt. Mehrheitlich greifen die UserInnen dabei auf die mobilen Ableger etablierter Medienmarken der Offlinewelt zu.

Abb. 134: Für Smartphones gibt es eine große Zahl an News-Apps.

Die Vorteile mobiler Anwendungen für journalistische Produkte liegen einerseits in der Möglichkeit, über zentrale

Abb. 135 und 136: Die Rheinische Post aus Düsseldorf im Netz: Einmal im Webbrowser, einmal als Mobil-App.

Distributionsplattformen die Sichtbarkeit der eigenen Medienmarke zu erhöhen, andererseits in der ökonomischen Chance eines etablierten und einfachen Bezahlsystems, das multioptionale Erlösmodelle (Einzelverkauf von Ausgaben, Abonnements mit unterschiedlichen Laufzeiten, In-App-Käufe, Basis- und Premium-Versionen usw.) bietet. Aus Sicht einer Kritik der politischen Ökonomie dieses Plattform-Kapitalismus muss notiert werden, dass beispielsweise bei Abogebühren der Appstore-Betreiber bei jedem Turnus neu mitkassiert, obwohl die Bereitstellungskosten für ihn nur einmal anfallen und er an der kostspieligen Herstellung der journalistischen Inhalte gar nicht beteiligt ist.

Das Bedienkonzept der Smartphones mit Multi-Touch-Gesten und die diversen Sensoren der Geräte (zum Beispiel das GPS-Modul) bietet gegenüber einfachen Webseiten vielfältige Gestaltungsmöglichkeiten. Die Frage ist, inwieweit News-Anbieter bei der App-Entwicklung darauf zurückgreifen wollen und inwieweit dies bei den NutzerInnen überhaupt gefragt ist. Mobilforscherin Cornelia Wolf hat zehn technische Dimensionen identifiziert, die bei News-Apps relevant sind und sich an den Online-, Mobil- und Endgeräten orientieren:

- Aktualität
- Additivität
- Multimedialität
- Selektivität
- Interaktivität
- Kontextsensitivität
- Ubiquität
- Konnektivität
- Playfulness
- Intuitive Bedienbarkeit[69]

Aktualität bekommt im mobilen Journalismus eine besondere Bedeutung, da die RezipientInnen noch stärker als an anderen digitalen Geräten mobil auch selbst die Nachrichtenlage in Echtzeit checken können und wollen. Echtzeit-journalistische Darstellungsformen sind darum gerade hier von besonderer Bedeutung. Ein Drittel der von Wolf untersuchten News-Apps macht von der Möglichkeit Gebrauch, Push-Mitteilungen an die NutzerInnen zu schicken und damit das POPC-Prinzip (engl. permanently online, permanently connected) auszunutzen.

Additivität meint hier nicht nur, dass die aktuelle Story laufend ergänzt werden kann, sondern darüber hinaus, dass ältere Inhalte im Archiv weiterhin verfügbar gehalten werden. Den Zugriff auf diese Archivinhalte nutzerfreundlich zu gestalten, ist aber an den kleineren Mobilbildschirmen eine größere Herausforderung: Beispielsweise sollten nicht zu fummelige Bedienelemente vorgehalten werden. Auch bei externer und interner Verlinkung sowie crossmedialen Bezügen muss auf die besondere Nutzungssituation Rücksicht genommen werden. In der Mediathek der *WDR*-Hörfunksendung *Zeitzeichen* erscheinen Teasertext und -bild zum Beispiel im mobilen Webbrowser erst, wenn man auf ein Aufklappmenü klickt. Ansonsten sieht man eine übersichtliche Titelliste.

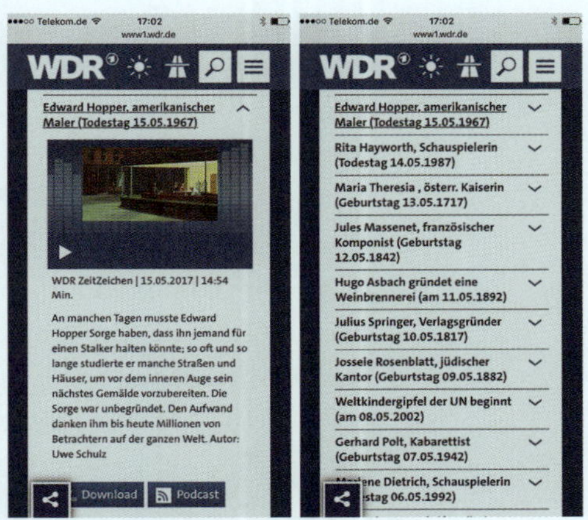

Abb. 137 und 138: Die Mediathek der WDR-Sendung *Zeit*zeichen.

Multimedialität auf mobilen Geräten wirft neben der Verknüpfung von Text, Bild, Audio und Video die Frage nach neuen Darstellungsformen auf. „Wir denken viel über Mobile-Storytelling nach", erzählt mir Stefan Plöchinger, Ex-Online-Chef der *Süddeutschen*, im Interview. „Was ist so nachhaltig, dass es in den Medienalltag integriert werden kann? Es geht vor allem um Storytelling für kleine Schirme." Multimediale Darstellungsformen können auch deswegen an mobilen Geräten besonders eindrucksvoll sein, weil deren Abbildungsleistung häufig exzellent ist.

Selektivität ist ebenfalls gerade wegen der kleineren Bildfläche ein wichtiges Kriterium: Eine Auswahl zwischen vordefinierten Möglichkeiten zu bieten, kann am Smartphone bedeuten, audiovisuelle oder Text-Bausteine nur bei Bedarf einzublenden. Auch Personalisierung durch Auswertung der Ortsdaten des Smartphones kann ein Aspekt von Selektivität sein.

Interaktivität kann gerade im mobilen Journalismus besondere Bedeutung gewinnen, weil die mobilen NutzerInnen sich in der Umwelt bewegen und Außenreize sofort auch medial weiterverarbeiten und weitergeben können. Hier bestehen Möglichkeiten der Partizipation bis hin zu Citizen Journalism und Leserreporter-Aktionen.

Kontextsensitivität ist einerseits durch die Handyortung gegeben. Aber auch die NutzerInnen können ihre Lebenswelt aktiv durch das Weitergeben und Posten von Ortsdaten, Bildern und Videos verorten. Hiermit hängt auch die *Ubiquität* mobiler News-Anwendungen zusammen.

Playfulness erlaubt ein spielerisches Erlebnis der Inhalte gerade durch die Ausnutzung der Touch-Bedien-Möglichkeiten, Augmented-Reality-Anwendungen, des Lagesensors oder der Multimedia-Fähigkeiten der mobilen Endgeräte.

Intuitive Bedienbarkeit ist schließlich ein Erfordernis, gerade weil die Rezeption journalistischer Inhalte auf mobilen Geräten durch den lebensweltlichen Kontext allerhand Störungen unterworfen ist. Mobile News-Apps müssen darum noch einfacher zu bedienen sein als herkömmliche Computeranwendungen.

Die mobilen Apps der deutschen Zeitungsredaktionen bieten häufig die Möglichkeit, neben dem Newsstream, wie ihn auch der Webauftritt bietet, noch auf das E-Paper und andere digitale Zusatzangebote zugreifen zu können. Die *FAZ* hat sogar zwei mobile Apps: Die eine bildet die Inhalte von *FAZ Online* ab, die andere heißt *FAZ Der Tag* und nutzt die Gestaltungsräume gerade von Smartphones besser aus: Pro mobiler

Checkliste: Mobile Usability

Als Web-Usability-Papst Jakob Nielsen im Jahr 2009 mit ersten Tests zu mobilen Webseiten startete, fühlte er sich nach eigenem Bekunden in das Jahr 1998 zurückversetzt. Aus dem mobilen Nutzererlebnis, das er damals konstatierte, lassen sich deutliche Rückschlüsse auf ein gut bedienbares Design speziell für mobile Webseiten ziehen:

- ☐ Downloadzeiten sind zu lang: Immer noch sind mobile Datenraten häufig geringer als LAN-Verbindungen – auf Dateigrößen ist also mobil besonders zu achten.
- ☐ Scrollen erweist sich als größtes Usability-Hindernis, weil die NutzerInnen auf mobilen Geräten mit Touchbedienung viel zu viel scrollen – der sichtbare Bereich muss auf mobilen Geräten so sein, dass das Wesentliche erfasst werden kann.
- ☐ Überfrachtete Seiten führen dazu, dass die NutzerInnen den Überblick verlieren – mobile Webseiten müssen deutlich weniger Elemente haben als solche für größere Bildschirme.
- ☐ NutzerInnen sind auf mobilen Geräten deutlich zurückhaltender, was Aktivitäten wie Shopping oder Banking angeht.
- ☐ Die Websuche ist auch mobil meist die wichtigste Anwendung – eine eigene Suchroutine verhindert, dass NutzerInnen auf eine Suchmaschinenseite wechseln.
- ☐ Mobile Webseiten imitieren das Design klassischer Webseiten – dabei ist die Nutzererfahrung (engl. user experience = UX) etwa wegen der häufigen Vertikalnutzung von Smartphones eine ganz andere: Elemente wie Bilderkarusselle oder Menüleisten funktionieren mobil gar nicht oder nicht gut.

Bildschirmportion wird ein Thema oder eine Story nur mit einem screenfüllenden Foto und der Schlagzeile transportiert, per Wischbewegung kommen die NutzerInnen von einer Story zur nächsten, ein farbiger Randlaufbalken bietet Übersicht – ein preisgekröntes Konzept. Der Ex-Chef von *FAZ Online* Müller von Blumencron erzählt dazu im Interview: „Meine Idee war einfach: Wir müssen zu einer Reduktion kommen. Leute am Smartphone können zwar viel lesen, tun das auch, dennoch müssen wir denen eine stärkere Auswahl bieten, als ihnen einfach nur – flatsch – die Website mit ihren Dutzenden,

Hunderten Teasern in einer langen Wurst vorzusetzen. Und dieses Prinzip der Einfachheit, Stärke und Auswahl, der Konzentration auf das, was wirklich wichtig ist, kommt bei den Lesern wahnsinnig gut an."

LeserInnen greifen auch mobil gerne auf die Inhalte etablierter Medienmarken zurück. Die Medienhäuser nutzen dies aus: Die Mehrheit der mobilen News-Apps heißen so wie das Muttermedium. Was aber tun, wenn das ursprüngliche Produkt ein reines Offline-Produkt ist? Meistens wird das Offline-Medium, gerade wenn es sich um ein Printprodukt handelt, als statisches E-Paper angeboten. Additivität ist dann nicht gegeben oder muss dadurch hergestellt werden, dass zusätzlich in die App ein Newsstream integriert wird. Radio- und seltener auch TV-Sender bieten entweder einen Live-Stream des eigenen Programms oder eine Mediathek mit Podcasts und Videos an. Besonders erfolgreich sind solche News-Apps, die vorhandenes Videomaterial in die Berichterstattung multimedial integrieren. Die Apps von *N-TV* und *Welt/N24* sind auch deswegen auf Smartphones so verbreitet, weil sie das hauseigene Bewegtbildmaterial integrativ einsetzen. Die *Deutsche Welle* baut in ihre News-App sogar den Live-Stream ihres Fernsehprogramms ein.

Abb. 139 und 140: Zwei mobile Apps derselben Redaktion in unterschiedlicher Aufmachung.

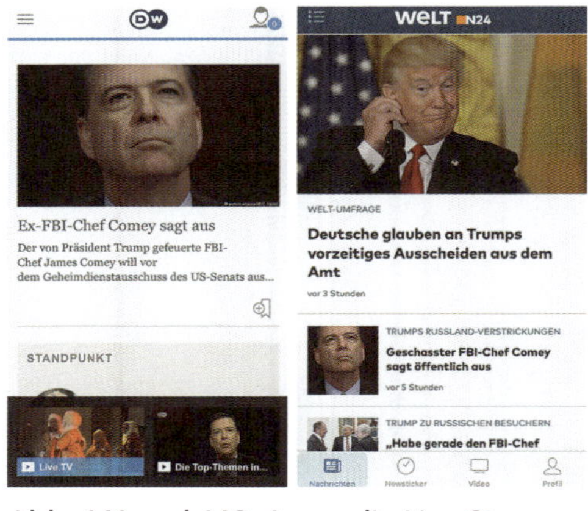

Abb. 141 und 142: Apps, die Live-Streams, Videos und Podcasts integrieren.

Eine Besonderheit stellt die App *Upday* dar. Hier hat sich zum ersten Mal mit Samsung ein Technologiekonzern mit einem Zeitungsverlag, der Axel Springer SE, zusammengetan, um ein Newsangebot speziell für die Smartphones dieses Herstellers anzubieten. Die App ist auf neuen Smartphones vorinstalliert und startet bei bestimmten Wischbewegungen automatisch. Entsprechend hoch ist die Reichweite, vor allem da Samsung immer noch Marktführer unter den Smartphone-Herstellern ist. Mit dem Einstieg ins IVW-Ranking der Top 50 Newsangebote im Netz startete *Upday* im Dezember 2016 mit knapp 89 Mio. Visits auf Platz 6. Die App ist zweigeteilt: Einerseits wird ein redaktioneller Dienst angeboten, der die Topnachrichten auswählt und veröffentlicht. Zum anderen gibt es einen Bereich, der „My News" heißt und personalisierte Nachrichten nach den individuellen Vorlieben der NutzerInnen darstellen soll. Dazu wählt *Upday* aus europaweit über 1.000 Nachrichtenquellen aus. Auch die App selbst ist nicht auf den deutschsprachigen Raum beschränkt, sondern bereits in 14 Ländern verfügbar, was dem Springer-Verlag einen gehörigen Reichweitenzuwachs sichert.

App-Baukästen

Apps lassen sich relativ einfach selbst bauen – und das ohne Programmierkenntnisse. Hierzu gibt es spezielle App-Baukästen. Dabei gibt es einen grundlegenden Unterschied: Die einen erstellen HTML5-Apps und somit mobil optimierte Versionen eines bereits bestehenden Webauftritts. Die anderen erstellen echte native Apps, also solche, die im Apple Appstore oder im Google Playstore heruntergeladen werden können. Die Baukästen übernehmen auch die Bereitstellung. Dies hat allerdings seinen Preis: Eine HTML5-App ist für 8,20 Euro im Monat zu haben, während eine native App mindestens 35 Euro im Monat kostet. HTML5-App-Baukästen sind zum Beispiel Appyourself, Appy Pie oder Apps-Builder. Native App-Baukästen sind Appmachine, Goodbarber oder Mobile Roadie.

News-Aggregatoren auf Smartphones

Mit der Individualisierung des Nachrichtenangebots, wie es *Upday* anbietet, ist diese App eigentlich eher ein News-Aggregator und nicht mehr so sehr ein redaktionelles Produkt. *Upday* hat vielleicht unter Samsung-NutzerInnen auch deshalb so viel Zuspruch, weil Aggregatoren auf mobilen Endgeräten besonders beliebt sind. Die Bedienfreundlichkeit auf dem Touch-Display lässt sich für die individuelle Auswahl aus unterschiedlichen Nachrichtenquellen vielleicht besonders gut nutzen.

Abb. 143: Ein News-Aggregator, der wie ein Magazin gestaltet ist.

Eine dieser Apps ist *Flipboard*. Sie ist das Paradebeispiel für magazinartig gestaltete Aggregatoren, die es den NutzerInnen erlauben, bestimmten Inhalten oder einzelnen Personen genauso zu folgen wie speziellen Ressorts oder Themen. Für diese NutzerInnen stellt die App ein personalisiertes Nachrichten-Tableau zusammen, durch das per Wischbewegung geblättert werden kann.

Google Play Kiosk, das kürzlich mit *Google News* als der „Mutter aller Nachrichtenaggregatoren" fusioniert wurde, ist das Pendant zu *Flipboard*. Auch diese App, die es sowohl für Android als auch für iOS gibt, stellt ein personalisiertes Nachrichtenangebot mit individuellen Themen und Nachrichtenquellen dar. Zur Nutzung benötigt man allerdings ein Google-Konto.

Simply News ist eine App für iOS und Android, die ebenfalls aus Tausenden etablierten Quellen News-Portfolios zusammenstellt. Neben einer Ansicht der Top-10-News werden die wesentlichen Nachrichten in den klassischen journalistischen Ressorts dargestellt. Der Inhalt der einzelnen Nachricht ist so auf das Wesentliche konzentriert und eingekürzt, dass er in einer einzigen mobilen Screenportion darstellbar ist. Eine Wischbewegung führt dann zur Webseite der Originalquelle mit dem vollständigen Text. Ähnlich funktioniert auch die App *Newstral*.

Feedly und *Newsify* sind Apps, die sich die RSS-Technologie zunutze machen und dadurch die neuesten Artikel von Blogs und Onlinemagazinen aggregieren und zur Verfügung stellen können. Der Vorteil solcher RSS-Reader im Vergleich zu reinen News-Apps ist, dass hier auch solche Quellen hinzugefügt werden können, die dezidiert keine journalistischen sind, über deren Neuigkeiten man aber trotzdem auf dem Laufenden gehalten werden möchte.

Abb. 144: Die Simply News-App kürzt Nachrichten so ein, dass sie ins schicke Mobil-Design passen.

Tablet-Journalismus

Als Apple im April 2010 mit dem iPad den ersten Tablet-Computer mit dem vom iPhone bekannten Betriebssystem herausbrachte, wurde dieser von den Zeitungsverlegern freudig begrüßt. Denn Tablet-Computer bieten den Komfort der Touchbedienung ohne die Einschränkung der kleinen Benutzeroberfläche, die vor allem die Design- und Layoutmöglichkeiten und damit die ansprechende visuelle Darbietung journalistischer Inhalte minimiert.

Tablets haben insbesondere dem Bereich der tragbaren Computer und Laptops sehr stark die Marktanteile abgegraben. Entsprechend haben die Computerhersteller eine neue Produktkategorie erfunden, die sogenannten „Convertables“ oder „Detachables“, die beide Computertypen kombinieren soll. Convertables sind solche Computer, die einen berührungsempfindlichen Bildschirm haben, aber fest mit einer Tastatur verbunden sind. Durch ein 360-Grad-Scharnier lässt sich der Bildschirm auf die

Abb. 145: Typen von Tablet-Computern	
Slate	Touchbedierung mit Stifteingabe und Handschrifterkennung
Pad	Touchbedienung ohne Stifteingabe mit Bildschirmtastatur
Convertable	Touchbildschirm mit fest verbundener Tastatur
Detachable	Touchbildschirm mit abnehmbarer Tastatur

Tastatur klappen und der Computer auf diese Weise als reines Tablet benutzen. Problem dabei ist das Gewicht der Tastatur. Bei den Detachables lässt sich der Bildschirm von der Tastatur trennen und als Tablet benutzen. In diesem Segment ist Microsoft mit seiner Surface-Produktlinie und dem neuesten Windows-Betriebssystem stark vertreten.

Abb. 146: Feedly: Nachrichtenaggregator auf Basis von RSS-Feeds.

Forscher vom Poynter Institute for Media Studies haben im Rahmen einer Eyetracking-Studie Tablet-NutzerInnen beobachtet. Dabei haben sie herausgefunden, welch ein inniges Verhältnis diese zu den berührungsempfindlichen Geräten haben: Die Mehrheit der NutzerInnen (61%) behalten fast dauernd Kontakt zum Gerät, sie berühren den Bildschirm, tippen, stauchen und schieben an der Oberfläche, um ständig das Bild für die eigene Rezeption anzupassen. Sie lesen bestenfalls zwei Zeilen ruhig hintereinander, um dann wieder kleine subtile Wischer zu vollführen, um die nächsten Zeilen optimal ins Blickfeld zu rücken. Tablet-NutzerInnen wollen auch noch mehr als die NutzerInnen anderer digitaler Endgeräte in ihrer „Playfulness" angesprochen werden: Sie klicken und tippen selbst auf solche Bildschirmelemente, die überhaupt nicht fürs Klicken und Tippen vorgesehen sind und hinter denen sich gar kein Link und keine Aktion verbirgt.

Die ForscherInnen wollten auch herausfinden, welche Screen-Design-Typen bei Tablet-NutzerInnen besonders gut ankommen. Dazu haben sie in einem Experiment dieselbe News-Seite mit den Ressorts Politik, Sport, Wirtschaft und Lifestyle in drei verschiedenen Designs vorgestellt: Das erste hatte ein „traditionelles" Look&Feel mit einem dominanten Foto, einer großen Schlagzeile und einzelnen Überschriften für jeden der 20 enthaltenen Artikel. Das zweite war ein sogenanntes „Karussell"-Design mit einer Text-Bild-Kombination für jeden der 20 Artikel. Das dritte Design war ein sogenanntes „Flipboard" mit vier großformatigen Bildern, die jeweils einen Artikel aus jedem Ressort hervorhoben (siehe Abb. 147).

50% der NutzerInnen bevorzugen das Karussell-Layout, 35% die traditionelle Anmutung. Nur 15% der AnwenderInnen wissen das Flipboard-Design zu schätzen. In der Regel sahen die Tablet-NutzerInnen sich 18 Teaserbilder bzw. -texte an, bevor sie einen Artikel aufriefen. Dies bedeutet, dass die NutzerInnen sich beim Hin- und Herwischen auf der Touch-Oberfläche einige der Überschriften oder Fotos sogar mehrfach angesehen haben, bevor sie ihre Wahl getroffen haben. Viele Artikel werden am Tablet-Computer komplett gelesen. Auch Untersuchungen der Adobe Digital Marketing-Abteilung haben ergeben, dass Tablet-NutzerInnen deutlich länger auf Webseiten verweilen. Sie rufen beim Surfen 70% mehr Seiten auf als einfache Smartphone-SurferInnen. Im Durchschnitt verweilen die LeserInnen 98,3 Sekunden bei der ersten Story, die sie angeklickt haben. Diejenigen NutzerInnen, die einen Artikel nicht bis zum Ende gelesen haben, blieben durchschnittlich 78,3 Sekunden dabei. Dieser Punkt war in der

PROTOTYPE: Traditional

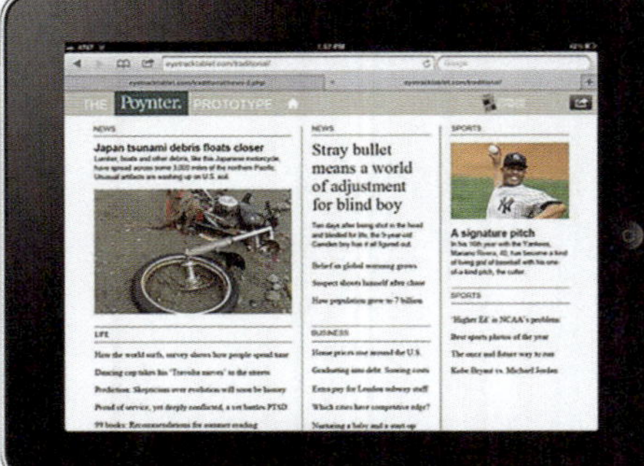

PROTOTYPE: Carousel

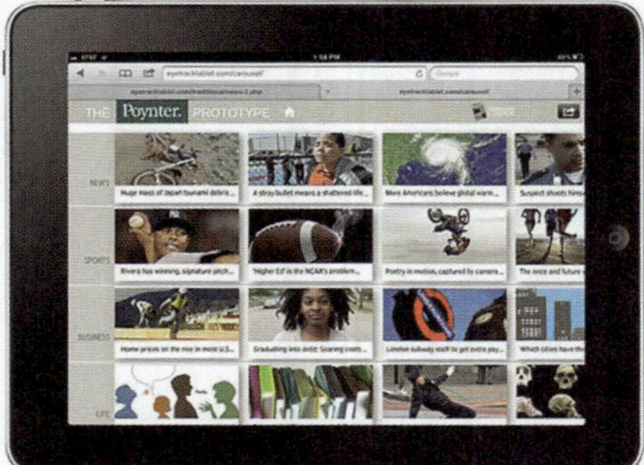

PROTOTYPE: Flipboard

Abb. 147: Bevorzugte Layouts und Screen-Designs von Tablet-NutzerInnen.

Poynter-Studie häufig etwa bei der Hälfte des Textes erreicht. Die Poynter-ForscherInnen empfehlen darum, etwa nach der Hälfte des Artikels ein hervorgehobenes Zitat oder ein sprechendes Bild zu platzieren, um die LeserInnen bei der Stange zu halten.

Dass LeserInnen, die ein Tablet nutzen, sich Texten und Artikeln länger und intensiver widmen als an anderen Geräten, deckt sich mit den Ergebnissen einer im Jahr 2015 vom Branchenverband Bitcom in Auftrag gegebenen Umfrage. Demnach werden Tablet-Computer in Deutschland vor allem zu Hause genutzt: Jeder dritte Tablet-Nutzer (30%) gibt an, sein Gerät ausschließlich zu Hause zu nutzen. Ein weiteres Drittel (31%) setzt das Tablet überwiegend zu Hause ein. Nur 6% gebrauchen ihr Gerät ausschließlich oder überwiegend unterwegs. Zu Hause sind die beliebtesten Einsatzorte für das Tablet das Sofa (82 %), das Bett beziehungsweise der Balkon oder Garten (jeweils 50%), der Schreibtisch (47%) und die Küche (39%). 7% nehmen ihr Gerät sogar mit ins Bad. Diese entspannten Rezeptionssituationen (im Vergleich zum Beispiel zur Smartphone-Nutzung in einer überfüllten Straßenbahn) können eine Erklärung sein, warum längere Lesestücke am Tablet besonders gut funktionieren. Hinzu kommen die sehr guten Abbildungsleistungen der meisten Tabletgeräte und deren Außenmaße, mit denen Texte sich augen- und damit leserfreundlicher darstellen lassen. Vielleicht sind deswegen auch die E-Paper von Zeitungen und Magazinen besonders beliebt.

Die Poynter-ForscherInnen fanden in ihrer Eyetracking-Studie außerdem heraus, dass Tablet-NutzerInnen lieber die Bedienelemente des Webbrowsers nutzen als die jeweils spezifischen Bedienelemente von Apps und webbasierten Anwendungen. 65% der NutzerInnen verwenden beispielsweise lieber den Zurück-Button des Browsers als den Home-Button ihres Tablets oder navigationale Elemente innerhalb einer Anwendung oder Seite. Dies spricht für die Bedeutsamkeit eingeübter Nutzungsroutinen.

Checkliste: Tablet-Journalismus

- ☐ Mach' die Finger glücklich: Tablet-NutzerInnen wollen am Touchdisplay etwas zu tun haben, also sollte man ihnen Aufklapp-Elemente, Videos und anderes aktivierbare Material anbieten.
- ☐ Entdeckungen zulassen: Tablet-NutzerInnen wollen spielen und spielerisch eine Webseite erkunden, also sollten interaktive Elemente den Spieltrieb befriedigen.
- ☐ Leselust: Tablet-NutzerInnen nehmen sich mehr Zeit für Artikelseiten, also sollte man ihnen Futter in Form von längeren Storys geben.
- ☐ Porträt statt Horizont: Tablet-NutzerInnen favorisieren die vertikale oder Porträt-Ansicht gegenüber dem horizontalen oder Landscape-Ratio. Sie drehen aber das Tablet während der Nutzung auch, um beispielsweise ein Video anzuschauen.

G3 MOBILE REPORTING

Als der *WDR*-Reporter Demian von Osten während des Umsturzes in der Ukraine in der Hauptstadt Kiew ankommt, ist das Land mitten im Bürgerkrieg: „Ich bin just an dem Tag gelandet, als alles ziemlich eskaliert ist. Über herumliegende Pflastersteine und an ausgebrannten Autos vorbei bin ich auf abenteuerliche Art und Weise mit dem Taxi zum Hotel gekommen."[70] Demian von Ostens Hotel liegt direkt am Maidan-Platz, dem Zentrum der Kämpfe, hinter der Polizeiabsperrung. Sein Kamerateam allerdings befindet sich auf der anderen Seite bei den Demonstranten und ist unerreichbar. Das einzige journalistische Produktionsmittel, das von Osten zur Verfügung steht, ist sein Smartphone. Also beginnt er, über die dramatischen Ereignisse zu twittern und lädt Fotos, Texte und kurze Videos per Handy ins Internet hoch. Hatte der Reporter anfangs nur 120 Follower auf *Twitter* , folgen ihm nun in kürzester Zeit 1.200, darunter viele JournalistInnen, die ihrerseits die brandaktuellen Geschichten aus Kiew retweeten. Die Nachrichtensendungen im *WDR*-Hörfunk und die *Aktuelle Stunde* im Fernsehen verweisen auf von Ostens *Twitter*-Kanal.

Es bleibt nicht beim Twittern. Andere Fernsehsendungen des *NDR*, *Arte* sowie die *Tagesschau24* wollen möglichst aktuelle Informationen von Demian von Osten aus Kiew. Doch einen Satellitenübertragungswagen haben sie nicht vor Ort und alle Leitungen in den Westen sind blockiert. Also nutzt der *WDR*-Reporter sein Smartphone auch für eine Video-Liveschaltung. Für diesen Zweck hat er etwas Zusatz-Equipment in der Tasche: Ein leichtes Smartphone-Stativ, ein externes Mikrofon und einen kleinen WLAN-Router, um sich ins ukrainische Mobilnetz einzuwählen. Nun kann er im deutschen Fernsehen live zugeschaltet werden und von den sich zuspitzenden Ereignissen seinen Augenzeugenbericht geben. Vor wenigen Jahren hätte der Reporter hierfür noch Profi-Equipment im Wert von mehreren Hunderttausend Euro benötigt.

„Mobile Reporting" nennt man das, was der *WDR*-Reporter gemacht hat. Es stellt eine neue Dimension des Mobilitätsjournalismus dar. Dabei liegt das Mobile Reporting quer zu den klassischen Ressortgrenzen, weil es eine Produktions- und Darstellungsart journalistischer Geschichten ist

Abb. 148: WDR-Reporter Demian von Osten im mobilen Einsatz.

und keine inhaltliche Kategorie. Entsprechend ist diese Arbeitsweise häufig im Bereich der Breaking News und Krisenberichterstattung zu finden. Wer mobil reportiert, der berichtet nicht nur über die mobile Welt, sondern dem steht die ganze große Welt der Berichterstattungsfelder und Themen zur Verfügung, ob Politik oder Boulevard, ob Auslandsgeschichten oder Sport. Bei den Zuschauern ernteten die Mitarbeiter des *MDR* allerdings noch Verwunderung, als sie im Jahr 2012 für *sportschau.de* mit Smartphones von der Hockey-Weltmeisterschaft berichteten und davon Fotos auf *Facebook* einstellten. Die Reaktionen in den Kommentarspalten des sozialen Netzwerks reichten von „Dafür zahle ich GEZ?" bis „Schämt Euch!" Offenbar hat das Smartphone gerade in Deutschland immer noch den Ruf, hauptsächlich ein Statussymbol zu sein und nicht zu „ehrlicher Arbeit" zu taugen.

Von den Anfängen des Journalismus an waren ReporterInnen und KorrespondentInnen immer mobil. Die Geschichte des Mobile Reporting als Teildisziplin aber, die sich spezieller technischer mobiler Endgeräte bedient, lässt sich recht genau datieren. Sie beginnt am 17. Februar 2004.

Die ehrwürdige *New York Times* veröffentlicht an diesem Tag zum ersten Mal ein Foto, das mit einem Mobiltelefon geschossen wurde. Diese Publikation war sogar im doppelten Sinn mobil: Das Bild zeigte nämlich die Chefs der beiden Mobilfunkkonzerne AT&T und Cingular bei der Unterzeichnung des Fusionsvertrags. Im gleichen Jahr berichtet eine Gruppe von Journalismusstudenten vom Nationalkonvent der Demokratischen Partei in den USA ausschließlich mit ihren Kamera-Handys und lädt die Reportagen ebenfalls mit ihren mobilen Geräten in einen eigens geschaffenen Weblog hoch, den sie passenderweise *Moblog* nennen.

Das Jahr 2004 war in mehreren Hinsichten prädestiniert für diesen nächsten Schritt in der medientechnischen Veränderung des Journalismus. In diesem Jahr etwa stellt Sharp mit dem GX30 das erste Mobiltelefon vor, das Fotos im Megapixelbereich schießen kann. Im gleichen Jahr löst in Deutschland das UMTS-Netz das alte GSM-Handynetz ab. Damit sind theoretisch nun auch mobil Übertragungsraten von 2 MBit/s erreichbar, wodurch zum Beispiel Videoclips auch auf dem Handy ruckelfrei abspielbar sind. Dass im Folgejahr 2005 die Video-Plattform *YouTube* gegründet wird, kann wohl als logische Konsequenz angesehen werden.

Als Begriff taucht „Mobile Journalism" zuerst auf einer Konferenz der amerikanischen Online News Association im Jahr 2006 auf. Im Jahr 2008 berichten die *BBC*-Reporter Rory Cellan-Jones und Daren Waters vom Mobile World Congress in Barcelona mittels mobiler Endgeräte. Eine weitere Wegmarke in der Entwicklung des mobilen Journalismus ist das Jahr 2009: Seit diesem Jahr besitzen die iPhones des Herstellers Apple auch Videofunktionalität und mausern sich damit zum Quasistandard im mobilen journalistischen Einsatz. Der erste Videobeitrag, der mit einem iPhone gedreht und im normalen Fernsehprogramm ausgestrahlt wurde, war denn auch sinnigerweise ein Film des Reporters Giovanni Benitez, der für den US-Sender *WFOR* im Netz der CBS über den Verkaufsstart des iPhone 3GS berichtete.

Seitdem haben Smartphones und mobile Endgeräte ihren Platz im journalistischen Alltag gefunden, und das eben nicht nur als Surf-Tool und Recherchehilfe, sondern auch als Produktionswerkzeug. Die *ARD* hat zum Beispiel die populäre *Tagesschau*-App für ihre Reporter aufgebohrt, damit diese per Fingertipp Videos oder ganze Beiträge direkt auf den *Tagesschau*-Server hochladen können. Der junge amerikanische Journalist Tim Pool hat sich als Mobile Reporter bereits einen Namen gemacht.

Ausschließlich mit mobilem Equipment hat er beispielsweise eine 21-stündige Dauerreportage von den Occupy-Protesten an der New Yorker Wallstreet geliefert. Für das Online-Magazin *Vice* hat Pool mobil von den Protesten im Gezi-Park in Istanbul oder von der Revolte in der Ukraine berichtet. Als „Early Adopter" neuester Medientechnik hat Pool als einer der ersten mit der Datenbrille Google Glasses experimentiert. Zusammen mit der experimentierfreudigen Redaktion von *Vice* entstehen auf diese Weise ganz neue Darstellungs- und Präsentationsformen im Bereich der multimedialen Reportage. In Deutschland ist es beispielsweise Richard Gutjahr, der mit mobilem Equipment durch die Welt reist und etwa von der Arabellion aus Kairo berichtet hat. In seinem Blog *gutjahr.biz* gibt er regelmäßig Tipps für BloggerInnen und mobile ReporterInnen und testet die neuesten Tools und Gadgets.

Action Cam

Im (Motor-)Sport und Extremsport ermöglichen besonders kleine Videokameras, sogenannte „Action Cams", neue Berichterstattungsfelder und eine neue Bildsprache. Sie sind so konstruiert, dass sie sich spielend an Sportgeräten, Kleidung oder Helmen befestigen lassen und geben dem mobilen Journalismus eine neue Bedeutungsvariante: Rasende Jagden über Rennstrecken und Skipisten, spektakuläre Bilder aus der Bergwelt oder dem Wassersport verleihen der Berichterstattung Flügel und machen aus mobilen JournalistInnen tatsächlich „rasende Reporter". Die häufig minderwertige Bildqualität wird dabei in Kauf genommen oder sogar als Stilmittel bewusst eingesetzt. Im Reisebereich sind Einsatzmöglichkeiten des Mobile Reporting denkbar, bei denen das Mitführen größeren und schwereren Equipments die Berichterstattung stören könnte – etwa im Outdoorbereich oder bei bestimmten kulturellen oder religiösen Anlässen, bei denen Aufnahmen nicht unbedingt erwünscht sind.

Der mobile Journalismus ist in Deutschland und anderen westlichen Ländern vor allem eine Ergänzung bestehender Werkzeuge und Programmangebote. Anders sieht das in vielen Staaten Afrikas, Asiens und Lateinamerikas aus. Der Aufbau landesweiter Sende- und Übertragungsnetze für professionellen Rundfunk war aus wirtschaftlichen und politischen

Gründen häufig nicht möglich. Mobile Reporting trägt hier Aufnahme- und Übertragungsmöglichkeiten in Weltgegenden, die vorher von der Berichterstattung weitgehend ausgeschlossen waren. Die holländische Organisation „Voices of Africa" schult auf dem schwarzen Kontinent mobile Reporter, damit diese in ihren Heimatländern auch ohne teures Equipment multimedial von aktuellen Ereignissen berichten können. Perspektivisch soll das Projekt in 24 afrikanischen Ländern angeboten werden, aktuell läuft es in Ghana, Kamerun, Kenia, Südafrika und Tansania. Das Online-Angebot der philippinischen Tageszeitung *Philippine Daily Inquirer* beschäftigt 15 sogenannte „MoJo's", also mobile Journalisten, die Berichte und Bildmaterial per Handy liefern. Am Asian Center for Journalism der Universität Manila, das von der Konrad-Adenauer-Stiftung unterstützt wird, gibt es einen eigenen Zertifikatskurs für mobilen Journalismus.

Mit dem Smartphone kann man aufnehmen, produzieren und veröffentlichen: Der mobile Reporter kann mit seinem Handy nicht nur Ton-, Foto- und Videoaufnahmen machen, er kann sie auch direkt an seinem mobilen Telefon weiterverarbeiten, schneiden, betexten und schließlich ins Internet hochladen. Schon die Bordausstattung, mit der Smartphones heute über die Ladentheke gehen, bietet in der Regel alle Apps, die fürs Mobile Reporting notwendig sind. Dennoch ist ein Smartphone kein professionelles Broadcasting-Werkzeug: Um qualitativ hochwertige Ergebnisse zu erzielen, die an die Branchenstandards heranreichen, sind einige Punkte zu beachten. Entscheidend ist, am Aufnahmeort eine stabile Internetverbindung zu haben. Hier kann es hilfreich sein, neben der SIM-Karte im Handy noch einen mobilen WLAN-Adapter für ein zweites Netz mitzuführen. Gerade im Ausland kann man sich auf diese Weise sehr einfach ins Mobilfunknetz vor Ort einwählen. Problematisch sind bei Videoaufnahmen mit dem Smartphone vor allem die Lichtverhältnisse. Während bei Tageslicht und draußen die meisten modernen Handys ihre HD-Fähigkeiten ausspielen können, wirken Videobilder nachts oder in geschlossenen Räumen bei Kunstlicht schnell verrauscht und unscharf. Eine kleine Hilfe sind hier batteriebetriebene LED-Aufsatzlichter. Aber auch so haben die kleinen Optiken von Smartphones natürliche Grenzen und sind bei ungünstigen Beleuchtungsverhältnissen nur eingeschränkt professionell nutzbar. Stets zu bedenken ist beim Mobile Reporting auch die Stromversorgung. Gerade die Videofunktion von Smartphones kann den Akku des Geräts stark belasten. Das Ladegerät, eventuell ein Ersatzakkumulator sowie die entsprechenden Adapter für die Steckdosen im Ausland sind darum unabdingbar. Die Tonqualität von Smartphone-Aufnahmen lässt sich deutlich verbessern, wenn man ein externes Mikrofon einsetzt, dass über den Kopfhörereingang angeschlossen wird. Schon Mikros in der Preisklasse um 50 Euro liefern hier gute Ergebnisse. Es gibt aber auch externe Kondensator-Mikrofone für Smartphones im dreistelligen Euro-Bereich, die exzellente Aufnahmen garantieren.

Checkliste: Mobiler Journalismus

- ☐ Smartphone, Ladegerät und die richtige SIM-Card mitnehmen
- ☐ evtl. externe WLan-Adapter
- ☐ Stromadapter für das entsprechende Zielland
- ☐ externes Mikrofon für Tonaufnahmen
- ☐ Leichtstativ für Videoaufnahmen
- ☐ evtl. optische Aufsätze (z.B. Weitwinkel)
- ☐ LED-Aufsatzlicht
- ☐ Laptop/Speichermedium zum Zwischenspeichern der Aufnahmen

Hat das Smartphone seine Stärken in der Aufnahme und Weiterverarbeitung multimedialer Daten, bringt es doch Schwächen im journalistischen Kerngeschäft mit sich: Gerade die Verarbeitung von Text ist auf einem kleinen Touch-Display kein Vergnügen. Hier kann ein Tablet-Computer mit externer Tastatur aber einen vollwertigen PC nahezu ersetzen und bietet eine gute Schnittstelle zwischen der mobilen und der digitalen Welt.

Mobile Reporting ist ein wichtiger Aspekt in der Weiterentwicklung des Journalismus. Dass Smartphones und andere mobile Endgeräte auch in der Lokalberichterstattung und anderen eher bodenständigen Ressorts eingesetzt werden können, liegt auf der Hand. Insbesondere Reportern auf Reisen bieten sich durch den mobilen Journalismus neue Möglichkeiten. Er ist auch nicht zuletzt eine kostengünstige Möglichkeit, aus fernen Ländern zu berichten und sich auf diese Weise etwas unabhängiger sowohl von Redaktionen als auch von PR-Agenturen zu machen.

H

DATEN-JOURNALISMUS

H1 STORYS RUND UM DATEN

Feine Adresse

Der Hamburger Rödingsmarkt ist eine feine Adresse. Hier bei *Mindspace* zeigt sich das Co-Working-Space-Prinzip laut Eigenwerbung „von seiner feinsten Seite": gediegene Ausstattung in Holz und Leder, viel Glas und eine große Theke für Kaffee und Getränke in Selbstbedienung. „Das können wir uns gerade so leisten, weil wir Geld von der Google Digital News Initiative für unser neuestes Projekt erhalten haben", erzählt Marco Maas, der Gründer von *Opendatacity*, einer der führenden deutschen Firmen für Datenjournalismus.

Opendatacity ist 2009 nach einer Konferenz des European Center of Journalism in Amsterdam entstanden. Dort lernten Maas und sein damaliger Kompagnon Lorenz Matzat, dass man Geschichten rund um Daten anders erzählen konnte und musste als schlicht in Artikel- und Tabellenform. Gleich die zweite dieser Geschichten, die die beiden erzählten, sorgte für Aufmerksamkeit: Der Grünen-Bundestagsabgeordnete Malte Spitz hatte von der Deutschen Telekom seine Vorratsdaten eingeklagt. *Opendatacity* hat für *Zeit Online* auf Basis dieser Daten eine interaktive Karte erstellt, die für ein halbes Jahr jede Bewegung des Abgeordneten darstellt und die Geo-Daten gleichzeitig mit frei im Netz verfügbaren Informationen aus dem Leben des Abgeordneten (*Twitter*, Blogeinträge und Webseiten) verknüpft.

LINK Opendatacity zeigt auf Zeit Online das Bewegungsprofil des MdB Malte Spitz: http://www.zeit.de/datenschutz/malte-spitz-vorratsdaten.

„Es gibt da draußen Probleme, die kannst du mit so einem langen Artikel erklären, aber das liest dann keiner", erklärt Marco Maas. „Aber vielleicht guckt sich einer diese kleine Visualisierung nur für acht Sekunden an und versteht dann aber: ‚Oh, das ist ein Problem, das mich auch angehen könnte!'"

Heute bemüht sich Marco Maas mit seinem Team aus JournalistInnen und EntwicklerInnen, die datenjournalistischen Anwendungen und

Abb. 149: Datenjournalist Marco Maas.

Visualisierungen so einfach wie möglich zu halten: „Möglichst wenig Interaktion, aber eine maximale Erkenntnis." Denn journalistische Medien seien „Lean-back"-Medien und nicht „Lean-forward"-Medien. Die NutzerInnen hätten im Internet heute zwar ganz viele Freiheiten, „aber aktiv darum kümmern, will sich trotzdem keiner".

Opendatacity

Marco Maas betreut heute zwei verschiedene Projekte: *Opendatacity* ist für journalistische Anwendungen, die Datenfreunde erledigen dagegen das Projektgeschäft für nicht-journalistische Kunden, die Datenanalysen und -visualisierungen nachfragen – zum Beispiel der Stifterverband für die Deutsche Wissenschaft oder Greenpeace. Dieses Projektgeschäft hat in den vergangenen Jahren stark zugenommen. Projektpartner aus der Wirtschaft zahlen nach Maas marktübliche Tagessätze, was bei journalistischen Verlagen schon lange nicht mehr so sei. Die Wirtschaft zahle gut, weil Datenanwendungen in der Regel Programmierer und Entwickler benötigen, die „momentan ein rares Gut sind".

Eine der erfolgreichsten und klickstärksten journalistischen Datenanwendungen, die *Opdendatacity* erstellt hat, ist die „Stasi versus NSA"-Story. Wie viel Platz würden im Vergleich die Aktenschränke der Stasi und der NSA benötigen – wenn die NSA ihre 5 Zettabytes ausdrucken würde? Unter der Annahme, dass ein Aktenschrank 0,4 m² Platz benötigt und 60 Aktenordner (= 30.000 Seiten Papier) – also etwa 120 MB Daten fassen kann – würde das Utah-Rechenzentrum ausgedruckt etwa 17 Mio. Quadratkilometer Platz verbrauchen. Damit hat die NSA fast 1 Milliarde mal mehr Daten erfasst als die Stasi! Dies kann man sich im Netz schön animiert als schraffierte Fläche auf einer Weltkarte ansehen.
Das neueste Projekt, *Xminutes*, wird mit einer ansehnlichen Summe von Google gefördert. Dabei geht es darum, die 20 Sensoren, die ein Smartphone heute hat, für die Nachrichtenauswahl zu nutzen, „um dann eben die richtige Nachricht, zum richtigen Zeitpunkt, am richtigen Ort auszuspielen". Dafür arbeitet man mit mehr als 30 Medienpartnern zusammen.

» **Online-Chef:** Marco Maas
» **Sitz:** Hamburg
» **Zahl der MitarbeiterInnen:** 10 (davon 3 EntwicklerInnen)
» **AuslandskorrespondentInnen:** –
» **Social-Media-RedakteurInnen:** –
(wird im laufenden Betrieb mitgemacht)
» **User-Zahl reichweitenstärkster Beitrag** (Stasi vs. NSA): 40 Mio.
» **Beliebteste Software:** Excel, Java Script
» **Stärkste Ressorts:** Handel, Wirtschaft, Verkehr
(alles, wo Zahlen eine Rolle spielen)

Zur Geschichte des Datenjournalismus

Manche Recherchen beginnen mit einer einfachen Frage. So fragten sich Reporter der Wochenzeitung *Die Zeit*, in welchen Landkreisen in Deutschland es eigentlich die meisten Schusswaffen gibt. Beim Versuch, dies in Erfahrung zu bringen, merken sie, dass dies niemand so genau weiß, „und die einzige Behörde, die die Daten haben könnte, rückt sie nicht heraus".[71] Zwar müssen seit Januar 2013 alle Städte und Kreise die in ihrer Region registrierten Waffenbesitzer an das Nationale Waffenregister (NWR) beim Bundesverwaltungsamt in Köln melden. Allerdings haben manche Landkreise genau eine Meldebehörde, andere aber deren zehn – insgesamt gibt es darum in Deutschland gut 550 Waffenbehörden. Und das Bundesverwaltungsamt wollte den *Zeit*-RechercheurInnen die gesammelten Daten selbst unter Berufung auf das Informationsfreiheitsgesetz nicht herausgeben. Was folgt, ist journalistische Kernerarbeit: Die *Zeit*-Journalisten fragen von Bundesland zu Bundesland und von Landratsamt zu Landratsamt jede entsprechende Behörde einzeln ab. Zwei Monate Recherchearbeit, um am Ende eine interaktive Karte erstellen zu können, die Deutschland als Waffenland zeigt: Detailliert ist die regionale Verteilung legaler Pistolen, Revolver und Gewehre sichtbar (siehe Abb. 150). Verschiedene Folgerungen können aus diesem Datenmaterial gezogen werden: Die *Zeit*-Rechercheure haben herausgefunden, dass mindestens 27 Menschen im Jahr 2013 durch legale Schusswaffen ums Leben kamen – Selbstmorde ausgenommen. 27 weitere Tötungen erfolgten durch Waffen, die entweder illegal waren oder deren Herkunft unbekannt war. Die Hälfte der Schusswaffentoten in Deutschland war also Opfer legaler Waffen. Eine weitere überraschende Erkenntnis: Der Landkreis mit der höchsten legalen Schusswaffendichte in Deutschland ist ausgerechnet Lüchow-Dannenberg, wo auch das Atommülllager Gorleben liegt.

Was die *Zeit*-JournalistInnen in diesem Fall betrieben haben, ist Datenjournalismus. Dieser Datenjournalismus ist im Journalismus fast schon ein „Buzzword" geworden und die logische Konsequenz des Information Overload: Die Informationsmassen, die JournalistInnen heute zu bewältigen haben, können so enorm sein, dass an eine traditionelle Herangehensweise – also das schlichte Lesen von Quellen und Dokumenten – nicht mehr zu denken ist. Es herrscht eine neue Form von Informationsasymmetrie, bei der Daten längst nicht mehr mit der Geschwindigkeit verarbeitet werden können, mit der sie eingehen. Andererseits bietet dieser Datenjournalismus auch die Möglichkeit, an neue Erkenntnisse zu gelangen, die anders gar nicht zu erzielen wären. Dies zeigt beispielhaft die *Zeit*-Story zum Waffenland Deutschland: Was die *Zeit*-Rechercheure herausgefunden haben, war selbst den deutschen Behörden nicht bekannt. „Einst waren

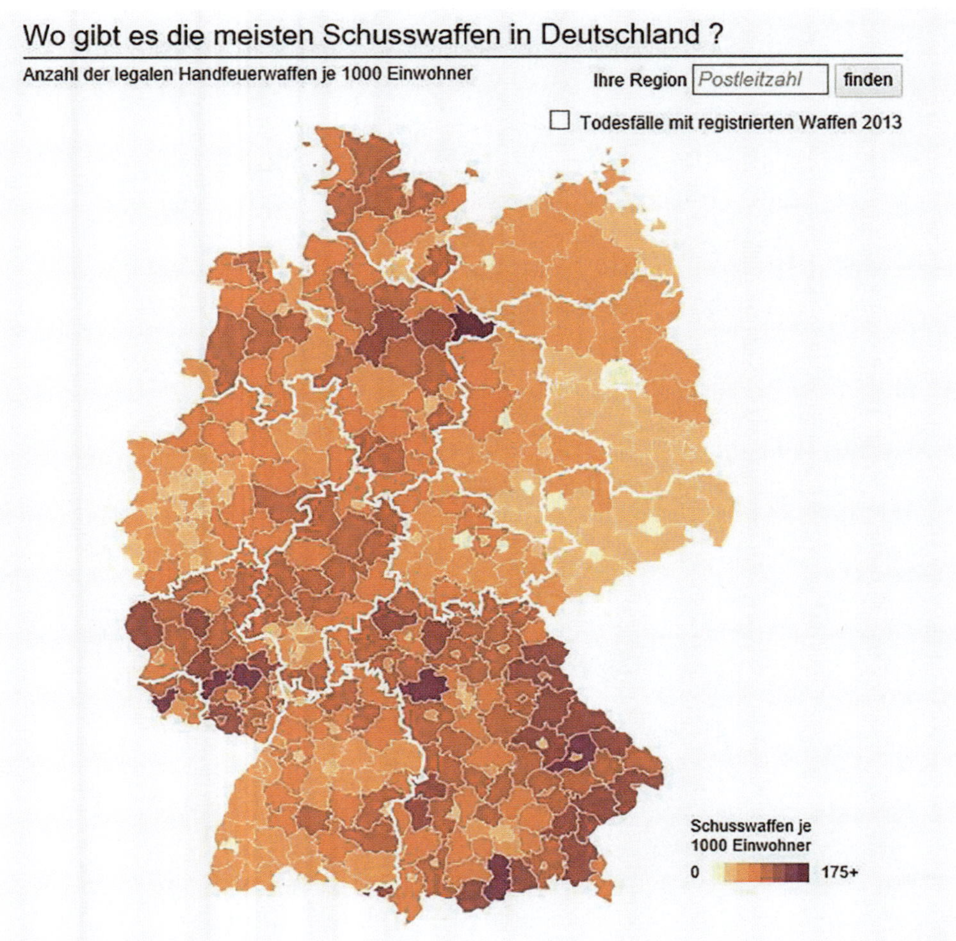

Abb. 150: Zeit-Grafik Schusswaffenland Deutschland.

Informationen rar und der größte Teil unserer Anstrengungen fiel darauf, sie zu jagen und zu sammeln", er<lärt Phil Meyer, einer der Mitbegründer des Datenjournalismus in den USA. „Jetzt, wo Information im Überfluss da ist, geht es mehr darum, sie zu verarbeiten."[72]

Der Datenjournalismus (engl. data driven journalism) wird häufig auch synonym mit dem Begriff „Computer-assisted Reporting" verwendet. Als Geburtsjahr wird oft das Jahr 1952 angegeben. In diesem Jahr nutzte der private US-amerikanische Fernsehsender CBS einen Großrechner, um Voraussagen für die Präsidentschaftswahlen errechnen zu können.

Von allen Auguren des politischen Systems war ein Kopf-an-Kopf-Rennen zwischen Dwight D. Eisenhower und seinem Gegenkandidaten Adlai Stevenson prognostiziert worden. Walter Cronkite, der Washington-Korrespondent von *CBS News*, nutzte einen Computer des Typs „Remington Rand Univac", um auf der Basis von Umfragen eine Wahlprognose abzugeben. Der Computer ermittelte allerdings, anders als alle anderen Voraussagen, einen Erdrutschsieg für Eisenhower. *CBS* wagte erst nicht, dieses Ergebnis zu veröffentlichen, und machte sich sogar öffentlich lächerlich, als die Prognose doch über den Sender ging – um anschließend Recht zu behalten. Seitdem ist der Einsatz von Prognosen gerade in der Wahlberichterstattung nicht mehr wegzudenken.

Institut für Demoskopie Allensbach

In Deutschland war es vor allem die Kommunikationswissenschaftlerin Elisabeth Noelle-Neumann, die die Methoden der empirischen Sozialforschung eingeführt hat. Noelle-Neumann war bereits in den Jahren 1937/38 als Stipendiatin in den USA und machte sich dort mit der neu entstandenen Wissenschaft der Demoskopie vertraut.
Sie gründete 1947 das Institut für Demoskopie Allensbach, das neben Marktforschung vor allem mit Bundestagswahlprognosen auf sich aufmerksam machte. Diese mithilfe von Computern errechneten demoskopischen Voraussagen wurden vor allem von den öffentlich-rechtlichen Rundfunkanstalten in Auftrag gegeben, sodass man diese als die Vorreiter des Computer-assisted Reporting in Deutschland bezeichnen kann.

Systematisch ausgebaut zu einem journalistischen Handwerkszeug wurde der Datenjournalismus dann in den 1960er-Jahren von Journalisten wie Phil Meyer mit dem, was er „Präzisionsjournalismus" nannte. Damals arbeitete Meyer bei der *Detroit Free Press* bereits mit Computern. Rassenunruhen erschütterten in dieser Zeit die Großstädte in den USA. Auch in Detroit kam es zu Aufständen. ZeitungskommentatorInnen mutmaßten, es handle sich bei den Aufständischen um besonders unterprivilegierte Jugendliche, die nichts zu verlieren hätten. Philip Meyer recherchierte demografische Daten über die an den Aufständen Beteiligten und analysierte sie mit dem Computer. Sein überraschendes Ergebnis: Schulabgänger, High-School-Schüler und College-Studenten hielten sich bei den Unruhen ziemlich die Waage.

Meyer, der später noch für einige andere amerikanische Zeitungen Computeranalysen durchführte und dadurch immer wieder investigativ auf „Storys" stieß, war der erste, der bereits 1972 ein Lehrbuch über Computer-assisted Reporting schrieb: *Precision Journalism. A Reporter's Introduction to Social Science Methods*. Darin forderte er, wie der Untertitel des Buches schon ankündigt, dass der Journalismus sich methodisch den Sozialwissenschaften anzunähern habe: „Der neue Präzisionsjournalismus ist wissenschaftlicher Journalismus. [...] Das bedeutet, Journalismus soll durchgeführt werden wie eine Wissenschaft, er muss wissenschaftliche Methoden adaptieren, wissenschaftliche Objektivität und Wissenschaftsideale, und zwar in der gesamten Breite der Massenkommunikation."[73]

Meyer war auch der erste, der die fünf Grundregeln der Datenrecherche aufgestellt hat. In der Fassung von Paul Bradshaws Online-Journalismus-Blog werden diese Regeln gerne als die „Umgekehrte Pyramide des Datenjournalismus " wiedergegeben:

Checkliste: Datenjournalismus (nach Bradshaw)

- ☐ **Compile:** Daten müssen zuerst recherchiert und gesammelt werden.
- ☐ **Clean:** Dann müssen sie „gesäubert", also aufgeräumt und in Form gebracht werden, z. B. von einem Webformular in das Tabellenprogramm Excel oder in eine andere Auswertungssoftware übertragen werden.
- ☐ **Context:** Hierauf müssen die Daten überprüft werden. Denn wie jede andere Informationsquelle auch müssen Daten (gerade solche aus dem Internet) nicht vertrauenswürdig sein. Wichtig ist darüber hinaus, zu einem Datensatz stets auch das Codebuch zu erhalten. Wenn beispielsweise bei demografischen Daten das weibliche Geschlecht den Zahlenwert 1 und das männliche 2 erhält, bleibt der Datensatz unverständlich, wenn das dazugehörige „Wörterbuch" nicht mitgeliefert wird.
- ☐ **Combine & Communicate:** Nun können die Daten ausgewertet, die nötigen Schlüsse gezogen und diese veröffentlicht werden.

Informationen werden im Datenjournalismus nicht nur auf eine neue Art und Weise beschafft, sie sollen auch in neuartiger Form dargestellt werden.

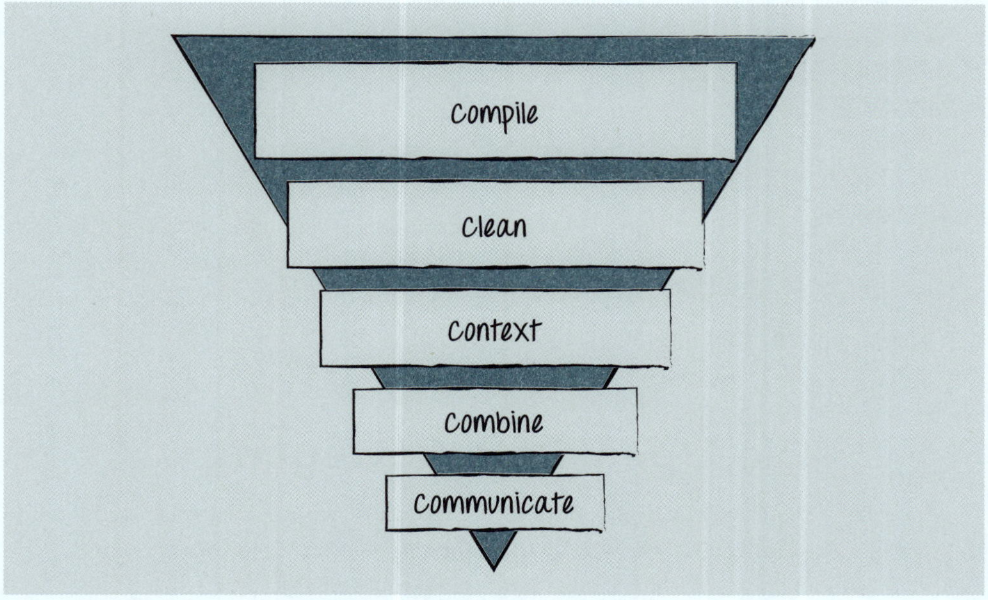

Abb. 151: Umgekehrte Pyramide des Datenjournalismus.

Der Datenjournalismus folgt damit den Ideen von Adrian Holovaty, dessen Text *A fundamental way newspaper sites need to change* auch als Manifest des Computer-assisted Reporting gilt.

Nach Holovaty geht es nicht mehr darum, Nachrichten statt auf gedrucktem Papier nun auf Webseiten oder Smartphones darzustellen. Da Informationen, aus denen Journalisten ihre Geschichten spinnen, heute als strukturierte Daten vorliegen, müssen sie auch adäquat präsentiert werden: „Nehmen wir mal an, eine Zeitung hat einen Bericht über ein lokales Feuer veröffentlicht. Diesen Bericht auch auf dem Handy lesen zu können, ist nett und praktisch. Hurra, Technologie! Aber was ich wirklich möchte, ist, die Rohdaten dieser Geschichte einsehen zu können, eins nach dem anderen auf verschiedenen Ebenen, und ich brauche eine Infrastruktur, um alle Details in Beziehung setzen zu können: Datum, Uhrzeit, Ort, Opfer, Notrufnummer, Entfernung von der Feuerwache, Name und Dienstjahre der Feuerwehrleute, die Zeitspanne, innerhalb derer die Feuerwehr ankam – zusammen mit den Informationen vorangegangener Brände. Und der zukünftigen, wann immer sie sich ereignen werden."

Holovaty hat auch selbst vorgemacht, wie er sich das vorstellt: Der Journalist und Webentwickler gründete 2005 *chicagocrime.org*, eine News-Website, auf der er Daten des Chicago Police Department in Google Maps übertrug. Daraus entwicke te sich die preisgekrönte Webseite *Everyblock*, ein frühes Beispiel für hyperlokalen Journalismus: Nachrichten aus der Nachbarschaft waren hier kombiniert mit offiziellen kommunalen Daten und einem Forum. Eine Grundvoraussetzung für diese wie für jede Form von Datenjournalismus ist, dass Daten überhaupt öffentlich zur Verfügung stehen. Dafür setzt sich insbesondere die Open-Data-Bewegung ein, die eng mit dem Datenjournalismus verbunden ist.

Die Open-Data-Bewegung

Die Open-Data-Bewegung plädiert dafür, grundsätzlich Datenbestände öffentlich zu machen. Das bezieht ausdrücklich auch copyrightgeschützte Daten ein, was der Bewegung auch Kritik eingebracht hat. Die Open-Data-Bewegung geht davon aus, dass es grundsätzlich demokratiefördernd ist, wenn Daten öffentlich sind. Entsprechend ist sie insbesondere für Open Government, also die Publikationspflicht für alle Daten, die mit Regierungs- und Verwaltungshandeln in Zusammenhang stehen.

Im angloamerikanischen Raum ist diese Form des Datenjournalismus auch deswegen dem deutschen Sprachraum um Jahre, wenn nicht Jahrzehnte voraus, weil dort andere Vorstellungen von Datensicherheit, Datenschutz und dem „Amtsgeheimnis" herrschen. Vorreiter der Open-Data-Bewegung waren die USA. Nach seiner ersten Wahl war es eine von Präsident Barack Obamas ersten Amtshandlungen, die Datenschätze der US-Regierung unter der Adresse http://data.gov frei zugänglich zu machen. Über tausend Datensätze mit Wetteraufzeichnungen und zu Energie, Umwelt und Ressourcenverbrauch, aber auch Datenmaterial der NASA stehen seitdem online. Auch die britische Regierung hat seit dem Jahr 2009 unter der Internetadresse http://data.gcv.uk mehrere Tausend nicht personenbezogene Datensätze veröffentlicht. Die britische Zeitung *The Guardian* ist einer der Vorreiter in Sachen Datenjournalismus. Im Datablog der Zeitung (www.guardian.co.uk/news/datablog) können die neuesten Tendenzen des Datenjournalismus verfolgt werden. In der US-amerikanischen Journalistenausbildung hat der Datenjournalismus längst einen festen Platz.

Hier heißen die drei Säulen des Journalismus: „people, paper, data". Was man in den Vereinigten Staaten schon früher erkannt hat: Daten sind das „neue Öl", oder besser: Rohöl, wie der amerikanische Marketingmanager Michael Palmer schon 2006 postulierte. Wie Rohöl müssen Rohdaten durch die journalistischen Raffinerien, um Informationstreibstoff zu werden.

Open-Data-Portale

» Das Datenportal für Deutschland: https://www.govdata.de/
» Der Open-Data-Service von Baden-Württemberg: http://www.daten.rlp.de/
» Das Open-Data-Portal des Freistaats Bayern: http://www.opendata.bayern.de/
» Das Open-Government-Data-Portal von Rheinland-Pfalz: http://www.daten.rlp.de/
» Das Offene Daten-Portal der Republik Österreich: http://www.data.gv.at/
» Offene Behördendaten der Schweiz: http://opendata.admin.ch/
» Das Open-Data-Portal Großbritanniens: http://data.gov.uk/
» Das Open-Data-Portal der US-Regierung: http://www.data.gov/
» Das Datenportal der Weltbank: http://data.worldbank.org/
» Das Open-Data-Portal der Europäischen Union: http://open-data.europa.eu/en/data/
» Ein Überblick über weitere Open-Data-Portale in Europa: http://ec.europa.eu/digital-agenda/en/open-data-portals
» Ein Überblick der US-Regierung über internationale Datenportale: http://www.data.gov/opendatasites

Seit in Deutschland eine größere Informationsfreiheit herrscht, hat der Datenjournalismus auch hierzulande Fahrt aufgenommen. 2007 gründete sich bei der *DPA* die erste rein datenjournalistische Redaktion namens „Regio-Data", die sich komplett auf die Recherche und Visualisierung großer

Datenmengen spezialisiert hat. Lokalzeitungen wurden von dieser Redaktion gezielt mit Infografiken beliefert, die Datensätze von Landkreisen, Raumordnungsregionen oder Arbeitsamtbezirken auswerteten. Auch die Wochenzeitungen *Die Zeit* (http://blog.zeit.de/open-data) und *Freitag* (www.freitag.de/autoren/datenblog), das Nachrichtenmagazin *Der Spiegel* (www.spiegel.de/thema/daten) und die alternative *Tageszeitung* (blogs.taz.de/open-data) haben mittlerweile Datenredaktionen und betreiben im Internet Datenblogs, in denen sie von ihren neuesten Recherchen berichten.

Einen datenjournalistischen Scoop landete die RegioData der *DPA*, als sie nach langem Tauziehen die Daten über die EU-Agrarsubventionen durchforsten konnte. Heraus kam unter anderem, dass die größten Subventionsempfänger nicht etwa Landwirte, sondern große Konzerne wie Nestlé und die Südzucker AG sind.

H2 NEUE FORMEN DES STORYTELLINGS

Hypothesen und Daten

Häufig wird behauptet, dass beim Datenjournalismus eine erkenntnisleitende Frage oder Hypothese nicht unbedingt am Anfang der Recherche stünde. DatenjournalistInnen arbeiten nach dieser Ansicht gerne ergebnisoffen, besorgen sich Daten auf gut Glück, filtern sie, sortieren sie und finden angeblich gerade dadurch oft spannende Geschichten.

Es mag sein, dass DatenjournalistInnen manchmal auch durch Zufall im Datenmeer auf journalistisch verwertbare Funde stoßen. Ein methodisches Vorgehen ist das allerdings nicht: Gerade im Angesicht schier endloser Datenmassen scheint eine erkenntnisleitende Hypothese und eine Story-basierte Recherche der beste Weg, um die sprichwörtliche Stecknadel im Datenheuhaufen zu finden. Die über 300.000 Dokumente der *Iraq War Logs*, die *Wikileaks* veröffentlicht hat, sind erst dann greifbar, wenn man sich mit einer recherchestrukturierenden Hypothese an die Arbeit macht. In diesem Fall etwa kann die Hypothese gelautet haben: Amerikanische Soldaten töten unter Umständen im „Krieg gegen den Terror" auch wehrlose Zivilisten. Es mehren sich darum auch unter JournalismusforscherInnen die Stimmen, die dafür plädieren, auch datenjournalistische Recherchen als Geschichten aufzufassen, die den Regeln der Narratologie beziehungsweise des Storytellings folgen. Was nämlich droht, wenn man in Zeiten des Information Overload nicht geschichtenzentriert recherchiert und arbeitet, ist die Präsentation der Fülle von Material aus der „Gerümpeltotale": „Gerümpel bedeutet: Es liegt zu viel ungeordnetes, nicht brauchbares Material herum."[74]

Selten bekommen Datenjournalisten die begehrte Ware, also Datensätze, freiwillig und vollständig. Der häufigere Fall ist, dass Daten aus dem Internet beschafft und aufbereitet werden müssen. Die meisten Internetseiten basieren im Hintergrund auf Datenbanken, aus denen die Seite im Moment der Nutzereingabe erst generiert wird. Die Kunst des

Datenjournalismus besteht darin, an das Rohmaterial dieser Datenbanken heranzukommen, egal ob es sich dabei um die Fahrpläne der Deutschen Bahn, die Abflugzeiten internationaler Flughäfen oder eine vollständige Liste aller Abgeordneten im Berliner Reichstag inklusive ihrer Nebenverdienstangaben handelt. „Screen Scraping" oder auch „Web Scraping" heißen diese Techniken.

Screen Scraping

Für das Screen Scraping gibt es in einfachen Fällen Zusatzprogramme für Webbrowser, sogenannte Add-ons, in schwierigeren Fällen spezielle Programme, wie sie auch Computerhacker benutzen, und in ganz hartnäckigen Lagen sind Programmierkenntnisse erforderlich. Auch für Letzteres weiß das Internet Rat. Das Online-Portal Vworker bietet unter dem Motto „Rent a Coder" günstig Programmierer an, die kleine Hilfsprogramme maßschneidern können. Umstritten ist, ob das Web Scraping in allen Fällen legal ist.
Das Oberlandesgericht Frankfurt/Main geht in einem Urteil davon aus, dass Datenbanken grundsätzlich nicht dem Urheberrecht unterliegen und dann ausgewertet werden dürfen, wenn die Daten auch sonst im Internet frei zugänglich sind.

Wo Daten zu finden sind

Datenbanken-Datenbanken

Wer Datenjournalismus betreiben will, braucht Daten, und zwar nicht nur einzelne Datensätze, sondern am besten gleich die ganze Datenbank. Schätzungen gehen davon aus, dass nur ca. 20 Prozent der Informationsressourcen im Internet von normalen Suchmaschinen wie Google gefunden werden können. Im Umkehrschluss heißt dies, dass 80 Prozent der im Internet verfügbaren Informationen Teil des „unsichtbaren Internets" sind, das auch als „Hidden Web", „Deep Web", „Deepnet" oder „Invisible Web" bezeichnet wird. Ein wichtiger Teil dieser Ressourcen ruht in Datenbanken. Hier finden Suchmaschinen unter Umständen die Startseiten, für tiefergehende Recherchen muss man aber eigene Datenbankabfragen starten.

Gute Anlaufstellen für frei zugängliches Datenmaterial sind die großen Staats- und Universitätsbibliotheken in Deutschland. Neben guten Linklisten mit Verweisen auf weitere Informations- und Datenquellen bieten diese Einrichtungen häufig auch selbst Material in großer Fülle an. Ein herausragender Ausgangspunkt ist der *Karlsruher Virtuelle Katalog*, der letztlich eine Metasuchmaschine darstellt und 500 Millionen Medien in Katalogen weltweit durchsuchen kann (www.ubka.uni-karlsruhe.de/kvk.html).

Das Hochschulbibliothekszentrum des Bundeslands Nordrhein-Westfalen (www.hbz-nrw.de) bietet neben vielen bibliografischen Informationsquellen einen weltweiten Suchmaschinenindex, der auch spezielle vertikale Suchmaschinen verzeichnet und sich darum ebenso zur Datenrecherche eignet. Ein gutes Beispiel für Open Data im öffentlichen Raum stellt beispielsweise die Universitätsbibliothek Köln dar: Sie gibt den gesamten Datenbestand ihres Katalogs frei. Dadurch wird es jedem möglich, die Daten herunterzuladen, zu modifizieren und für beliebige Zwecke zu nutzen (opendata.ub.uni-koeln.de).

Datenbanken-Datenbanken

Im Internet sind nicht nur Datenbanken zu finden, sondern es stellt selbst eine gigantische Datenbank dar. Es gibt darum im Netz auch Datenbanken, die nichts als Listen mit anderen Datenbanken enthalten.

» Das Datenbank-Infosystem (DBIS) hält eine große Liste mit vor allem wissenschaftlich orientierten Datenbanken vor: http://rzblx10.uni-regensburg.de/dbinfo/fachliste.php?bib_id=hsb
» Die Internet-Datenbank listet über 360 verschiedene Datenquellen nach Rubriken sortiert auf: www.internet-datenbanken.de
» Auch der Info-Runner ist ein Recherche-Tool, mit dem man direkten Zugriff auf Datenbanken und Archive hat: www.inforunner.de
» Die Open Knowledge Foundation betreibt ein Verzeichnis, in dem man nach strukturierten Daten suchen, sie teilen und frei bearbeiten kann: http://datahub.io
» Ein Onlinedienst, der dabei helfen will, Daten etwa aus *Twitter*, aus PDF-Dokumenten oder dem Web zu strukturieren: https://quickcode.io/

Foren und Mailinglisten

Gerade bei DatenjournalistInnen darf man getrost davon ausgehen, dass sie sehr netzaffin sind. In Internetforen und Mailinglisten finden sich darum viele Gleichgesinnte, die häufig bei Datenrecherchen und -analysen die gleichen Probleme haben wie man selbst. Die Question&Answer-Site getthedata.org ist ein guter Ort, um einerseits die Fragendatenbank nach dem eigenen Problem zu durchsuchen oder selbst eine neue Frage zu lancieren. Auch quora.com hat einen Fragebereich, in dem man seinen Datenkummer posten kann. Eine gute Adresse für den Austausch mit anderen Datenrechercheuren ist die Website datadriven-journalism.net. Hier kann man auch die entsprechende Mailingliste abonnieren. In den USA existiert ein National Institute for Computer-assisted Reporting (NICAR), das der Vereinigung Investigative Reporters and Editors (IRE) angehört. Auf deren Website (nicar.org) gibt es Informationen, Austausch und auch viele Links zu Datenquellen.

Internet-Archiv

Websites ändern sich ständig, sie können umbenannt werden, die Adresse wechseln oder gänzlich verschwinden. Manchmal sucht man aber gerade nach einer bestimmten Information, die man vor einiger Zeit noch im World Wide Web gesehen zu haben glaubt. Für diesen Zweck gibt es Wayback Machines. Die bekannteste ist das Internet Archive (archive.org). Millionen von Internetseiten mit all ihren dazugehörigen Daten sind in einer riesigen Datenbank archiviert und auf diese Weise auch konserviert. Auch Internetsuchmaschinen speichern häufig ältere Versionen jener Websites ab, die sie in ihrem Index führen. Bei der Google-Suche reicht es z. B., vor das Suchwort „cache:" zu schreiben – dann durchsucht Google solche gespeicherten Versionen.

Aktive Suche nach Datenressourcen

Man kann das Internet auch selbst aktiv nach Datenressourcen durchsuchen und ist nicht darauf angewiesen, dass entsprechende Quellen in Datenbanken gelistet sind. In einem ersten Schritt nutzt man dazu die üblichen Operatoren, um Suchmaschinen wie Google, *Yahoo* oder Bing nach entsprechenden Datensätzen abzufragen.

- Daten in Tabellenform lassen sich dort durch das Anhängen von Suchbegriffen finden: filetype:XLS OR filetype:CSV
- Geodaten erhält man mit folgendem Operator: filetype:SHP
- Ganze Datenbestände findet man, indem man folgende Keywords anhängt: filetype:MDB OR filetype:SQL OR filetype:DB
- Man kann auch innerhalb von URLs, also den Internetadressen, nach Daten und Datenbanken Ausschau halten. Dabei googelt man beispielsweise folgendermaßen: inurl:downloads filetype:xls
  Auf diese Weise sucht die Search Engine nach allen Excel-Dateien (.xls), die in der Internetadresse das Wort „Download" enthalten. Man kann die Suche nach Datendateien auch auf ganz bestimmte Seiten konzentrieren. Möchte man z. B. Daten des Bundesinnenministeriums, gibt man Folgendes ein: site:bmi.bund.de filetype:xls
- Ähnlich kann man auf derselben Website nach anderen Filetypes oder einfach nach dem Suchbegriff „Datenbank" suchen. Will man erst einmal ein bisschen stöbern und gucken, was die Website vielleicht anzubieten hat, kann man auch als Keyword „Sitemap" eingeben: site:bmi.bund.de sitemap

Tipp

Daten in Datenbanken liegen häufig codiert vor. Das heißt, dass Ausdrücke in einem Datensatz mit Platzhaltern symbolisiert werden. Ein sehr einfacher Platzhalter ist zum Beispiel das €-Zeichen für „Euro". Man kann aber auch „m" für „männlich" und „w" für „weiblich" codieren, Aktienfirmen werden oft mit ihrer Wertpapierkennnummer angegeben, der militärisch-industrielle Komplex kennt ganz eigene Abkürzungen und Symbole. Darum ist es wichtig, zu Datensätzen auch die entsprechenden Codebücher zu bekommen oder zu recherchieren, in denen die einzelnen Codes entschlüsselt sind.

Wie man Daten analysiert

Die Fussballdatenbank

Die Sportwebseite *spox.de* ist eher eingefleischten Sportfans ein Begriff. Mit redaktionellen Informationen über Fußball, Basketball und Eishockey findet die Seite in Deutschland immerhin 2,4 Mio. Unique User pro Monat. Wenn man die Redaktion und ihren Leiter Haruka Gruber im schmucklosen Gewerbegebiet des Münchener Nordens besucht, ahnt man nicht, dass man hier im deutschen Mekka der Fußballdaten ist. Denn eine der Partnermarken von *Spox* ist *Opta Sports*. Und dieser Dienst erhebt an jedem Spieltag im Auftrag der Deutschen Fußballliga (DFL) und des Fernsehsenders *Sky* als deren offiziellem Broadcaster die Spiel- und Spielerstatistiken der deutschen Bundesliga. Die Kilometer, die ein Spieler gelaufen ist, das letzte Tor, das ein Stürmer mit dem linken Fuß geschossen hat, oder dass im Durchschnitt nur 43,8 Prozent aller Bundesliga-Heimspiele gewonnen werden, könnten uns SportkommentatorInnen nicht erzählen, wenn es nicht die Fußballdatenbank gäbe.

Daten sind das neue Öl: An nichts lässt sich das vielleicht leichter zeigen als an diesen Sportdaten. Denn nicht nur die Fernsehsender und

Abb. 152: Taktiktafel des brillanten Fußballspiels des 1. FC Köln gegen Mainz 05 am 34. Spieltag 2017.

Rundfunkanstalten greifen auf diese Daten zu, auch die Vereine selbst halten sich mit den *Opta*-Diensten auf dem Laufenden – ebenso Wettbüros und Wettende, Manager und Vermarkter. Und nicht nur statistische Daten hat die Firma aus München zu bieten, sondern auch komplette Live-Ticker der Begegnungen, auf die beispielsweise die *Süddeutschen Zeitung, RTL* oder *Spiegel Online* gerne zurückgreifen. Mit den Sportdaten und dem Live-Ticker lassen sich für jeden Spieltag online-journalistisch attraktive Informationspakete für die LeserInnen schnüren, bei denen die Visualisierung der Daten „Playfulness" aufweist und Sportbegeisterten erheblichen Spaß bereiten kann. Das zeigt etwa die Analyseseite von *SZ Online* zum brillanten Fußballspiel des 1. FC Köln gegen Mainz 05 am letzten Spieltag der Saison 2016/17: Die NutzerInnen können sich hier wahlweise das Spiel in Taktiktafeln oder als Heatmap anzeigen lassen oder sich über Team- und Spielervergleiche, den Aktionsradius sowie die Torentstehung anhand der Statistiken informieren (siehe Abb. 152).

Und diese Daten erhebt *Opta Sports* nicht nur in Deutschland, sondern in 80 Ländern und Ligen weltweit. Solche Daten sind ein Schatz, den jeder heben kann, der sie auszuwerten weiß.

Spox

Spox ist heute nach *kicker.de* und *sport1.de* das dritte große Sportportal in Deutschland. Auch bei *Spox* steht Fußball im Vordergrund, aber einen Namen hat *Spox* sich mit anderen Sportarten gemacht: Seit 2012 ist *Spox* offizieller Partner der US-amerikanischen National Basketball Association (NBA). Gleiches wird mit der National Football League angestrebt. Mit dem Sportportal *goal.com* als Schwesterseite von *spox.de* betreibt die gemeinsame Muttergesellschaft Perform Group das größte Sportportal weltweit mit 70 Mio. Unique Usern jeden Monat. *Spox* hat 2007 als Partner des damaligen Pay-TV-Anbieters *Premiere* (heute *Sky*) begonnen und mit einer starken Social-Media-Orientierung gepunktet: Seit dem Launch der Seite gibt es mit „MySpox" eine eigene Web-Community, in der die NutzerInnen eigene Inhalte hochladen können. Alle Artikel können frei kommentiert werden. „Da geht es manchmal hoch her, aber wir wollen das nicht bremsen", erzählt Chefredakteur Haruka Gruber, der um die emotionalisierende Macht des Sports weiß.

- **Online-Chef:** Haruka Gruber
- **Sitz:** München
- **Zahl der Online-RedakteurInnen:** 50
- **AuslandskorrespondentInnen:** 3 (für die NBA)
- **Social-Media-RedakteurInnen:** 2
- **Unique User** (Mai 2017, eigene Angabe): 2,2 Mio.
- **User-Zahl durchschnittlicher Beitrag:** k.A.
- **User-Zahl reichweitenstärkster Beitrag:** 0,5 Mio.
- **Online-CMS:** k.A.
- **Stärkste Ressorts:** Fußball, Basketball, Formel 1, Tennis
- **LeserInnen-Beteiligung:** eigene Community „MySpox", *Facebook* und *Twitter*
- **Nutzerdatenanalyse:** Google Analytics, Chartbeat, AGOF

In Tabellen kalkulieren

Wer selbst Datenjournalismus betreiben will, sollte vor allem eine womöglich vorhandene Scheu vor Zahlen ablegen. Denn Datenanalyse bedeutet in aller Regel, entweder mit großen Zahlenmengen umzugehen oder große Datenbestände in Zahlen zu verwandeln.

Zu den Standardanwendungen des Datenjournalismus zählen Tabellenkalkulationsprogramme. Für den Hausgebrauch tun es da Excel als Teil des Microsoft Office-Pakets, Calc als Teil der Open Office-Suite oder Numbers, das auf vielen Apple Macintosh-Rechnern installiert ist. Daten- und Statistik-Profis greifen eher auf das SPSS-Programm von IBM zurück. Google Tabellen ist eine kostenlose Webanwendung als Teil von Google Docs und deswegen bei Online-JournalistInnen sehr beliebt, weil sie das kollaborative Arbeiten auch über Ländergrenzen hinweg sehr einfach macht.

Wenn man sich ein bisschen mit Tabellenkalkulationsprogrammen beschäftigt hat, wird man merken, dass die Arbeit damit gar nicht schwer ist – immerhin gehören Programme wie Excel weltweit zu den meistgenutzten Büroprogrammen überhaupt. Das Schönste daran: Rechnen müssen die AnwenderInnen überhaupt nicht können, genau das überlässt man ja dem Programm und seinem „Rechner". Im Folgenden sollen die grundlegenden Funktionen und die wichtigsten Befehle am Beispiel von Excel aufgezeigt werden, um selbst mit dem Datenjournalismus direkt anfangen zu können.

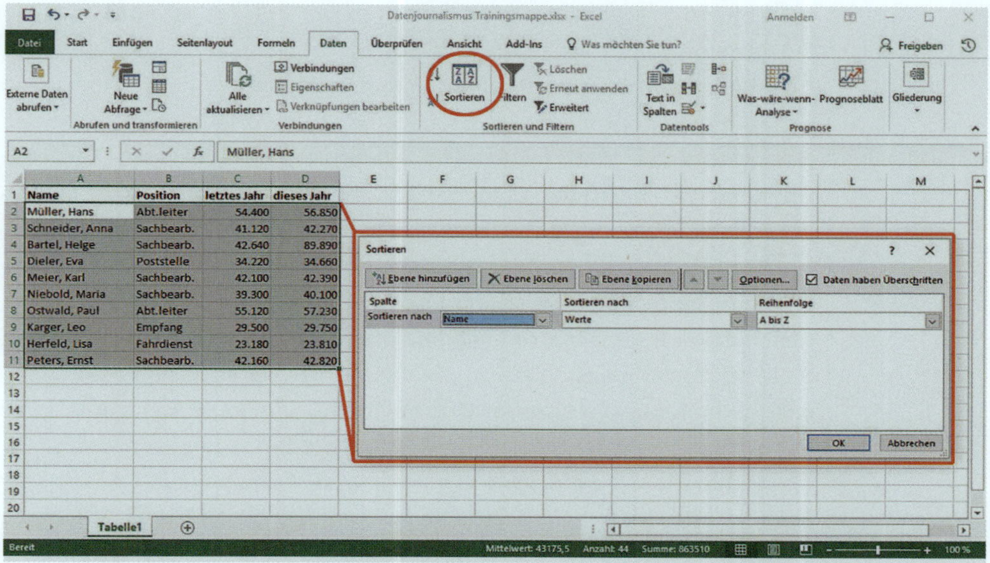

Abb. 153: Daten sortieren mit Excel.

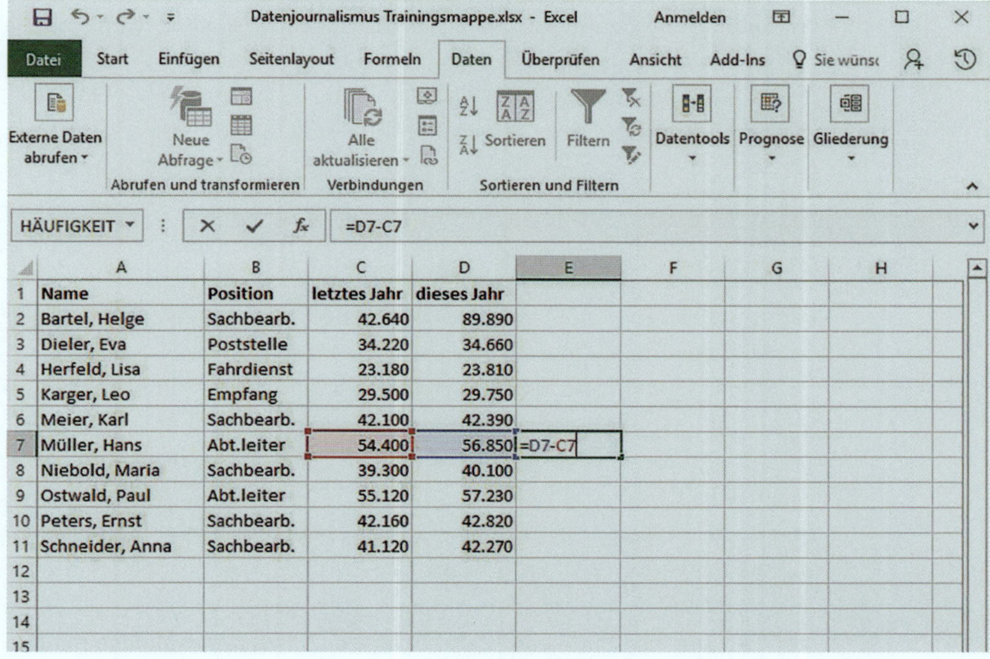

Abb. 154: Zellen adressieren und mit den Inhalten rechnen.

Konstruieren wir einen kleinen fiktiven Fall: Zufällig geraten wir an die Finanzdaten von verschiedenen Personen, die als öffentliche Angestellte oder Beamte im Bauamt unserer Kommune arbeiten. Außerdem ist uns zu Ohren gekommen, dass es bei der Vergabe von öffentlichen Aufträgen unter Umständen zu Unregelmäßigkeiten gekommen sein soll. Die Daten könnten also einen Beleg dafür bieten, falls da in der Behörde tatsächlich etwas schief gelaufen ist.

Die Finanzdaten der Beschäftigten liegen uns schon als „strukturierte Daten" vor, das heißt, sie sind bereits in Tabellenform gebracht und gleichartige Eigenschaften (Name, Position usw.) sind für jede Person gleichförmig angelegt. Das ist nicht immer so: Häufig erhält man Daten unstrukturiert, also als großes Durcheinander, und muss erst einmal Ordnung schaffen, indem man sie strukturiert und in Tabellenform bringt.

Sehen wir uns die Tabelle etwas näher an: Offenbar zeigt sie die Jahreseinkünfte der Beschäftigten im 2-Jahres-Vergleich (siehe Abb. 153). Erfreulicherweise liegen die Daten im Klartext vor und sind nicht codiert. Vorstellbar wäre zum Beispiel, dass die beruflichen Positionen der MitarbeiterInnen codiert wären mit a=Abteilungsleiter, s=Sachbearbeiter und so weiter. Dann benötigten wir zusätzlich zur Tabelle das Codebuch, das uns diese Abkürzungen übersetzen würde.

Ordnung können auch wir schaffen, indem wir zum Beispiel diese ungeordnete Liste erst einmal in alphabetische Reihenfolge bringen (ebenfalls Abb. 153). Dazu rufen wir im Reiter „Daten" von Excel den Menüpunkt „Sortieren" auf. In dem nun erscheinenden Fenster können wir die gesamte Tabelle beispielsweise nach der Spalte A=Namen von A bis Z sortieren lassen. Genau so könnten wir aber auch nach „dieses Jahr" sortieren lassen und würden dann aus der Tabelle direkt ersehen können, wer der Höchstverdiener in dem uns interessierenden kommunalen Amt ist.

Alle Daten in Tabellenkalkulationsprogrammen stehen in Zellen, die senkrecht in Spalten und waagerecht in Zeilen angeordnet sind. In jeder Zelle darf genau eine Information stehen und jede Zelle ist ähnlich wie auf einem Schachbrett oder einem Stadtplan eindeutig identifizierbar: Spalten sind durchbuchstabiert und Zeilen durchgezählt. Das allererste Feld einer Tabelle heißt also „A1". Programme wie Excel können besonders gut mit Zahlen (wiewohl das längst nicht alles ist). Wenn in zwei Zellen Zahlen stehen, kann man mit diesen Zahlen rechnen, indem man einfach mit den Namen dieser Zellen rechnet. In unserem Beispiel wollen wir ausrechnen,

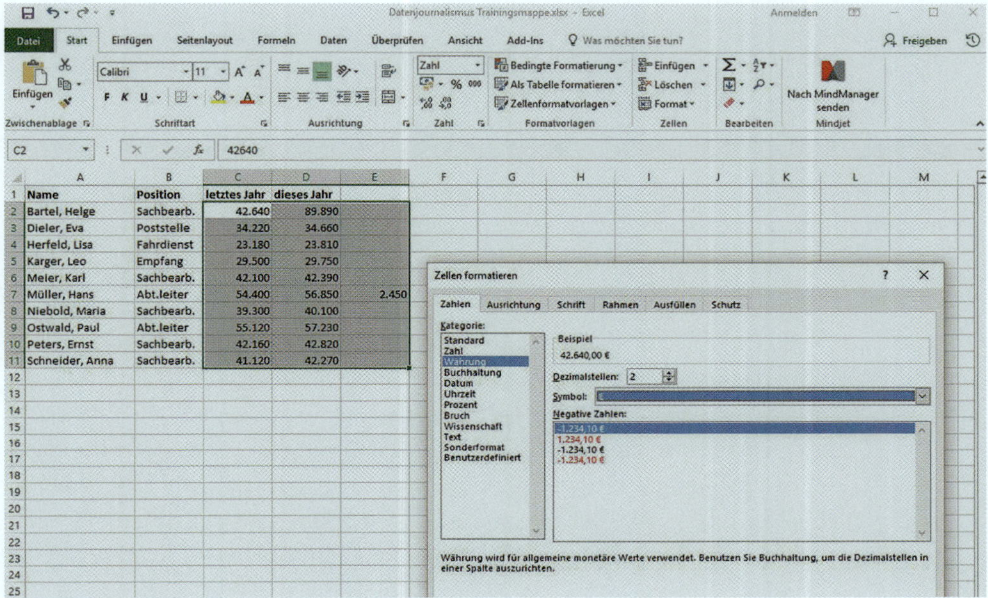

Abb. 155: Zahlentypen definieren.

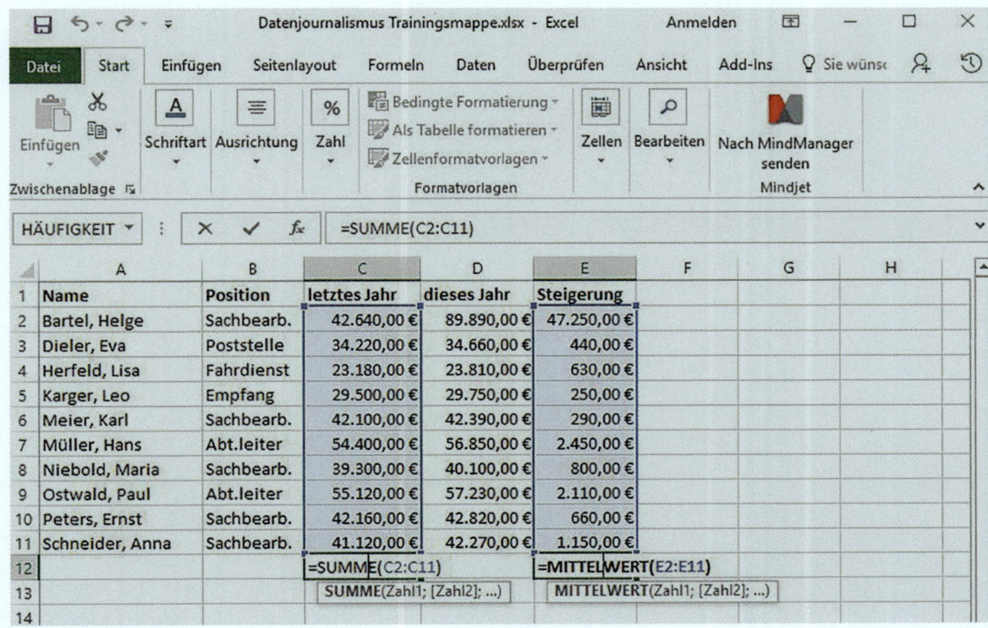

Abb. 156: Summe und Mittelwert per Formel bilden.

was Abteilungsleiter Müller im aktuellen Jahr mehr verdient hat als im vergangenen Jahr, also rechnen wir „=D7-C7" – dann ein Klick auf die Tabulator- oder die Return-Taste und schon hat man das Ergebnis (siehe Abb. 154). Immer wenn Excel rechnen soll, wird vor die Formel ein Gleichheitszeichen (=) geschrieben, damit das Programm weiß, dass jetzt Mathe gefragt ist. Der Vorteil des Formelrechnens in Excel ist, dass das Ergebnis auch noch stimmt, wenn eine der Zahlen in den genannten Zellen sich ändert. Wir können Excel auch noch genauer sagen, um welchen Zahlentyp es sich handelt, zum Beispiel eine bestimmte Währung, ein Kalenderdatum oder Ähnliches (siehe Abb. 155). Denn bestimmte Rechenoperationen machen bei bestimmten Zahlentypen keinen Sinn, zum Beispiel das Addieren von Kalenderdaten. Hierzu markiert man die entsprechenden Zellen, ruft mit der rechten Maustaste das Kontextmenü auf und wählt „Zellen formatieren".

Bestimmte häufige Rechenoperationen hält Excel auch schon vor. Wer größere Mengen von Zahlen addieren möchte, muss nicht jede einzelne Zelle eingeben, sondern kann einfach „=SUMME" schreiben und direkt im Anschluss daran in Klammern den Zellenbereich, der addiert werden soll. Ein anderer wichtiger Befehl ist „MITTELWERT", denn er gibt den Durchschnitt jener Zahlen an, die im definierten Zellenbereich stehen.

In unserem Beispiel ergibt sich, dass die durchschnittliche Gehaltssteigerung bei 5.603 Euro lag. Sachbearbeiter Helge Bartel allerdings erzielte eine Einnahmensteigerung von über 47.000 Euro, also das Zigfache mehr als der Durchschnitt (siehe Abb. 156). Dies könnte ein Indiz dafür sein, dass er Zahlungen von Dritten erhalten und sich hat korrumpieren lassen. Es könnte natürlich ebenso sein, dass er eine Erbschaft erhalten und diese ordnungsgemäß beim Finanzamt angegeben hat. Dies verraten uns die nackten Zahlen nicht, hier muss weiter recherchiert werden. Den Zahlen allein sollte man also niemals vertrauen – sie können aber ein starkes Indiz und ein Grund für weiterführende Fragen und Hypothesen sein.

Neben den reinen Rechenoperationen kann Excel auch noch mehr. Ein wichtiger Befehl ist „ZÄHLENWENN". In unserem Beispiel könnten wir mit diesem Befehl ermitteln, wie viele Beschäftigte im Bauamt den Status „Sachbearbeiter" haben: =ZÄHLENWENN(B2:B11; „Sachbearb.")

Hier wird also im Zellenbereich von B2 bis B11 immer gezählt, wenn der geschriebene Ausdruck „Sachbearb." vorkommt. Auf diese Weise können in großen Datenmengen bestimmte Wörter oder Ausdrücke gesucht und sogar mit anderen Daten desselben Datensatzes verknüpft werden.

Mit der Formel „ZÄHLENWENNS“ (also einfach ein „s“ hintendran) kann man mehrere Ereignisse in Beziehung setzen, zum Beispiel die Position „Sachbearb.“ mit einer Einkommenssteigerung von mehr als 200,- Euro.

Darstellungsformen des Datenjournalismus

Einfache Visualisierungen

Eine verbreitete und einfache Form, aus Daten Geschichten zu machen, ist die Visualisierung in Form von Diagrammen. So kennen auch die meisten RezipientInnen Datendarstellungen, etwa bei Bundestagswahlen oder beim Wetterbericht. Es handelt sich um ein Geschichtenerzählen in Bildern, man spricht darum auch von „Data Storytelling“. Tabellenkalkulationsprogramme wie Excel bringen hier von Hause aus einige Fertigkeiten

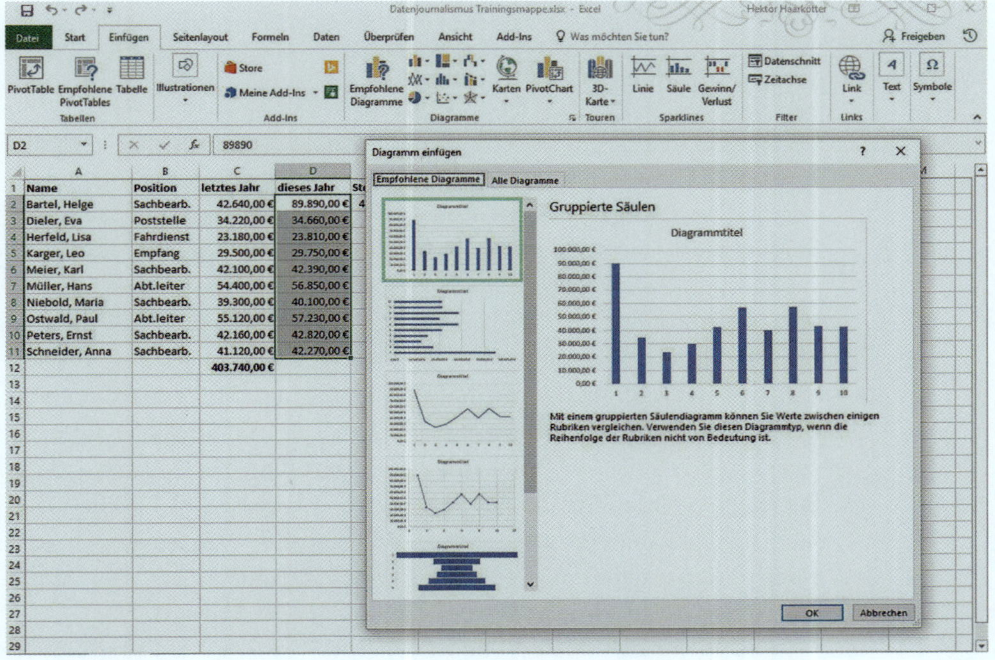

	A	B	C	D
1	Name	Position	letztes Jahr	dieses Jahr
2	Bartel, Helge	Sachbearb.	42.640,00 €	89.890,00 €
3	Dieler, Eva	Poststelle	34.220,00 €	34.660,00 €
4	Herfeld, Lisa	Fahrdienst	23.180,00 €	23.810,00 €
5	Karger, Leo	Empfang	29.500,00 €	29.750,00 €
6	Meier, Karl	Sachbearb.	42.100,00 €	42.390,00 €
7	Müller, Hans	Abt.leiter	54.400,00 €	56.850,00 €
8	Niebold, Maria	Sachbearb.	39.300,00 €	40.100,00 €
9	Ostwald, Paul	Abt.leiter	55.120,00 €	57.230,00 €
10	Peters, Ernst	Sachbearb.	42.160,00 €	42.820,00 €
11	Schneider, Anna	Sachbearb.	41.120,00 €	42.270,00 €
12			403.740,00 €	

Abb. 157: Säulendiagramme und andere Visualisierungen lassen sich direkt in Excel darstellen.

mit, um einfache Visualisierungen selbst herzustellen. Zuerst muss man hierzu die Spalten oder Zeilen markieren, die man visuell veranschaulichen will. Dann klickt man im Reiter „Einfügen" auf den Button „Empfohlene Diagramme". Schon erscheint in der Voransicht eine Auswahl von Diagrammtypen, die man mit Klicken der OK-Taste einfach in die Arbeitsmappe einfügt. Von hier aus kann das Diagramm mit Copy&Paste in Bildbearbeitungsprogramme, Textverarbeitungen oder auch ins eigene CMS eingefügt werden.

Diagramme

Diagramme dienen dem Zweck, unübersichtliche Daten anschaulich zu machen, und nicht dem, mit überbordenden Grafikkünsten eine schmale Geschichte aufzuhübschen. Entsprechend gilt bei Grafiken: Weniger ist mehr. Schlichten Säulendiagrammen ist gegenüber Tortendiagrammen – womöglich noch mit 3D-Effekt – klar der Vorzug zu geben. Die Länge zwischen zwei Punkten auf einer Linie können wir sehr gut abschätzen und mit anderen Längen vergleichen, die Flächeninhalte von Kreisteilflächen dagegen nicht.

Mapping

Eine der beliebtesten Arten der Darstellung von Daten ist das „Mapping", also die Darstellung auf Landkarten. Auch hier sind bekannte Formate zum Beispiel der Wetterbericht, aber auch datengestützte Lagebeschreibungen in Krisengebieten oder Wirtschaftsdaten, die beispielsweise nach Bundesländern geordnet sind. Die Verbindung von Geodaten und statistischen Angaben ist immer dann sinnvoll, wenn es eine direkte und augenfällige Verbindung zwischen der geografischen Lage und der Verbreitung gibt. Das Kommunikationszentrum Meuchefitz e.V. hat zum Beispiel auf Basis von Kartenmaterial von Openstreetmap eine interaktive Deutschlandkarte erstellt, die alle Orte der NS-Bücherverbrennungen von 1933 darstellt. Beim Klick auf eine der Landmarken öffnet sich eine Zoom-Ansicht, die einen Stadtplan des entsprechenden Orts mit genauer Lage des Tatorts und weiteren Textinformationen enthält (siehe Abb. 158 und 159).

Häufig werden solche Themen in Farbflächenkarten dargestellt, wie zum Beispiel die Arbeitslosenzahlen nach Bundesländern aufgrund von Daten der Bundesagentur für Arbeit. Spannend werden solche

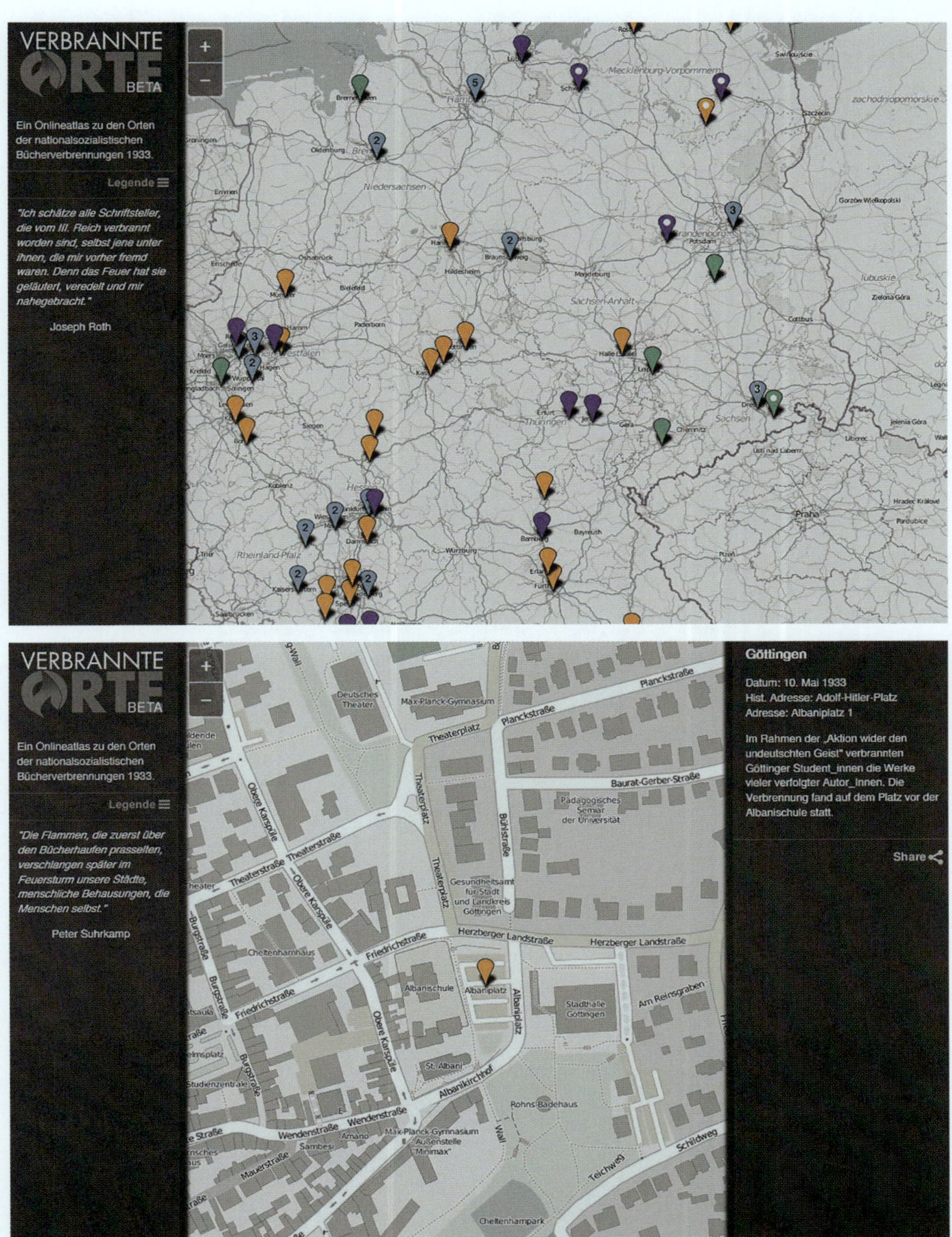

Abb. 158 und 159: Die NS-Bücherverbrennungen als interaktive Karte.

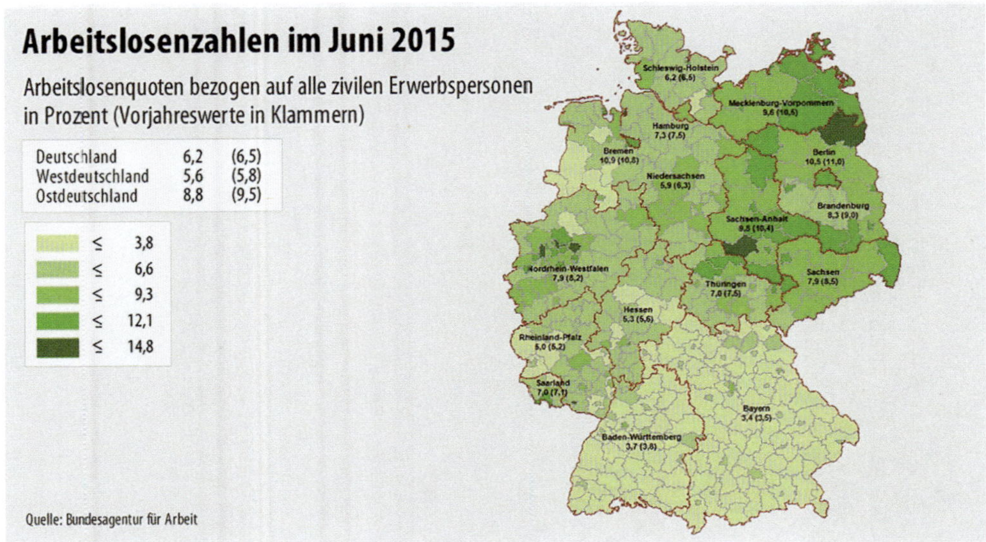

Abb. 160: Arbeitslosenzahlen in einer Farbflächenkarte.

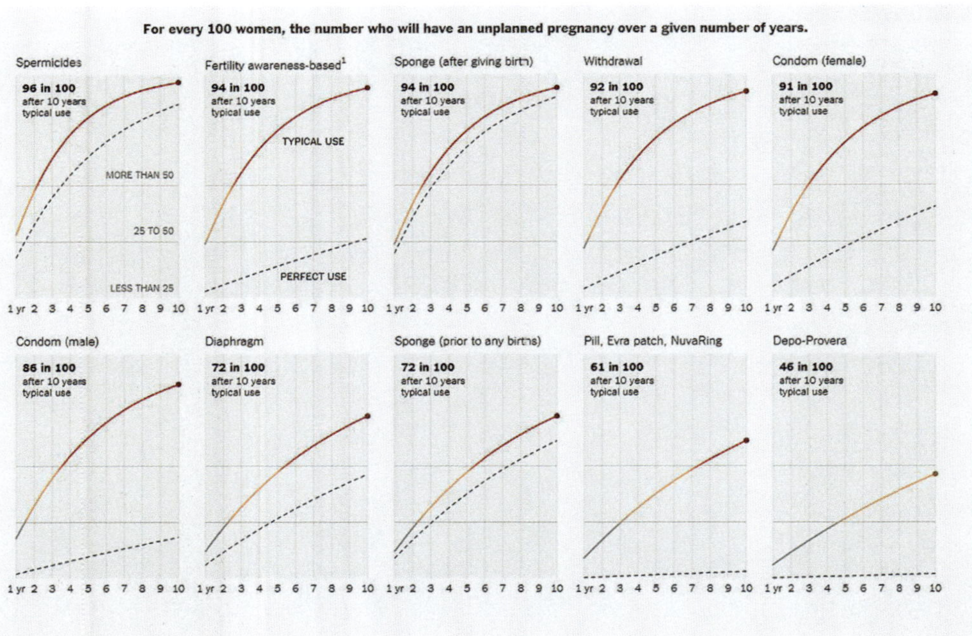

Abb. 161: Wahrscheinlichkeit ungeplanter Schwangerschaft als Small Multiples in der New York Times.

Farbflächenkarten, wenn sie eine sehr hohe Auflösung haben, also statt der Bundesländer – wie im Beispiel – auch die Kreisgrenzen (knapp 300 Landkreise und gut 100 kreisfreie Städte) oder gar die fast 12.000 Gemeinden mit eigenen Farbwerten darstellen.

Heatmaps

Eine besondere Form der Farbflächendarstellung ist die „Heatmap". Sie ist an die Aufnahme einer Wärmebildkamera angelehnt, die für unterschiedliche Temperaturen eines Objekts verschiedene Farbwerte abbildet. Neben Temperaturen werden mit Heatmaps heute aber auch viele andere Formen der Intensität grafisch dargestellt. Heatmapdarstellungen gehen auf das 19. Jahrhundert zurück: Toussaint Loua stellte 1873 statistische Daten der Arrondissements von Paris als Tabelle mit schattierten Feldern dar.

Small Multiples

„Small Multiples" sind eine Serie von Diagrammen, die die gleichen Achsen und Skalen besitzen. Die *New York Times* hat auf diese Weise die Wahrscheinlichkeit ungeplanter Schwangerschaften bei den verschiedenen Verhütungsmethoden aufgezeigt. Übersicht und Usabity wird dadurch geschaffen, dass die verschiedenen Kurven nicht in einem Koordinatensystem dargestellt werden, sondern in mehreren interaktiven.

Erklärjournalismus und Service

Datenjournalistische Visualisierungen können dabei helfen, komplexe Zusammenhänge oder abstrakte Vorgänge zu erklären. Man spricht dann von „Erklärjournalismus" (engl. explanatory journalism). Ein gutes Beispiel dafür ist der Lotto-Simulator der *Los Angeles Times*. Die Wahrscheinlichkeit, bei der amerikanischen Lotterie „Powerball" zu gewinnen, liegt bei 1:290 Millionen. Die Simulation zeigt nicht nur die Unwahrscheinlichkeit der fünf Richtigen, sondern auch wie viel Geld man dabei verliert.

LINK

Die *Los Angeles Times* simuliert die US-Lotterie „Powerball" und zeigt, wie viel man dabei verliert: http://graphics.latimes.com/powerball-simulator/.

Datenjournalismus hat nicht nur in diesem Fall einen hohen Nutzwert. Der Servicecharakter steht bei vielen datenjournalistischen Anwendungen im Vordergrund. *Spiegel Online* ist in einem interaktiven Rechner dem „Mythos

Betongold" nachgegangen. Die Frage war, wie viele Jahre im Pflegeheim sich eigentlich durch den Verkauf eines Eigenheims finanzieren ließe. Das Programm erstellte eine individuelle Rechnung aufgrund regionaler Informationen und persönlichen User-Eingaben.

Quiz

Die *New York Times* hat ihre LeserInnen aufgefordert, in einem Koordinatensystem eine Kurve einzuzeichnen, in welcher Weise das Einkommen der Eltern mit dem Besuch einer Universität zusammenhänge. Als Ergebnis gibt es eine Auswertung darüber, wie die einzelnen TeilnehmerInnen im Vergleich mit den anderen abgeschnitten haben. Was die Redaktion hier

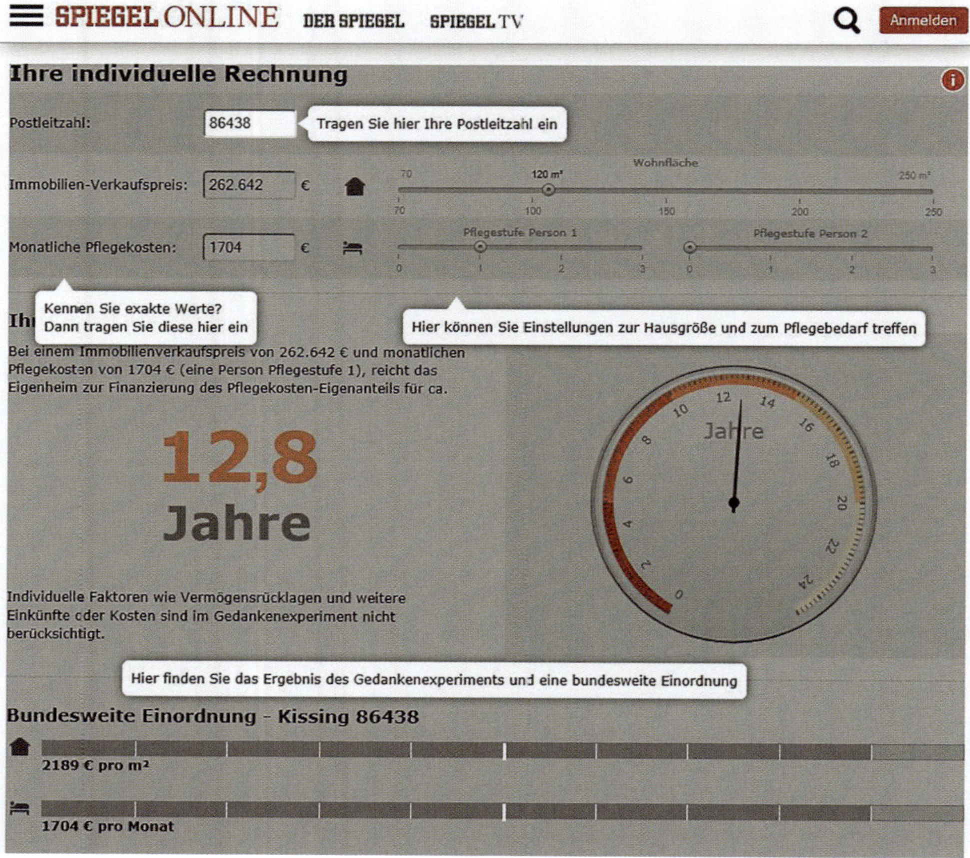

Abb. 162: Eigenheim oder Pflegeheim: Spiegel Online rechnet es aus.

vorgeführt hat, ist ein Quiz. Aber nicht mit einer simplen Multiple-Choice-Abfrage, sondern durch die Korrelation der User-Daten, die bei dem Quiz angefallen sind.

LINK

Quiz der *New York Times* zur Abhängigkeit von Bildung und Familieneinkommen: https://www.nytimes.com/interactive/2015/05/28/upshot/you-draw-it-how-family-income-affects-childrens-college-chances.html.

Netzwerkgrafen

Netzwerke spielen eine wichtige Rolle. Im privaten und im Berufsleben ohnehin, aber im Informationszeitalter auch zunehmend im digitalen Alltag. Die Verbindungen, die Menschen heute in Computernetzwerken haben, können sehr aussagekräftig sein. Die *Süddeutschen Zeitung* hat in einem großen Datenprojekt unter dem Titel *Der Facebook-Faktor* ermittelt, was *Facebook*-UserInnen durch das Liken und Sharen von Postings und Artikeln politischer Parteien und journalistischer Medien über ihre politischen Präferenzen verraten. Die LeserInnen konnten auch selbst den Test machen, indem sie ihr Netzwerkprofil für eine Datenanalyse freigaben und dann angezeigt bekamen, wo sie etwa im politischen Spektrum stehen.

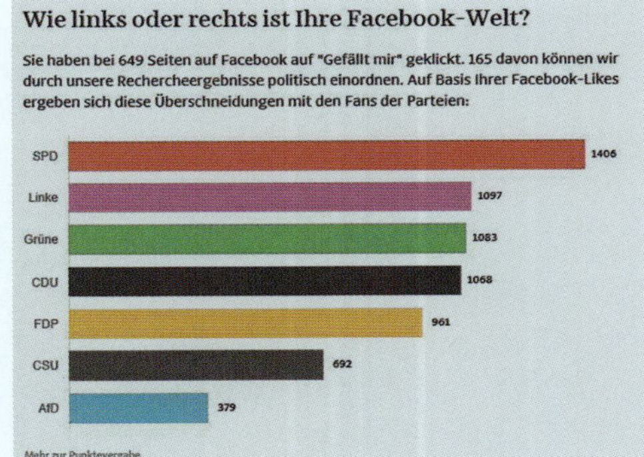

Abb. 163: Die SZ gibt den „Facebook-Faktor" jeder UserIn an, die ihre Netzwerkdaten freigibt.

Wichtige Tools und Helferlein

Google Drive/Google Docs

Google Docs ist ein webbasiertes Software-as-a-Service-Officepaket, mit dem sich online Texte, Tabellen, Präsentationen und Fragebögen erstellen lassen. Die Software-Suite ist in Google Drive, d.h. in den Cloud-Speicherdienst von Google, integriert, in den alle damit erstellten Dokumente automatisch gespeichert werden. Vorteil ist die Möglichkeit des kollaborativen Arbeitens auch über Ländergrenzen hinweg. Änderungen anderer NutzerInnen werden markiert und lassen sich über eine Chatleiste auch

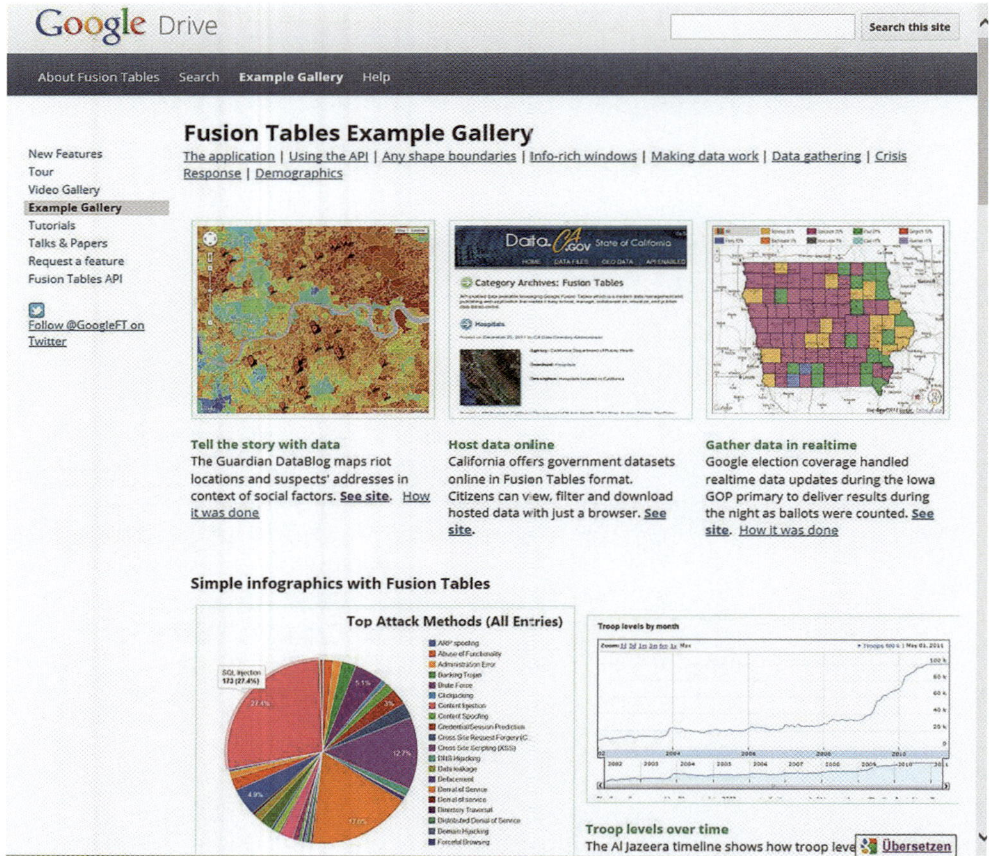

Abb. 164: Google Fusion verbindet statistische Daten und Karten.

direkt besprechen. Deshalb ist das Programmpaket bei Rechercheverbünden sehr beliebt. Die Recherchen der *Offshore Leaks* wie auch der *Panama-Papers*, bei denen JournalistInnen aus über 40 Ländern beteiligt waren, erfolgte teilweise über diesen Dienst.

Google Fusion Tables

Ist Bestandteil von Google Drive und eignet sich zum Erstellen von Grafen, Diagrammen, Mindmaps und Kartendarstellungen. Eine Stärke des Programms ist die Verknüpfung (oder: Fusion, daher wohl der Name) der Tabellenkalkulation mit dem Kartenmaterial von Google Maps, um relativ einfach statistische Daten auf Landkarten zu übertragen.

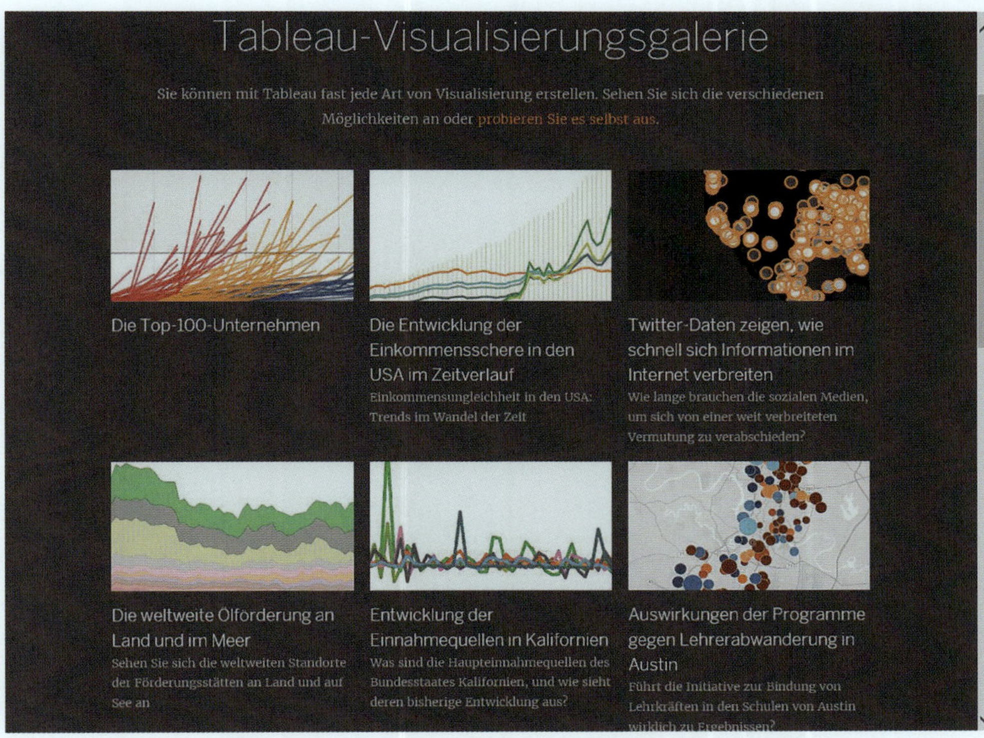

Abb. 165: Die Software Tableau analysiert und visualisiert Daten.

Data Wrapper

Der Data Wrapper ist ein Open-Source-Programm, das der deutsche Datenjournalist Mirko Lorenz im Auftrag der Akademie Berufliche Bildung der deutschen Zeitungsverlage e. V. (ABZV) programmiert hat. Es eignet sich gut dafür, klassische Diagramme aus Daten zu gewinnen. Das Programm unterstützt auch Kartendarstellungen. Die produzierten Visualisierungen lassen sich in den eigenen Blog oder den eigenen Webauftritt einbetten.

Tableau

Tableau ist eine kommerzielle Software zur Datenanalyse und Datenvisualisierung. Der Funktionsumfang und auch die grafischen Fähigkeiten sind enorm – entsprechend ist allerdings eine etwas intensivere Einarbeitung notwendig. Es gibt eine kostenlose Testversion sowie ein Hochschulprogramm für Menschen in Lehre und Ausbildung.

Nuix

Das Programm Nuix ermöglicht die schnelle Identifizierung wichtiger Fakten aus riesigen Datenbeständen. Die RechercheurInnen des International Consortium of Investigative Journalists (ICIJ) arbeiten häufig bei ihren Datenrecherchen mit diesem Programm, es fand auch bei den *Offshore Leaks* Anwendung.

Dataproofer

Dieses Open-Source-Programm, das es für alle gängigen Betriebssysteme gibt, prüft Datensätze auf Fehler und auf Konsistenz.

Tabula

Das kleine Helferprogramm dient dazu, aus PDF-Dokumenten Tabellen zu extrahieren.

Browsererweiterungen

Viele Daten findet man auf Webseiten. Um diese weiterzuverarbeiten und zu analysieren, muss man sie in ein Tabellenkalkulationsprogramm importieren. Dabei helfen allerlei Erweiterungen (Add-ons) für Internet-Browser. Für den Firefox-Browser gibt es hierzu zum Beispiel Table2clipboard, für den Chrome-Browser Copytables.

H3 DER DATENJOURNALISMUS VON MORGEN

Handelt es sich dann beim Datenjournalismus überhaupt noch um Journalismus oder ist er – nach einer Formulierung David L. Altheides und Robert P. Snows – in den Zustand des „Postjournalismus" übergegangen? Tracy Schmidt vom US-amerikanischen Nachrichtenmagazin *Time* meinte schon im Jahr 2007, Foren wie *Wikileaks* könnten sich „zu einem ebenso wichtigen journalistischen Werkzeug wie der Freedom of Information Act entwickeln".[75] Andere Stimmen meinen, dass „für eine zeitgemäße und zukunftsfähige Journalismusforschung ein neuer Journalismusbegriff erforderlich" sei.[76]

An was es dem auf Datenrecherchen basierenden Journalismus als sehr junger Richtung des Journalismus noch gebricht, ist ein Qualitätsbewusstsein und ein Qualitätsmanagement. Zu häufig wird das technisch Machbare allein für das Gute gehalten. Einen Durchbruch wird er aber in der journalistischen Praxis wie in der journalistischen Ausbildung nur erleben, wenn er wirklich zu einem „wissenschaftlichen Journalismus" wird und sich an wissenschaftlichen Maßstäben messen lässt. Fragen nach Visualisierung und grafischer Repräsentation, die momentan noch im Vordergrund der Debatten stehen und dem Datenjournalismus den Vorwurf des „Visualisation Porn" eingebracht haben, rücken dann in den Hintergrund. Stattdessen müsste über statistische Auswertungsprobleme, Messgenauigkeit, Codierfragen und Datenmanipulation diskutiert werden.

ANHANG

X1 ANMERKUNGEN

1 Ruß-Mohl, Stephan (2010): Journalismus. Das Lehr- und Handbuch. Frankfurt/M.: FAZ, S.53

2 Schirrmacher, Frank (2014): Echtzeit-Journalismus. Dr. Seltsam ist heute online. In: FAZ vom 28.03.2014. https://www.faz.net/aktuell/feuilleton/debatten/echtzeitjournalismus-dr-seltsam-ist-heute-online-12867571.html [03.01.2019]

3 Wegner, Jochen (2016): Die fünf Paradoxien der Livemedien und der Mythos des Oknos. In: Zeit Online vom 25.07.2016. https://www.zeit.de/gesellschaft/2016-07/online-journalismus-medien-amoklauf-muenchen [03.01.2019]

4 Eimeren, Birgit van (2015): Nachrichtenrezeption im Internet. In: MediaPerspektiven, 1, 2015, S. 2–7, hier: S. 2

5 vgl. Koch, Wolfgang; Beate Frees (2015): Unterwegsnutzung des Internets wächst bei geringerer Intensität. In: MediaPerspektiven, 9/2015, S. 378–382

6 Eimeren (2015), wie Fußnote 4, S. 6

7 Müller von Blumencron, Matthias (2014): Schafft den Online-Journalismus ab: 20 Jahre Zeitung im Internet. In: FAZ vom 11.09.2014. https://www.faz.net/aktuell/feuilleton/20-jahre-online-journalismus-13148307.html [03.01.2019]

8 Lilienthal u.a. (2014): Digitaler Journalismus. Dynamik – Teilhabe – Technik. Leipzig: Vistas (Schriftenreihe Medienforschung der LfM, 74), S. 30

9 Seit seiner Eheschließung 2018 heißt Stefan Plöchinger mit Nachnamen Ottlitz. Da er in der Community unter seinem bisherigen Namen bekannt ist, haben wir diesen im Buch beibehalten.

10 Staun, Harald (2014): Die lieben Kollegen. In: Frankfurter Allgemeine Sonntagszeitung vom 23.03.2014

11 Altmeppen, Klaus-Dieter; Klaus Arnold (2013): Journalistik. Grundlagen eines organisationalen Handlungsfeldes. München: Oldenbourg, S. 173

12 Briggs, Mark (2007): Journalism 2.0. How to survive and thrive. A digital literacy guide for the information age. Maryland: J-Lab, S. 32

13 Thomä, Manuel (2014): Der Zerfall des Publikums. Nachrichtennutzung zwischen Zeitung und Internet. 2. Aufl., Wiesbaden: Springer VS, S. 210

14 Heijnk, Stefan (2011): Texten fürs Web. Planen, schreiben, multimedial erzählen. Das Handbuch für Online-Journalisten. 2. Aufl., Heidelberg: dpunkt, S. 137

15 Angele, Michael (2016): Der letzte Zeitungsleser. Berlin: Galiani, S. 28f.

16 zit. n. Heijnk (2011), wie Fußnote 14, S. 63

17 Nielsen, Jakob (2004): Erfolg des Einfachen. Designing Web Usability. München: Markt+Technik, S. 101

18 Mattgrey, Annette (2014): Das sind die Idealmaße für Ihren Content. In: Lead Digital. http://www.lead-digital.de/aktuell/

social_media/das_sind_die_idealmasse_fuer_ihren_content [25.07.2018]

19 Jarvis, Jeff (2009): Was würde Google tun? Wie man von den Erfolgsstrategien des Internet-Giganten profitiert. 3. Aufl., München: Heyne, S.49

20 Popper, Karl (1984): Auf der Suche nach einer besseren Welt. München: Piper, S. 100

21 Pimpl, Roland (2008): Sueddeutsche.de-Chef Hans-Jürgen Jakobs fordert SEO-Konvention gegen „Manipulationen". In: Horizont, 24/2008. http://www.horizont.net/medien/nachrichten/-Sueddeutsche.de-Chef-Hans-Juergen-Jakobs-fordert-SEO-Konvention-gegen-Manipulationen-76891 [04.12.2016]

22 DPA (Hrsg.): Liveblogging. DPA-Whitepaper Nr. 1. Hamburg, S. 3

23 Niggemeier, Stefan (2014): Live dabei wenn nichts passiert. In: Frankfurter Allgemeine Sonntagszeitung vom 24.03.2014. http://www.faz.net/aktuell/feuilleton/medien/stefan-niggemeier-ueber-live-ticker-12859289.html?printPagedArticle=true#pageIndex_2 [11.12.22016]

24 Esser, Frank (2011): Schockwellen im Mediensystem. In: Message, 2/2011. https://de.ejo-online.eu/qualitaet-ethik/schockwellen-im-mediensystem [03.01.2019]

25 Schröder, Julia (2011): Mediale Plattenverschiebung. In: Stuttgarter Zeitung vom 14.03.2011. https://www.stuttgarter-zeitung.de/inhalt.nach-japan-katastrophe-mediale-plattenverschiebung.6a344b88-934f-45c6-ae1e-a34ef59708f6.html [03.01.2019]

26 Steinschaden, Jakob (2013): Kuratieren statt recherchieren: Chancen und Tücken des Crowd-Journalismus. In: Bestseller, 5–6/2013, S. 50–53, hier: S. 50. https://de.slideshare.net/jakkse/geschichten-von-unten-crowd-journalismusbestseller [03.01.2019]

27 zit. n. Langer, Ulrike (2011): Praxis: Die neuen Kuratier-Tools. In: Medium Magazin, 10–11/2011. https://www.mediummagazin.de/praxis-die-neuen-kuratier-tools/ [03.01.2019]

28 Bruns, Axel (2008): Vom Gatekeeping zum Gatewatching. Modelle der journalistischen Vermittlung im Internet. http://snurb.info/files/2008_DFG_Vom%20Gatekeeping%20zum%20Gatewatching_preprint.pdf [03.01.2019]

29 zit. n. Oswald, Bernd (2011): Der Weg zum Gatewatching. In: Medium Magazin, 3/2011, S. 31

30 Winterbauer, Stefan (2012): Neues Trend-Berufsbild: die Twitter-Tussi. In: Meedia vom 08.11.2012. https://meedia.de/2012/11/08/neues-trend-berufsbild-die-twitter-tussi/ [03.01.2019]

31 Gabriel, Norbert (1997): Kulturwissenschaften und Neue Medien. Wissensvermittlung im digitalen Zeitalter. Darmstadt: Primus, S. 73

32 Kittler, Friedrich (1986): Grammophon, Film, Typewriter. Berlin: Brinkmann & Bose, S. 293

33 Sturm, Simon (2013): Digitales Storytelling: Eine Einführung in neue Formen des Qualitätsjournalismus. Wiesbaden: Springer VS, S. 9

34 Bogost, Ian; Simon Ferrari; Bobby Schweizer (2010): Newsgames. Journalism at Play. Cambridge: MIT Press

35 Lovink, Geert (2012): Das halbwegs Soziale. Eine Kritik der Vernetzungskultur. Bielefeld: transcript, S. 129

36 Carr, Nicholas (2006): Digital sharecropping. In: Rough type. http://www.roughtype.com/?p=634 [06.05.2017]

37 Williams, Evan (2012): Willkommen auf Medium. Medium.com. https://medium.com/wegweiser/willkommen-bei-medium-f3db818e4a65 [07.05.2017]

38 Lühmann, Hannah (2014): Die Ironie macht alles gleich. In: FAZ vom 20.08.2014. http://www.faz.net/aktuell/feuilleton/vorbild-vice-magazin-die-ironie-macht-alle-gleich-13104553.html?printPagedArticle=true#pageIndex_2 [19.07.2017]

39 Hippner, Hajo (2006): Bedeutung, Anwendungen und Einsatzpotenziale von Social Software. In: Knut Hildebrand; Josephine Hofmann (Hrsg.): Social Software. (Praxis der Wirtschaftsinformatik, 252). Heidelberg: dpunkt, S. 6–16

40 Ebersbach, Anja; Markus Glaser; Richard Heigl (2011): Social Web. 2. Aufl., UVK: Konstanz, S. 35

41 Solis, Brian (2007): Social Media Is About Sociology Not Technology. http://www.briansolis.com/2007/08/social-media-is-about-sociology-not/ [23.07.2017]

42 Franzen, Axel; Sonja Pointner (2007): Sozialkapital. Konzeptualisierung und Messungen. In: Axel Franzen und Markus Freitag (Hrsg.): Sozialkapital. Grundlagen und Anwendungen. Wiesbaden: Springer VS. S.66-90, hier: S. 67 (= Kölner Zeitschrift für Soziologie und Sozialpsychologie; Sonderheft 47/2007

43 Lin, Nan (1999): Building a network theory of social capital. In: Connections, 22/19999, S.28-51, hier: S.28 (Übers. H.H.)

44 Gutjahr, Richard (2016): Facebook, Google & Co. haben uns etablierten Medien komplett die Butter vom Brot genommen. In: Meedia. http://meedia.de/2016/11/11/richard-gutjahr-facebook-google-co-haben-uns-etablierten-medien-komplett-die-butter-vom-brot-genommen/ [23.07.2017]

45 Lobo, Sascha (2014): Die digitale Kränkung des Menschen. In: FAZ vom 11.01.2014. http://www.faz.net/aktuell/feuilleton/debatten/abschied-von-der-utopie-die-digitale-kraenkung-des-menschen-12747258.html [21.07.2017]

46 Ebda.

47 Keen, Andrew (2015): Das digitale Debakel. Warum das Internet gescheitert ist – und wie wir es retten können. München: DVA

48 Alle Zitate sind nachgewiesen in Haarkötter, Hektor (2016): Unsoziale soziale Medien und die Grenzen der Kommunikation. In: Ders. (Hrsg.): Shitstorms und andere Nettigkeiten. Über die Grenzen der Kommunikation in Social Media. Baden-Baden: Nomos, S. 17–50

49 vgl. Haarkötter, Hektor (2015): Anonymität im partizipativen Journalismus. Empirische Untersuchung der User-Kommentare auf journalistischen Facebook-Seiten. In: Petra Grimm; Tobias O. Keber; Oliver Zöllner (Hrsg.): Anonymität und Transparenz in der Digitalen Gesellschaft – interdisziplinäre Perspektiven. Stuttgart: Franz Steiner, S. 133–149

50 Hildebrand, Kathleen (2016): Wo Frauen sich äußern, erzeugt das Hass. In: Süddeutsche Zeitung vom 27.05.2016. http://www.sueddeutsche.de/medien/prominente-

feministin-saetze-ganz-unten-1.3007515 [21.07.2017]

51 Kiyak, Mely (2016): Was tun mit Menschen, die diese Demokratie abschaffen wollen? Festrede im Rahmen der Verleihung der Otto Brenner Preise 2016. (Sonderdruck der IG Metall). Frankfurt/M.

52 Primbs, Stefan (2016): Social Media für Journalisten. Redaktionell arbeiten mit Facebook, Twitter & Co. Wiesbaden: Springer VS, S. 108

53 Mark, Oliver (2015): Guardian-Digitalchef: „Können ohne Paywall höhere Erlöse erzielen". Interview mit Wolfgang Blau über Umgangsformen im Netz, Paywalls und mobile User. In: Der Standard vom 29.01.2015. http://derstandard.at/2000010998073/Wolfgang-Blau-Modernerer-Journalismus-ohne-Paywall [21.07.2017]

54 Fuldaer Zeitung (2016): Keine Kommentarfunktion mehr auf unserem Portal. http://www.fuldaerzeitung.de/querbeet/aufreger-der-woche/keine-kommentarfunktion-mehr-auf-unserem-portal-LX4635836 [21.07.2017]

55 Der Hamburgische Beauftragte für Datenschutz und Informationsfreiheit (2011): Gesichtserkennungsfunktion von Facebook verstößt gegen europäisches und deutsches Datenschutzrecht. https://www.datenschutz-hamburg.de/news/detail/article/gesichtserkennungsfunktion-von-facebook-verstoesst-gegen-europaeisches-und-deutsches-datenschutzrech.html [25.07.2017]

56 Walther, Katy (2016): Regionales Schaufenster. In: Medium Magazin, 5/2016, S. 21

57 Benton, Joshua (2015): Snapchat's new discover feature could be a significant moment in the evolution of mobile news. In: Nieman Journalism Lab. http://www.niemanlab.org/2015/01/snapchats-new-discover-feature-could-be-a-significant-moment-in-the-evolution-of-mobile-news/ [27.07.2017]

58 Vowe, Gerhard; Philipp Henn (2016): Leitmedium Fernsehen? In: Bundeszentrale für politische Bildung (Hrsg.): Dossier Medienpolitik. http://www.bpb.de/gesellschaft/medien/medienpolitik/172063/leitmedium-fernsehen?p=all [07.07.2017]

59 Mozorov, Evgeny (2009). Foreign policy. The brave new world of slacktivism. In: Opinion. www.npr.org/templates/story/story.php?storyId=104302141 [30.07.2018]

60 Meyer, Laurin (2017): ARD und ZDF fördern geschmacklose Inhalte mit Millionen. In: Welt vom 17.04.2014. https://www.welt.de/wirtschaft/article163753659/ARD-und-ZDF-foerdern-geschmacklose-Inhalte-mit-Millionen.html [11.07.2017]

61 Die Medienanstalten (2017): Erläuterungen zur Piet Smiet TV-Entscheidung der ZAK. http://www.die-medienanstalten.de/fileadmin/Download/Themen/Zulassung/Erl%C3%A4uterungen_der_ZAK_zur_PietSmiet-Entscheidung.pdf [14.07.2017]

62 Kirchen, Jona (2016): Webvideo vs. TV. In: Broadmark.de. https://broadmark.de/allgemein/webvideo-vs-tv-oo-channels-mediatheken-und-co-wege-in-die-konvergenz/43855/ [14.07.2017]

63 Kupferschmitt, Thomas (2016): Online-Videoreichweite steigt bei weiter geringer Nutzungsdauer. In: MediaPerspektiven, 7/2016, S. 448–459, hier: S. 454

64 BVerfG: Rundfunkgebührenfestsetzung. Urteil des Ersten Senats vom 11. September 2007 – 1 BvR 2270/05, 1 BvR 809/06, 1 BvR 830/06 –, BVerfGE 119, 181

65 Institut für Urheber- und Medienrecht (Hrsg.): Begründung zu Artikel 1 Rundfunkstaatsvertrag (RStV) in der Fassung des zwölften Rundfunkänderungsstaatsvertrags. http://www.urheberrecht.org/law/normen/rstv/RStV-12/materialien/begruendung_B_01.php3 [14.07.2017]

66 Bartels, Christian (2017): ZDF. Mediendatenbank. https://www.mediadb.eu/datenbanken/deutsche-medienkonzerne/zdf.html [14.07.2017]

67 Sadrozinski, Jörg (2010): Depublizieren. In: blog.tagesschau.de vom 20.07.2010. https://web.archive.org/web/20100728011715/http://blog.tagesschau.de/?p=8089 [14.07.2017]

68 Welker, Martin (2012): Lokales. Basiswissen für die Medienpraxis. (Journalismus Bibliothek; 5). Köln: Herbert von Halem, S. 187

69 Wolf, Cornelia (2014): Journalistische Apps etablierter Medienunternehmen. In: MediaPerspektiven, 5/2014, S.271–282, hier: S. 272

70 zit. n. Gottschalk, Christian (2014): „Die Kamera aus der Hosentasche". In: WDR Print, 6/2014, S.30–32, hier: S.31

71 Wiedemann-Schmidt, Wolf (2014): Wer wie viele Waffen hat, geht die Öffentlichkeit nichts an. In: Zeit Online Data Blog vom 16.01.2014. http://blog.zeit.de/open-data/2014/01/16/deutschland-waffen-besitzer/ [05.06.2017]

72 zit. n. Gray u. a. (2012): The Data Journalism Handbook. How Journalists Can Use Data to Improve the News. (Übers. H. H.). Sebastopol: O'Reilly, S. 6

73 Meyer, Philip (2002): Precision Journalism. A Reporter's Introduction to Social Science Methods. (Übers. H. H.). 4. Aufl., Lanham: Rowman & Littlefield, S. 5

74 Lampert, Marie; Rolf Wespe (2011): Storytelling für Journalisten. (Praktischer Journalismus, 88). Konstanz: UVK, S. 29

75 Schmidt: Tracy Samantha (2007): A Wiki for Whistle-Blowers. In: Time vom 22.01.2007. http://ti.me/1CZWnAa [16.06.2017]

76 Engesser, Sven (2012): Partizipativer Journalismus. Eine Einführung in Begriff und Gegenstand. In: Journalistik Journal vom 29.03.2012. http://journalistik-journal.lookingintomedia.com/?p=832 [03.01.2019]

X2 BILDNACHWEIS

Abb. 1 Hektor Haarkötter
Abb. 2 Vereinte Nationen/Wikimedia
Abb. 3 Initiative D21
Abb. 4 Konsinski et al. 2013
Abb. 5 Time Magazine, 25.12.2005/01.01.2006
Abb. 6 Hektor Haarkötter
Abb. 7 nando.net, eigener Screenshot
Abb. 8 Hektor Haarkötter
Abb. 9 journalismus.online, eigener Screenshot
Abb. 10 Hektor Haarkötter
Abb. 11 Hektor Haarkötter
Abb. 12 stuttgarter-zeitung.de, eigener Screenshot
Abb. 13 telepolis.de, eigener Screenshot/ Montage
Abb. 14 handelsblatt.com, eigener Screenshot
Abb. 15 heise.de/newsticker, eigener Screenshot
Abb. 16 sueddeutsche.de, eigener Screenshot
Abb. 17 ard.de, eigener Screenshot
Abb. 18 Hektor Haarkötter
Abb. 19 spiegel.de, eigener Screenshot
Abb. 20 bild.de, eigener Screenshot
Abb. 21 spiegel.de, eigener Screenshot
Abb. 22 Hektor Haarkötter
Abb. 23 AGOF, Meedia, eigene Darstellung
Abb. 24 Hektor Haarkötter
Abb. 25 instapage.com, eigener Screenshot
Abb. 26 CoSchedule, eigene Darstellung
Abb. 27 welt.de, eigener Screenshot
Abb. 28 ngzonline.de, eigener Screenshot
Abb. 29 taz.de, eigener Screenshot und eigene Montage
Abb. 30 taz.de, eigener Screenshot und eigene Montage
Abb. 31 spox.com, eigener Screenshot
Abb. 32 zeit.de, eigener Screenshot
Abb. 33 spiegel.de, eigener Screenshot
Abb. 34 zeit.de, eigener Screenshot
Abb. 35 sueddeutsche.de, eigener Screenshot
Abb. 36 welt.de, eigener Screenshot
Abb. 37 eigene Statistik auf Basis der Daten von Similarweb (Stand: 1/2017)
Abb. 38 buzzfeed.com, eigener Screenshot
Abb. 39 eigene Darstellung nach Nahai (2012)
Abb. 40 tvmovie.de, eigener Screenshot
Abb. 41 kassel-live.de, eigener Screenshot
Abb. 42 ksta.de, eigener Screenshot
Abb. 43 demo.storytile.net/berlinale, eigener Screenshot
Abb. 44 tagesspiegel.de, eigener Screenshot
Abb. 45 metta.io, eigener Screenshot
Abb. 46 nytimes.com, eigener Screenshot
Abb. 47 pitchfork.com, eigener Screenshot
Abb. 48 travelepisodes.com, eigener Screenshot
Abb. 49 spiegel.de, eigener Screenshot
Abb. 50 zeit.de, eigener Screenshot
Abb. 51 kunstundkoeln.hmkw.de, eigener Screenshot
Abb. 52 getloupe.com, eigener Screenshot
Abb. 53 photopeach.com, eigener Screenshot
Abb. 54 theguardian.com, eigener Screenshot

Abb. 55 exposure.com, eigener Screenhot
Abb. 56 shorthand.com, eigener Screenshot
Abb. 57 http://dazwischen.swp.de, eigener Screenshot
Abb. 58 sway.com, eigener Screenshot
Abb. 59 projeqt.com, eigener Screenshot
Abb. 60 reportage.wdr.de, eigener Screenshot
Abb. 61 multimedia.weser-kurier.de, eigener Screenshot
Abb. 62 https://line.do/ww/frida-kahlo/l2q/vertical, eigener Screenshot
Abb. 63 http://storytile.net/index.html#demo-video, eigener Screenshot
Abb. 64 https://prezi.com/ydsmrqm_qlun/prezis-adoption-by-the-media-for-digital-journalism, eigener Screenshot
Abb. 65 https://sites.google.com/site/fusiontablestalks/stories, eigener Screenshot
Abb. 66 easel.ly, eigener Screenshot
Abb. 67 thinglink.com, eigener Screenshot
Abb. 68 twitter.com, eigener Screenshot
Abb. 69 facebook.com, eigener Screenshot
Abb. 70 crowdvoice.org, eigener Screenshot
Abb. 71 Hektor Haarkötter
Abb. 72 Hektor Haarkötter
Abb. 73 Hektor Haarkötter
Abb. 74 wordpress.com, eigener Screenshot
Abb. 75 Hektor Haarkötter
Abb. 76 denic.de, eigene Darstellung
Abb. 77 journalismus.online, eigener Screenshot
Abb. 78 journalismus.online, eigener Screenshot
Abb. 79 Hektor Haarkötter
Abb. 80 Hektor Haarkötter
Abb. 81 kunstundkoeln.hmkw.de, eigener Screenshot
Abb. 82 journalismus.online, eigener Screenshot
Abb. 83 journalismus.online, eigener Screenshot
Abb. 84 journalismus.online, eigener Screenshot
Abb. 85 journalismus.online, eigener Screenshot
Abb. 86 medium.com, eigener Screenshot
Abb. 87 tumblr.com, eigener Screenshot
Abb. 88 eigene Darstellung nach Ebersbach, Glaser u. Heigl (2011: 39)
Abb. 89 aftenposten.no/Foto: Nick Ut
Abb. 90 t-online.de, eigener Screenshot
Abb. 91 welt.de, eigener Screenshot
Abb. 92 test.de/Stiftung/Warentest, eigener Screenshot
Abb. 93 statcounter.com, eigene Darstellung
Abb. 94 tagesspiegel.de, eigener Screenshot
Abb. 95 deutschlandfunk.de, eigener Screenshot
Abb. 96 spiegel.de, eigener Screenshot
Abb. 97 bild.de, eigener Screenshot
Abb. 98 twitter.com, eigener Screenshot
Abb. 99 n-tv.de, eigener Screenshot
Abb. 100 ksta.de, eigener Screenshot
Abb. 101 snapchat.com, eigener Screenshot
Abb. 102 Forsa, eigene Darstellung (n=3003)
Abb. 103 Hektor Haarkötter
Abb. 104 vimeo.com, eigener Screenshot
Abb. 105 Hektor Haarkötter
Abb. 106 youtube.com, eigener Screenshot
Abb. 107 jungundnaiv.de, eigener Screenshot
Abb. 108 youtube.com, eigener Screenshot
Abb. 109 Unger u.a. (2017), eigene Darstellung
Abb. 110 Unger u.a. (2017), eigene Darstellung

Abb. 111 Kneissler (2015), eigene Darstellung
Abb. 112 reachhero.de, eigener Screenshot
Abb. 113 youtube.com, eigener Screenshot
Abb. 114 youtube.com, eigener Screenshot
Abb. 115 youtube.com, eigener Screenshot
Abb. 116 youtube.com, eigener Screenshot
Abb. 117 youtube.com, eigener Screenshot
Abb. 118 youtube.com, eigener Screenshot
Abb. 119 youtube.com, eigener Screenshot
Abb. 120 tvnow.de, eigener Screenshot
Abb. 121 7tv.de, eigener Screenshot
Abb. 122 zdf.de, eigener Screenshot
Abb. 123 ardmediathek.de, eigener Screenshot
Abb. 124 dbate.de, eigener Screenshot
Abb. 125 Hektor Haarkötter
Abb. 126 report-k.de, eigener Screenshot
Abb. 127 prenzlauerberg-nachrichten.de, eigener Screenshot
Abb. 128 tegernseerstimme.de, eigener Screenshot
Abb. 129 IVW/Statista
Abb. 130 br24.de, eigener Screenshot
Abb. 131 flickr.com/Alistair Paterson, eigener Screenshot
Abb. 132 flickr.com/David M. Hunt, eigener Screenshot
Abb. 133 flickr.com/Elektronikbransjen, eigener Screenshot
Abb. 134 eigener Screenshot
Abb. 135 rp-online.de, eigener Screenshot
Abb. 136 rp-online.de, eigener Screenshot
Abb. 137 wdr.de, eigener Screenshot
Abb. 138 wdr.de, eigener Screenshot
Abb. 139 faz.net, eigener Screenshot
Abb. 140 faz.net, eigener Screenshot
Abb. 141 dw.de, eigener Screenshot
Abb. 142 welt.de, eigener Screenshot
Abb. 143 flipboard.com, eigener Screenshot
Abb. 144 simply-news.com, eigener Screenshot
Abb. 145 Hektor Haarkötter
Abb. 146 feedly.com, eigener Screenshot
Abb. 147 Poynter Institute
Abb. 148 WDR
Abb. 149 Hektor Haarkötter
Abb. 150 zeit.de, eigener Screenshot
Abb. 151 eigene Darstellung nach Paul Bradshaw
Abb. 152 sueddeutsche.de, eigener Screenshot
Abb. 153 Hektor Haarkötter
Abb. 154 Hektor Haarkötter
Abb. 155 Hektor Haarkötter
Abb. 156 Hektor Haarkötter
Abb. 157 Hektor Haarkötter
Abb. 158 verbrannte-orte.de, eigener Screenshot
Abb. 159 verbrannte-orte.de, eigener Screenshot
Abb. 160 Bundesagentur für Arbeit
Abb. 161 nyt.com, eigener Screenshot
Abb. 162 spiegel.de, eigener Screenshot
Abb. 163 sueddeutsche.de, eigener Screenshot
Abb. 164 sites.google.com/site/fusiontablestalks/stories, eigener Screenshot
Abb. 165 tableau.com, eigener Screenshot

X3 LITERATUR

» AG Dok (2015): 7 Tage oder ewig. Zahlen – Fakten – Hintergründe zur Debatte um die Verweildauer von Filmen in öffentlich-rechtlichen Mediatheken. https://media02.culturebase.org/data/docs-ag-dok/AG_DOK-7-Tage-oder-ewig.pdf [14.07.2017]

» Alloway, Tracy; Ross Alloway (2012): The impact of engagement with social networking sites (SNSs) on coginitve skills. In: Computers in Human Behavior, 28/2012, S.1748–1754

» Altheide, David L.; Robert P. Snow (1991): Media Worlds in the Postjournalism Era. New York: Aldine de Gruyter

» Altmeppen, Klaus-Dieter; Klaus Arnold (2013): Journalistik. Grundlagen eines organisationalen Handlungsfeldes. München: Oldenbourg

» Anderson, Chris (2007): The Long Tail – der lange Schwanz. Nischenprodukte statt Massenmarkt. Das Geschäft der Zukunft. München: Carl Hanser

» Anderson, Chris; Michael Wolff (2010): The Web Is Dead. Long Live the Internet. In: Wired, 08/2010. http://www.wired.com/2010/08/ff-webrip/ [03.01.2019]

» Angele, Michael (2016): Der letzte Zeitungsleser. Berlin: Galiani

» Arseth, Espen (1994): Nonlinearity and Literary Theory. In: George Landow (Hrsg.): Hyper/Text/Theory. Baltimore, S. 51–86. Hier zit. n. http://art-tech.arts.ufl.edu/~jack/courses/f06-dig4581/papers/non-linear/aarseth.pdf [25.07.2018]

» Ashton, Kevin (2009): That „Internet of Things" Thing. In: RFID Journal, 22.07.2009. https://www.rfidjournal.com/articles/view?4986 [03.01.2019]

» Barnes, Samuel H. (1979): Political Action. Mass Participation in Five Western Democracies. New York: Sage

» Beckett, Charlie (2010): The Value of Networked Journalism. Polis: London. http://www.lse.ac.uk/media%40lse/POLIS/documents/Polis%20papers/ValueofNetworkedJournalism.pdf [11.12.2016].

» Beiler, Markus (2013): Nachrichtensuche im Internet. Inhaltsanalyse zur journalistischen Qualität von Nachrichtensuchmaschinen. Konstanz: UVK

» Beus, Johannes (2008): Wie lang darf ein Linktext sein? In: Sistrix Blog. https://www.sistrix.de/news/wie-lang-darf-ein-linktext-sein/ [03.01.2019]

» Blood, Rebecca (2002): The Weblog Handbook. Practical Advice on Creating and Maintaining Your Blog. New York: Basic Books

» Bogost, Ian; Simon Ferrari; Bobby Schweizer (2010): Newsgames. Journalism at Play. Cambridge: MIT Press

» Bolter, Jay D. (1991): Writing Space. The Computer, Hypertext, and the History of Writing. New York: Routledge

» Broersma, Marcel; Chris Peters (2013): Rethinking Journalism. Trust and participation in a transformed news landscape. New York: Routledge

» Bruns, Axel (2008): Vom Gatekeeping zum Gatewatching. Modelle der journalistischen Vermittlung im Internet. http://snurb.info/files/2008_DFG_Vom%20Gatekeeping%20zum%20Gatewatching_preprint.pdf [03.01.2019]

» Bund Deutscher Zeitungsverleger (Hrsg.) (2017): Zeitungslandschaft. http://www.bdzv.de/maerkte-und-daten/zeitungslandschaft/ [19.05.2017]

» Burgess, Jean; Joshuy Green (2009): YouTube. Online Video and Participatory Culture. Cambridge: Polity Press

» Burkart, Günter (2007): Handymania. Wie das Mobiltelefon unser Leben verändert hat. Frankfurt/M.: Campus

» Carr, Nicholas (2010): Wer bin ich, wenn ich online bin und was macht mein Gehirn solange? München: Blessing

» Castells, Manuel (2001): Bausteine einer Theorie der Netzwerkgesellschaft. In: Berliner Journal für Soziologie, 11(4), 2001, S. 423–439

» Carlson, David (2003): The History of Online Journalism. In: Kevin Kawamoto (Hrsg.): Digital Journalism. Emerging Media and the Changing Horizons of Journalism. Lanham: Rowman&Littlefield, S.31–56

» Ceruzzi, Paul E. (2003): Eine kleine Geschichte der EDV. Bonn: mitp

» Clifton, Brian (2012): Advanced Web Metrics with Google Analytics. Hoboken: Sybex.

» Dahrendorf, Ralf (2006): Homo Sociologicus. 16. Aufl., Wiesbaden: Springer VS

» De Solla Price, Derek J. (1974): Little Science, Big Science. Von der Studierstube zur Großforschung. Frankfurt/M.: Suhrkamp

» Eco, Umberto (2009): Die unendliche Liste. München: Hanser

» Edelstyn, Simon (o.J.): 5 tips to help improve your headline click-through rate. In: The Guardian Partner Zone. https://www.theguardian.com/media-network-outbrain-partner-zone/5-tips-headline-click-through-rate [03.01.2019]

» Engelbart, Doug (1962): Augmenting Human Intellect. A Conceptual Framework. Stanford Research Institute. https://www.princeton.edu/~hos/h598/augmenting.pdf [03.01.2019]

» Esser, Frank (2011): Schockwellen im Mediensystem. In: Message, 2/2011. https://de.ejo-online.eu/qualitaet-ethik/schockwellen-im-mediensystem [03.01.2019]

» Franck, Georg (2007): Ökonomie der Aufmerksamkeit. Ein Entwurf. München: dtv

» Frühbrodt, Lutz (2016): Content Marketing: Wie ‚Unternehmensjournalisten' die öffentliche Meinung beeinflussen. (Arbeitsheft Nr. 86). Frankfurt/M.: Otto-Brenner-Stiftung

» Funiok, Rüdiger (2011): Medienethik. Verantwortung in der Mediengesellschaft. 2. Aufl., Stuttgart: Kohlhammer

» Gabriel, Norbert (1997): Kulturwissenschaften und Neue Medien. Wissensvermittlung im digitalen Zeitalter. Darmstadt: Primus

» Gottschalk, Christian (2014): Die Kamera aus der Hosentasche. In: WDR Print, 6/2014, S.30–32

» Grünwald, Sebastian (2007): Methoden interaktiven Storytellings. Winhöring: Eigenverlag.

» Hallin, Daniel C.; Paolo Mancini (2004):

Comparing Media Systems. Three models of media and politics. New York: Cambridge University Press

» Heilmann, Till A. (2012): Textverarbeitung. Eine Mediengeschichte des Computers als Schreibmaschine. Bielefeld: transcript

» Heller, Christian (2011): Post-Privacy. Prima leben ohne Privatsphäre. München: Beck

» Herring, Susan C.; Lois A. Scheidt; Sabrina Bonus; Elijah Wright (2004): Bridging the Gap. A Genre Analysis of Weblogs. http://citeseerx.ist.psu.edu/viewdoc/download?doi=10.1.1.129.8162&rep=rep1&type=pdf [17.04.2017]

» Hooffacker, Gabriele (2008): Wem gehört das Internet? Dokumentation zum Kongress „20 Jahre Vernetzung". München: Eigenverlag

» Goffman, Erving (2013): Wir alle spielen Theater. Die Selbstdarstellung im Alltag. 12. Aufl., München: Piper

» Kittler, Friedrich (1986): Grammophon, Film, Typewriter. Berlin: Brinkmann & Bose

» Kneidinger, Bernadette (2010): Facebook und Co. Eine soziologische Analyse von Interaktionsformen in Online Social Networks. Wiesbaden: VS Research

» Knessler, M. (2015): „Geiler Scheiß". Mediakraft Networks YouTube. In Brand-Eins. http://www.brandeins.de/archiv/2015/marketing/mediakraft-networks-YouTube-geiler-scheiss/ [09.07.2017]

» Kosinskia, Michal; David Stillwella; Thore Graepel (2013): Private traits and attributes are predictable from digital records of human behavior. In: PNAS, 110 (15), S. 5802–5805

» Kubicek, Herbert; Ulrich Schmid; Heiderose Wagner (1997): Bürgerinformation durch „neue" Medien? Analysen und Fallstudien zur Etablierung elektronischer Informationssysteme im Alltag. Opladen: Westdeutscher Verlag

» Langer, Inghard; Friedemann Schulz von Thun; Reinhard Tausch (2011): Sich verständlich ausdrücken. 9. Aufl., München: Reinhardt

» Langer, Ulrike (2011): Praxis. Die neuen Kuratier-Tools. In: Medium Magazin, 10–11/2011. https://www.mediummagazin.de/praxis-die-neuen-kuratier-tools/ [03.01.2019]

» Loftus, Elizabeth; John C. Palmer (1974): Reconstruction of Automobile Destruction. An Example of the Interaction Between Language and Memory. In: Journal of verbal learning and verbal behavior. 13/1974, S. 585–589

» Machill, Marcel; Markus Beiler; Martin Zenker (2008): Journalistische Recherche im Internet. Bestandsaufnahme journalistischer Arbeitsweisen in Zeitungen, Hörfunk, Fernsehen und Online. (Schriftenreihe Medienforschung der Landesanstalt für Medien Nordrhein-Westfalen, 60). Berlin: Vistas

» Marek, Roman (2013): Understanding YouTube. Über die Faszination eines Mediums. Bielefeld: transcript

» Mattgrey, Annette (2014): Das sind die Idealmaße für Ihren Content. In: Lead Digital. http://www.lead-digital.de/aktuell/social_media/das_sind_die_idealmasse_fuer_ihren_content [25.07.2018]

» Meier, Klaus (2012): Statistisch berechnet: Im Jahr 2034 erscheint die letzte gedruckte Tageszeitung In: Journalistik – Das Blog zum Buch. https://journalistiklehrbuch.wordpress.com/2012/03/06/statistisch-berechnet-im-jahr-2034-erscheint-die-letzte-gedruckte-Tageszeitung/ [25.07.2018]

» Meyer, Phil (2009): The Vanishing Newspaper. Saving Journalism in the Information Age. 2. Aufl., Missouri: University Press

» Moon, Garrett (2014): Make Your Content More Shareable With These 5 Simple Tricks, Backed By Research. In: Buffer Social. https://blog.bufferapp.com/shareable-content-social-media-research [26.11.2016]

» Nahai, Nathalie (2012): Webs of Influence. The Psychology of Online Persuation. London: Pearson

» Nielsen, Jakob (2004): Erfolg des Einfachen. Designing Web Usability. München: Markt+Technik

» Nielsen, Jakob (2006): The 90–9–1 Rule for Participation Inequality in Social Media and Online Communities. Nielsen Norman Group. https://www.nngroup.com/articles/participation-inequality/ [21.07.2017]

» Ogilvy, David (1984): Ogilvy on Advertising. London: Carlton

» Okrent, Arika (2014): The listicle as literary form. In: The University of Chicago Magazine, 1–2/2014. https://mag.uchicago.edu/arts-humanities/listicle-literary-form [04.12.2016]

» Oswald, Bernd (2011): Der Weg zum Gatewatching. In: Medium Magazin, 3/2011, S. 31

» Outing, Steve (2004): Eyetrack III: What News Websites Look Like Through Readers' Eyes. In: Poynter Institute. https://www.poynter.org/archive/2004/eyetrack-iii-what-news-websites-look-like-through-readers-eyes/ [03.01.2019]

» Picard, Robert G. (2009): The transaction cost problem of newspaper micropayments. In: The Media Business. http://themediabusiness.blogspot.de/2009/08/transaction-cost-problem-of-newspaper.html [01.04.2017]

» Poole, Steve (2013): Top nine things you need to know about „listicles". In: The Guardian vom 12.11.2013. https://www.theguardian.com/books/2013/nov/12/listicles-articles-written-lists-steven-poole [04.12.2016]

» Primbs, Stefan (2016): Social Media für Journalisten. Redaktionell arbeiten mit Facebook, Twitter & Co. Wiesbaden: Springer VS

» pv-digest (2016): Paid Content-Umsatz mit digitaler Presse: 276 Mio. € pro Jahr. http://pv-digest.de/kurzanalysen/#PaidContent2016 [07.04.2018]

» Renvoise, Patrick (2007): Neuromarketing. Nashville: Thomas Nelson

» Rey, Benjamin (2014): Your tweet half-life is 1 billion times shorter than Carbon-14's. In: Wiselytics. http://www.wiselytics.com/blog/tweet-isbillion-time-shorter-than-carbon14/ [24.07.2017]

» Riefler, Katja (2009): Hyperlokale Verlagsstrategien. Fallbeispiele – Erlösmodelle – Erfolgsfaktoren. Bonn: BDZ

» Röthlingshöfer, Bernd (2011): 14 Regeln für optimale Online-Texte. In: Werbepraxis aktuell. http://www.werbepraxis-aktuell.de/online-marketing/14-regeln-fuer-optimale-online-texte-teil-2-4685.html [25.07.2018]

» Saxer, Ulrich (1998): Mediengesellschaft. Verständnisse und Mißverständnisse. In:

Sarcinelli, Ulrich (Hrsg.): Politikvermittlung und Demokratie in der Mediengesellschaft. Opladen: Westdeutscher Verlag

» Schmidt, Jan (2006): Weblogs. Eine kommunikationssoziologische Studie. Konstanz: UVK

» Schoeb, Martin (2007): Die Blogger-Elite in Berlin: So wird das nichts. In: FAZ vom 17.04.2007. http://www.faz.net/aktuell/feuilleton/medien/die-blogger-elite-in-berlin-so-wird-das-nichts-1435122.html [25.07.2018]

» Schröder, Julia (2011): Mediale Plattenverschiebung. In: Stuttgarter Zeitung vom 14.03.2011. https://www.stuttgarter-zeitung.de/inhalt.nach-japan-katastrophe-mediale-plattenverschiebung.6a344b88-934f-45c6-ae1e-a34ef59708f6.html [03.01.2019]

» Schulze, Gerhard (1992): Die Erlebnisgesellschaft. Kultursoziologie der Gegenwart. Frankfurt/M.: Campus

» Simon, Ulrike (2016): Spiegel-Online-Chef Florian Harms bangt um seinen Posten. In: Horizont vom 24.11.2017. http://www.horizont.net/medien/nachrichten/Wegen-Spiegel-Plus-Flop-Spiegel-Online-Chef-Florian-Harms-bangt-um-seinen-Posten--Wirtschaftsressort-Vize-Markus-Brauck-entwickelt-TV-Zeitschrift-144338 [01.04.2017]

» Spool, Jared (2007): Why good content must suck. Designing for the scent of information. In: User Interface Engineering. https://www.uie.com/handouts/UIE_ScentOfInformation.pdf [24.11.2016]

» Statistia (2017): Podcasts. Nutzung – Zahlungsbereitschaft – Werbeakzeptanz. Konsumentenbefragung 2016. Hamburg: Statistia

» Steinschaden, Jakob (2013): Kuratieren statt recherchieren. Chancen und Tücken des Crowd-Journalismus. In: Bestseller, 5–6/2013, S. 50–53, hier: S. 50. https://de.slideshare.net/jakkse/geschichten-von-unten-crowd-journalismusbestseller [03.01.2019]

» Stiftung Warentest (2010): Soziale Netzwerke: Datenschutz oft mangelhaft. Test 4/2010. https://www.test.de/Soziale-Netzwerke-Datenschutz-oft-mangelhaft-1854798-0/ [25.07.2017]

» Thomä, Manuel (2014): Der Zerfall des Publikums. Nachrichtennutzung zwischen Zeitung und Internet. Wiesbaden: Springer VS

» Turkle, Sherry (2012): Verloren unter 100 Freunden. Wie wir in der digitalen Welt seelisch verkümmern. München: Riemann

» Unger, Hendrik; Christine Henning; Anne Unger (2017): Play! Das Handbuch für YouTuber. Bonn: Rheinwerk

» Vogel, Andreas (2014): Talfahrt der Tagespresse: Eine Ursachensuche. Der Auflagenrückgang der Regionalzeitungen. Bonn: Friedrich-Ebert-Stiftung

» Waller, Gregor (2012): Loyale Nutzer – Die wichtigste Währung im Netz. In: BDZV (Hrsg.): Zeitungen 2012/2013. Berlin: BDZV, S. 167–182

» Weiser, Mark (1991): The Computer for the 21st Century. In: Scientific American, 9/1991. https://www.ics.uci.edu/~corps/phaseii/Weiser-Computer21stCentury-SciAm.pdf [03.01.2019]

» Weizenbaum, Josef (1994): Macht der Computer, Ohnmacht der Vernunft. Frankfurt/M.: Suhrkamp

» Welker, Martin (2012a): Journalistische Recherche als kommunikatives Handeln. Journalisten zwischen Innovation, Rationalisierung und kommunikativer Vernunft. Baden-Baden: Nomos

» Welker, Martin (2012b): Lokales. Basiswissen für die Medienpraxis. (Journalismus Bibliothek, 5). Köln: Herbert von Halem

» Wilkinson, Jeffrey; August E. Grant; Douglas J. Fisher (2012): Principles of Convergent Journalism. Oxford: University Press

» Williams, Alex T. (2016): Paying for Digital News. The rapid adoption and current landscape of digital subscriptions at U.S. newspapers. In: American Press Institute. https://www.americanpressinstitute.org/publications/reports/digital-subscriptions [21.03.2017]

» Winterbauer, Stefan (2012): Neues Trend-Berufsbild: die Twitter-Tussi. In: Meedia vom 08.11.2012. http://bit.ly/1BtP0zj [11.12.2016]

» Wirtz, Bernd W. (2006): Medien- und Internetmanagement. Wiesbaden: Springer Gabler

» Wolf, Fritz (2015): „Wir sind das Publikum!" Autoritätsverlust der Medien und Zwang zum Dialog. (OBS-Arbeitsheft, 84). Frankfurt/M.: Otto-Brenner-Stiftung

» Wolf, Maryanne (2009): Das lesende Gehirn. Wie der Mensch zum Lesen kam – und was es in unseren Köpfen bewirkt. Heidelberg: Spektrum Akademischer Verlag

X4 INDEX

M

N

O

P

R

S

Notizen

Notizen